Nelles Verlag

Foto: Peter Fischer

Chi

W0338440

Autoren:
Engelbert Altenburger, Jürgen Bergmann,
Klaus A. Dietsch, Oliver Fülling,
Peter Hinze, Claudia Ille,
Volker Kienast, Franz-Josef Krücker,
Angelika Lange-Gao, Gerd Simon

QING ZANG
TIBET
GAOYUAN
QINGHAI
KARAKORUM
HIMALAYA
Golmud
Siling Co
Tângra Yumco
Nam Co
Nu Jiang
Lancang Jiang
Jinsha Jiang
Zangbo Jiang
(Brahmaputra)
Lhasa
220
Namotha Barwa 7651
Dhaulagiri 8167
NEPAL
Kathmandu
Mt. Everest 8848
Thimphu
BHUTAN
INDIA
Moradabad
Bareilly
Ghaghara
Lucknow
Kanpur
Allahabad
Ganges
Varanasi
Patna
Son
Jabalpur
INDIA
BANGLA-DESH
Dhaka
Jamshedpur
Haora
Calcutta
Khulna
Chittagong
Mahânadi
Bay of Bengal
Visakhapatnam
Lijiang
Dali
Mandalay
Jinghong
Salween
MYANMAR (BURMA)
THAILAN
Chian Mai
2595
80°
90°
30°
20°

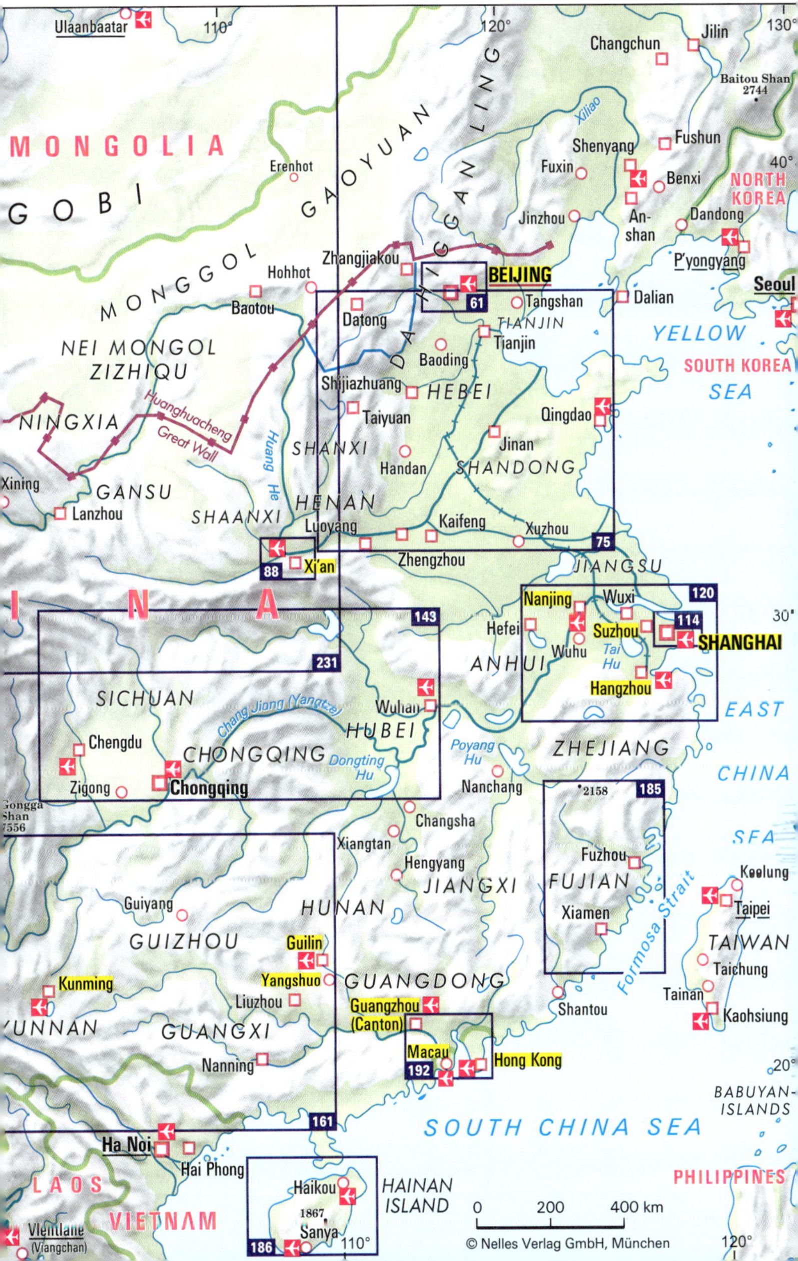
MONGOLIA
GOBI
MONGGOL GAOYUAN
DA HINGGAN LING
NEI MONGOL ZIZHIQU
NINGXIA
GANSU
SHAANXI
SHANXI
HEBEI
TIANJIN
SHANDONG
HENAN
JIANGSU
ANHUI
ZHEJIANG
SICHUAN
CHONGQING
HUBEI
HUNAN
JIANGXI
FUJIAN
GUIZHOU
YUNNAN
GUANGXI
GUANGDONG
HAINAN ISLAND
TAIWAN
NORTH KOREA
SOUTH KOREA
LAOS
VIETNAM
PHILIPPINES
YELLOW SEA
EAST CHINA SEA
SOUTH CHINA SEA
BABUYAN-ISLANDS
Formosa Strait
Ulaanbaatar
Erenhot
Hohhot
Baotou
Zhangjiakou
Datong
BEIJING
Tangshan
Tianjin
Baoding
Shijiazhuang
Taiyuan
Handan
Jinan
Qingdao
Kaifeng
Xuzhou
Luoyang
Zhengzhou
Xi'an
Xining
Lanzhou
Huanghuacheng
Great Wall
Huang He
Changchun
Jilin
Baitou Shan 2744
Xiliao
Shenyang
Fushun
Fuxin
Benxi
An-shan
Jinzhou
Dandong
P'yongyang
Seoul
Dalian
Nanjing
Wuxi
Suzhou
SHANGHAI
Hefei
Wuhu
Tai Hu
Hangzhou
Wuhan
Chang Jiang (Yangtze)
Chengdu
Chongqing
Zigong
Gongga Shan 7556
Dongting Hu
Poyang Hu
Nanchang
Changsha
Xiangtan
Hengyang
Fuzhou
Xiamen
2158
Keelung
Taipei
Taichung
Tainan
Kaohsiung
Guiyang
Guilin
Yangshuo
Kunming
Liuzhou
Guangzhou (Canton)
Macau
Hong Kong
Shantou
Nanning
Ha Noi
Hai Phong
Haikou
1867
Sanya
Vientiane (Viangchan)
110°
120°
130°
40°
30°
20°
61
75
88
114
120
143
161
185
186
192
231
0 200 400 km
© Nelles Verlag GmbH, München

Liebe Leserin, lieber Leser,

AKTUALITÄT wird in der Nelles-Reihe groß geschrieben. Unsere Korrespondenten dokumentieren laufend die Veränderungen der weltweiten Reiseszene, und unsere Kartografen berichtigen ständig die auf den Text abgestimmten Karten.
Wir freuen uns über jeden Korrekturhinweis! Unsere Adresse: Nelles Verlag, Machtlfinger Str. 26 Rgb., D-81379 München, Tel. +49 (0)89 3571940, Fax +49 (0)89 35719430, E-Mail: Info@Nelles.com, Internet: www.Nelles.com
Haftungsbeschränkung: Trotz sorgfältiger Bearbeitung können fehlerhafte Angaben nicht ausgeschlossen werden, der Verlag lehnt jegliche Produkthaftung ab. Alle Angaben ohne Gewähr. Firmen, Produkte und Objekte sind subjektiv ausgewählt und bewertet.

LEGENDE

Top-Attraktion
★★ *(in Karte)*
★★ *(in Text)*
sehr sehenswert
★ *(in Karte)*
★ *(in Text)*
8 Orientierungsnummer in Text und Karte
8 Orientierungsnummer in Text und Stadtplan
8 Orientierungsnummer in Text und Detailplan
Öffentliches bzw. bedeutendes Gebäude / Denkmal
Hotel / Restaurant
Hospital / Postamt
Markt / Einkaufszentrum
Bus Station / Parkplatz

WUXI *(Ort)* *Ming Tombs* *(Sehenswürdigkeit)* in Karte gelb Unterlegtes wird im Text erwähnt
internationaler Flughafen / nationaler Flughafen
Cang Shan 4122 Berggipfel (Höhe in Meter)
4794 Pass (Höhe in Meter)
UNESCO Welterbe
Strand / Nationalpark
Kirche / Friedhof / Moschee
Kloster / Festung
Buddhistischer Tempel
Pagode / Stupa
Höhle / Antike Stätte
Aussichtspunkt / Golfplatz
Touristeninformation

Staatsgrenze
Provinzgrenze
Schnellstraße
Fernverkehrstraße
Hauptstraße
Nebenstraße (teilweise befestigt)
Nebenstraße, Fahrweg
Eisenbahn / CRH
Chinesische Mauer
Fußgängerzone
Fähre
18 Entfernung in Kilometer
120 Straßennummer
Xidan U-Bahn mit Haltestelle

IMPRESSUM

CHINA

Druck: Bayerlein, Germany
Einband durch DBGM geschützt

 - F2619 -

5 SHANGHAI

6 IM YANGZI-DELTA

7 ROTES BECKEN UND YANGZI-FAHRT

8 SÜDCHINA

9 IM PERLFLUSS-DELTA

10 TIBET

11 DIE SEIDENSTRASSE

12 REISE-INFORMATIONEN

Lesa | Dreamstime

Traumhafte Karstlandschaft am Li-Fluss bei Guilin.

HÖHEPUNKTE

★★**Peking** (S. 45): Ob Paläste, Tempel, Museen, riesige Künstlerviertel, epochale moderne Architektur oder Ausflüge zur Großen Mauer – Chinas Hauptstadt bietet einfach alles.

★★**Kaiserlicher Sommerpalast in Chengde** (S. 66): In ihrer weitläufigen Sommerresidenz verbrachten die Kaiser die heißen Sommer und empfingen die unterworfenen Herrscher Tibets und Zentralasiens.

★★**Taishan** (S. 77): Nirgendwo war der Zugang zum Himmel unmittelbarer als auf Chinas heiligstem Berg, dem Zentrum kaiserlich-himmlischer Ahnenverehrung.

★★**Konfuziustempel** (S. 78): Mit wachsender Bedeutung des Konfuzianismus wurde der Konfuziustempel in Qufu im Lauf der Jahrhunderte zum größten Tempel seiner Art ausgebaut.

★★**Höhlentempel von Yungang** (S. 81): Ein Meilenstein in der Entwicklung der buddhistischen Grotten-Kunst.

★★**Wutaishan** (S. 82): Über 100 Tempel und Einsiedeleien sprenkeln die alpinen Täler und Gipfel der Fünf-Terrassen-Berge – eine der bedeutendsten buddhistischen Wallfahrtsstätten Ostasiens.

★★**Pingyao** (S. 84): Eine 6,4 km lange Stadtmauer schützt noch immer den fast vollständig erhaltenen Ming- und Qing-zeitlichen Stadtkern.

★★**Grotten von Longmen** (S. 86): An Größe, Pracht und künstlerischer Meisterschaft ist diese buddhistische Grottenanlage unübertroffen.

★★**Songshan** (S. 86): Der nach daoistischer Vorstellung „heilige Berg der Mitte" ist die Heimat des berühmten Shaolin-Klosters.

★★**Terrakotta-Armee des Qin Shihuangdi** (S. 93): Ein Zufall führte zur Entdeckung der gewaltigen tönernen Armee zum „Schutz" des ersten Kaisers von China.

★★**Shanghai** (S. 99): Cool, aufregend, modern – keine andere Stadt Chinas bietet mehr Lifestyle und Tempo.

★★**Suzhou** (S. 127): Die „Stadt der Gärten" wartet mit außergewöhnlichen Beispielen klassischer chinesischer Gartenarchitektur auf.

★★**Hangzhou** (S. 131): Marco Polo nannte sie die schönste Stadt der Welt, heute ist Hangzhou mit seinem malerischen Westsee jedenfalls die grünste Stadt Chinas.

★★**Huangshan** (S. 137): Die mächtigen Felsgipfel von Chinas schönstem Gebirge wirken besonders geheimnisvoll bei Nebel.

★★**Jiuzhaigou-Nationalpark** (S. 145): Eine magische alpine Bergwelt, die durch smaragdgrüne Wälder und türkisblaue Seen verzaubert.

★★**Berg Emei** (S. 147): Inmitten der schroffen Gebirgslandschaft markieren zahlreiche Klöster, buddhistische Zentren von architektonischer Pracht, den Weg hinauf zum Gipfel.

★★**Drei Schluchten** (S. 152): Großartige Flusslandschaften und eindrucksvolle Kulturdenkmäler werden auf einer gemächlichen Yangzi-Kreuzfahrt angesteuert.

★★**Guilin** (S. 176): Von Malern und Dichtern verewigte Traumlandschaft aus Karstbergen am Li-Fluss.

★★**Hongkong** (S. 191): Die geschäftige Ex-Kronkolonie ist spannend am Tag und bezaubernd in der Nacht, wenn die Skyline im Neonlicht erstrahlt.

★★**Macau** (S. 205): Lässiges lusitanisches Flair prägt die ehemalige portugiesische Kolonie im Perlfluss-Delta.

★★**Lhasa** (S. 220): Die „Stadt der Götter" beeindruckt mit dem mächtigen Potala-Palast und den nahen riesigen Klosterstädten Drepung und Sera.

★★**Dunhuang** (S. 237): Am Rand der Taklamakan beeindruckt die Oase mit ihrem Dünenmeer und den buddhistischen Mogao-Grotten.

Rechts: Die Große Mauer bei Badaling.

Foto: Tatiana Pavlova (Dreamstime)

EINSTIMMUNG

Die Chinesen leben nicht auf der Erde, sondern unter dem Himmel, sie schreiben in Bild- statt in Lautzeichen, unser Nordost ist ihr Ostnord, der Sitz von Bildung und Gelehrsamkeit ist der Magen, der Künstler hat die Natur in einer Weise zu erfassen, dass er „den Bambus von innen heraus male" oder „malend selbst zum Bambus werde", zur Begrüßung fragt man: „Hast du schon gegessen?", und der chinesische Kompass zeigt nach Süden.

Nicht nur die Andersartigkeit macht die Faszination des „Reichs der Mitte" aus; Staunen lässt einen auch das unglaubliche Tempo der Modernisierung: Schneller als Bambus wachsen avantgardistische Wolkenkratzer immer höher in den Himmel. Hochgeschwindigkeitszüge verbinden dynamische Metropolen, und überall entstehen neue Autobahnen, während Dörfer zu Millionenstädten mutieren.

Das Kontrastprogramm hierzu sind grandiose Naturlandschaften und imposante Zeugnisse einer jahrtausendealten Kultur – altehrwürdige Tempel und Paläste, kunstvolle Gärten und die einzigartige Große Mauer.

Doch immer wieder flackern separatistische Tendenzen in den Randgebieten der neuen Weltmacht auf. Und die mit der rasanten Entwicklung des Wirtschaftswunderlands aufkommenden Umweltprobleme, mit denen sich die das Ganze steuernden kommunistischen Parteikader des Exportweltmeisters nun konfrontiert sehen, scheinen mancherorts enorm. Aber die Chinesen finden immer wieder neue Lösungen, um ihrer Probleme Herr zu werden: Massive Förderung von Elektroautos, gigantische U-Bahnnetze und modernste Wind- und Solarkraftwerke sind nur einige der vielen effizienten Maßnahmen. So reist man staunend, manchmal nachdenklich, aber nie unberührt durch ein Riesenreich, das eine ständige Reflexion und Neubewertung des eigenen Chinabildes erfordert. Denn was heute noch gilt, ist im China von morgen oft schon überholt.

Bronzezeit und frühe Reiche

2200-1700 v. Chr. Xia-Dynastie: Historisch nur ungenau zu identifizierender Kleinstaat im südlichen Shanxi.

1600-1100 v. Chr. Shang-Dynastie: Zentren: Unterer Huanghe und Rotes Becken (Sanxingdui).

1100-221 v. Chr. Zhou-Dynastie (Westliche Zhou-Dynastie: 1100-771, Östliche Zhou-Dynastie: 770-221 v. Chr.): Die Könige verlieren zusehends ihre politische Macht. Die Lehen werden zu eigenständigen Fürstentümern.

770-476 v. Chr. Frühlings- und Herbstperiode; **475-221 v. Chr. Zeit der Streitenden Reiche**: Das politische Chaos schafft die Grundlagen der chinesischen Philosophie: Konfuzius (Kongzi), Laozi und Zhuangzi entwickeln ihre Lehren, die bis heute das chinesische Denken prägen.

Kaiserzeit (221 v. Chr. – 1911)

221-207 v. Chr. Qin-Dynastie: Qin Shihuangdi unterwirft alle anderen Reiche und begründet das erste chinesische Kaiserreich. Zentralistisches Verwaltungssystem, Vereinheitlichung von Schrift und Maßen, Ausbau des Straßensystems, Bau der Großen Mauer.

206 v. Chr. -220 n. Chr. Han-Dynastie (Westliche Han-Dynastie: 206-24 v. Chr., Östliche Han-Dynastie: 25-220 n. Chr.): Ausdehnung des Reichs bis an die Grenzen Zentralasiens. Reger Austausch von Waren und Ideen auf der Seidenstraße, auf der auch der Buddhismus nach China gelangt. Der Konfuzianismus wird zur Staatsdoktrin erhoben.

220-280 Zeit der Drei Reiche: Wei (220-265), Shu Han (221-263), Wu (222-280).

265-420 Jin-Dynastie (Westliche Jin-Dynastie: 265-316, Östliche Jin-Dynastie: 317-420): Nach nur kurzfristiger Einigung durch die (Westliche) Jin-Dynastie geht die Nordhälfte des Reichs an fremde Nomadenvölker verloren; Massenflucht in den Süden.

420-581 Südliche und Nördliche Dynastien: Feudalherren beherrschen das Land in einer Folge kurzlebiger Dynastien.

581-618 Sui-Dynastie: Erneute Reichseinigung. Bau des Kaiserkanals, des mit 1800 km längsten künstlichen Wasserweges der Welt.

618-907 Tang-Dynastie: Blütezeit chinesischer Kultur. Eroberung von Zentralasien, Korea und Nordvietnam. Die Metropole Chang'an (Xi'an) zählt mit 2 Mio. Einwohnern zu den Weltzentren.

907-960 Periode der Fünf Dynastien: Zersplitterung des Reichs.

916-1125 Liao-Dynastie: Fremddynastie der Kitan im Nordosten.

960-1279 Song-Dynastie (Nördliche Song-Dynastie: 960-1127, Hauptstadt Kaifeng, Südliche Song-Dynastie: 1127-1279, Hauptstadt Hangzhou): Erneute Blütezeit der chinesischen Kultur.

1271-1368 Yuan-Dynastie: Die Mongolen unter Kublai Khan erobern ganz China, das Teil eines Weltreichs mit Khanbaliq / Dadu (Peking) als Hauptstadt wird. Reger Güterverkehr mit Europa auf der Seidenstraße.

Foto: Jürgen Bergmann

Konfuzius (Kong Zi), Begründer der chinesischen Moral- und Staatsphilosophie.

1368-1644 Ming-Dynastie: Der dritte Herrscher Yongle verlegt die Residenz von Nanjing nach Peking: Grundsteinlegung für den Kaiserpalast. Die Große Mauer wird in der heute sichtbaren Form ausgebaut. Expeditionen zur See führen 1405-1433 die Chinesen bis nach Afrika. 1516 erreichen die Portugiesen Kanton, 1557 erhalten sie Macau als Stützpunkt.

1644-1911 Qing-Dynastie: Mandschurische Volksstämme erobern China. Ab dem 19. Jh. Demütigung Chinas durch Europäer, Amerikaner und

Japaner mit der „Kanonenboot-Politik“ und den „Ungleichen Verträgen“.
1840-1842 1. Opiumkrieg: Die Briten erzwingen mit dem Vertrag von Nanjing die Einfuhr von Opium und die Öffnung von fünf Häfen, u. a. von Hongkong und Shanghai.
1850-1864 Die Taiping-Rebellion kostet ca. 20 Mio. Menschen das Leben.
1856-1860 2. Opiumkrieg gegen das Kaiserreich China. Vertrag von Tianjin: Legalisierung des Opiumhandels, Missionsfreiheit und Freizügigkeit für Ausländer. Briten und Franzosen verwüsten und plündern 1860 den Sommerpalast in Peking.
1897 Das Deutsche Reich erhält Qingdao (Tsingtau) und die Halbinsel Shandong als Pachtgebiet (bis 1918/1919).
1900 Boxeraufstand.

Foto: Jürgen Bergmann

Junge Chinesinnen erkunden die Geschichte ihres Landes im Kaiserpalast.

Republik China (1911-1949)

1911 Revolution und Abdankung des Kaisers. Sun Yatsen, einer der Führer der Reformbewegung, wird provisorischer Präsident (bis Februar 1912).
1919 Sun gründet die Guomindang (GMD, „Nationale Volkspartei“).
1921 Gründung der Kommunistischen Partei Chinas (KPCh) in Shanghai.
1925 Chiang Kaishek übernimmt die Führung der Guomindang und setzt mit zwei Feldzügen (1926 und 1928) der Zeit der Militärmachthaber ein Ende. Nanjing wird Hauptstadt, Chiang Präsident mit diktatorischen Vollmachten.
1931 Die Japaner besetzen die Mandschurei.
1927-1937 Bürgerkrieg zwischen GMD und KPCh. 1931 besetzt Japan die Mandschurei.
1937 Japan erobert weite Teile Ostchinas; bis 1945 bilden Kommunisten und Nationalisten eine Einheitsfront gegen die Besatzer.
1945-1949 Kapitulation Japans, Bürgerkrieg. Chiang Kaishek flieht 1949 nach Taiwan.

Volksrepublik China (1949 – heute)

1. Oktober 1949 Mao Zedong ruft die Volksrepublik aus.
1951 Einmarsch der Volksarmee in Tibet.
1958-1961 Der „Große Sprung nach vorn“ endet mit 30-40 Mio. Hungertoten.
1959 Aufstand gegen die chinesische Besatzung Tibets, der Dalai Lama flieht nach Indien.
1966-1976 Die „Große Proletarische Kulturrevolution“ endet im wirtschaftlichen Fiasko. Zahlreiche Kulturdenkmäler sind zerstört.
1976 Tod Mao Zedongs.
1978 Wirtschaftsreformen unter Deng Xiaoping und Öffnung des Landes.
1989 Gewaltsame Niederschlagung der Demokratiebewegung am 3./4. Juni auf dem Platz des Himmlischen Friedens in Peking.
1997 Großbritannien gibt Hongkong zurück.
1999 Portugal gibt Macau zurück.
2006 Eröffnung der Qinghai-Tibet-Bahn. Fertigstellung des Drei-Schluchten-Damms.
2008 Unruhen in Tibet. China richtet die XXIX. Olympischen Spiele aus.
2010 Expo in Shanghai.
2012 Selbstverbrennungen buddhistischer Mönche in Tibet. Xi Jinping wird KP-Chef.
2013 Li Keqiang wird Ministerpräsident.
2014 Anschläge in der Provinz Xinjiang.
2016 China will bis zum 100. Geburtstag der Volksrepublik im Jahr 2049 zur führenden Industrie-Supermacht der Welt werden.
2018 Hongkong-Zhuhai-Macau-Meeresbrücke, mit Anschlussbauwerken 50 km lang, fertiggestellt.

CHINESISCHE KÜCHE

Ni chile ma?

Ni chile ma? – „Hast Du schon gegessen?" Kaum etwas bringt die Wertschätzung kulinarischer Freuden und gemeinsamen Tafelns besser zum Ausdruck als diese chinesische „Wie geht's Dir?"-Begrüßung.

Überbevölkerung, Mangel an Ackerfläche (mit nur 7 % des globalen Agrarlands versorgt China mehr als 20 % der Weltbevölkerung) und Entwaldung haben eine „energiesparende" Gastronomie entstehen lassen, die an Qualität und Vielfalt ihresgleichen sucht. Sie spart Brennstoff, weil die dünn geschnitten, frischen Zutaten nur kurz gegart werden müssen. Zudem bleiben die Nährstoffe erhalten, weil bei großer Hitze im Wok nur kurz gebraten wird.

Essen ist in China zugleich Medizin, ja Philosophie, die sich aus dem ganzheitlichen Menschenbild des Daoismus herleitet. Man glaubt an den medizinischen Wert der Nahrung, an den Zusammenhang zwischen der körperlichen Verfassung eines Menschen und den Speisen, die das innere Gleichgewicht des Körpers erhalten. So sollen Erdnüsse die Milz- und Magenfunktion stärken, während Bambussprossen angeblich entschlacken und die Verdauung anregen. Zudem ordnet man die Nahrungsmittel den Kategorien kalt (*yin*) und warm (*yang*) zu: So isst man Lammfleisch bevorzugt im Winter.

Vier große Traditionen werden in der chinesischen Küche unterschieden und der Einfachheit halber meist den Himmelsrichtungen Osten, Südwesten, Süden und Norden zugeordnet. Dabei sind manche Nahrungsmittel, etwa Bohnenquark bzw. Tofu (*doufu*), fast in ganz China verbreitet, andere nur in bestimmten Gegenden – Milchprodukte v. a. in der Inneren Mongolei, in Tibet und an der Seidenstraße (Xinxiang).

Rechts: Nudeln bedeuten langes Leben – Koch in der Sommerresidenz der Mandschu-Herrscher in Chengde.

Die Küche des Nordens (Peking-Shandong-Küche)

In den Provinzen beiderseits des Gelben Flusses (Huang He), der Wiege der chinesischen Kultur, ist die Küche des Nordens zu Hause, auch Peking-Shandong-Küche genannt, die die vier Grundregeln der chinesischen Kochkunst – Farbe, Aroma, Geschmack und Aussehen – perfektioniert. Die Farben zeigen dem Genießer, dass die Zutaten frisch und zart sind; das feine Aroma soll den Appetit wecken, der Geschmack verführen und der Anblick das Auge erfreuen. Die Mongolen haben Lammgerichte und Gepökeltes eingebracht. Grundlage sind wegen des raueren Klimas Hirse- und Weizenprodukte wie Nudeln (*miantiao*), weiche Dampfbrötchen (*mantou*) und gefüllte Teigtaschen (*jiaozi*), die – je nach Zubereitung – unterschiedliche Namen haben: gekocht (*shuijiao*), gebraten (*guotie*) oder gedämpft (*shaomai* bzw. *siumai*). Die Fleisch- und Gemüsegerichte mit Lauch und Bohnen sind meist herzhaft und werden mit Koriander, Zwiebeln, Schalotten und Knoblauch verfeinert.

In vielen Pekinger Restaurants finden sich neben Schweine- und Rind- auch Lammfleischgerichte sowie der brühfondueähnliche, mit Holzkohle beheizte Feuertopf (Hot Pot, *huoguo*), den einst die mongolischen Nomaden mitbrachten. Fisch und Meeresfrüchte kommen vor allem in der Provinz Shandong am Gelben Meer auf den Teller.

Die Krönung der Küche des Nordens ist die berühmte **Peking-Ente** (*Beijing kaoya*). Dafür unterzieht man die Enten nach der Schlachtung einer besonderen Prozedur: Durch einen Schnitt am Hals wird die Haut aufgeblasen, bis sie sich vom Fleisch löst; anschließend entfernt man die Innereien durch eine Öffnung unter dem Flügel, überbrüht die Ente mit kochendem Wasser, streicht

Foto: Martin Thomas

sie mit Malzzucker und Honig ein und hängt sie zum Trocknen auf. Während des Garens in einem speziellen Holzofen wird die Haut knusprig und nimmt eine glänzend orange-rote Farbe an. Der Koch schneidet dann vor den Gästen die Peking-Ente mit ihrer köstlichen gerösteten Haut in kleine Stückchen. Diese, eingewickelt in dünne Weizenfladen, isst man mit Lauchzwiebeln und einer speziellen Soße.

Die Küche des Ostens (Huaiyang-Küche)

Fisch und Meeresfrüchte wie Garnelen und Krabben sind wichtige Inspirationsquellen der Küche des Ostens (Huaiyang-Küche) am Unterlauf des Yangzi. Farbenpracht und Formenvielfalt kennzeichnen diese Richtung. Deren kulinarische Hochburgen sind außer Shanghai auch Yangzhou, Hangzhou und Suzhou. Typisch für diese aufwändigen, optisch sehr ansprechenden Gerichte sind eingedickte, süßliche Soßen. Als Spezialitäten gelten gedämpftes Schweinefleisch im Bananenblatt (*heye fen zhengrou*) oder geschmorte Ente mit Eiern und Tongku-Pilzen (*xianggu dan puya*). Bei Hangzhou gedeiht eine der besten Teesorten des Landes, die Köche auch für ein Gericht verwenden: Jakobsmuscheln mit Drachenbrunnen-Tee (*longjing beipian*).

Die Küche des Südens (Kanton-Küche)

Was Europäer als chinesische Küche kennen, ist eigentlich die Kochkunst des Südens, deren raffinierteste Kreationen die Stadt Kanton (Guangzhou) hervorbrachte. Die meisten chinesischen Auswanderer und Restaurantbesitzer kommen traditionell aus den Provinzen Fujian und Guangdong sowie aus Hongkong, weshalb man „beim Chinesen" zu Hause fast ausschließlich die Kanton-Küche – bzw. eine an den europäische Geschmack angepasste Version – bekommt. Charakteristisch für die kantonesische Kochkunst ist die große Bedeutung der Essenszube-

Foto: XiXinXing (Shutterstock.com)

reitung: Allein 21 verschiedenen Arten des Kochens werden unterschieden, je nach Zubereitungstemperatur, Farbe, Gewürzmischung, Zusammenstellung, Aroma, Geschmack und Aussehen. Anders als im Norden ist hier, in den Subtropen, Reis (*mifan*) allgegenwärtig, auch wenn man ihn meist nur gegen Ende des Mahls serviert – schließlich soll man sich mit ihm nicht schon am Anfang satt essen. Fisch und Meeresfrüchte dominieren naturgemäß an der Küste, Fleisch und Gemüse werden meist nur kurz im Wok gebraten.

Die Südchinesen sind dafür bekannt, dass sie „alles, was vier Beine hat und kein Tisch ist, und alles, was in der Luft fliegt, aber kein Flugzeug ist" verzehren, doch sind Gerichte wie Schlange, Nagetiere, Hund und Affe meist nur in speziellen Restaurants auf der Karte zu finden, und dazu sehr teuer. Das gilt auch für die Schwalbennestersuppe (*yanwo*), bei der die Nester von Salanganen (einer Seevogelart) gereinigt, in Wasser gequollen und mit Kalbfleisch in Hühnerbrühe gegart werden. Eine beliebte Vorspeise sind frittierte Frühlingsrollen (*chunjuan*), die mit Mungo- oder Sojabohnenkeimen, Gemüse, Pilzen und Hackfleisch gefüllt sind.

Der Klassiker der Südküche sind Dim Sum (*dianxin*) – „Die das Herz berühren": mit Schweinefleisch, Gemüse, Garnelen oder süßer Bohnenpaste gefüllte Teigtaschen, die in übereinandergestapelten Bambuskörbchen gedämpft werden. In speziellen Dim-Sum-Restaurants in Hongkong und Kanton (dort *yum cha* genannt) schieben Kellner Servierwagen mit den Leckereien zwischen den Tischen durch; beim Vorbeikommen hält der Gast sie an und lässt sich das Gewünschte servieren. Bezahlt wird dann nach Zahl der leeren Tellerchen.

Oben: Einem Brühfondue ähnlicher, mit Holzkohle beheizter Feuertopf (Hot Pot / *huoguo*).

Die Küche des Westens (Sichuan-Küche)

In den Provinzen des Westens kokettiert die Küche mit unzähligen Varianten von Schärfenuancen, was auf der meisterhaften Anwendung diverser Chilisorten beruht. Scharfe Würze, die großzügige Verwendung von Knoblauch, Zwiebeln und Frühlingszwiebeln schaffen einzigartige Geschmackserlebnisse. Viel gegessen wird Schwein und Huhn, doch auch Schaf, Ziege und Flussfische fehlen nicht auf der Speisekarte. Bekannte Gerichte sind die sauer-scharfe Suppe (*suanla tang*), Tofu mit einer scharfen Soße aus Pfeffer und Hackfleisch (*mapo*) und gebratenes Huhn mit Erdnüssen, Chili und Mandarinenschalen (*gongbao jiding*). Die Kochkunst West-Chinas nennt man nach der wichtigsten Provinz auch Sichuan-Küche, und diese extrem dicht besiedelte Region ist auch die Heimat der Teehäuser; ausgedehnte Teeplantagen prägen die Landschaft außer in Sichuan vor allem in Yunnan, im äußersten Südwesten Chinas.

Chinesische Tischsitten

Oberster Grundsatz beim Essen in China ist, es sich gut gehen zu lassen. Daher speisen Chinesen bevorzugt in Gruppen, im Restaurant gern in Separees an runden Tischen. Das erleichtert nicht nur das sich Bedienen vom Drehtablett in der Tischmitte, sondern auch die Kommunikation. Man bestellt die Gerichte gleich für alle, am besten für die Anzahl der Tafelnden plus eins. Würde man seinen Teller ganz leer essen, könnte das den Gastgeber in Verlegenheit bringen. Das würde nämlich bedeuten, dass er zu wenig bestellt hat.

Zum Spaß beim Essen gehören die „Westlern" locker erscheinenden Tischmanieren. So stört sich kaum einer am Schmatzen, Schlürfen und Rauchen seines Tischnachbarn, auch das Ausspucken von Unverdaulichem auf den Tisch oder das Sprechen mit vollem Mund sind erlaubt. Keinesfalls sollten Sie aber bei Tisch schnäuzen (dafür geht man z. B. auf die Toilette) oder Alkoholisches unaufgefordert austrinken oder nachschenken. Tabu ist es, die Essstäbchen in den Reis zu stecken; dies ist eine Opfergeste für die Toten und wird als schlechtes Omen gedeutet.

Chinesen zahlen im Restaurant nie getrennt; von Mahl zu Mahl begleicht abwechselnd einer für alle die Rechnung. Manchmal wird regelrecht darum gestritten, wer zahlen darf. Als ausländischer Gast wird man diesen Streit meist verlieren. Trifft man sich öfter mit denselben Personen, sollte man im Vorfeld klarstellen, dass man diesmal der Gastgeber ist. Ansonsten hilft nur, sich unauffällig abzusondern und die Rechnung direkt an der Kasse zu begleichen.

Da Einzelabrechnung in China unbekannt ist, sollte, wenn Sie mit Teilnehmern einer Reisegruppe essen gehen, am besten einer von den Gästen das Geld einsammeln und dann für alle zusammen zahlen.

Sitzt man bei uns nach dem Essen oft noch stundenlang beim Gespräch zusammen, kennt man so etwas in China nicht: Sobald das Essen beendet ist, steht man auf und geht.

Getränke

Ideale Getränke zum Essen sind außer grünem Tee (*lü cha*) die leichten chinesischen Biere (*pijiu*). Besonders berühmt ist das *Tsingtao*, das erstmals 1903 in der damaligen deutschen Kolonie Qingdao gebraut wurde. Chinesen schätzen Weine wie *Dragon Seal*, der westlichen Gaumen zu süß ist; Europäern sind eher halbtrockene Weine wie *Dynasty* und *Great Wall* (rot oder weiß) zu empfehlen. Sehr bekömmlich sind Kräuterschnäpse, während der bis zu 70-prozentige *Maotai* aus Hirse und Weizen selbst Hartgesottenen beim Ex-Trinken die Sprache verschlägt. In China prostet man sich bei einer Mahlzeit häufig zu – fatal allerdings, dass das chinesische Prost *gan bei* „trockenes Glas" bedeutet. Das heißt: Man trinkt auf ex – egal, ob es sich um Schnaps, Bier oder teuren Wein handelt!

Foto: Thomas Barrat (Shutterstock.com)

ANDERE LÄNDER, ANDERE SITTEN

Im Lauf der Geschichte bekamen Portugiesen, Holländer und Engländer Chinas Andersartigkeit und Stolz zu spüren: Chinas Kaiser zeigten zu ihrer Empörung kein Interesse am fernen Europa. Selbstbewusstsein und das Gefühl, einer überlegenen Nation anzugehören, kennzeichneten schon immer das chinesische Selbstverständnis.

Kaiser Yan lehrte die Menschen den Ackerbau. Sein Bruder Huang Di, der Gelbe Kaiser, konnte ihn mit Hilfe von Drachen vom Thron drängen und erfand Boot, Wagen und Baukunst. Aus seinen 25 Söhnen gingen 25 Clans hervor. Das Kulturvolk der Chinesen war damit erschaffen. Mit dem unaufhaltsamen Wiederaufstieg Chinas zur Weltmacht ist es nun wieder chic geworden, sich stolz als Nachfahren des Gelben Kaisers und seines Bruders Yan Di zu bezeichnen.

Oben: Tai-Chi am Morgen in Peking.

Sprachbarrieren: Eine große Hürde ist die chinesische Sprache, doch auf Englisch kann man sich meist ganz gut durchschlagen. In weiterführenden Schulen wird längst Englisch gelehrt, und es gibt auch überall reichlich mutige Schüler, die ihr Englisch ausprobieren wollen. An den Rezeptionen der besseren Hotels wird meist ganz passabel Englisch gesprochen, und viele Speisekarten sind praktischerweise bebildert. Ihr Ziel sollten Sie sich immer auf Chinesisch aufschreiben lassen, dann müssen Taxifahrer oder Passanten keine Angst vor den „schwierigen" Ausländern haben, vor denen sie mangels ausreichender Sprachkenntnisse ihr Gesicht verlieren könnten.

Vorsicht ist geboten, wenn sie in Touristenorten von jungen Leuten in perfektem Deutsch oder Englisch zum Tee in eine Galerie oder ein Teehaus eingeladen werden: Fallen Sie nicht darauf rein – die teure Zeche zahlen Sie!

Unterwegs: Bei uns sitzt man in den öffentlichen Verkehrsmitteln meist inmitten einer Menge ernster, schweigsamer Gesichter; Chinesen zeigen dagegen gern allen, dass sie gerade Wichtiges zu tun haben und unterhalten sich oder telefonieren in einer Lautstärke, dass man es noch im letzten U-Bahnwagen mitbekommt. Sitzt man in China im Zug und hat nach zehn Minuten noch kein Wort mit seinem Nachbarn gewechselt, gilt man bereits als unhöflich. Aber keine Angst, irgendwer wird Sie ansprechen, und dann ist selbst bei geringen Englischkenntnissen auf beiden Seiten das Eis schnell gebrochen.

Chinesen sind unendlich neugierig und wollen wissen, was ihre Mitreisenden so treiben, wo sie hinfahren, was sie eingekauft haben. Da werden schon mal die Inhalte der Einkaufstasche vor allen Mitreisenden ausgebreitet.

Geschäftskontakte: Der chinesische „Kader-Kapitalismus" – die Wirtschaftselite setzt sich meist aus Kindern höherer Parteikader zusammen – sowie unterschiedliche Vorstellungen von Verantwortung und Führung können Verhandlungen zwischen Chinesen und Ausländern schwierig gestalten: Während man im Westen das „zur Sache Kommen" und „Tacheles Reden" als zielstrebig und dynamisch schätzt und Problematisches direkt ansprechen kann, versetzt solches Verhalten Chinesen einen „Kulturschock". Bei ihnen zählt das Vorspiel ebensoviel wie der Hauptakt, der Vertragsabschluss. Zum Vorspiel gehört das „Aufwärmen" durch gemeinsames Essen und persönliche Gespräche, etwa über die Familie oder die Möglichkeiten eines Auslandsstudiums für die Tochter des chinesischen Partners. Das Prinzip heißt nicht: „Erst kommt die Arbeit, dann das Vergnügen", sondern: „Man schaffe Harmonie, dann ergibt sich alles von selbst."

„Ich habe eine Visitenkarte, also bin ich." Sie sind als Geschäftsperson in China ein *nobody*, wenn Sie keine Visitenkarte (möglichst mit chinesischer Rückenbedruckung), die Ihren hohen beruflichen Rang belegt, verteilen können (mit beiden Händen reichen!).

Gestik und Mimik: Wenn die Sprachkenntnisse versagen, muss die Körpersprache aushelfen. Aber auch hier gibt es Verständigungsschwierigkeiten: Die Chinesen haben andere Fingerzeichen für Zahlen. So stehen für die 10 nicht zwei volle Händen, sondern überkreuzte Zeigefinger. Schulterzucken oder „Vogelzeigen" lässt die Chinesen ratlos. Im Gegenzug sollten Sie eine herausgestreckte Zunge nicht als Beleidigung deuten – sie drückt bloß Verlegenheit aus. Wenn Sie jemanden heranwinken, tun Sie dies mit nach innen einklappenden Fingern der abwärts gerichteten Hand.

Kritik: Auch wenn Chinesen ihr Licht gerne unter den Scheffel stellen und sich selbst spielerisch herabwürdigen, wird Kritik keinesfalls von Nicht-Familienmitgliedern geduldet. Sie bedeutet Gesichtsverlust. Kritisieren Sie, wenn überhaupt, nur diskret und „lobend".

Neugier: Sie sollten gelassen hinnehmen, dass Sie in abgelegenen Gebieten hohen Unterhaltungswert besitzen, besonders, wenn Sie blond, bärtig oder adlernasig sind. Chinesen zeigen sich oft freundlich und neugierig; als Frau sollte Sie die Frage nach dem Alter nicht stören: Alter bedeutet Würde. Das Einkommen gilt ebenfalls nicht als diskretionsgeschützt. Als allein reisende/r Single sollte man auf die Frage nach Kindern nicht die Unabhängigkeit preisen, sondern besser einige Sprösslinge erfinden, um nicht Opfer chinesischen Überzeugungseifers zu werden.

Sauberkeit: Vielleicht werden Sie sich in China vor Spucknäpfen und manchen Toiletten ekeln – so sehr die Chinesen ihren Körper pflegen, so sehr lassen sie öffentliche (Hock-)Toiletten verkommen, in denen auch meist Trennwände fehlen. Jedoch existiert heutzutage selbst in den größten Städten ein engmaschiges Netz an ausgeschilderten Toiletten. Und bei den meisten der bekannteren Sehenswürdigkeiten sind nun moderne, saubere, gebührenfreie Sanitäranlagen installiert worden.

KONTINENTALE VIELFALT

Die Ausmaße Chinas beeindrucken: 5500 km sind es von Sibirien bis zur tropischen Insel Hainan im Süden, 5200 km vom Pamir-Gebirge im Westen bis zur ins Gelbe Meer ragenden Halbinsel Shandong. 27 000 km Landesgrenze und 18 000 km Küste, größer und geografisch vielfältiger als Europa – mit 9,6 Mio. km^2 ist China das viertgrößte Land der Erde.

An Tibets Grenze zu Nepal ragen die höchsten Gipfel des Himalayas auf (u. a. Mount Everest mit 8850 m), weiter im Norden, in der Turfan-Senke der Autonomen Region Xinjiang, liegen die von Menschenhand entwässerten Flussbecken 154 m unter dem Meeresspiegel. Der Westen ist wenig fruchtbar und extrem dünn besiedelt, aber wegen Rohstoffvorkommen und als Atom- und Waffentestgebiet von hoher strategischer Bedeutung. Die Provinzen der östlichen Landeshälfte hingegen bieten mit ihren Terrassenfeldern Möglichkeiten für intensive Landwirtschaft, die inzwischen mit neu angesiedelten Industrien an der Küste und in den Häfen konkurriert. Hier wohnen die meisten Menschen, so dass für Siedlungsbau immer mehr Boden der Landwirtschaft entzogen wird.

Geschichten über die großen Flüsse finden sich schon in den Gründungslegenden des Reiches. Der **Yangzi**, mit ca. 6300 km der längste Fluss des Landes, teilt China in Nord und Süd. Viele Überschwemmungen gab es über die Jahrhunderte, und sie wurden in der Tradition immer unfähigen Herrschern angelastet, die das „Mandat des Himmels" (*tianming*) verloren hatten und gestürzt werden durften. Kein Wunder, dass alte und „moderne" Kaiser alles daran setzten, die Fluten einzudämmen. Das fällt in jüngster Zeit immer schwerer, denn am Oberlauf des Yangzi wurden durch Abholzung schwerste ökologische Sünden begangen. Der gegen beträchtlichen Widerstand – auch im eigenen Land – durchgesetzte Yangzi-Staudamm, der die berühmten „Drei Schluchten" verändert hat und für den rund 2 Mio. Menschen umgesiedelt wurden, ändert daran nichts – ganz im Gegenteil: Das ökologische Gleichgewicht wird auch im Unterlauf zerstört werden.

Der zweitlängste Fluss des Landes ist mit 5500 km der **Huanghe** (**Gelber Fluss**), die Wiege der chinesischen Zivilisation. Er windet sich weiter im Norden durch fruchtbaren Lössboden, der allerdings leicht weggeschwemmt werden kann. So reißt der Huanghe jedes Jahr tonnenweise Sedimente mit sich, erhöht sein eigenes Flussbett und ändert immer wieder seinen Lauf. Doch auf der gelben Erde an seinen Ufern lagen die ersten Fürstentümer, aus denen sich das chinesische Reich bildete.

CHINAS WIDERSPRÜCHLICHE GESCHICHTE

In China wird gerne die lange Kontinuität der Geschichte betont: Schon 4000 oder 5000 Jahre soll sich an der chinesischen Zivilisation fast nichts geändert haben. Doch dies ist weniger als die halbe Wahrheit, denn Geschichtsschreibung in China war immer eine Frage der Legitimierung von Macht und Herrschaft. So ließ jede neue Dynastie die Aufzeichnungen der vorherigen umschreiben oder gar zerstören, um sich selbst als rechtmäßigen Nachfolger zu präsentieren. Gerade heute, da der Legitimationsdruck der Herrschenden wieder sehr groß ist, wird mit der Überbetonung der Kontinuität suggeriert, dass dazu die Beständigkeit der Grenzen gehört, dass China also immer so groß war wie heute. Doch dies ist nun wirklich eine Legende.

Denn in den Schleifen des Huanghe lagen vor 2500 Jahren nur winzige

Rechts: Typisch für die Shang- und Zhou-Zeit des 2. und 1. Jt. v. Chr. sind meisterhaft gearbeitete Figuren und Gefäße aus Bronze.

Foto: Jürgen Bergmann

Dörfer, später locker verbundene Fürstentümer, die immer wieder von den nomadischen Reitervölkern im Norden bedroht wurden. Selbst der erste Kaiser vereinigte vor 2200 Jahren ein Gebiet, das weniger als ein Viertel des heutigen China umfasste. Später breiteten sich die Han-Chinesen nach Süden und nach Westen aus und drängten dort lebende Völker gewaltsam physisch und kulturell an den Rand.

Auch die kulturelle Identität Chinas war keineswegs so monolithisch, wie dies gerne dargestellt wird. Der Konfuzianismus war zwar ab der Zeit der Streitenden Reiche (475-221 v. Chr.) über Jahrhunderte Staatsdoktrin und beherrscht das Geistesleben der Elite bis heute, doch andere Denkrichtungen, etwa der Daoismus, besaßen beträchtlichen Einfluss. Auch der Buddhismus, der sich etwa ab dem 1. Jh. n. Chr. über die Seidenstraße verbreitete und sich zur wichtigsten Religion des Landes entwickelte, steht in seinen Lehren den starren Vorstellungen des Konfuzianismus entgegen. Kontinuität ist also nur *ein* Faktor der Entwicklung. Vielfalt, Widersprüchlichkeit und Dynamik bestimmten die Entwicklung des wachsenden Riesen genauso.

Die Zhou-Dynastie

Mit der Zhou-Dynastie (1100-221 v. Chr.) etablierte sich erstmals ein einigermaßen organisiertes Staatsgebilde, in dem Fürstentümer dem Adel als Lehen gegeben waren. Als Legitimation entwickelten die Zhou das Konzept des *tian* (Himmel), das sich weder mit einem Ort noch mit einer Person verband, sondern vollkommen abstrakt war. Der Herrscher besaß das „Mandat des Himmels" (*tianming*), das er verlieren konnte, wenn er sich als Tyrann oder schlechter Organisator erwies. Diese Idee wurde vom Konfuzianismus verstärkt und wirkt bis in die Gegenwart.

Die Qin-Dynastie

Gegen Ende der Zhou-Herrschaft trat mit dem Klan der Qin, die das Lehen

Foto: Jürgen Bergmann

über das westliche Reich besaßen, ein sehr konservativer, straff organisierter, vom Militär beherrschter Konkurrent auf den Plan und dehnte sein Einflussgebiet aus. 238 v. Chr. begann der noch junge König Zheng von Qin einen über zehn Jahre andauernden Kriegszug gegen seine Nachbarn mit dem Ziel, einen einheitlichen, zentralistischen Staat zu schaffen. 221 v. Chr. nahm er den Titel *Qin Shihuangdi* an, wobei *Qin* seinen Klan und die neue Dynastie bezeichnete, *shi* „erster" bedeutet, *huang* sich auf einen Kaiser der Mythen bezog und *di* „das oberste Wesen" heißt. Man kann den Titel des ersten Kaisers von China also etwa mit „der Erste Erhabene, Göttliche von Qin" übersetzen.

Das Reich wurde vollständig umorganisiert, bekam eine streng hierarchische Verwaltungsstruktur mit 36 Provinzen, denen jeweils ein Gouverneur und ein General vorstanden. Eine große Welle der Vereinheitlichung schwappte über das Reich, die Maße und Gewichte, den Wagen- und Straßenbau sowie Münzen und Schrift betrafen. Zahlreiche originale Zeugnisse aus dieser Zeit kann man im Historischen Museum Shaanxi in Xi'an bewundern. Es wurden Kanäle zur Bewässerung der Felder und für den Transport geschaffen, ein schon vorher vorhandenes System von Mauern wurde verbunden und ausgebaut – die erste Große Mauer Chinas. Das alles war nur mit Hilfe von Millionen Zwangsarbeitern und Gewaltherrschaft möglich. Gleich nach der Thronbesteigung begann Kaiser *Qin Shihuangdi* mit dem Bau seiner gigantischen, 56 km^2 großen Mausoleumsanlage, zu der 7000 lebensgroße Terrakotta-Krieger gehören, von denen bisher ungefähr 1100 freigelegt wurden.

Oben: Die Terrakotta-Soldaten des Kaisers Qin Shihuangdi in Grube 1 bei Xi'an. Rechts: Die Kleine Wildganspagode in Xi'an – ein Meisterwerk der Tang-Architektur.

Die Han-Dynastie

210 v. Chr. starb der Kaiser und hinterließ einen schwachen Thronfolger,

der zudem die wichtigsten Berater seines Vaters hinrichten ließ. Es kam zur Rebellion und zur Gründung der Han-Dynastie, die schnell ihre Macht konsolidieren konnte, jedoch viele Gesetze wieder abschaffte und erneut den Feudalismus einführte. Als Errungenschaft ihrer Vorgängerdynastie behielt sie allerdings die zentrale Organisation des Staates bei. Das Staatsgebiet wurde beträchtlich ausgeweitet, nach Westen entlang der Seidenstraße, nach Nordosten bis auf die koreanische Halbinsel, und im Süden sichtete man bald erste Truppen in der Gegend des heutigen Kanton. Offiziell dauerte die Han-Dynastie 426 Jahre (206 v. Chr. bis 220 n. Chr.), doch schon geraume Zeit vorher zeigte sie Verfallserscheinungen, die eine lange Zeit der Unruhe und kurzer, unbedeutender Dynastien einleitete.

Foto: Jürgen Bergmann

Die Sui-Dynastie

Erst im Jahr 581 gelang einem Heerführer eine erneute Reichseinigung mit der Gründung der Sui-Dynastie (581-618). Bis 610 waren äußere und innere Gegner besiegt und eine Vormachtstellung Chinas in Ostasien erreicht. Die Zentralisierung des Staates wurde erneut verstärkt, der Konfuzianismus erlebte eine Blüte, der 1800 km lange Kaiserkanal wurde bis nach Hangzhou vorangetrieben, eine neue Landverteilung belebte die Wirtschaft. Doch zu starker Expansionsdrang brachte schon bald den Fall. Kriegszüge in Korea führten zu Rebellionen und dem Sturz des Herrscherhauses.

Die Tang-Dynastie

Die Wirren der letzten Jahre der Sui-Dynastie nutzte der Aristokratenklan Li zur Übernahme der Macht und zur Etablierung der Tang-Dynastie (618-907). Wie die Han-Dynastie gründete sie auf der Aufbauleistung der nur kurz herrschenden Vorgänger, um nach der Festigung der militärischen und politischen Macht eine geschickte Bündnispolitik mit den angrenzenden Reichen, diesmal vor allem mit Tibet, aber auch durch Eroberung des Westtürkischen Reichs einzuleiten und nach innen ein stabiles System und eine blühende Kultur zu schaffen.

Die Tang-Dynastie, deren Hauptstadt Chang'an (Xi'an) vermutlich rund zwei Millionen Einwohner zählte, ist heute vor allem wegen ihrer künstlerischen Leistungen bekannt. Die Dichtung in einem streng formalisierten Reimschema blühte auf, meist getragen von den Beamten, und mit geschnitzten Holzplatten wurden Bücher gedruckt. Der Buddhismus erlebte eine Blütezeit und wurde volkstümlicher, Mönche betätigten sich als Reisende und Übersetzer. Auch die buddhistische Kunst in der Malerei und in den mit einer Vielzahl von Figuren besetzten Höhlen, etwa in Dunhuang, erlebte einen Aufschwung. Am bekanntesten sind heute noch Wandmalereien von Hofdamen und Tieren in üppigen runden Formen, die auch in die Keramik Einzug hielten, bei

der dreifarbige Glasuren in irdenen Tönen beliebt wurden.

Auch das Tang-Reich zerbrach an seiner Größe und der mangelnden Kontrolle über das Militär. Die Söldnerheere bekundeten nur ihren Kommandanten, nicht aber dem Hof Loyalität, so dass es am Rande des Reichs zu zahlreichen Aufständen kam, die teils nur mit dem Eingreifen der uigurischen und tibetischen Verbündeten niedergeschlagen werden konnten. Ab 880 eroberten einzelne Generäle mit ihren Truppen auch größere Städte, so dass das Reich in verschiedene Staaten zerfiel.

Die Song-Dynastie

Da sich im Norden, etwa in der Umgebung des heutigen Peking, kleinere Staaten einst nomadischer Völker ausgebreitet hatten, wich die neue Dynastie nach Süden aus und machte Kaifeng zur neuen Hauptstadt. 960 hatte sie sich unter dem Namen Nördliche Song gefestigt. In der Folge fand eine beträchtliche Wanderung von Han-Chinesen nach Süden statt, bis in die Gegend des heutigen Hongkong und in den Norden Vietnams. Die Landwirtschaft blühte auf, denn im subtropischen Klima des Südens wurde Reis angepflanzt; auch der Handel entlang der Küste und in überseeische Gebiete intensivierte sich. Die Gelehrten des Landes befassten sich mit dem Konfuzianismus. Sie gingen zurück zu den Ursprüngen und interpretierten die frühen Texte noch konservativer als in der Vergangenheit. Dieser rigide Neo-Konfuzianismus wurde Staatsdoktrin.

Unter den Völkern im Norden taten sich die Dschurchen und Kitan hervor. Um die Kitan in die Schranken zu weisen, verbündete sich die Song-Dynastie mit den Dschurchen, die jedoch die Schwäche des Partners erkannten und nutzten, um 1126 die Hauptstadt Kaifeng zu erobern. Der Song-Hof zog weiter nach Süden (Südliche Song), mach-

Oben: Anmut und künstlerische Qualität der Felsskulpturen von Dazu zeugen von der Blüte des Buddhismus in der Tang-Zeit (618-907).

te zunächst Nanjing, dann Hangzhou – beide damals schon Millionenstädte – zur Kapitale. Die Dschurchen errichteten Zhongdu („Mittlere Stadt") als neue Residenz dort, wo heute Peking liegt, und hielten ihre Macht rund 100 Jahre.

Die mongolische Yuan-Dynastie

Doch weiter im Norden wuchs seit langer Zeit ein wesentlich gefährlicherer Gegner heran. Im Jahr 1206 einigten sich die mongolischen Stämme auf Dschingis als Großkhan und begannen sogleich einen Feldzug gegen andere Völker in Nordchina: 1215 eroberten sie Zhongdu. Zehn Jahre später befanden sie sich im Kampf gegen die Xi Xia, ein Krieg, bei dem Dschingis ums Leben kam. Sein Sohn Ogodai (reg. 1229-1241) wurde zum Nachfolger gewählt und setzte sich die Konsolidierung des beträchtlich gewachsenen Reichs zum Ziel; die Song im Süden ließ er zunächst gewähren. Unter Möngke Khan (reg. 1251-1259) begannen neue Eroberungen rings um das Song-Reich, bei denen der Khan in Sichuan fiel. Das Feld für den größten Eroberer in Asien war bereitet.

Kublai (Kubilai) war ein jüngerer Bruder Möngkes und Enkel Dschingis'. Er wurde 1260 zum Khan gewählt und regierte bis 1294. Während dieser Zeit eroberten die Mongolen das gesamte chinesische Reich und stießen nach Vietnam und weit nach Westasien und Europa vor. 1279 fiel die Song-Hauptstadt Hangzhou, doch schon vorher hatte sich Kublai zum Kaiser ausrufen lassen und auf den Trümmern von Zhongdu seine Hauptstadt Khanbaliq / Dadu (heute Peking) errichtet. 1271 wurde die Dynastie begründet und Yuan genannt, was „Uranfang" bedeutet, nach einem Zitat aus dem konfuzianischen „Buch der Wandlungen" und erstmals ein Dynastienname mit einer Bedeutung.

Die Mongolen waren bald keine wilde Reiterhorde mehr, sondern schufen einen für die damalige Zeit und die ungeheure Größe erstaunlich gut organisierten Staat, zudem gewährten sie im gesamten Reich religiöse Toleranz. Das chinesische Verwaltungssystem wurde beibehalten, doch mit eigenen Leuten besetzt. Ein Traum: Mit einem Schlag wurde der gesamte Beamtenapparat entmachtet. Die Mongolen vertrauten eher Türken, Persern und Syrern als Verwaltern und stellten für niedere Dienste gar Italiener ein; der heute bekannteste war Marco Polo (s. u.). Die gesellschaftliche Pyramide bestand aus vier Stufen: oben die herrschenden Mongolen, darunter die ausländischen Berater, dann die Nordchinesen (*han ren*) und ganz unten die Südchinesen, die verächtlich „Südbarbaren" (*man zi*) genannt wurden und keine Ämter bekleiden durften.

Die Mongolen forcierten den Handel entlang der Seidenstraße nach Westasien und Osteuropa, außerdem über das Meer nach Südostasien und Indien. Auch die Infrastruktur wurde weiter ausgebaut, denn nach der langen Herrschaft der Song lebte die Mehrheit der Chinesen südlich des Yangzi, während die neuen Herrscher ihr Lebenszentrum wieder im Norden hatten. Berühmt wurde die mongolische berittene Post. Die Mongolen führten auch Papiergeld erstmals ohne Absicherung über Metall ein; die Wirtschaft war also stabil.

Über diese Handelsrouten gelangten Europäer in das sagenhafte „kathai", darunter natürlich auch Reisende und Händler aus der europäischen Handelsmetropole Venedig. Die Brüder Polo mit dem jungen Marco im Schlepptau waren keineswegs die ersten Europäer, die das Altai-Gebirge und die Hauptstadt Khanbaliq erreichten. Doch Marco Polo war der erste, der nach 17 Jahren Dienst am Hof in Europa über seine Erlebnisse und Eindrücke berichtete – und dafür wegen der Verbreitung von Lügen ins Gefängnis geworfen wurde. Jedenfalls drang die Kunde von blühenden Millionenstädten mit Kanälen und Brücken,

Toren und Mauern, mit Läden und ansehnlichen Häusern nun auch nach Europa.

Nach Kublais Tod (1294) brachen Fraktionskämpfe aus, was die Chinesen zum Anlass nahmen, gegen die Fremdherrscher zu rebellieren. Schnell folgten auch wirtschaftliche Schwierigkeiten, die eine galoppierende Inflation des Papiergeldes nach sich zogen. Ab 1350 befand sich Mittelchina praktisch im Bürgerkrieg. Der Mönch einer radikalen buddhistischen Sekte rief sich zum „Herzog von Wu" (bei Nanjing) aus und eroberte 1368 die Hauptstadt. Dort wurde er der erste Kaiser der Ming-Dynastie, deren Name wieder Programm war: „hell und klar".

Die Ming-Dynastie

Neue Hauptstadt war zunächst Nanjing. Doch ein Sohn des Kaisers verwaltete die einstige Khan-Hauptstadt, und als dieser sich bei der Erbfolge übergangen sah, zog er 1402 gegen den ihm vorgezogenen Neffen und besiegte ihn. Als dritter Ming-Kaiser unter der Regierungsdevise „Yongle" verlegte er die Residenz wieder nach Norden und ließ auf den Trümmern des Mongolen-Palasts eine einmalige Kaiserstadt entstehen: Peking. In fünf Jahren Planung und 15 Jahren Bauzeit entstand eine riesiger Palast („Verbotene Stadt"), streng ausgerichtet auf einer Nord-Süd-Achse, die durch die gesamte Stadt verlief, mit symmetrisch angeordneten Hallen gigantischen Ausmaßes. Auch wenn viele Gebäude inzwischen mehrfach erneuert wurden, blieb der Kaiserpalast in seiner Grundstruktur weitgehend unverändert.

Mit dem Kaiser und seinem Hof zogen auch Hunderte, später Tausende von Eunuchen in den Palast. Ihnen vertraute Yongle mehr als seinen Beamten.

Rechts: Ein Drache, uraltes Symbol des chinesischen Kaisers, an der Neun-Drachen-Mauer im Kaiserpalast in Peking.

Das hierarchische Beamtensystem wurde zwar wieder aufgebaut und bis in die Spitze effektiviert, doch durften selbst die Minister keine Entscheidungen fällen, sondern nur Vorschläge unterbreiten, die der Kaiser per Edikt sanktionierte oder ablehnte. Den Eunuchen unterstellte er, keinen eigenen Ehrgeiz zu besitzen und dem Herrscher in Loyalität ergeben zu sein, da sie meist aus armen Familien vom Land stammten.

Einer der bekanntesten Eunuchen der frühen Ming-Dynastie war Zheng He, der bis zum Admiral der Flotte aufstieg und sich einen Namen als Entdecker und Händler zur See machte. Zwischen 1405 und 1433 brach er, teilweise mit 62 Schiffen und 27 000 Mann, zu sieben Expeditionen nach Java und Sumatra, nach Indien und Sri Lanka, in den Persischen Golf und schließlich bis ins Rote Meer und nach Ostafrika auf. Dann erließ der Kaiser aus unklaren Gründen ein Edikt gegen die Seefahrt, und die chinesische Flotte verschwand von den Weltmeeren.

„Reich der Mitte"

Doch obwohl China damals seinen Auftritt in Süd- und Südostasien hatte, verstärkt durch zahlreiche Auswanderer, so war das Reich doch nur halb so groß wie heute. Xinjiang und Tibet gehörten nicht dazu, weite Gebiete, wie etwa Yunnan, ließen sich vom fernen Peking nie kontrollieren. Außenpolitisch hatte man an Stabilität gewonnen, weil man sich mit einem Gürtel von bis zu 50 Tributstaaten umgeben hatte, zu denen zeitweise selbst Japan gehörte. Aus chinesischer Sicht handelte es sich nicht um gleichberechtigte Beziehungen, da China sich als „Reich der Mitte" (*zhong guo*) im Zentrum des Universums sah. Nicht-Chinesen galten als „Barbaren", deren kultureller und sozialer Status mit der Entfernung zum Reich der Mitte abnahm. Die Herrscher der tributpflichtigen Staaten hatten einmal im Jahr oder in größeren Abständen Gesandt-

Foto: Hupeng (Dreamstime.com)

schaften zum Kaiserhof zu schicken, die vor dem Kaiser den Kotau – ein neunmaliges Niederwerfen mit Berühren des Bodens mit der Stirn – auszuführen und Geschenke zu übergeben hatten. Dabei kam es nicht auf den materiellen Wert an, denn die Botschafter nahmen meist viel kostbarere Gegengeschenke mit, sondern auf die Unterwerfung unter die Oberhoheit des chinesischen Kaisers. Diese Sicht der Welt sollte zu den heftigen Auseinandersetzungen nach der Ankunft der europäischen Kolonialmächte beitragen.

Ankunft der Europäer und internationaler Handel

Um 1516 erreichte erstmals ein portugiesisches Handelsschiff die Mündung des Perlflusses vor Kanton. Man tauschte Waren aus und sandte die Ausländer wieder fort. Zunächst blieben die Beziehungen noch friedlich, den Portugiesen als Zwischenhändlern für den offiziell verbotenen Austausch zwischen China und Japan wurde gar 1557 die Errichtung von Macau als Handelshafen am südlichen Ausgang des Perlfluss-Deltas genehmigt; die bis weit ins 20. Jh. nachwirkenden Kriege mit den Europäern fanden erst im 19. Jh. statt.

Der Handel war ein heikles Thema für die Ming-Dynastie. Der Hof versuchte ihn vollständig zu kontrollieren, für jede Unternehmung war eine Lizenz erforderlich. Diese wurde meist an Monopolisten vergeben, die etwa mit der Belieferung der fernen Garnisonsstädte beträchtliche Gewinne verbuchten. So entstand keine „bürgerliche" Mittelschicht wie in Europa, sondern zum herrschenden Adel nur eine kleine Gruppe sehr reicher Händler.

Immerhin brachte der wachsende Wohlstand eines Teils der Gesellschaft eine kulturelle Blüte hervor. Prachtvolle Bauwerke entstanden, Paläste und Tempel, Brücken und nicht zuletzt die Große Mauer zur Abwehr der noch immer unruhigen Mongolen. In Malerei, Kalligrafie und Dichtung stand der wohlhabende Beamte oder Händler als eifriger Laie im Mittelpunkt. Doch es entstanden

Foto: Travelling-light (Dreamstime)

auch Romane in Umgangssprache, die heute noch zum Repertoire der Schullektüre gehören und in zahlreiche Sprachen übersetzt sind.

Eine völlig andere Kultur repräsentierten die im 16. Jh. an den Hof gelangenden Missionare, die den Kaiser mit naturwissenschaftlichem Wissen beeindruckten. Die Kenntnisse der Astronomie revolutionierten die jährlich erforderliche Aufstellung des Kalenders nach dem Mond, eine besonders wichtige Aufgabe, da nicht nur Feiertage, sondern auch Aussaat und Ernte genau nach Mondtagen festgelegt waren. Auch mathematisches und medizinisches Wissen war willkommen, während die Bekehrungsversuche höchstens geduldet wurden.

Die mandschurische Qing-Dynastie

Die Ming-Dynastie herrschte lange erfolgreich, doch nach über 250 Jahren wurde sie schwächer. Gleichzeitig einigten sich 1599 die mandschurischen Stämme auf Nurhaci als Anführer, unter dessen Leitung sie chinesische Randgebiete im Nordosten eroberten. 1621 fiel das heutige Shenyang, das Nurhaci 1625 zur Hauptstadt machte, ein Jahr später hatte er die gesamte Mandschurei unter Kontrolle. Auch sein Sohn Abahai (1626-1643) weitete das Einflussgebiet aus und verkündete eine neue Dynastie, die *da qing* (die „große Klare") genannt wurde. Mit Hilfe von Rebellen erreichten die mandschurischen Truppen 1644 Peking, wo sich der letzte Ming-Kaiser am Kohlenhügel erhängte.

Die Mandschuren sahen sich unter einem starken Legitimationsdruck, wollten sie als Fremdherrscher bestehen. Anders als die Mongolen nahmen sie schnell und gezielt die chinesische Kultur an, hatte doch Abahai schon mit Hilfe von chinesischen Beratern seinen Hof in Shenyang aufgebaut. Die Beamtenelite blieb an der Macht, bekam lediglich mandschurische oder mongolische Aufpasser zugeteilt. Aus dieser

Oben: Blick vom Kohlehügel auf den Kaiserpalast in Peking.

Sucht nach Legitimation entstand eine Überanpassung: Der Konfuzianismus wurde in seiner orthodoxesten Form adaptiert, statt der vorher in der Mandschurei üblichen Feuerbestattung wurde die chinesische Erdbestattung übernommen, die eigenen religiösen Praktiken wurden weitgehend verdrängt. Zunächst gelang dieser Kurs – die frühen Kaiser initiierten eine machtpolitische, wirtschaftliche und kulturelle Blüte – doch später sollte sich das Beharren auf überkommenen Werten als fatal für die Monarchie in China erweisen.

Ausweitung des Reichs

Im Kernland blieb die politische Situation zunächst stabil. Doch an den Rändern weiteten die Qing-Herrscher ihren Machtanspruch beständig aus, genau wie manche westmongolische Völker, die Einfluss bis nach Tibet erringen wollten. Von Anfang des 17. bis Mitte des 18. Jh. fanden immer wieder Schlachten in Zentralasien statt, die erst mit einem Sieg 1756/57 über die Dsungaren, einem Massaker unter dem dsungarischen Adel und der Eroberung von Aksu, Kashgar und Yarkand beendet wurden. Der Kaiser setzte in der nun Xinjiang („neue Gebiete") genannten Region eine Militärregierung ein und machte sie 1884 zur Provinz. Auch Tibet war oft durch Unruhen gekennzeichnet. Die Menschen rebellierten gegen den vom Dalai Lama geführten Adel, den Peking immer wieder unterstützte, um seine Interessen zu wahren.

Ende des 18. Jh. hatte China unter Kaiser Qianlong (1736-1795) seine größte Ausdehnung erreicht. Der menschenreichste Staat Asiens vereinte eine Vielzahl von Völkern, Sprachen und Schriften, schon bezeugt dadurch, dass Dokumente in mindestens vier Sprachen (Chinesisch, Mongolisch, Mandschurisch und Tibetisch) verfasst wurden. Zahlreiche Religionen (der Buddhismus in verschiedenen Ausprägungen, der volkstümlich gewordene Daoismus, der auch religiös ausgeprägte Konfuzianismus und andere) existierten nebeneinander. China war also in der Vergangenheit nicht der kulturell monolithische Block, als der es sich heute gibt. Nur das Zentrum der Macht, der Kaiserhof, war damals so orthodox wie heute die Partei in politischen Belangen. Sein Festhalten an starren, überkommenen Ordnungen bewirkte, dass die Gesellschaft Bedrohungen von außen nicht gewachsen war.

Die „Öffnung" Chinas und die Opiumkriege

China war immer ein Land der Mythen, und durch seine staatliche Ideologie und die häufige Selbstisolierung trieb das Land diese Mythenbildung noch weiter voran. Viele Menschen fühlten sich über die Jahrhunderte von China angezogen, und je weniger man über das Land wusste, desto besser ließen sich die Mythen konservieren. Doch nicht nur Abenteurer und Entdecker hielten Ausschau nach dem sagenhaften „Kathai" oder dem Paradies auf Erden, sondern auch Leute mit handfesten Interessen.

Zu diesen gehörten zweifellos die Kolonialherren, die mit Truppen, Handelsschiffen und Missionaren ab dem 16. Jh. immer wieder vor Chinas Küsten auftauchten.

Während zunächst der geringe Handel streng reguliert, aber einigermaßen reibungslos zwischen Macau und Kanton ablief, verschärften sich die Gegensätze im 19. Jh. Zum einen vertiefte sich der Widerspruch zwischen den europäischen Mächten, als sich zu den vorher dominierenden katholischen Portugiesen und Spaniern auch die protestantischen Briten und Holländer gesellten. Zum anderen wurde der Druck stärker, neben dem Einkauf exotischer Waren – im Falle Chinas Tee, Seide und Porzellan – auch die eigenen, nach der Industriellen Revolution in Massenproduktion erzeugten Güter in der Ferne

Foto: Gerd Simon

abzusetzen. Doch Chinas Kaiser erklärten immer wieder, dass sie selbstversorgend seien, dass das Reich der Mitte keinerlei Bedarf an ausländischen Dingen besäße. In den Augen der Kolonialisten ein schweres Vergehen, dessen Konsequenz nur lauten konnte: China musste „geöffnet" werden.

Als Schlüssel zur gewaltsamen Öffnung Chinas gilt häufig das Opium, vor allem in China selbst, doch es muss ernsthaft bezweifelt werden, dass es eine gezielte Politik Britanniens gab, Opium zur Schwächung Chinas zu nutzen. Vielmehr setzten die Briten Opium als Zahlungsmittel ein, da sich China alle von ihm gekauften Waren in Silber bezahlen ließ. Als den Briten das Silber ausging, ließen sie sich die bis dahin geringen Mengen des in Indien erzeugten Opiums, das sie in China absetzten, ebenfalls mit Silber vergüten. Dies funktionierte gut, und so steigerte man mit allen Mitteln den Absatz, was bei Opium nicht schwierig war, da schon geringe Mengen einen relativ hohen Wert besaßen und die Kunden süchtig wurden.

Oben: Fabrikniederlassungen europäischer Mächte in Kanton um 1800 (chinesische Glasmalerei). Rechts: Chinesische Opiumraucher 1843 (Kupferstich von T. Allom).

Dabei war Opium von alters her als Heilpflanze bekannt, man setzte es, auch in China, gegen Blutungen und Durchfall ein. Zum Rauschmittel wurde es erst im 17. Jh., als das Tabakrauchen in Mode kam. Erstaunlicherweise konsumierten es die beiden extrem entgegengesetzten Klassen der Gesellschaft, die reichen Müßiggänger und die armen Kulis, für die es billiger war als vernünftiges Essen. Es trifft auch nicht zu, dass ganz China an der Opiumpfeife hing; man schätzt, dass auf dem Höhepunkt der Opiumwelle „nur" ungefähr 2 Mio. Chinesen den Stoff regelmäßig konsumierten.

Beim Verbot des Opiums 1839 ging es dem Kaiser auch nicht um die Volksgesundheit, sondern um seine Handelsbilanz und die Geldwertstabilität. In den Jahren vorher war nämlich der

Foto: Gerd Simon

Silberabfluss aus China ständig gestiegen, und da die Währung an das Silber gebunden war, drohte eine gewaltige Inflation. Deshalb setzte sich schließlich der für seine Rigidität bekannte Kommissar Lin Zexu durch, der den Kaiser überzeugte, den Verkauf von Opium zu verbieten. Lin ließ die europäischen Handelshäuser in Whampoa bei Kanton belagern und schließlich 20 000 Kisten des Rauschgifts zerstören.

Die beiden Opiumkriege (1840-1842 bzw. 1856-1860) waren der Auslöser für einen militärischen Machtkampf in Ostasien. Die Kolonialmächte wollten nun China für den Handel öffnen, eigene Stützpunkte außerhalb der despotischen chinesischen Rechtsprechung gewinnen und diplomatische Beziehungen auf gleichberechtigter Ebene mit dem Kaiser erzwingen. Nach mehreren Seeschlachten, Kriegszügen und Belagerungen der Städte Nanjing und Peking wurden die ausländischen Rechte in den von China „ungleich" genannten Verträgen von Nanjing (1842), Tianjin (1858) und Peking (1860) praktisch vollständig zugunsten der Kolonialmächte geregelt. China war politisch und militärisch viel zu schwach, um den Alliierten irgendetwas entgegensetzen zu können. Hongkong wurde britische Kolonie und gewann in mehreren Schritten Land dazu. Shanghai als wichtigster Hafen in Mittelchina, nahe der Mündung des Yangzi, über den das Hinterland erreicht werden konnte, bekam ein „Internationales Settlement" und Zonen der Kolonialmächte, in denen die chinesische Verwaltung keinerlei Rechte besaß; in anderen, weniger bedeutenden Häfen war es ähnlich. In Peking wurde ein Gesandtschaftsviertel eingerichtet, in dem die ausländischen Mächte ihre Botschaften bauten und wie in Europa oder Amerika lebten.

Die Taiping-Rebellion

Zu den weiteren Mythen der chinesischen Geschichtsschreibung gehört, dass nur die Angriffe der technisch überlegenen Ausländer den Zerfall des Reiches verursachte. Dabei war die

Foto: Engelbert Altenburger

Oben: Angriff der Taiping-Rebellen auf Nanjing, 1864 (Holzschnitt). Rechts: Boxeraufstand in Peking, 1900.

Qing-Dynastie Mitte des 19. Jh. längst heruntergewirtschaftet und hatte den technischen und wirtschaftlichen Anschluss an die Welt verloren. In Mittel- und Südchina zeigten zahlreiche Aufstände und Rebellionen ihr nahes Ende an.

Der bedeutendste dieser Aufstände war die Taiping-Rebellion (1850-1864) unter der Führung von Hong Xiuquan, einem Grundschullehrer aus der Provinz Guangxi, der sein Lebensziel davonschwimmen sah, nachdem er viermal durch das Beamtenexamen gefallen war und nach Kontakten mit amerikanischen Missionaren der Wahnvorstellung unterlag, er sei der jüngere Bruder von Jesus Christus. Er sammelte Unzufriedene aus seiner Heimat um sich und verschanzte sich in den Bergen, wo er sich zum „Himmelskönig des Himmlischen Königreichs des Großen Friedens" (*taiping tianguo*) erklärte. 1851 begann er einen Feldzug gegen die Mandschu-Herrscher. In seinem Wahn und der Verzweiflung seiner Anhänger hinterließ dieser Zug eine breite Schneise der Zerstörung, von Menschenleben und von allen buddhistischen und konfuzianistischen Bauwerken, wovon vor allem Nanjing betroffen war. In dieser Region blieb der Zug stecken, die Führung hatte sich heillos zerstritten. 1864 starb Hong auf mysteriöse Weise, was die kaiserlichen Truppen zum Anlass nahmen, Nanjing zu stürmen und ein Massaker anzurichten, bei dem mehr als 100 000 Menschen ums Leben kamen. Das konservative Beamtentum hatte zum letzten Mal gesiegt.

Verspätete Reformen

Konsequent war allerdings auch eine nun eingeleitete Politik der „Selbststärkung", mit der die konservative Elite die technischen Errungenschaften des Westen kopieren wollte, vor allem in Rüstung, Bergbau und Landwirtschaft, ohne jedoch politische oder gesellschaftliche Konsequenzen zu ziehen. Dabei bediente man sich durchaus der Unterstützung durch die Kolonialmächte, die Ende des 19. Jh. kleine Enklaven besetzt hatten, wozu auch die deutschen Kolonien von Qingdao (Tsingtau) und Jiaozhou (Kiautschau) in der heutigen Provinz Shandong gehörten.

Nur gelegentlich gab es Phasen der Veränderung. Etwa die „Hundert-Tage-Reform" des jungen Guangxu-Kaisers (reg. offiziell 1875-1908), der unter dem Einfluss von Reformern wie Kang Youwei (1858-1927) stand, die eine aufgeklärte Monarchie wie in Japan anstrebten. Doch wie der Name schon sagt, dauerte die Reformperiode nur vom 11. Juni bis 21. September 1898, also 103 Tage. Sie wurde durch einen Putsch der konservativen Fraktion um die Kaiserinwitwe Cixi, Guangxus Tante, beendet. Cixi ließ die meisten Reformer verhaften und stellte Guangxu im Sommerpalast unter Hausarrest.

Foto: Archiv für Kunst und Geschichte, Berlin

Der Boxeraufstand

Kurze Zeit später verbündete sich die konservative Fraktion im Palast mit einer Bewegung, die sich gegen jede Modernisierung und alles Ausländische wandte; ihr Zentrum lag in Shandong, wo diese Geheimbünde Kampftechniken praktizierten, daher der Begriff „Boxer-Bewegung". Nach der gewaltsamen Beendigung der kurzen Reformphase gewannen die Boxer in Nordchina beständig an Einfluss, griffen kirchliche Einrichtungen und Missionare an. Ein Eklat war erreicht, als am 19. Juni 1900 der deutsche Gesandte Klemens von Ketteler in Peking ermordet wurde. Am Tag darauf begannen die Boxer, unterstützt von kaiserlichen Truppen, mit einer zweimonatigen Belagerung des Gesandtschaftsviertels („Boxeraufstand"), die erst durch die Ankunft eines alliierten Korps gebrochen wurde. Dabei plünderten britische und französische Truppen wertvolle Kultureinrichtungen der Hauptstadt. Der Hof wurde gezwungen, einen Vertrag zu unterzeichnen, der die Sicherheit der Botschaften gewährleistete. Die Boxerbewegung versandete daraufhin.

Auch für das chinesische Kaiserhaus stand das Ende unmittelbar bevor. Zwar gab es noch einige Reformen, doch schon seit Jahrzehnten hatte das Land nicht mehr unter der Kontrolle der Zentrale gestanden. 1908 starben der offiziell regierende Guangxu und die de facto regierende Cixi innerhalb von wenigen Tagen. Zurück blieb ein dreijähriges Kind auf dem Thron, Pu Yi, der tragische letzte Kaiser von China.

Die Republik

Während der Norden konservativ und monarchistisch eingestellt war, hatte sich im Süden schon lange eine Reformbewegung gebildet, die auf republikanische Werte setzte. Einer ihrer Führer war der in der Nähe von Macau geborene spätere Arzt Dr. Sun Yatsen (1866-1925). Er formulierte als „grundlegende drei Prinzipien": Nationalis-

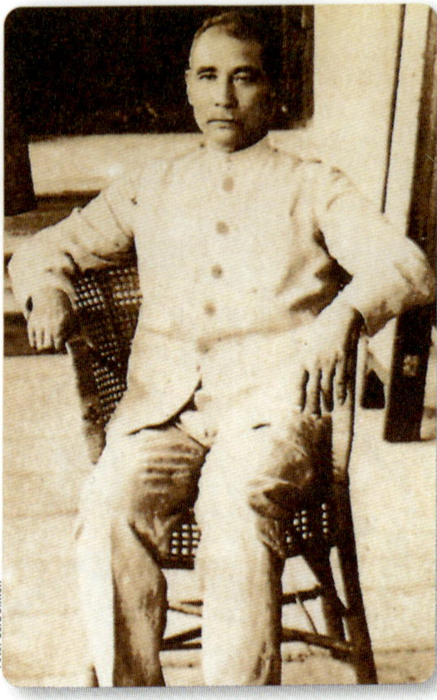

Foto: Gerd Simon

mus, republikanische Verfassung und Sozialismus durch Bodenreform (wobei letzterer nichts mit Marx zu tun hatte). Als die Qing-Regierung 1911 wegen der Xinhai-Revolution zusammenbrach, besetzten die Reformer Nanjing und riefen eine Gegenregierung unter Sun aus. In Peking verhandelte Yuan Shikai mit dem Hof und wurde schließlich zum 1. Januar 1912 mit Unterstützung der Nanjinger zum Präsidenten ausgerufen. Doch Yuan versuchte, eine neue Dynastie zu gründen, was das Entstehen einer starken Zentralregierung verhinderte. 1916 starb Yuan, woraufhin das Land nur noch von regionalen Militärmachthabern regiert wurde, die sich bis 1928 in wechselnden Koalitionen gegenseitig bekämpften.

Sun Yatsen gründete die Nationale Volkspartei (Guomindang, GMD), die in der Gegend von Nanjing erfolgreich blieb und außerhalb von Kanton eine Militärakademie aufbaute. Diese wurde von Chiang Kaishek (1887-1975) geleitet, der sich zum Gegenspieler Suns entwickelte. Im Frühjahr 1925 weilte Sun Yatsen zu Verhandlungen in Peking, wo er überraschend an Leberkrebs verstarb. Zum Nachfolger in der Führung der Guomindang schwang sich der ehrgeizige und machtversessene Chiang Kaishek auf, was eine dauerhafte Koalition der Reformkräfte verhinderte.

Oben: Dr. Sun Yatsen, der Vater des neuzeitlichen China. Rechts: Der Lange Marsch der Kommunisten (1934-1937) – ein langes Leiden.

Die 4.-Mai-Bewegung

Zu diesen Kräften gehörten auch die Intellektuellen, für die der 4. Mai 1919 zu einem wichtigen Datum wurde. Nach dem 1. Weltkrieg hatte Deutschland auch seine Kolonien in China verloren; Japan übte entsprechend dem Versailler Vertrag (1918/19) ein Protektorat über Qingdao aus. Dass diese Gebiete nicht wieder unter chinesische Verwaltung gestellt wurden, brachte Intellektuelle und Nationalisten auf, die sich am 4. Mai zu einer Demonstration auf dem Tian'anmen-Platz in Peking trafen. Die sich so formierende 4.-Mai-Bewegung, die sich vor allem in den damals sehr beliebten Zeitschriften äußerte, forderte eine „Verwestlichung" Chinas im Sinne der Abschaffung der konfuzianischen Gesellschaftsstruktur und eine Demokratisierung des politischen Systems, Forderungen, die bis heute nicht eingelöst sind.

Die Gründung der Kommunistischen Partei Chinas (KPCh)

Als weitere neue Kraft etablierte sich die 1921 in Shanghai von ein paar Genossen, unter denen sich auch ein gewisser Mao Zedong, Hilfsbibliothekar an der Peking-Universität, befand, nach sowjetischem Vorbild gegründete Kommunistische Partei Chinas (KPCh). Sie setzte zunächst auf die Industriearbeiter, in einem Land, in dem es fast keine Industrie gab, und schwenkte erst zehn Jahre später dazu über, „wie ein Fisch

Foto: Gerd Simon

im Wasser" unter den Bauern zu leben und diese als revolutionäres Potential zu entdecken.

Die Kommunistische Internationale, bestimmt von der Sowjetunion, unterstützte bis in den 2. Weltkrieg hinein die nationale Guomindang, drängte aber beide Parteien zur Zusammenarbeit, was nur zeitweise und auf wenigen Gebieten wirklich funktionierte. So führten KPCh und GMD zusammen die Militärakademie von Whampoa bei Kanton, in der die Führungskräfte beider Parteien geschult wurden. Lange Zeit wurden sie angeleitet von Zhou Enlai (1898-1976), dem aus einer Gelehrtenfamilie stammenden späteren Premierminister der Volksrepublik.

Die japanische Invasion und der Lange Marsch

Dabei wäre eine echte Einigung des politisch wie militärisch zersplitterten China dringend notwendig gewesen. Denn schon 1910 hatte das vom Militär beherrschte Japan Korea als Kolonie annektiert und von dort mehr als ein gieriges Auge auf die rohstoffreiche Mandschurei geworfen, in die japanische Truppen immer stärker einsickerten. 1931 rief Japan den Marionettenstaat Manzhouguo (Mandschudkuo) mit dem inzwischen erwachsen gewordenen Ex-Kaiser Pu Yi als formellem, aber machtlosem Oberhaupt aus.

Doch trotz der sich weiter ausbreitenden Japaner waren die Brüche zwischen GMD und KPCh immer größer als der vorübergehende Zusammenhalt. Chiang Kaishek griff die KPCh-Basen sogar militärisch an, was die Kommunisten 1934-1937 zu ihrem legendären *Langen Marsch* zwang, bei dem sich etwa 90 000 kommunistische Kämpfer über rund 12 000 km in die unwirtliche Gegend von Yan'an in der Provinz Shaanxi zurückzogen. Bei diesem Marsch kam etwa die Hälfte der Teilnehmer ums Leben, und das Ziel versprach auch erst einmal ein Leben in äußerster Kargheit. Dieses traumatische Erlebnis prägte die Führer der späteren Volksrepublik. In Yan'an entstanden die einge-

Foto: Gerd Simon

schworenen Seilschaften von Freunden und Gegnern, dort begründete man die Ideologie des einfachen Lebens für die Bauern, dort wandte man sich von allem Fremdem, Ausländischem ab, dort wurden Abhandlungen über Kunst und Kultur verfasst, die auch den heutigen Zensoren noch durch den Hinterkopf geistern. Und dort wurde Mao Zedong zum Parteiführer gewählt.

1937 begann praktisch der 2. Weltkrieg in Asien. Die Japaner drangen weiter ins chinesische Kernland vor, und am 7. Juli fielen an der Marco-Polo-Brücke südlich von Peking die ersten Schüsse. Rasch marschierten die Truppen weiter, richteten grausame Massaker mit Hunderttausenden von Toten unter der Zivilbevölkerung an (u. a. in Nanjing im Dezember 1937 / Januar 1938) und hatten bis Oktober 1938 Wuhan und Shanghai erobert, während die Marine Kanton besetzte. Einen Tag nach dem Überfall auf Pearl Harbor am 7. Dezember 1941 bombardierte die Luftwaffe auch Hongkong, das von Kanton aus bis Weihnachten eingenommen werden konnte.

Die Guomindang zog sich weiter zurück, schließlich bis nach Chongqing in der Provinz Sichuan. Die kommunistische Rote Armee hingegen begann einen Guerillakrieg, der ihr später sehr viel Sympathie einbrachte. Entscheidend schlagen konnte sie die Japaner jedoch auch nicht – die Besetzung großer Teile des Landes endete erst mit der Kapitulation Japans im August 1945.

Damit begann wieder die Rivalität zwischen GMD und KPCh. Die Nationalisten fanden Unterstützung in den Städten, die Kommunisten auf dem Land, von wo aus sie die Städte einkreisten und die Guomindang schließlich zur Flucht auf die Insel Taiwan zwangen (1949).

Oben: Mao Zedong ruft am 1. Oktober 1949 die Volksrepublik China aus. Rechts: Mao Zedong inspiziert während der Kulturrevolution die Roten Garden (Peking, 1966).

Die Volksrepublik China

Am 1. Oktober 1949 rief Mao Zedong vom Tor des Himmlischen Friedens, jenem Ort, von dem aus einst die Edikte des Kaisers herabgelassen wurden, die Volksrepublik China aus. Sie wurde zunächst nur von der Sowjetunion anerkannt. Wie jede neue Dynastie, so glaubte auch diese, zuerst ihre äußeren Grenzen sichern zu müssen, weshalb die „Volksbefreiungsarmee" zwei Jahre später ins seit dem Zusammenbruch der Qing-Dynastie unabhängige Tibet einmarschierte (1951).

Der „Große Sprung nach vorn"

Im Inneren lagen die Schwerpunkte auf der Kollektivierung der Landwirtschaft und dem Aufbau einer Schwerindustrie nach sowjetischem Muster. Einen ersten Höhepunkt fand diese, immer wieder von Kampagnen statt von einer stetigen Entwicklung vorangetriebene Politik ab 1958 im „Großen

Foto: Gerd Simon

Sprung nach vorn". Er erwies sich als gigantischer Fehlschlag, der, noch verschärft durch Naturkatastrophen, wohl 30-40 Mio. Menschen das Leben kostete. Die meisten von ihnen verhungerten schlicht.

Auch außenpolitisch entwickelte sich die Lage krisenhaft. In Tibet brach 1959 ein Aufstand los, der nur mit Gewalt niedergeschlagen werden konnte. Der Dalai Lama und sein Gefolge flohen nach Indien. Die Beziehungen zu diesem flächen- und bevölkerungsreichen asiatischen Antipoden verschlechterten sich, so dass es Anfang der 1960er-Jahre zu Scharmützeln an der Grenze kam. Auch die einstige Schutzmacht Sowjetunion wandte sich unter Chruschtschow zunehmend von China ab. Aus Anlass einer Auseinandersetzung um die Belieferung mit Atomwaffen brach der Streit offen aus, und die Sowjetunion zog 1960 sämtliche Techniker aus China ab; 1963 kam es schließlich zum offiziellen Bruch zwischen beiden Ländern. China war nun auf sich selbst angewiesen, während die beiden sozialistischen Staaten einen ideologischen Propagandakrieg vom Zaun brachen.

Während innenpolitisch die frühen 1960er-Jahre eher ruhig verliefen, spitzten sich die Fraktionskämpfe innerhalb der Partei zu. Mao Zedong als Vertreter der „linken" Fraktion, die auf Kollektivierung und Massenkampagnen setzte, hatte beträchtlich an Macht verloren und schien sich, glaubt man der Autobiografie seines Leibarztes Li Zhisui, vor allem mit jungen Mädchen vom Land im Swimmingpool oder auf seiner Lagerstatt zu vergnügen. Während Ministerpräsident Zhou Enlai eher eine ausgleichende Rolle spielte, war Maos Gegenspieler vor allem der Staatspräsident und Wirtschaftstheoretiker Liu Shaoqi.

Die „Große Proletarische Kulturrevolution"

Der Widerspruch zwischen den Fraktionen brach ab August 1966 auf, als Mao und seine Unterstützer die „Große Proletarische Kulturrevolution" ausriefen. In der Landwirtschaft stand nun die große Kollektivierung zu den Volkskommunen an, vor allem aber durften ungebildete Rote Garden – zum großen Teil fanatisierte Jugendliche – alles zerstören, was ihnen als „reaktionär" oder „bürgerlich" erschien. Dazu gehörten auch Abertausende von Menschen, denen solches Gedankengut unterstellt wurde. Im Schatten dieser Aktionen konnten jedoch auch viele alte Rechnungen beglichen werden, vom Politbüro bis hinunter zur Nachbarschaft im Dorf. Vermutlich starb bis zum Ende der heißen Phase der „Kulturrevolution" im Jahr 1969 rund ein Zehntel der Gesamtbevölkerung.

Die konkrete Politik vollführte dann wieder einmal eine Kehrtwende. Ministerpräsident Zhou bereitete die Rückkehr Chinas in die Weltpolitik vor. Mit der Aufnahme in die UNO 1971, dem Besuch des amerikanischen Präsidenten Richard Nixon 1972 und der nachfolgenden diplomatischen Anerkennung Pekings als einzigen Vertreters Chinas, was einer gleichzeitigen Abwertung Taiwans gleichkam, war dies durchaus gelungen.

1976 sollte zum Schicksalsjahr werden. Im Januar starb der beim Volk beliebte Zhou Enlai. Als es zum Totengedenktag Anfang April große Trauerkundgebungen auf dem Tian'anmen-Platz in Peking gab, setzte sich die Linke noch einmal durch und ließ mit Gewalt Menschen und Kränze räumen. Doch im September verschied auch der „Große Steuermann" Mao. Hinter den Kulissen brach der Machtkampf offen aus, den jedoch die „rechte" Fraktion mit der Verhaftung der „Viererbande" um die Mao-Witwe Jiang Qing für sich entscheiden konnte. Ein Parteitag Ende 1978 besiegelte die erneute politische Wende und leitete wirtschaftliche Reformen ein.

Rechts: Tian'anmen, das Tor des Himmlischen Friedens, gab dem größten Platz der Welt seinen Namen – am 3./4. Juni 1989 war er jedoch alles andere als friedlich

Politische Orthodoxie

Soviel Flexibilität die Führung unter Deng Xiaoping nach 1978 auch bewies, politisch verschärfte sich die Situation. Deng gehörte schon 1953 zu den Exekutoren der Kampagne „Lasst 100 Blumen blühen", bei der Künstler und Intellektuelle zuerst aufgefordert wurden, Kritik an Gesellschaft und Partei zu üben, nur um dann anschließend aus dem Verkehr gezogen zu werden. Auch nach dem Parteitag von 1978 brach wieder eine politische Diskussion los, und die „Mauer der Demokratie" in Peking wurde täglich mit neuen Wandzeitungen bepflastert. Einer der eifrigsten Schreiber war der Elektriker Wei Jingsheng, der auch einer der ersten war, der verhaftet wurde und der dann nach 15 Jahren Arbeitslager 1997 in die USA abgeschoben wurde.

Auf Dauer lässt sich möglicherweise auch in China die Demokratie nicht verhindern. Schon lange fordern nicht nur Intellektuelle eine „fünfte Modernisierung" als Ergänzung zu den unter Deng Xiaoping nach 1978 eingeleiteten vier Modernisierungen (Landwirtschaft, Industrie, Wissenschaft und Technik, Militär). Doch statt hier eine Entwicklung zuzulassen, ersetzte die KPCh das politische System durch ein Netz von Korruption extremsten Ausmaßes, die in China allgegenwärtig ist.

Im Frühsommer 1989 hatte das Volk genug davon. Aus Anlass des Todes des beliebten ehemaligen Parteichefs Hu Yaobang zogen Hunderttausende auf die Straße. Erst waren es nur Studenten in Peking, dann Demonstranten aus allen Berufen und in allen Großstädten. Sie demonstrierten gegen Korruption in Partei und Regierung sowie für Meinungsfreiheit und Demokratie. Die Bewegung war von den Reformbestrebungen in der Sowjetunion und Osteuropa inspiriert. Nach einigen Tagen besetzten Tausende den symbolträchtigen Tian'anmen-Platz in Peking und forderten damit die Führung heraus.

Foto: Carlos Huang (Shutterstock.com)

Ministerpräsident Zhao Ziyang wandte sich nicht energisch genug gegen die Demonstranten und wurde gestürzt. Ausgerechnet in dieser Zeit kam der UDSSR-Reformer Michail Gorbatschow, der in Moskau Glasnost gefordert hatte, zu einem Gipfeltreffen nach Peking, um sich mit den einstigen Gegnern zu versöhnen. Wegen der Platzbesetzung musste er die Große Halle des Volkes durch den Nebeneingang betreten – ein Gesichtsverlust für die Partei, die ihren Rückhalt im Volk verloren hatte.

Deng Xiaoping, der kein Amt mehr hatte, aber die Fäden zog; Li Peng, der dogmatische Ministerpräsident, und General Yang Shangkun, der Staatspräsident, ordneten an, dass in der Nacht des 3./4. Juni 1989 der Tian'anmen-Platz von der Armee geräumt wurde. Bei der Niederschlagung des Aufstands kamen in anderen Teilen Pekings tausende Menschen ums Leben. Die DDR-Politiker Hans Modrow, Günter Schabowski und Egon Krenz besuchten daraufhin demonstrativ China, um ihre Unterstützung für das Regime zu zeigen.

Wirtschaftliche Reformen

Die Wirtschaftsreformen seit 1978 erwiesen sich zunächst als angepasst und erfolgreich. In der Landwirtschaft wurden die Kommunen aufgelöst, die Bewirtschaftung des Bodens per Vertrag wieder der Familie übertragen. Der Staat übernahm weiterhin den größten Teil der Ernte, teils als Pacht und anstelle von Steuern, teils zu festen, im Vergleich zu früher höheren Ankaufspreisen. Der Rest durfte auf „freien Bauernmärkten" verkauft werden. Das Ergebnis waren beträchtliche Ertragssteigerungen, damit eine Erhöhung der bäuerlichen Einkünfte, daraus folgend ein Bauboom auf dem Land und eine erhöhte Nachfrage nach Konsumgütern.

In der Industrie setzte man zunächst auf Sonderwirtschaftszonen, in denen Unternehmen aus dem kapitalistischen Ausland ihre Lohnveredelungsgeschäfte durchführen konnten (Rohstoffe oder Halbfertigwaren importieren, mit chinesischen Arbeitskräften fertigen lassen und wieder exportieren). Neben dem Deviseneinnahmen versprach man sich davon den Transfer von Know-how in das Hinterland. Im nächsten Schritt bekam Shanghai mit Pudong einen Sonderstatus, 14 Hafenstädte wurden „geöffnet", später entstanden Hunderte „Sonderzonen", die oft Bauruinen und leerstehende Hotels hinterließen.

In den ersten dreißig Jahren nach Beginn der Reformen litten viele Joint Ventures unter einem mangelhaften rechtlichem Umfeld, fehlender Kompetenz in Technik und Management, undurchschaubaren Absatzmärkten, mangelnder Infrastruktur, bürokratischen Hemmnissen und der allgegenwärtigen Korruption in KP und Militär. Das größere Problem bestand darin, die grotesken Fehler der maoistischen Wirtschaftspolitik zu beseitigen: die riesigen Stahlwerke, die nie wirtschaftlich gearbeitet hatten; und die miteinander verwobenen Konglomerate, die minderwertige Produkte herstellten, die keiner mehr wollte. An diese Aufgabe wagte sich Ministerpräsident Zhu Rongji (1998-2003), der als Wirtschaftsfachmann galt, erstmals heran, sichtbare Erfolge hatte er jedoch nicht gleich vorzuweisen.

Dem Staat war es in über 30 Jahren Reformpolitik nicht gelungen, sich ausreichende Einnahmen durch sozial verträgliche Steuern zu verschaffen, um damit Investitionsmaßnahmen wie die dringend nötige Verbesserung der Infrastruktur oder ein Sozialsystem zu schaffen. Ausgerechnet hier setzte man auf den „freien Markt", der die Leute beim Arzt und in der Schule wieder zahlen ließ – Abgesang auf maoistische Gleichheitspropaganda.

Bald waren die Städte mit Autos verstopft, weil man anfangs wohl glaubte, auf Planung verzichten zu können – wie überhaupt das Wachstum oft ziemlich ungeregelt vonstatten ging, Hauptsache die Steigerungszahlen waren imponierend (durchschnittlich 9,3 % Wachstum des BSP in den letzten 30 Jahren). Die Folgen waren jedoch nicht zu übersehen: In den Industriestädten gab es kaum noch einen klaren Tag, ständig schien der Himmel verhangen von Smog aus Autos und Fabriken. Die sorglose, unkontrollierte Einleitung von Abwässern verseuchte die Gewässer und die darin gezüchteten Fische, Krebse und anderes Getier brachten die Schadstoffe in die Nahrungskette. In den letzten Jahren eingeleitete Schutzmaßnahmen zeigten noch keine durchschlagenden Erfolge, eine Umweltkatastrophe wurde zeitweise befürchtet.

Insgesamt haben sich die Wirtschaftsreformen als sehr erfolgreich erwiesen, auch wenn noch nicht alle Chinesen – v. a. nicht die Minderheiten – davon profitieren. Doch sie haben ein starkes regionales Ungleichgewicht geschaffen: zugunsten des Südens, wo die Provinzen Guangdong und Fujian am erfolgreichsten sind, und zugunsten des Ostens, der intensiv bewirtschafteten Küstenregion. Im Westen und in stadtfernen Regionen hingegen wurden die Menschen eher ärmer als zuvor. Als Folge dieses Ungleichgewichts haben bis zu 300 Millionen Menschen ihre Dörfer verlassen und ziehen als Tagelöhner durch das Land.

Um diese Völkerwanderung und die vielen damit verbundenen Probleme in den Griff zu bekommen, plant die Regierung unter Li Keqiang eine Erhöhung der Wertschöpfung im eigenen Land, eine Stärkung des Binnenmarktes und den massiven Ausbau der unterentwickelten Westprovinzen. Schätzungen gehen davon aus, dass sich bis 2025 weitere 350 Millionen Menschen in Chinas Städten ansiedeln. Im Fokus der neuen Regierung stehen daher urbane Infrastruktur, Abfall-, Energie- und Wassermanagement.

Die landesweite Infrastruktur ist in den letzten zehn Jahren bereits massiv ausgebaut worden und ein über 20 000 km langes Hochgeschwindigkeitsbahn-

Rechts: Eine Yao-Frau aus Longsheng – die Modernisierung Chinas hat mittlerweile auch die Bergbäuerinnen erreicht.

Foto: Jameslee999 (iStockphoto)

netz, mehr als 100 000 Autobahnkilometer und über 100 neue Flughäfen wurden in Betrieb genommen. Lis Reformvorhaben haben schon jetzt den Namen *Liconomics* bekommen und umfassen weiterhin die Liberalisierung des Finanzsektors, die Reduzierung staatlicher Einflüsse auf die Wirtschaft und den noch stark unterentwickelten Ausbau des Dienstleistungssektors.

Seit über einem Jahrzehnt hat China als Werkbank der Welt zu Niedriglöhnen Bekleidung, Schuhe, Elektronik und vieles mehr hergestellt, doch während der Westen gerne die Schattenseiten der chinesischen Wirtschaftsentwicklung auflistet, hat sich das Reich der Mitte unmerklich in fast allen gesellschaftlichen Bereichen modernisiert und möchte nun auch den Ruf als Billigschmiede loswerden. Die neue Zauberformel heißt „Made in China 2025", und damit wird nichts Geringeres angestrebt, als China bis zum Jahr 2049, zum 100. Geburtstag der Volksrepublik, zur führenden „Industrie-Supermacht" weiterzuentwickeln.

Zukünftige Herausforderungen

Die wirtschaftlich erfolgreichen Provinzen im Süden wollen nicht mehr mit Zahlungen nach Peking andere Landesteile unterstützen. Der Yangzi könnte sich, wie schon vor über tausend Jahren, als natürliche Grenze erweisen. Auch die brutale Vorgehensweise gegen Tibet könnte sich womöglich letztendlich rächen – seit Jahren siedelt Peking Zehntausende von Han-Chinesen in Lhasa und anderen wichtigen Städten an, um die tibetisch-buddhistische Kultur zur Folklore zu reduzieren und die Tibeter zur Minderheit im eigenen Territorium zu machen. Ähnliches geschieht im überwiegend muslimischen Xinjiang (Sinkiang), wo das Turkvolk der Uiguren nach Unabhängigkeit strebt und sich trotz harter Repressalien gegen die fortschreitende Sinisierung wehrt.

Als größtes Problem der Zukunft könnte sich der soziale Sprengstoff erweisen, der durch die enormen Einkommensunterschiede zwischen Arm und Reich sowie Stadt und Land bedingt ist.

Foto: gensler.com

Jährlich gibt es Zehntausende gewalttätige Demonstrationen, vor denen sich die Mächtigen tatsächlich fürchten.

Die Ein-Kind-Politik, die die schnell wachsende Bevölkerung (heute 1,3 Mrd.) bremsen sollte, war mit großem Leid verbunden. 2015 wurde sie abgeschafft und wegen der Überalterung zwei Kinder erlaubt. Auch das strenge Meldesystem (Hukou) soll reformiert werden – es verwehrt den 200 Millionen Wanderarbeitern soziale Leistungen in Städten. Die berüchtigten Arbeitslager sollen geschlossen und die Zwangsentnahme von Organen an Gefangenen abgestellt werden.

PHILOSOPHIEN UND GEDANKENWELTEN

Von den vielen philosophischen Schulen, die sich einst in China herausgebildet haben, sind heute noch zwei bestimmend, der Konfuzianismus und der Daoismus. Beide sind eigentlich keine Religion, sondern eher eine Weltanschauung oder ein Wertesystem, haben aber nun wieder religiöse Züge angenommen.

Der **Konfuzianismus** geht auf den Wanderlehrer Konfuzius (Kong Fuzi, d. h. Meister Kong) zurück, der von 551-479 v. Chr. im Staat Lu in der heutigen Provinz Shandong lebte (s. S. 78). Zu seinen Lebzeiten übte er wenig Einfluss aus, da er keine Anstellung an einem Fürstenhof fand, vielmehr systematisierten erst seine Schüler, vor allem Menzius (371-289 v. Chr.), seine Gedanken zu einem kohärenten Bild.

Aus den Mythen Chinas formte die Schule einen „idealen Herrscher", der als wohlmeinender Diktator an der Spitze der gesellschaftlichen Pyramide stehen sollte. Diese war durch ungleiche Beziehungen gekennzeichnet, wobei von oben nach unten Güte und Mitleid, von unten nach oben Gehorsam zu gelten hatten. Das Verhalten des Einzelnen

Oben: Blick auf die Skyline von Pudong/ Shanghai – Symbol des Booms in China im 21. Jh. Rechts: Laozi (Laotse), Begründer des Daoismus im 6. Jh. v. Chr (Monumentalstatue im Kloster Taiqing/ Laoshan).

Foto: Shanshan0312 (Shutterstock.com)

sollte sich nach den Riten und moralischen Tugenden ausrichten.

Die meisten Elemente des Konfuzianismus sind heute noch spürbar: Die KP hat eine rigide Hierarchie; selbst Mitglieder der demokratischen Bewegung sehnen sich nach einem wohlmeinenden Herrscher, der ähnlich wie einst Lee Kwan Yew in Singapur waltet. Beförderungen werden meist nach dem Senioritätsprinzip, nicht nach dem Leistungsprinzip durchgeführt und Frauen meist benachteiligt. Dass nach Maos Phrase „die Frauen die Hälfte des Himmels tragen", war nur Propaganda.

Der **Daoismus**, als dessen Begründer Laozi (Laotse; 6. Jh. v. Chr.) gilt, kam zu einem anderen Menschenbild: Er sieht das Individuum im Zentrum und versucht, Hilfen zu geben, wie der Einzelne sein *dao*, meist übersetzt mit „Weg", in der natürlichen Ordnung des Kosmos finden kann. Ergebnis von ausgiebigen Natur- und Menschenbeobachtungen ab dem 6. Jh. v. Chr. war, dass der Mensch das *wu wei*, das „Nicht-Eingreifen", üben sollte. Damit ist jedoch keine vollständige Passivität gemeint; man soll sich nur nicht in Widerspruch zu seiner Umgebung setzen. Einige strenge Daoisten zogen die Konsequenz, als Eremiten zu leben. Doch den stärksten Einfluss übte der Daoismus auf Künstler aus: Maler und Dichter schufen ihre philosophische Welt, deren Einfluss auf die chinesische Ästhetik bis heute wirksam ist.

Auch die naturwissenschaftliche und medizinische Entwicklung in China kann ohne den Daoismus kaum verstanden werden: Eine Krankheit gilt als Abweichung von einem sonst ausgewogenen Naturzustand, der durch die Beseitigung der Ursachen – weniger der Symptome – wiederhergestellt werden kann. Später entwickelte sich daraus die traditionelle Kunst der Heilmittelherstellung und der Atem- und Körperübungen *taiji* und *qigong*.

Anders als der Konfuzianismus braucht der ursprüngliche Daoismus eigentlich keine Führerfiguren, denn jeder Einzelne befindet sich auf dem Weg zu seinem eigenen *dao*.

Foto: Jürgen Bergmann

PEKING (BEIJING)

KAISERPALAST
HISTORISCHE ALTSTADT
SOMMERPALAST
MING-GRÄBER
GROSSE MAUER
CHENGDE

★★PEKING (BEIJING)

Der Gelbe Kaiser, Rikscha ziehende Kulis, Kamelkarawanen im Aufbruch – solche nostalgischen Vorstellungen verfliegen bei näherer Berührung mit der 21-Mio.-Metropole ★★**Peking** ❶ (offiziell **Beijing**) rasch. Kaum eine andere Metropole der Welt erlebte in den letzten Jahren einen so grundlegenden Wandel, eine so rasante Modernisierung wie die chinesische Mega-City.

Seit langer Zeit werden in der alten Kaiserstadt die Fäden des Reiches gezogen. Wie sich der **Kaiserpalast**, das Zentrum Pekings, strukturell baulich in Ringen nach außen bis zu den Stadtgrenzen wiederholt, so setzt sich auch die zentrale Macht wie in Wellen nach unten, in die Weiten des Landes fort.

Geschichte im Zeitraffer

Der nördliche Zipfel der nordchinesischen Ebene mit dem Raum Peking war bereits im Altertum besiedelt. Nahe der in die Wüste Gobi übergehenden Steppengebiete gelegen, war der staubige Ort lange Zeit Garnisonsstadt an der **Großen Mauer**, durch die sich die Han-Chinesen von den nördlichen Nomadenvölkern abzugrenzen suchten. Diese eroberten dennoch mehrmals in der Geschichte das Han-Reich. Nach den vom Norden aus herrschenden Kitan (Liao-Dynastie, 947-1125), die ihm den Namen *Yanjing* verliehen, regierten die Dschurchen (Jin-Dynastie, 1126-1234) das gesamte Nordchina.

Dschingis Khan lenkte Pekings weitere Geschichte: 1215 überrannten die mongolischen Reiterhorden die Große Mauer. Sie machten die Stadt dem Erdboden gleich – um nach Jahren der Machtfestigung jene prachtvolle Palaststadt erbauen zu lassen, die Marco Polo voll Bewunderung beschrieb: *Khanbalyk*. Als die Mongolen im 14. Jh. von den Chinesen vertrieben wurden, hinterließen sie der Ming-Dynastie, die bis 1644 in den Mauern der neu errichteten Palaststadt Peking regierte, ein herabgewirtschaftetes Land.

Doch noch einmal riss ein „Barbarenvolk" die Macht an sich: die Mandschu, tungusische Stämme der Dschurchen (*yü chen*) aus dem Nordosten. Als Qing-Dynastie herrschten sie von 1644-1911 in der Stadt.

Nach der Revolution von 1911 verlor *Beijing* („nördliche Hauptstadt") seinen Rang als Residenz und hieß bescheiden *Beiping* („nördlicher Frieden"). So nennt man es auf Taiwan aus politischer Überzeugung heute noch. Als Mao Zedong 1949 auf dem **Tor des Himmlischen Friedens** die Volksrepublik China

Links: Der Pavillon des Wohlgeruchs Buddhas im Sommerpalast bei Peking.

» Karte S. 60-61, Stadtplan S. 48-49, Info S. 68-69

ausrief, geriet der **Tian'anmen-Platz** erneut zum Zeitzeugen bewegender, meist unfriedlicher Ereignisse: Aufmärsche der Roten Garden, Kulturrevolution und gewaltsame Niederschlagung der demokratischen Kräfte bei dem Massaker am 3. / 4. Juni 1989.

Drei Bau- und Zeitepochen prägen Pekings Antlitz: Seine frühe Vergangenheit als Kaiserstadt der Ming- und Qing-Dynastien spiegelt sich in Palästen, Tempeln und Altären wider.

Die sozialistische Gründerzeit der 1950er- bis 1970er-Jahre setzte sich in schmucklosen, meist viergeschossigen Zweckbauten ein Denkmal.

Der Reformehrgeiz der letzten drei Jahrzehnte bescherte der Stadt einen Bauboom, dem die typischen **Hutong** (Gassen) und **Siheyuan** (Hofhäuser) weitgehend zum Opfer fielen. Mehrstöckige Straßenüberführungen, Banken, Kaufhäuser und Hotels in Beton-, Stahl- und Glasarchitektur stehen als Sinnbilder für die Zeit nach der Kulturrevolution und ehrgeizige wirtschaftliche Reformziele. Wo noch 1980 kaum ein Gebäude über fünf Stockwerke hinauswuchs, reihen sich heute 14- bis 30-stöckige Wohntürme. Sechsspurige Stadtautobahnen umkreisen in sechs Ringen das Stadtinnere. Die Stadt frisst die umliegenden Dörfer.

Wandel des Stadtbilds

Beim Blick auf den Stadtplan erkennt man den Sinn vieler Anlagen und auch das alte Peking wieder. Das Muster horizontaler und vertikaler Linien lässt an eine auf dem Reißbrett geplante Stadt denken. Die Struktur war seit Jahrhunderten vorgegeben, bereits seit Dschingis Khan. Die Anlage aus der Ming-Zeit blieb erhalten: das Rechteck der **Verbotenen Stadt**, von Süd nach Nord ausgerichtet und umgeben von dem wieder ummauerten Geviert der **Palaststadt**; daran südlich anschließend die „Chinesenstadt". Das **Vordere Tor** (*qian men*) bildete das zentrale von drei südlich in die Palaststadt leitenden Portalen. Die beeindruckende Stadtmauer aus dem 14. Jh. fiel in den 1950er-Jahren der Stadtautobahn (II. Ring) und U-Bahn zum Opfer. Der Stadtplan offenbart, wie „das Alte in den Dienst des Neuen" (Mao) gestellt wurde. Auf der nördlichen Ost-West-Begrenzung befanden sich zwei der elf Tore um die „Mandschu-Stadt", das Andingmen und **Deshengmen**. Letzteres wurde restauriert und lässt die Ausmaße der 15 km langen Befestigungen erahnen, deren Fundamente einen Durchmesser von etwa 20 m besaßen. Den Neubau der Akademie für Sozialwissenschaften stellte man auf geschichtsträchtigen Boden: jenen der Hallen für die kaiserlichen Beamtenprüfungen. Um den **Mittel- und Südsee** (*zhongnan hai*), westlich des Kaiserpalastes, lagen einst die Lieblingspaläste der letzten Kaiserin Cixi. Heute finden sich hier Wohngebäude für Regierungsmitglieder; dort residierte auch Mao Zedong – das bis zum **Nordsee** (*bei hai*) abgesperrte, ummauerte Gelände ist quasi die „neue Verbotene Stadt". Der **Tempel zur Verehrung der kaiserlichen Ahnen** (*tai miao*) heißt nun ebenso bedeutungsvoll Arbeiterkulturpalast. Offiziell bedauert man heute den radikalen Abbruch historischer Stadtteile und schützt nun zumindest die Altstadt in der Umgebung des Kaiserpalastes, insbesondere das beliebte Ausgehviertel **Houhai**, vor der Abrissbirne.

Weiteren Aufschwung bekam der Bauboom durch die **XXIX. Olympischen Spiele** 2008. Für dieses prestigeträchtige Ereignis wurden keine Kosten gescheut: Neben dem forcierten, teils rücksichtslosen Ausbau der Infrastruktur – in Rekordzeit wurden u.a. sechs neue U-Bahn-Linien fertig – entstand im Norden zwischen der IV. und V. Ringstraße das 11 km^2 große

Rechts: Das Nationalstadion, erbaut für die Olympischen Spiele 2008, ist zum Wahrzeichen des modernen Peking geworden.

» Stadtplan S. 48-49, Info S. 68-69

Foto: fstockfoto (Dreamstime)

Olympic Green mit dem „Vogelnest" (s. S. 56). Den Aufbruch in ein neues architektonisches Zeitalter markiert der spektakuläre **CCTV Tower** im neuen Geschäftsviertel des Chaoyang-Distrikts: Rem Koolhaas konzipierte das 234 m hohe Bauwerk nicht als Turm, sondern als gigantische winklige Gebäudeschleife. Seit 2011/12 fahren Hochgeschwindigkeitszüge nach Shanghai und Guangzhou. 2000 gab es erst zwei **U-Bahnlinien**, 2017 bereits 21: mit 574 km Gesamtlänge hat Peking das weltweit größte U-Bahnnetz. Ein neuer Großflughafen ist im Süden der Stadt im Bau und soll 2019 eingeweiht werden.

Stadtbesichtigung

Die Sehenswürdigkeiten liegen teilweise sehr weit auseinander – Peking hat einen Durchmesser von ungefähr 40 km! Preiswerte Taxis mit Taxameter fahren zu Tausenden durch die Stadt, und mit der U-Bahn erreicht man schnell und unkompliziert nahezu sämtliche Attraktionen.

★Platz und ★Tor des Himmlischen Friedens

Der zentrale **★Platz des Himmlischen Friedens** ① (*tian'anmen guangchang*) gilt als einer der größten Plätze der Welt – 1 Mio. Menschen können sich auf ihm versammeln! Er dient meist als Ausgangsort einer Stadtbesichtigung. Er liegt an der verkehrsreichen Ost-West-Achse, der **Chang'an Jie**, südlich des Kaiserpalastes.

Der Kongress, die **Große Halle des Volkes** (*renmin dahui tang*), begrenzt den Platz im Westen. Der Bau ist öffentlich zugänglich und beherbergt prunkvolle Räume für jede chinesische Provinz, außerdem kann auch der 10 000 Personen fassende **Plenarsaal** (außer bei Sitzungen) besichtigt werden.

Auf der Ostseite des Tian'anmen-Platzes steht das monumentale, 1961 im sowjetischen Stil erbaute **★Chinesische Nationalmuseum** (*zhongguo guojia bowuguan*). Der 2010 vollständig umgestaltete Bau beherbergt heute das modernste Museum Chinas und zeigt

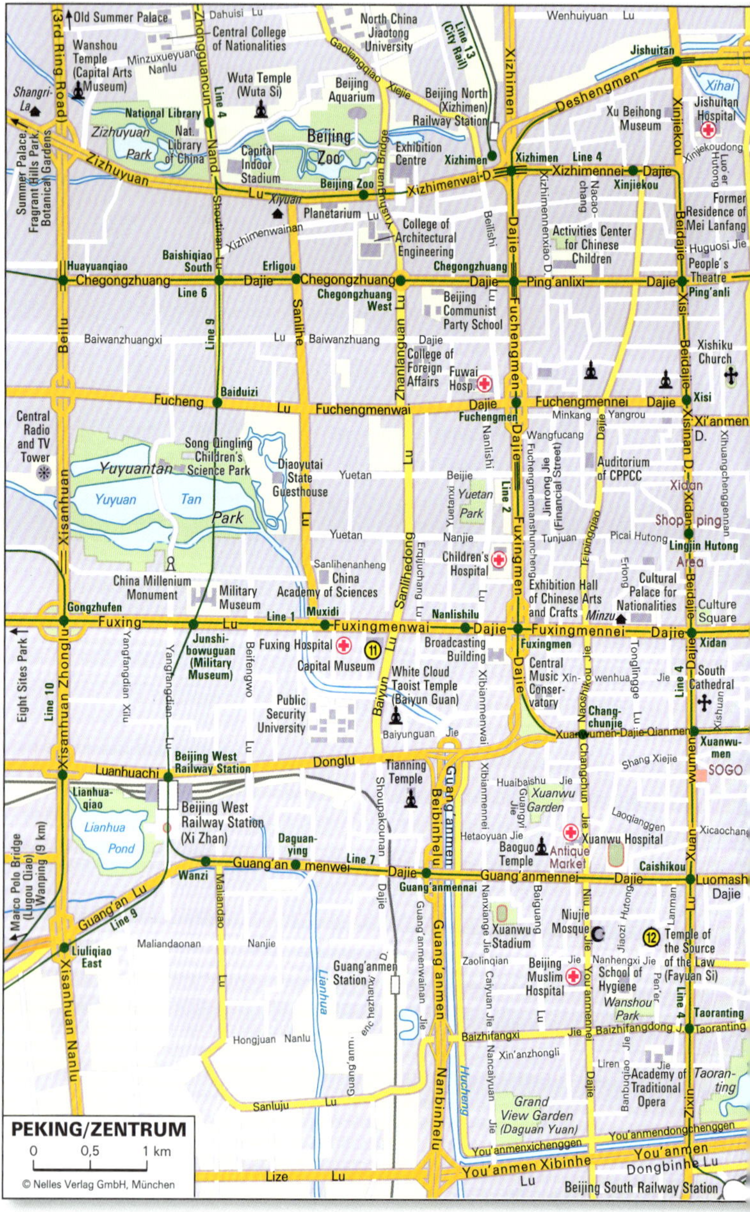
PEKING/ZENTRUM
0 0,5 1 km
© Nelles Verlag GmbH, München
Old Summer Palace
Wanshou Temple (Capital Arts Museum)
Shangri-La
Summer Palace, Fragrant Hills Park, Botanical Gardens
(3rd Ring Road)
Minzuxueyuan Nanlu
Dahuisi Lu
Central College of Nationalities
Zhongguancun Nand.
Line 4
Wuta Temple (Wuta Si)
National Library
Nat. Library of China
Zizhuyuan Park
Zizhuyuan Lu
North China Jiaotong University
Gaoliangqiao Xiejie
Line 13 (City Rail)
Beijing Aquarium
Beijing Zoo
Capital Indoor Stadium
Beijing Zoo
Beijing North (Xizhimen) Railway Station
Exhibition Centre
Xizhimen
Xizhimenwai D.
Xiyuan
Planetarium
College of Architectural Engineering
Shoutinan Lu
Xizhimenwainan
Wenhuiyuan Lu
Jishuitan
Deshengmen
Xihai
Jishuitan Hospital
Xu Beihong Museum
Xinjiekou
Xizhimen
Line 4
Xizhimennei Dajie
Xinjiekou
Xinjiekoudong
Luo'er Hutong
Nacao-chang
Xizhimennenxiao D.
Activities Center for Chinese Children
Former Residence of Mei Lanfang
Huguosi Jie
People's Theatre
Beilishi
Huayuanqiao
Baishiqiao South
Erligou
Chegongzhuang Dajie
Chegongzhuang
Chegongzhuang West
Line 6
Ping'anlixi Dajie
Ping'anli
Beijing Communist Party School
Baiwanzhuangxi
Line 9
Baiwanzhuang Lu
Sanlihe
Zhanlanguan Lu
College of Foreign Affairs
Fuwai Hosp.
Fuchengmen
Fuchengmen Dajie
Beilu
Xishiku Church
Xisi
Xisi Beidajie
Baiduizi
Fucheng Lu
Fuchengmenwai Dajie
Fuchengmennei Dajie
Minkang
Yangrou
Xi'anmen D.
Xihuangchenggennan
Central Radio and TV Tower
Song Qingling Children's Science Park
Diaoyutai State Guesthouse
Yuyuantan Park
Yuyuan Tan
Yuetan
Beijie
Yuetan Park
Yuetanxi
Nanjie
Line 2
Wangfucang
Fuchengmennanshuncheng
Jinrong Jie (Financial Street)
Auditorium of CPPCC
Xidan
Shopping Area
Tunjuan
Taipingqiao
Picai Hutong
Lingjin Hutong
Xisan D.
Sanlihenanheng
China Academy of Sciences
China Millenium Monument
Military Museum
Children's Hospital
Exhibition Hall of Chinese Arts and Crafts
Erlong
Cultural Palace for Nationalities
Minzu
Culture Square
Gongzhufen
Fuxing Lu
Muxidi
Line 1
Nanlishilu
Fuxingmenwai Dajie
Fuxingmennei Dajie
Xidan
Sanlihedong
Erqiuchang Lu
Fuxingmen
Junshi-bowuguan (Military Museum)
Fuxing Hospital
Capital Museum
Broadcasting Building
Central Music Conservatory
Xin-wenhua Jie
Tonglinge Lu
South Cathedral
Eight Sites Park
Line 10
Xisanhuan Zhonglu
Yangfangdian Xilu
Yangfangdian Lu
Beifengwo
White Cloud Taoist Temple (Baiyun Guan)
Baiyun Lu
Baiyunguan Jie
Xibianmenwai
Changchunjie
Xuanwumen Dajie Qianmen
Xuanwumen
Public Security University
Luanhuachi
Beijing West Railway Station
Donglu
Tianning Temple
Lianhuaqiao
Lianhua Pond
Beijing West Railway Station (Xi Zhan)
Shoupakounan
Guang'anmen Beibinhelu
Huaibaishu Jie
Xuanwu Garden
Guangyi Jie
Xibianmennei
Hetaoyuan Jie
Baoguo Temple
Antique Market
Xuanwu Hospital
Shang Xiejie
Laoqianggen
SOGO
Xicaochang
Daguan-ying
Line 7
Guang'anmenwai Dajie
Guang'anmennei Dajie
Guang'anmennei
Caishikou
Luomashi Dajie
Wanzi
Maliandao Lu
Guang'an Lu
Line 9
Marco Polo Bridge (Lugou Qiao), Wanping (9 km)
Liuliqiao East
Maliandaonan
Nanjie
Guang'anmenwainan Jie
Nanxiange Jie
Xuanwu Stadium
Baiguang Lu
Niujie Mosque
Jiaozi Hutong
Temple of the Source of the Law (Fayuan Si)
Lanman Hutong
Zaolinqian
Beijing Muslim Hospital
Nanhengxi Jie
School of Hygiene
Pen'er Hutong
Wanshou Park
Guang'anmen Station
Lianhua
Caiyuan Jie
You'anmen Nei Dajie
Line 4
Taoranting
Hongjuan Nanlu
Baizhifangxi Jie
Baizhifangdong J.
Xin'anzhongli
Liren Jie
Banbuqiao Jie
Academy of Traditional Opera
Taoranting
Xisanhuan Nanlu
Sanluju Lu
Guang'anmen Nanbinhelu
Huicheng
Nancaiyuan Jie
Grand View Garden (Daguan Yuan)
You'anmenxichenggen
You'anmendongchenggen
You'anmen
Lize Lu
You'anmen Xibinhe Lu
Dongbinhe Lu
Beijing South Railway Station
Xuanwumen Xidajie
11
12

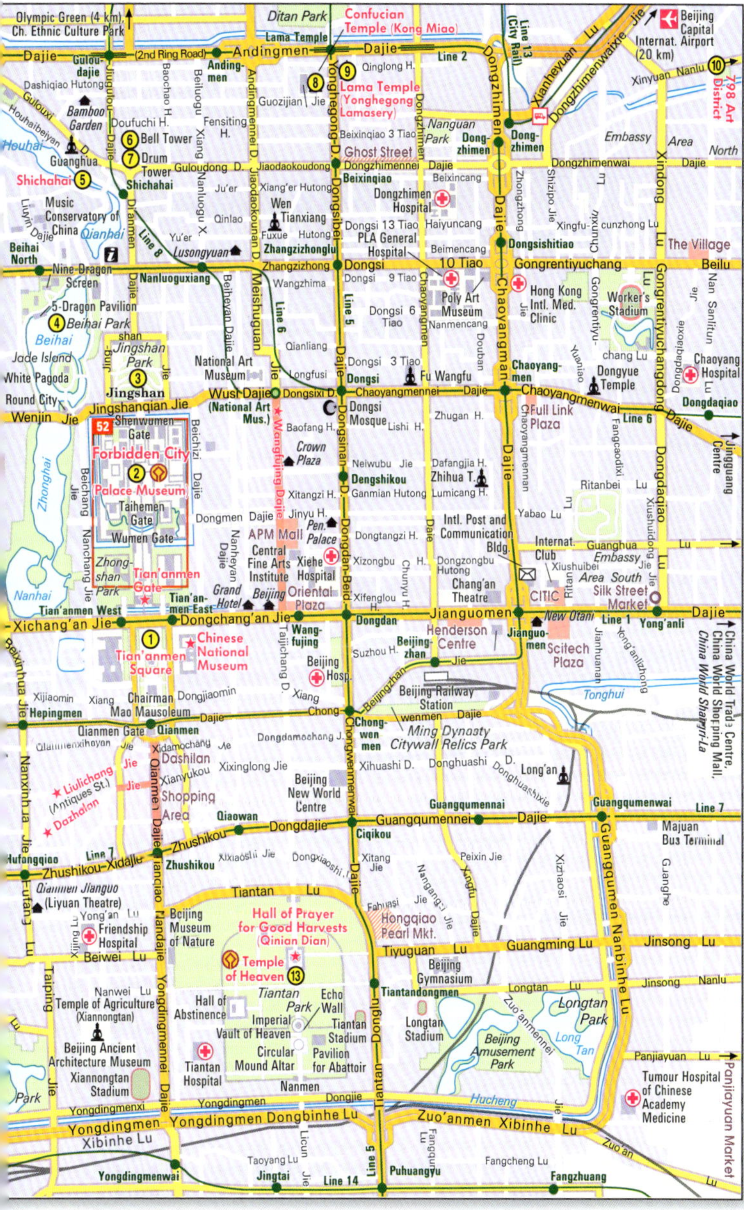
Olympic Green (4 km)
Ch. Ethnic Culture Park
Ditan Park
Confucian Temple (Kong Miao)
Line 13 (City Rail)
Beijing Capital Internat. Airport (20 km)
Lama Temple
Andingmen
Dajie
(2nd Ring Road)
Gulou-dajie
Anding-men
Line 2
Qinglong H.
Xinyuan Nanlu
798 Art District
Dashiqiao Hutong
Lama Temple (Yonghegong Lamasery)
Guozijian Jie
Xianheyuan Lu
Dongzhimenwaixie Jie
Bamboo Garden
Doufuchi H.
Fensiting H.
Gulouxi
Houhaibeiyan
Houhai
Bell Tower
Drum Tower
Guanghua
Shichahai
Beixinqiao 3 Tiao
Ghost Street
Nanguan Park
Dong-zhimen
Embassy Area North
Dongzhimenwai Dajie
Guloudong D.
Jiaodaokoudong
Dongzhimennei Dajie
Beixinqiao
Beixincang
Dongzhimen Hospital
Xiang'er Hutong
Ju'er
Music Conservatory of China
Qianhai
Wen Tianxiang
Fuxue Hutong
Qinlao
Yu'er
Lusongyuan
Zhangzizhonglu
Dongsi 13 Tiao
PLA General Hospital
Haiyuncang
Beimencang
Xingfu-cunzhong Lu
Dongsishitiao
The Village
Beihai North
Nine-Dragon Screen
Nanluoguxiang
Zhangzizhong Lu
Dongsi
Dongsi 9 Tiao
10 Tiao
Gongrentiyuchang
Beilu
Wangzhima
5-Dragon Pavilion
Beihai Park
Beihai
Poly Art Museum
Nanmencang
Hong Kong Intl. Med. Clinic
Worker's Stadium
Dongsi 6 Tiao
Jingshan Park
Jade Island
White Pagoda
Round City
Jingshan
National Art Museum
Qianliang
Longfusi
Dongsi 3 Tiao
Fu Wangfu
Chaoyang-men
Dongyue Temple
Chaoyang Hospital
Wenjin Jie
Jingshanqian Jie
Wusi Dajie (National Art Mus.)
Dongsixi D.
Chaoyangmennei Dajie
Chaoyangmenwai Dajie
Dongdaqiao
Shenwumen Gate
Dongsi Mosque
Baofang H.
Lishi H.
Zhugan H.
Full Link Plaza
Line 6
Jingguang Centre
Forbidden City
Palace Museum
Crown Plaza
Neiwubu Jie
Dafangjia H.
Zhihua T.
Zhonghai
Taihemen Gate
Dengshikou
Xitangzi H.
Ganmian Hutong
Lumicang H.
Ritanbei Lu
Dongmen Dajie
Jinyu H.
Pen. Palace
Yabao Lu
APM Mall
Dongtangzi H.
Intl. Post and Communication Bldg.
Internat. Club
Guanghua Lu
Wumen Gate
Central Fine Arts Institute
Xiehe Hospital
Xizongbu H.
Dongzongbu Hutong
Embassy Area South
Zhongshan Park
Tian'anmen Gate
Grand Hotel
Beijing Oriental Plaza
Xifenglou
Chang'an Theatre
Xiushuibei Jie
CITIC
Silk Street Market
Nanhai
Tian'anmen West
Tian'an-men East
Dongdan
Jianguomen
New Otani
Yong'anli
Xichang'an Jie
Dongchang'an Jie
Wang-fujing
Henderson Centre
Jianguo-men
Scitech Plaza
China World Trade Centre, China World Shopping Mall, China World Shangri-La
Tian'anmen Square
Chinese National Museum
Beijing-zhan Jie
Suzhou H.
Beijing Hosp.
Beixinhua Jie
Xijiaomin Xiang
Chairman Mao Mausoleum
Dongjiaomin Xiang
Beijing Railway Station
Tonghui
Hepingmen
Qianmen Gate
Qianmen
Chong-wen-men
Chongwenmennei Dajie
Chongwenmen Dajie
Ming Dynasty Citywall Relics Park
Dongdamochang J.
Xidamochang Jie
Dashilan
Xianyukou Jie
Shopping Area
Xihuashi D.
Donghuashi D.
Long'an
Donghuashixie
Liulichang (Antiques St.)
Dazhalan
Xixinglong Jie
Beijing New World Centre
Guangqumennai
Guangqumenwai
Line 7
Qiaowan
Dongdajie
Guangqumennei Dajie
Majuan Bus Terminal
Hufangqiao
Zhushikou-Xidajie
Zhushikou
Xixiaoshi Jie
Dongxiaoshi Jie
Ciqikou
Xitang Jie
Peixin Jie
Xiziaosi Jie
Guanghe
Qianmen Jianguo (Liyuan Theatre)
Yong'an Lu
Friendship Hospital
Beiwei Lu
Tiantan Lu
Beijing Museum of Nature
Hall of Prayer for Good Harvests (Qinian Dian)
Hongqiao Pearl Mkt.
Temple of Heaven
Tiyuguan Lu
Guangming Lu
Jinsong Lu
Beijing Gymnasium
Tiantandongmen
Longtan Lu
Jinsong Nanlu
Guangqumen Nanbinhe Lu
Nanwei Lu
Temple of Agriculture (Xiannongtan)
Hall of Abstinence
Tiantan Park
Echo Wall
Imperial Vault of Heaven
Tiantan Stadium
Longtan Stadium
Longtan Park
Beijing Amusement Park
Zuo'anmennei
Beijing Ancient Architecture Museum
Xiannongtan Stadium
Tiantan Hospital
Circular Mound Altar
Pavilion for Abattoir
Nanmen
Dongjie
Hucheng
Panjiayuan Lu
Tumour Hospital of Chinese Academy Medicine
Panjiayuan Market
Yongdingmenxi
Yongdingmen Xibinhe Lu
Yongdingmen Dongbinhe Lu
Zuo'anmen Xibinhe Lu
Zuo'an Lu
Taoyang Lu
Licun
Fangqun Lu
Fangcheng Lu
Yongdingmenwai
Jingtai
Line 14
Line 5
Puhuangyu
Fangzhuang
Yongdingmennei Dajie
Yongdingmen

Foto: Jürgen Bergmann

auf 192 000m² über 1 Mio. Artefakte.

Das **Denkmal für die Volkshelden** (*renmin yingxiong jinian bei*) ragt vor dem 1976/77 im Süden des Platzes errichteten **Mausoleum für den Vorsitzenden Mao** (*mao zhuxi jinian tang*) auf. Viele Gerüchte spinnen sich um die Authentizität des Einbalsamierten, der ausgerichtet nach der kaiserlichen Nord-Süd-Achse im Glassarg ruht.

Die von Verwaltungsgebäuden und Hotels gesäumte Dong Chang'an Jie reizt nicht zum Bummeln – die südlich des **Vorderen Tores** beginnende stilvolle **Einkaufsmeile Qianmen Dajie** (Fußgängerzone) umso mehr. Von ihr zweigt Pekings berühmteste traditionelle Shoppingstraße, die ★**Dazhalan** (Dashilar), ab – Zentrum eines teils erhaltenen, teils renovierten Altstadtviertels. Hier entdeckt man traditionsreiche Geschäfte, die Maßschuhe, edle Seide, chinesische Medizin oder feine Tees anbieten. Mit Kunst und „Antikem" lockt die bekannte, im Westen anschließende Antiquitätenstraße **Liulichang**. Wer jetzt in einen Shoppingrausch verfallen ist, kann sich noch auf den Weg zum breiten ★**Wangfujing-Boulevard** (*wangfujing dajie*) machen. Er verläuft nordöstlich des Tian'anmen-Platzes in Nord-Süd-Richtung und ist im südlichen Abschnitt als Fußgängerzone gestaltet. Wasserspiele, Straßencafés, große Kaufhäuser und abends bunte Neonlichter geben der Straße ein unverwechselbares Gesicht. Hier finden sich zwischen internationalen Fastfood-Ketten vor allem Filialen der großen Modeschöpfer.

Das 1417 fertig gestellte ★**Tor des Himmlischen Friedens** (*tian'an men*), das dem Platz seinen Namen gab und ihn nach Norden hin begrenzt, bildet heute den Zugang zum Kaiserpalast. Für Paraden und Aufmärsche an Jahrestagsfeierlichkeiten baute man ihm in den 1950er-Jahren Tribünen und Zuschauerboxen vor und strich sie im kaiserlichen Rot der Palastmauern. Am Tor prangt ein wuchtiges **Mao-Bildnis**.

Oben: Die Halle zur Bewahrung der Harmonie. Rechts: Wächterlöwe aus Bronze im Kaiserpalast.

» Stadtplan S. 48-49, Info S. 68-69

★★Kaiserpalast

Der ★★**Kaiserpalast** ② (*gu gong*), UNESCO-Weltkulturerbe und Chinas erhabenste Anlage, ist in der heutigen Form eine Schöpfung der Ming-Zeit aus den Jahren 1406-1420. Die Pracht seiner roten Mauern und des gelben Dächermeeres entfaltet sich besonders eindrucksvoll im Sonnenschein. Seine überwältigende Größe lehrt unmissverständlich: Dieser Ort war nicht allein Sitz einer irdischen Regierungsmacht, sondern zugleich geheiligte Stätte der Verknüpfung des Kosmos mit seinen weltlichen Statthaltern. Nach traditionellen Vorstellungen sollten kaiserliche Tugend und unfehlbare Ausübung der vom Himmel geforderten Riten die Harmonie von *yin* und *yang* und somit das Wohlergehen des gesamten Reichs gewährleisten. Eine gewaltige Befestigungsmauer umschloss die **Verbotene Stadt** (*zijin cheng*), die sich von Süden nach Norden über etwa 1 km erstreckt.

Im Palast regierte der Kaiser (*huangdi*), umgeben von Frauen, Dienerinnen und Eunuchen. Vor den Palasttoren warteten Chirurgen auf Männer, die sich des „kleinen Unterschieds" entledigen wollten, um in Diensten des Kaiserhofes zu Amt und Würden zu gelangen. Bei der gefährlichen Operation wurden die Hoden und der Penis abgetrennt; diese „drei Kostbarkeiten" bewahrten die Eunuchen ihr Leben lang auf und nahmen sie auch mit ins Grab.

Von den drei massiven Torgebäuden mit jeweils drei Eingangsbögen bildet das gigantische **Mittagstor** 1 (*wu men*) den Hauptzugang zur Verbotenen Stadt und gibt den Blick auf den zentralen Hofplatz frei. In geschmeidigem Bogen fließt hier der **Goldwasserkanal** vorbei. Fünf Marmorbrücken, Symbole für die *Fünf konfuzianischen Tugenden*, führen zu dem von zwei Bronzelöwen bewachten **Tor der Höchsten Harmonie** 2 (*taihe men*). Hier wurden Petitionen an den Kaiser niedergelegt und die kaiserlichen Siegel aufbewahrt.

Foto: superjoseph (Shutterstock.com)

Dahinter verbirgt sich das Herzstück des Palastes – die sich auf einer monumentalen dreistufigen Marmorterrasse erhebenden **drei großen Zeremonienhallen** (*san da dian*). Deren erste, die ★★**Halle der Höchsten Harmonie** 3 (*taihe dian*), beherbergte den **Drachenthron**, auf dem der Kaiser bei höchsten festlichen Anlässen die Huldigungen des Hofes entgegennahm. Dieser von 24 Säulen getragene größte Hallenbau Chinas stellte mit 35 m dereinst Pekings höchstes Gebäude dar und durfte nicht überragt werden. 18 Bronzegefäße auf der Südseite versinnbildlichen die Landesprovinzen. Zierliche Bronzekraniche schmücken als Glückssymbole die Terrasse, während die Schildkröte (*haoheng*), eigentlich eine frühe Darstellung des Drachens, langes Leben verheißt.

In der kleineren **Halle der Vollkommenen Harmonie** 4 (*zhonghe dian*) bereitete sich der Himmelssohn auf die Zeremonien vor. In der dritten, großen **Halle zur Bewahrung der Harmonie** 5 (*baohe dian*) wurden Beamtenprüflinge oder Prinzen aus Vasallenstaaten

» Stadtplan S. 48-49, Plan S. 52, Info S. 68-69

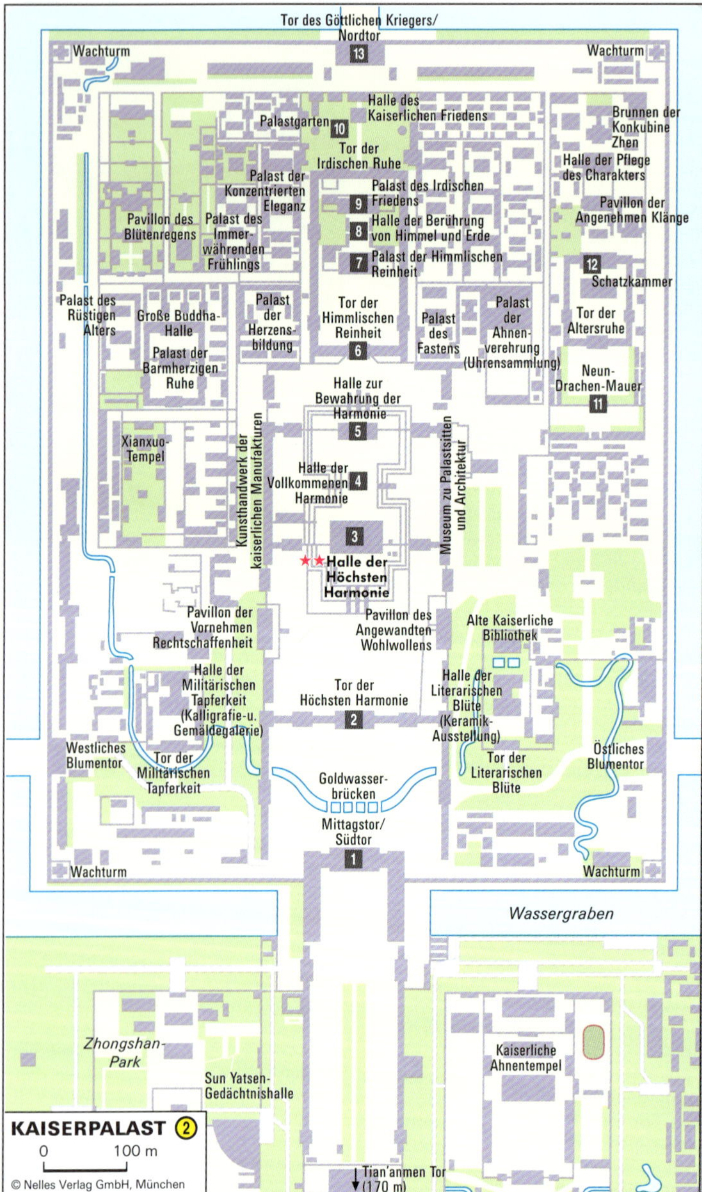
Tor des Göttlichen Kriegers/ Nordtor
13
Wachturm
Wachturm
Halle des Kaiserlichen Friedens
Palastgarten
10
Brunnen der Konkubine Zhen
Tor der Irdischen Ruhe
Halle der Pflege des Charakters
Palast der Konzentrierten Eleganz
Palast des Irdischen Friedens
9
Pavillon der Angenehmen Klänge
Pavillon des Blütenregens
Palast des Immerwährenden Frühlings
Halle der Berührung von Himmel und Erde
8
Palast der Himmlischen Reinheit
7
12
Schatzkammer
Palast des Rüstigen Alters
Große Buddha-Halle
Palast der Herzensbildung
Tor der Himmlischen Reinheit
6
Palast des Fastens
Palast der Ahnenverehrung (Uhrensammlung)
Tor der Altersruhe
Palast der Barmherzigen Ruhe
Neun-Drachen-Mauer
11
Halle zur Bewahrung der Harmonie
5
Xianxuo-Tempel
Kunsthandwerk der kaiserlichen Manufakturen
Halle der Vollkommenen Harmonie
4
Museum zu Palastsitten und Architektur
3
★★ Halle der Höchsten Harmonie
Pavillon der Vornehmen Rechtschaffenheit
Pavillon des Angewandten Wohlwollens
Alte Kaiserliche Bibliothek
Halle der Militärischen Tapferkeit (Kalligrafie-u. Gemäldegalerie)
Tor der Höchsten Harmonie
2
Halle der Literarischen Blüte (Keramik-Ausstellung)
Westliches Blumentor
Tor der Militärischen Tapferkeit
Goldwasserbrücken
Tor der Literarischen Blüte
Östliches Blumentor
Mittagstor/ Südtor
1
Wachturm
Wachturm
Wassergraben
Zhongshan-Park
Sun Yatsen-Gedächtnishalle
Kaiserliche Ahnentempel
Tian'anmen Tor (170 m)
KAISERPALAST 2
0 100 m
© Nelles Verlag GmbH, München

empfangen. Der sich nördlich anschließende Dreierkomplex wiederholt in kleinerem Maßstab die Anlage der drei Zeremonienhallen. Durch das **Tor der Himmlischen Reinheit** 6 (*qianqing men*) gelangt man zum **Palast der Himmlischen Reinheit** 7, der bereits zur Ming-Zeit Wohn- und Arbeitsräume barg.

Die **Halle der Berührung von Himmel und Erde** 8 diente als die kleinere Thron- und Empfangshalle der Kaiserin. Im dahinter liegenden **Palast des Irdischen Friedens** 9 (*kunning gong*), dem nördlichsten der Achse, vollzogen Schamanen nach Bräuchen der Mandschu täglich Opferrituale. Im Ostflügel lässt sich das vollkommen in Rot ausgestattete **Kaiserliche Hochzeitsgemach** besichtigen.

Das **Tor der Irdischen Ruhe** leitet in den **Palastgarten** 10, ein Juwel chinesischer Gartenkunst. Östlich und westlich davon lassen Wohnpaläste das Ambiente kaiserlicher Wohnkultur erahnen.

Hinter den Mauern vollzogen sich menschliche Dramen: Intrigen, Meuchelmorde, Buhlereien um die Gunst der Mächtigen. Meist spielten Frauen dabei die Hauptrollen, unter ihnen Kaiserin Cixi. Doch auch die Eunuchen trugen das ihre zu den Ränkespielen bei. Der Kaiser verwahrte in seinen Gemächern Jadetafeln mit den Namen seiner Konkubinen. Legte er abends eine Tafel heraus, musste der zuständige Eunuch eilen und ihm die Gekürte zuführen. Nackt (und somit offensichtlich waffenlos), in eine Decke gehüllt, legte er sie dem Kaiser zu Füßen. Eine Vorstellung von der Dekadenz im Kaiserpalast am Ende der Qing-Dynastie vermittelt der Film *Der letzte Kaiser* von Bernardo Bertolucci, der die tragische Lebensgeschichte des Kindkaisers Pu Yi schildert.

Wendet man sich von der letzten großen Zeremonienhalle ostwärts, gelangt man zur berühmten **Neun-Drachen-Mauer** 11 (*jiulong bi*; Bild S. 27) aus glasierten Keramikkacheln mit neun verschiedenfarbigen, fünfzehigen – und damit kaiserlichen – Drachengestalten. Nördlich schließen die wundervollen Palastbauten an, die sich Kaiser Qianlong 1773 62-jährig als Alters- und Ruhesitz bauen ließ, die Regentschaft seinem Sohn übertragend – eine Seltenheit auch im damaligen China. Dieser **Palast des Friedvollen Alters** 12 gehört zu den **Schatzkammern**, die den nordöstlichen Teil des Palastes einnehmen.

Die Schatzkammern zeigen, thematisch gegliedert und verteilt auf die Nordostpavillons des Palastes, kostbare Sammlungen chinesischer Kunst und ausländischer Geschenke an den Kaiserhof. Um den Palastschatz vor den Japanern zu retten, hatte die Regierung 1933 den größten Teil nach Nanjing (Nanking) ausgelagert. Von dort verschiffte ihn 1949 die vor den Kommunisten fliehende Guomindang (Kuomintang) nach Taiwan, wo er sich heute im Nationalen Palastmuseum in Taipeh befindet. Dennoch fügt sich das Verbliebene zu einer exquisiten Ausstellung. Während wertvolle Jadeschnitzereien einen Höhepunkt bilden, amüsieren Spielautomaten aus dem 19. Jh., beeindrucken Prunkschmuck sowie aufwändig gefertigte, juwelenbesetzte Cloisonné-(Email-)Arbeiten.

Durch das Nordtor, das **Tor des Göttlichen Kriegers** 13 (*shenwu men*), verlässt der Besucher das Palastmuseum und die Verbotene Stadt.

★Kohlehügel

Unterquert man die Jingshan Qianjie, gelangt man in den **Jingshan-Park** (*jingshan gongyuan*) mit dem **Kohlehügel** 3 (*jing shan*). Dort nahm sich 1644 der letzte Ming-Kaiser nach der Niederlage gegen die Mandschu das Leben. Den Anstieg zum luftigen **Pavillon des Immerwährenden Frühlings** auf dem Hügel belohnt die ★**Aussicht** über die gelben Dächer des Kaiserpalastes (s. Bild S. 28). Etwa 500 m östlich von hier steht das **Kunstmuseum Chinas** (*zhongguo meishuguan*).

Nordsee-Park

Vom Jingshan-Park kann man westlich zum **Nordsee-Park** (4) (*beihai gongyuan*) spazieren. Mittel- und Südsee südlich der Brücke sind gesperrt und der Regierung vorbehalten. In dem beliebten Freizeitpark drängen über die Brücke zur weithin sichtbaren **Weißen Flaschenpagode** auf der **Jadeinsel** (*qionghua dao*) Besucher aus allen Provinzen. Der 36 m hohe Stupa (*bai ta*) im tibetischen Stil wurde 1651 anlässlich des ersten Besuches eines Dalai Lama in Peking errichtet und beschließt den Tempel der ewigen Ruhe (*yong'an si*). Am Nordufer der Insel lockt in alten Mauern das **Fangshan**, eines der besten Pekinger Restaurants, mit Mandschu-Spezialitäten.

Im hinteren Teil des Parks findet sich eine zweite **Neun-Drachen-Mauer**. Zum Verweilen lädt der wunderbare **Fünf-Drachen-Pavillon** ein.

Unweit des Südeingangs sind in der **Runden Stadt** (*tuan cheng*) aus dem Jahr 1417 Kostbarkeiten zu bewundern, so ein weißer birmanischer Jadebuddha und ein faszinierendes, aus einem riesigen dunkelgrünen Jadebrocken geschnitztes Weingefäß des Kublai Khan.

★Drei Hintere Seen / ★Houhai

Die Gewässerlandschaft des Beihai-Parks wiederholt sich nach Norden hin mit den ★**Drei Hinteren Seen** (5), **Shichahai** genannt. Der Mittlere See, **Houhai**, soll vor langer Zeit einen vom Kaiserkanal gespeisten Hafen gebildet haben. Nur in wenigen Gebieten der Altstadt finden sich so viele ursprüngliche **Hutongs** (Gassen) mit den typischen **Siheyuan** (Vierharmonien-Hofhäusern) wie hier. Immer vier dieser qing-zeitlichen einstöckigen Häuser rahmen einen Innenhof; mehrere dieser Wohnquadrate bilden einer alten konfuzianischen Regel zufolge ein Stadtviertel. Nachdem viele dieser Gassen in den letzten Jahren der Abrissbirne zum Opfer fielen, schützt man heute die hier noch verbliebenen Hutongs. Und nahezu überall, etwa am Südende des **Vorderen Sees** (*qian hai*), laden **Rikschafahrer** zu einer interessanten ★**Hutong-Tour** ein.

Abends hübscht sich die Gegend zum beliebten ★**Ausgehviertel** auf. Rote Lampions vor den **Restaurants**, **Bars**, **Pubs** und **Clubs** am Vorderen See und noch mehr am Mittleren See, im Vergnügungsviertel ★**Houhai**, ziehen Nachtschwärmer an (eine noch angesagtere Szene als im bei Ausländern beliebten **Sanlitun**, dem Botschaftsviertel nordöstlich des Zentrums). Der Amüsierbetrieb hat bereits die traditionelle Hutong-Straße **Nanluogu Xiang** im Osten von Houhai erfasst (500 m vom Trommelturm).

Trommel- und Glockenturm

Wendet man sich vom mittleren See ostwärts, stößt man auf diese Türme von 1420. Sie überwachten am Ende der Süd-Nord-Achse die Stadt. Der nördliche, 1747 nach einem Brand wiederaufgebaute **Glockenturm** (6) (*zhong lou*) steht auf einem hohen Fundament. Eine riesige, 42 t schwere und über 5 m hohe **Glocke** gab tagsüber die Zeit an. Nachts ertönten 24 kleine und eine große Trommel im 47 m hohen **Trommelturm** (7) (*gu lou*). Von den Türmen, an denen einige gemütliche **Cafés** zum Verweilen einladen, bietet sich ein schöner ★**Blick** auf das gut erhaltene Hutong-Viertel.

★Konfuzius-Tempel

In der verkehrsarmen Guozijian Jie, die noch – eine Seltenheit im heutigen

Rechts: Kunstvolle, ohne Nägel ausgeführte Konsolenkonstruktion in der Halle der Vervollkommnung im Konfizius-Tempel.

» Stadtplan S. 48-49, Info S. 68-69

Foto: Jürgen Bergmann

Peking – von vier **Ehrenbögen** (*pai lou*) überspannt wird, liegt der ★**Konfuzius-Tempel** ⑧ (*kong miao*). Seit dem 2. Jh. v. Chr. gedachten Beamte und Kaiser ihres höchsten Staatsidols – die von Konfuzius festgelegten hierarchischen Ordnungen sind bis heute relevant. Ein erster Sakralbau entstand hier 1302-1306 während der mongolischen Yuan-Dynastie, seine letzten Veränderungen erfuhr der Tempel 1906.

Nach Durchschreiten des **Tores des Obersten Lehrers** (*xianshimen*) sieht im **Ersten Hof** außer drei Stelenpavillons 198 Stelen, die 51 624 Absolventen (*jinshi*) der höchsten Staatsprüfung vom 14. Jh. bis 1904 verzeichnen.

Durch das **Tor der Großen Vollendung** (*dacheng men*) mit zehn Steintrommeln gelangt man in den stimmungsvollen **Haupthof** mit Bänken vor alten Zypressen und elf Stelenpavillons, mit denen die militärischen Siege während der Ming- und Qing-Dynastie verherrlicht werden. Die seitlichen Gebäude bergen eine Ausstellung zur Stadtgeschichte, Blickfang ist jedoch die Haupthalle des Komplexes, die ★**Halle der Vervollkommnung** (*dacheng dian*), die auf einer prachtvollen Marmorterrasse steht.

Dahinter führt ein Durchgang zum 1794 errichteten **Konfuzianischen Kanon**: 189 große Stelen, auf denen die 13 klassischen Schriften des Philosophen – vor Bränden sicher – mit 6,4 Mio. Zeichen in Stein gemeißelt wurden.

Westlich schließt sich die einstige **Kaiserliche Akademie** (*guozi jian*) an, deren Mittelpunkt die von einem Wassergraben umgebene **Thronhalle** (*biyong*) ist. Die Hochschule wurde Ende des 13. Jh. für die Söhne des mongolischen Adels gegründet. Während der Blütezeit im 15. Jh. widmeten sich hier 12 000 Schüler dem Studium der konfuzianischen Schriften. Gegenüber der Akademie lädt das vegetarische Restaurant **Xu Xiang Zhai** zu einer Pause ein.

★Lama-Tempelkloster

Pekings schönster Sakralbau ist das ★**Lama-Tempelkloster** ⑨ (*yonghe*

» Stadtplan S. 48-49, Info S. 68-69

gong) am Nordostabschnitt der II. Ringstraße. Kaiser Qianlong, dem Gelbmützen-Orden (*gelugpa*) zugetan, ließ einen Prinzenpalast 1745 in ein tibetisch-mongolisches Kloster umwandeln, um enge Bande zwischen dem chinesischen Kaiserhof und seinen „Vasallen" zu manifestieren. Darauf verweisen die viersprachigen Inschriften (chinesisch, mandschurisch, tibetisch, mongolisch). Die Pantschen Lamas und Dalai Lamas residierten hier bei ihren Besuchen in Peking.

Ein Seitentor in der Yonghegong Dajie führt in die Vorgärten mit **Glocken-** und **Trommelturm**. Fünf Tempelhallen zur Darstellung und Pflege der buddhistischen Lehre reihen sich, umgeben von Seitengebäuden, hintereinander. Man findet diesen Grundriss in allen Tempeln Chinas. In der ★**Halle der Himmelskönige** grüßt der fröhliche Dickbauchbuddha Milefo; grimmige Torwächter zu beiden Seiten zertreten Dämonen. Auf den inneren Tempelbereich hat der Wächter der buddhistischen Lehre (*weituo*) ein Auge.

Ein Abbild des buddhistischen **Paradiesberges** (*xumi shan*) beherbergt der nächste Hof. Zu den wertvollsten Tempelschätzen zählen in der ★**Halle der Harmonie und des Friedens** (*yonghe dian*) die **Buddhas der Drei Zeitalter**, an deren Seiten sich die **18 Luohan** aneinanderreihen. Diese Jünger Buddhas sollen anderen Wesen auf dem Weg zur Erkenntnis beistehen. In der **Halle des ewigen Schutzes** schließen Sie Bekanntschaft mit drei vergoldeten Buddha-Statuen: Dem Buddha des langen Lebens stehen der Buddha der Medizin und der Verkünder der Lehre zur Seite.

Das Rad der Lehre verleiht der **Halle der Lehre** (*falun dian*) ihren Namen. Eine **Bronzestatue des Tsongkhapa**, des Gründers des Gelbmützen-Ordens, umrahmen Wandgemälde mit Szenen aus seinem Leben. Buddhistische Schriften werden hier aufbewahrt.

Eine Überraschung birgt die dreigeschossige ★**Halle des 10 000-fachen Glücks** (*wanfu ge*). Nur allmählich gewöhnt sich der Besucher an das Dämmerlicht und hält staunend inne beim Anblick der 18 m hohen, aus einem einzigen Sandelholzstamm geschnitzten ★**Statue des Maitreya-Bodhisattva**, ein Dankesgeschenk des VII. Dalai Lama an Kaiser Qianlong (1736-1795). Der Lamatempel ist üppig mit Buddha-Darstellungen ausgestattet. Tücher verhüllen verschämt tantrische Gottheiten in ekstatischer Vereinigung (in den vorderen Seitengebäuden) – Offenbarung eines geistigen Bruchs mit der eigenen Kulturgeschichte.

Westlich, gegenüber dem Lama-Tempel, kann man dem **Song-Tang-Zhai-Museum** einen Besuch abstatten: Zu sehen gibt es 3000 filigrane traditionelle Steinschnitzereien aus ganz China.

Rechts: Anzünden von Weihrauchstäbchen im Lama-Tempelkloster.

Olympic Green

Für die XXIX. Olympischen Spiele 2008 wurde im Norden der Stadt auf dem 11 km^2 großen **Olympic Green** ein **Olympisches Dorf** und Stadien errichtet. Spektakulärster Bau und ein neues Wahrzeichen Pekings ist das ★**Nationalstadion** – „Vogelnest" lautet der Spitzname für dieses 68 m hohe, 91 000 Zuschauer fassende Wunderwerk aus ineinander verschlungenen, zusammen 42 000 t wiegenden Stahlträgern. Diese neuartige Konstruktion schufen die Schweizer Architekten Herzog & de Meuron.

Daneben liegen das **Nationale Hallenstadion** und das **Nationale Schwimmzentrum** in Leichtbaukonstruktion: Sein prägnanter, auch **Water Cube** genannter Außenbau besteht aus wabenförmigen, an Schaum erinnernde Folien, die als Bildschirm für Videoprojektionen genutzt werden können.

Nach Ende der Spiele wurde das Gelände zu einem modernen Stadtteil ausgebaut.

» Stadtplan S. 48-49, Info S. 68-69

Foto: Jürgen Bergmann

★798 Art District

Im Nordosten der Stadt breitet sich auf dem 500 000m² großen Komplex einer ehemaligen Fabrik der wichtigste Kunstbezirk der Stadt aus, der ★**798 Art District** ⑩. In den alten Fabrikhallen erlauben über 100 Galerien, zahlreiche Künstlercafés und trendige Restaurants einen eindrucksvollen Einblick in die Pekinger Kunstszene, die zu den avantgardistischsten Chinas zählt.

Hauptstadtmuseum (Capital Museum)

Nicht nur die Architektur des **Hauptstadtmuseums** ⑪ ist einzigartig, auch die auf sieben Ebenen präsentierten Ausstellungen zu Geschichte, Kunst, Kultur und der buddhistischen Entwicklung der Hauptstadt sind sehenswert. Ein Höhepunkt ist die Abteilung für Alltagskultur, in der man einen guten Einblick über den Ablauf von Hochzeiten, Geburtstagen, Beerdigungen, traditionellen Festen und vielem mehr erhält.

Tempel der Quelle der Lehre

Der **Tempel der Quelle der Lehre** ⑫ (*fayuan si*) in der Südstadt ist der zweitgrößte Pekings. Er beherbergt die Buddhistische Akademie und eine große Bibliothek. Die sechs Haupthallen entlang der 180 m langen Süd-Nordachse bergen eine Fülle antiker Statuen; die Skanda-Buddhafigur, die Statuen der Himmelskönige in der Halle der Himmlischen Könige und die 18 Arhat-Statuen in der Mahavira Halle wurden in der Ming-Zeit aus Bronze gegossen und vergoldet. Oft kann man buddhistischen Ritualen beiwohnen.

★★Himmelsaltar und Kaiserliche Altäre

Bei neun **Altären**, verteilt um die Palaststadt, bezeugten die Kaiser der Ming- und Qing-Dynastie nach strengen Riten im Rhythmus der Jahreszeiten ihre Demut und erflehten mit Opfern die Gnade des Himmels.

Der ★★**Himmelsaltar** ⑬ (*tian tan*),

Foto: Peter Fischer

auch **Himmelstempel** genannt, ragt aufgrund seiner Architektur und seiner **Parkanlage** heraus (UNESCO-Welterbe). Zu den jährlichen Opfer- und Fastenritualen der Wintersonnenwende auf dem Himmelsaltar ließ sich der Kaiser, begleitet von über 2000 Würdenträgern, von einem Elefanten tragen. Die Süd-Nord-Ausrichtung von Anlage und Ritenvollzug legt nahe, sich dem Altar vom **Südtor** (*nan men*) in der Östlichen Yongdingmenbinhe Lu her zu nähern und den Park durch das **Nordtor** (*bei men*) in der Tiantan Lu zu verlassen. Die Anzahl der ringförmig angeordneten Steinplatten der dreistufigen Altarterrasse lässt sich durch drei und neun teilen, die das himmlische *yang* symbolisieren. Die drei Altarebenen versinnbildlichen Himmel, Erde und Mensch. Ahnentafeln wurden in dem nördlich anschließenden, mit blau glasierten Ziegeln gedeckten Rundbau, dem **Kaiserlichen Himmelsgewölbe**, aufbewahrt. Die **Echomauer** umgibt diesen Hof. Die Mauer ist so konstruiert, dass Schallwellen an ihr entlanglaufen.

Eine erhöhte Marmorstraße führt in nördlicher Richtung auf die ★★**Halle der Erntegebete** (*qinian dian*) zu, Chinas vielleicht schönstes Bauwerk. Die runde Halle mit ihrem dreistufigen, in einer vergoldeten Kugel endenden blau glasierten Dach erhebt sich auf einer weißen Marmorterrasse und wurde erst 1889 nach einem Feuer wiederaufgebaut. Oft irrtümlich als „Himmelstempel" bezeichnet, war sie jedoch in die eigentlichen Opferzeremonien des Himmelsaltars nicht einbezogen. Vielmehr erbat hier der Kaiser zu Frühlingsanfang gutes Gedeihen der Saat. Das Dach der Halle ruht auf 28 Holzsäulen. Die inneren vier Säulen symbolisieren die Jahreszeiten, die beiden umlaufenden Ringe mit je 12 Säulen die 12 Monate und 12 Doppelstunden des Tages.

Am **Osttor** treffen sich jeden Tag hunderte Einheimische, um hier zu singen, zu tanzen, zu spielen oder Taiji zu praktizieren.

Oben: Die Halle der Erntegebete gilt als eines der schönsten Bauwerke Chinas.

» Stadtplan S. 48-49, Info S. 68-69

AUSFLÜGE VON PEKING

★★Sommerpalast

Sommerpaläste schmückten Pekings Nordwesten schon seit dem 12. Jh. Der kunstsinnige Kaiser Qianlong (1736-1795) hatte sie sechs Jahrhunderte später zu einer geschlossenen Anlage ausbauen und für seine Mutter eine Residenz gestalten lassen, die südchinesische Gartenlandschaften, sogenannte Literatengärten imitierte. 1860 und 1900 zerstörten britische und französische Kolonialtruppen die Paläste, und jedesmal gab Cixi, die Kaiserinwitwe und Kaisermacherin, Unmengen von Geld für die Wiederherstellung aus. 1888 verwendete sie dafür Gelder aus dem Marinefonds und verwirklichte im weitläufigen **Garten der Kultivierten Harmonie** (*yihe yu*) ihre Träume von Luxus und Macht. Diese ★★**Sommerpalast** ❷ genannte Anlage gehört zum UNESCO-Welterbe. „Leitthema" der gesamten, u. a. von Tibet inspirierten Architektur ist neben dem Himmel die Langlebigkeit – neben Söhnen und Reichtum eines der drei Glücksideale.

Einer der wenigen noch vorhandenen **Ehrenbögen** (*pai lou*) schwingt sich über die Straße zum **Osttor** 1 des Sommerpalastes. Von der Würde des Ortes sprechen die erhabenen Namen der heute in Museen verwandelten Bauten, so zu Anfang die **Halle der Barmherzigkeit und der Langlebigkeit** 2 (*renshou dian*).

Von hier empfiehlt sich zunächst ein Spaziergang entlang des Ostufers zur **Insel Nanhu Dao**, wobei man die harmonische **17-Bogen-Brücke** 3 überschreitet.

Über den **Wengchang-Turm** 4 gelangt man zurück zur **Halle der Jadewogen** 5 (*yuolan tang*), wo der Kaiser Guangxu seine Reformfreudigkeit ab 1898, nach seiner Entmachtung durch Cixi, mit jahrelanger Internierung büßen musste. 1908 ließ Cixi ihn dann vermutlich vergiften – einen Tag vor ihrem Tod.

Den **Garten der Tugend und Harmonie** 6 (*dehe yuan*) beherrscht das

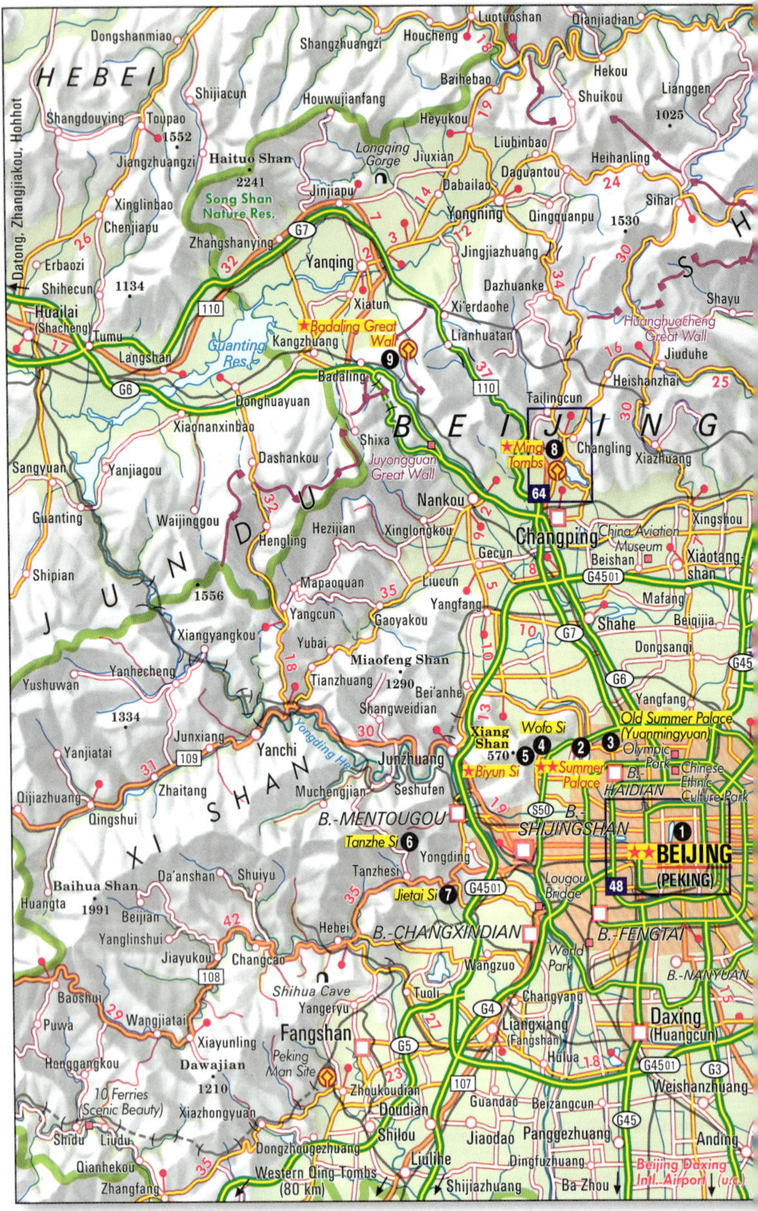
Dongshanmiao
Shangzhuangzi
Houcheng
Luotuoshan
Qianjiadian
HEBEI
Shijiacun
Houwujianfang
Baihebao
Hekou
Shuikou
Lianggen
1025
Datong, Zhangjiakou, Hohhot
Shangdouying
Toupao
1552
Heyukou
Jiangzhuangzi
Haituo Shan
2241
Longqing Gorge
Jiuxian
Liubinbao
Heihanling
Daguantou
Xinglinbao
Song Shan Nature Res.
Jinjiapu
Dabailao
Sihai
Yongning
Qingquanpu
1530
Chenjiapu
G7
Zhangshanying
Yanqing
Jingjiazhuang
Erbaozi
Shihecun
1134
Dazhuanke
Shayu
Huailai (Shacheng)
110
Xiatun
Xi'erdaohe
Tumu
Guanting Res.
Kangzhuang
★Badaling Great Wall
9
Lianhuatan
Huanghuacheng Great Wall
Jiuduhe
Langshan
Badaling
G6
110
Heishanzhai
Donghuayuan
Tailingcun
Xiaonanxinbao
BEIJING
Shixa
★Ming Tombs
8
Changling
Xiazhuang
Sangyuan
Dashankou
Juyongguan Great Wall
Yanjiagou
Nankou
64
Guanting
Waijinggou
Hezijian
Xinglongkou
Changping
China Aviation Museum
Xingshou
Hengling
Gecun
Beishan
Xiaotangshan
Shipian
JUNDU
G4501
Mapaoquan
Liucun
Mafang
1556
Yangfang
Yangcun
Gaoyakou
Shahe
Beiqijia
Xiangyangkou
G7
Dongsanqi
Yubai
Miaofeng Shan
G6
G45
Yushuwan
Yanhecheng
Tianzhuang
1290
Bei'anhe
Yangfang
1334
Shangweidian
Old Summer Palace (Yuanmingyuan)
Junxiang
Xiang Shan
Wofo Si
Olympic Park
Yanjiatai
109
Yanchi
Yongding He
Junzhuang
570
4
2
3
5
Chinese Ethnic Culture Park
★Biyun Si
★★Summer Palace
B.-HAIDIAN
Qijiazhuang
Zhaitang
Muchengjian
Seshufen
Qingshui
XI SHAN
B.-MENTOUGOU
S50
B.-SHIJINGSHAN
1
Tanzhe Si
6
★★BEIJING (PEKING)
Yongding
Tanzhesi
Lougou Bridge
48
Baihua Shan
Da'anshan
Shuiyu
Jietai Si
7
G4501
Huangta
1991
Beijian
Yanglinshui
Hebei
B.-CHANGXINDIAN
B.-FENGTAI
Jiayukou
Changcao
World Park
Wangzuo
B.-NANYUAN
108
Baoshui
Shihua Cave
Tuoli
Changyang
Yangeryu
G4
Liangxiang (Fangshan)
Wangjiatai
Daxing (Huangcun)
Puwa
Xiayunling
Fangshan
G5
Hulua
Honggangkou
Dawajian
Peking Man Site
G4501
G3
1210
Zhoukoudian
107
Weishanzhuang
10 Ferries (Scenic Beauty)
Xiazhongyuan
Doudian
Guandao
Beizangcun
G45
Shidu
Liudu
Shilou
Jiaodao
Panggezhuang
Anding
Dongzhougezhuang
Liulihe
Dingfuzhuang
Qianhekou
Western Qing Tombs (80 km)
Beijing Daxing Intl. Airport (u.c.)
Zhangfang
Shijiazhuang
Ba Zhou

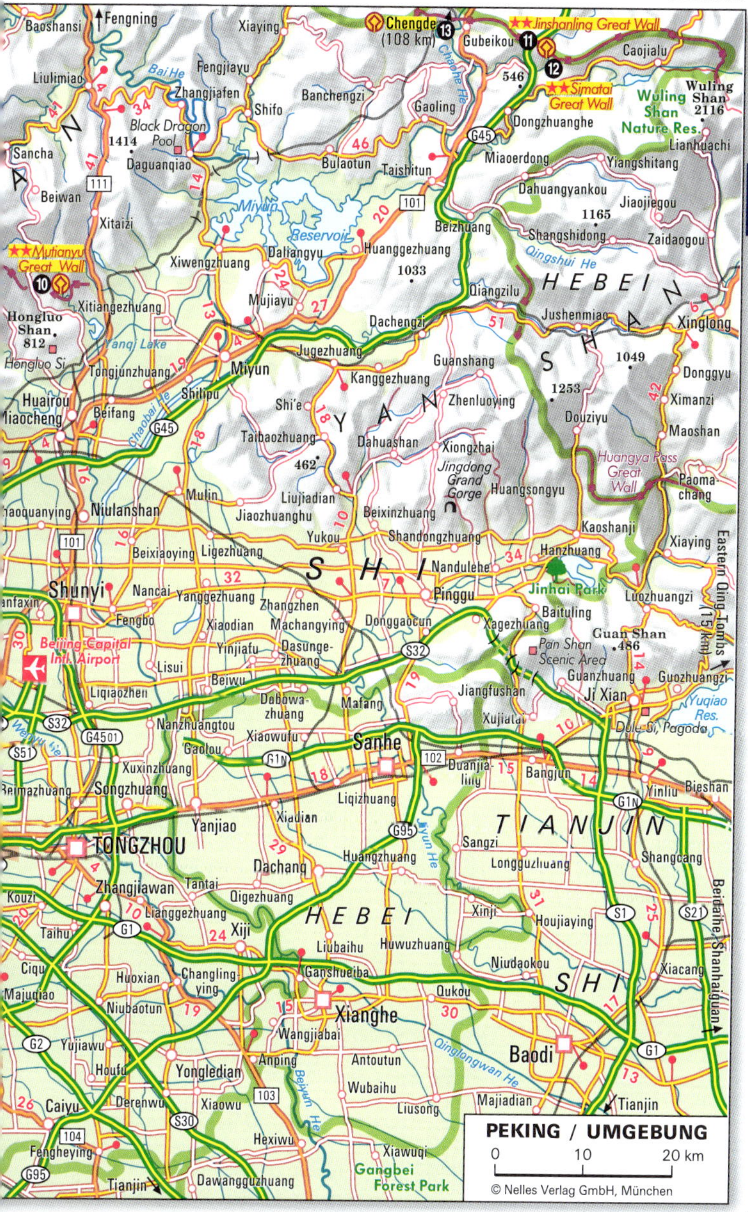
Baoshansi
Fengning
Xiaying
Chengde (108 km)
13
Jinshanling Great Wall
Gubeikou
11
12
Caojialu
Liulimiao
Bai He
Fengjiayu
Zhangjiafen
Shifo
Banchengzi
Gaoling
Chaohe He
546
Simatai Great Wall
Wuling Shan Nature Res.
Wuling Shan 2116
Black Dragon Pool
1414
Daguanqiao
Sancha
Bulaotun
Taishitun
Dongzhuanghe
Lianhuachi
Miaoerdong
Yiangshitang
Beiwan
Xitaizi
Miyun Reservoir
Dahuangyankou
Jiaojiegou
1165
Beizhuang
Shangshidong
Zaidaogou
Huanggezhuang
Qingshui He
Mutianyu Great Wall
10
Xiwengzhuang
Daliangyu
1033
Qiangzilu
HEBEI
Xitiangezhuang
Mujiayu
Dachengzi
Jushenmiao
Xinglong
Hongluo Shan 812
Hongluo Si
Yanqi Lake
Jugezhuang
Guanshang
1049
Donggyu
Tongjunzhuang
Miyun
Kanggezhuang
1253
Ximanzi
Huairou
Miaocheng
Beifang
Shilipu
Chaobai He
Shi'e
Zhenluoying
Douziyu
Maoshan
YANSHAN
Taibaozhuang
Dahuashan
Xiongzhai
Huangya Pass Great Wall
Paomachang
462
Jingdong Grand Gorge
Huangsongyu
Mulin
Liujiadian
Niulanshan
Jiaozhuanghu
Beixinzhuang
Kaoshanji
Xiaying
Yukou
Shandongzhuang
Beixiaoying
Ligezhuang
Hanzhuang
Eastern Qing Tombs (15 km)
Nandulehe
Shunyi
Nancai
Yanggezhuang
SHI
Pinggu
Jinhai Park
Luozhuangzi
Zhangzhen
Fengbo
Xiaodian
Machangying
Donggaocun
Baituling
Xagezhuang
Guan Shan 486
Beijing Capital Intl. Airport
Yinjiafu
Dasungezhuang
Pan Shan Scenic Area
Lisui
Beiwu
Guanzhuang
Guozhuangzi
Liqiaozhen
Dabowazhuang
Mafang
Jiangfushan
Ji Xian
Yuqiao Res.
Xujialai
Dule Si, Pagoda
Nanzhuangtou
Xiaowufu
Sanhe
Wenyu He
Gaolou
Duanjialing
Bangjun
Xuxinzhuang
Beimazhuang
Songzhuang
Liqizhuang
Yinliu
Bieshan
Xiadian
TIANJIN
Yanjiao
TONGZHOU
Sangzi
Dachang
Huangzhuang
Jiyun He
Longguzhuang
Shangcang
Zhangjiawan
Tantai
Kouzi
Qigezhuang
Lianggezhuang
Xinji
Houjiaying
Beidaihe, Shanhaiguan
Taihu
HEBEI
Xiji
Liubaihu
Huwuzhuang
Niudaokou
Xiacang
Ciqu
Huoxian
Changlingying
Ganshueiba
SHI
Majuqiao
Niubaotun
Qukou
Xianghe
Wangjiabai
Yujiawu
Anping
Antoutun
Qinglongwan He
Baodi
Houfu
Yongledian
Beiyun He
Wubaihu
Caiyu
Derenwu
Xiaowu
Liusong
Majiadian
Tianjin
Fengheying
Hexiwu
Xiawuqi
Tianjin
Dawangguzhuang
Gangbei Forest Park
PEKING / UMGEBUNG
0
10
20 km

Foto: Volkmar E. Janicke

dreistöckige Theater der narzisstischen Cixi, die sich darin vornehmlich an Eigenkompositionen erfreute.

In der **Halle der Freude und Langlebigkeit** 7 besaß Cixi ihre prunkvollen Privatgemächer. Ein Portrait erinnert an die alte Dame – eindrucksvoll sind die langen Fingernagelschützer.

Anschließend betritt man den 720 m langen, parallel zum Seeufer verlaufenden ★**Wandelgang** 8 (*chang lang*). Die herrliche ★**Aussicht** auf den Kunming-See und auf die mit Blumen, Vögeln, Gärten und Landschaften bemalten Deckenbalken machen ihn zu einem der reizvollsten Bauten des Palastes.

Architektonischer Fixpunkt der gesamten Anlage ist ein Gebäudeensemble, das sich vom See den **Hügel der Langlebigkeit** (*wanshou shan*) emporzieht: **Schmucktor**, **Halle der Ziehenden Wolken** 9 (*paiyun dian*) – ziehende Wolken galten als Begleiter der Unsterblichen – und **Pavillon des Wohlgeruchs Buddhas** 10 (*foxiang ge*), eine achteckige buddhistische Pagode auf einem 20 m hohen Steinsockel (s. Bild S. 44). Die einleuchtendste Erklärung für die dominierende Lage dieses buddhistischen Sakralbaus ist wohl die Tatsache, dass zahlreiche Mandschus Anhänger des Lamaismus waren.

Der Weg führt über den 7,50 m hohen **Pavillon der Kostbaren Wolken** 11 (*boyun ge*) aus Bronze zurück zum See und weiter zum ★**Marmorschiff** 12 (*qingyan fang*) mit Schaufelrädern; sein Rumpf ist aus Stein, die zweigeschossigen bemalten Aufbauten sind aus Holz.

Die meisten Besucher verlassen den Park vorbei am **Suyun-yan-Tor** 13 durch das **Westtor** 14 oder über die **Suzhou-Straße** durch das **Nordtor** 15.

Oben: Das Marmorschiff, eine Attraktion des Sommerpalasts. Rechts: Wächterstatue im Tempel des Schlafenden Buddhas.

Alter Sommerpalast

Kaiser Qianlong (1736-1795), angetan von der europäischen Kultur,

» Plan S. 59, Karte S. 60-61, Info S. 68-69

bestellte den Jesuiten-Pater Giuseppe Castiglione zum Architekten eines europäischen Gartens mit zehn Palästen, die zu den außergewöhnlichsten Monumenten ost-westlicher Kultur zählten. Nordöstlich des Sommerpalastes gelegen, war dieser aus drei Gartenanlagen bestehende **Alte Sommerpalast** ❸ der schönste chinesische Gartenpalast überhaupt, ehe ihn 1860 britische und französische Truppen ausraubten und brandschatzten. Der **Garten der Vollkommenen Klarheit** (*yuanming yuan*) barg einst die prächtigsten Gebäude der Anlage. Heute sind Teile rekonstruiert, darunter der nach europäischem Vorbild angelegte **Irrgarten**.

Foto: Martin Thomas

Tempel des Schlafenden Buddhas

Das Kloster mit dem **Tempel des Schlafenden Buddhas** ❹ (*wofo si*) ist unübersehbar ein beliebtes Ausflugsziel. Alte Zypressen säumen die breite Treppenstraße zur Tempelanlage. In der dritten Halle ruht friedlich lächelnd ein ★**Bronzebuddha**. Die riesigen Füße der über 5 m messenden Statue sind entblößt. Daher brachten Pilger ihm Schuhe dar, und stets liegt ein Paar für ihn bereit. Wache hält eine Gruppe von zwölf Jüngern aus dem 14. Jh.

★Kloster der Azurblauen Wolken und ★Duftberg

Das ★**Kloster der Azurblauen Wolken** ❺ (*biyun si*) liegt in einem weiten ummauerten Park mit alten Bäumen am Osthang des 570 m hohen **Duftberges** (*xiang shan*). Der Komplex wurde 1289 als Nonnenkloster errichtet und während der Ming-Zeit zur heutigen Form umgestaltet. Darüber ragt auf reich verziertem Sockel die weiße, im indischen Stil errichtete **Diamantthron-Pagode** aus dem 18. Jh. auf. Künstlerhände verliehen den vergoldeten Holzstatuen der 500 Luohan (buddhistische Weise) in einer Seitenhalle des Tempels eine unverwechselbare Gestalt.

Für eine ausgiebigere Wanderung zu den Sehenswürdigkeiten der Westberge bietet sich ein Weg zum Scheitel der Berge hinter dem Ruhenden Buddha an. Nach etwa 2 Std. erreicht man den Gipfel des ★**Duftberg-Parks** (*xiangshan gongyuan*). Auch ein oft überlasteter **Sessellift** führt hinauf. Im Park, einst kaiserliches Jagdgelände, laden Pagoden und Pavillons zum Verweilen ein, z. B. die mit 56 Bronzeglöckchen verzierte achteckige **Porzellanpagode**.

Tanzhe- und Jietai-Kloster

Die ehrwürdigen Klöster liegen etwa 40 km westlich von Peking in einem als Ausflugsziel beliebten Waldgebiet: **Tanzhe-** ❻ und **Jietai-Kloster** ❼ (*tanzhe si; jietai si*) mit teilweise über 800 Jahre alten Kiefern. Die Geschichte des Tanzhe-Klosters reicht ins 3. Jh. zurück. Zwischen den Grabpagoden aus dem 12.-14. Jh. am Fuß des Tempels lässt sich buddhistische Abgeschiedenheit besser nachempfinden als in den städtischen Tempeln.

» Karte S. 60-61, Info S. 68-69

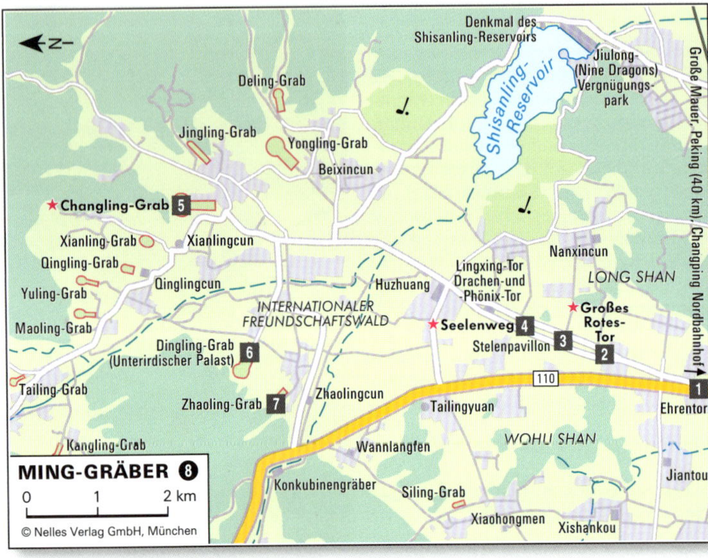

★Ming-Gräber

Die ★**Ming-Gräber** 8 (*shisan ling*), liegen knapp 50 km nordwestlich von Peking bei Changping. Der Grabbezirk (UNESCO-Welterbe) war in der Ming-Zeit mauerbewehrt und streng bewacht; daher nannte man ihn „Verbotenes Land" (*jindi*). Ummauerte, mit Vorbauten einem Schlüsselloch ähnelnde Grabhügel bergen die 13 kaiserlichen Ruhestätten, von denen drei restauriert und zugänglich sind.

Das marmorne, 12 m hohe und knapp 30 m breite **Ehrentor** 1 (*shi paifang*) erhob sich einst vor dem eigentlichen Grabbezirk. Zu diesem gab das ★**Große Rote Tor** 2 (*dahong men*) als Haupttor etwa 1 km weiter nördlich Einlass.

Der **Stelenpavillon** 3 stammt aus dem Jahr 1435. Darin stützt eine Schildkröte (*bixi*), das Symbol der Stärke und Langlebigkeit, eine monumentale, über 6 m hohe Stele. Der Text rühmt die Taten des Kaisers Yongle (s. u.). Hier beginnt der mittlere, ca. 2 km lange Abschnitt des ★**Seelenweges** 4 (*shan dao*), auch **Geisterallee** oder **Heilige Straße** genannt. 24 monumentale ★**Tierfiguren** wie Kamele, Elefanten, Löwen, Einhörner sowie 12 konfuzianische Beamte hüten paarweise die Prunkstraße.

Zentrale Grablege des gesamten, fast 40 km^2 großen Komplexes der Ming-Gräber ist das ★**Changling** 5, die letzte Ruhestätte von Kaiser Yongle (1403-1424), wo meist lebhafter Andrang herrscht. Die einzige erhaltene Opferhalle ruht auf 32 aus massiven Stämmen des Nanmu-Baumes (*Phoebe nanmu*) gefertigten 12 m hohen Säulen und einer gestuften Marmorterrasse. Dieses rekonstruierte, größte und bedeutendste Grab ist indes leer.

Mehr als 3000 prunkvolle Grabbeigaben fand man 1956-1958 in der Gruft des **Dingling** 6, im restaurierten Grab von Kaiser Wanli (1573-1620) und zweier Kaiserinnen. Die einzelnen Grabkammern mit einer Gesamtfläche

Rechts: Der paarweise von Skulpturen flankierte Seelenweg zu den 13 Ming-Gräbern.

» Plan S. 64, Info S. 68-69

Foto: Kai-Ulrich Müller

von 1200 m² und die zur Anlage gehörenden Museumshallen veranschaulichen die Bestattungskultur der chinesischen Kaiserhöfe. Finanziert wurde der in sechs Jahren errichtete „Unterirdische Palast" mit Steuereinnahmen.

Die dritte zugängliche Grabanlage ist das **Zhaoling** 7, Mausoleum des Kaisers Longqing (1567-1572). Es hat nur zwei Vorhöfe, ist kleiner als die beiden anderen und deshalb weniger besucht.

★★Große Mauer

Die Chinesen nennen die ★★**Große Mauer**, berühmtestes Bauwerk des Landes und UNESCO-Welterbe, die „Lange Mauer" (*chang cheng*). Nahezu 6000 km windet sich der „steinerne Drache" über schroffe Bergspitzen bis an den Rand der Wüste Gobi im westlichen Gansu. Reichseiniger Qin Shihuangdi, erster Kaiser Chinas (221-210 v. Chr.), ließ hunderttausende Zwangsarbeiter dieses Bollwerk gegen Steppenvölker aus dem Norden errichten. Bestehende Maueranlagen wurden zusammengefasst und mit Holzaufbauten bewehrt. In der frühen Ming-Zeit verkleidete man die Wälle mit Ziegeln und baute sie zu den heutigen Ausmaßen aus. Auf ihr fanden sechs berittene Krieger nebeneinander Platz. Von den Wehrtürmen stiegen Rauchsignale auf.

Der von Reisegruppen meistbesuchte Mauerabschnitt ist ★**Badaling** 9, ca. 60 km nordwestlich von Peking. Bei einer Wanderung entlang der restaurierten Mauerkrone, die durch bis zu 2 m hohe Zinnen geschützt wird und so breit ist, das zehn Menschen oder fünf Pferde nebeneinander laufen können, genießt man fantastische ★**Ausblicke** auf die hügelige Landschaft. Nach Möglichkeit sollte man Badaling am frühen Morgen oder späten Nachmittag erkunden, wenn die Zahl der Touristen überschaubar ist. Einen Besuch verdient das **Great Wall Museum** mit Dioramen, Modellen und Fotos. Ein 15-minütiger **Film** wird im 360°-Panoramakino **Great Wall Circle Vision Theatre** gezeigt.

An der Passstraße vor Badaling stehen die Reste des Mauer-Forts **Juyong-**

» Plan S. 64, Karte S. 60-61, Info S. 68-69

guan aus mongolischer Zeit (14. Jh.); die **Wolkenterrasse** im Tal schmücken **Reliefs** mit Gestalten des tibetischen Buddhismus.

Nicht minder erstaunt die auf der Krone durchschnittlich 5 m breite, bis zu 9 m hohe Große Mauer an den weniger besuchten restaurierten Abschnitten. Bei ★★**Mutianyu** ⑩, 70 km nördlich von Peking, führt eine **Seilbahn** auf den höchsten Gipfel. An klaren Tagen überwältigt die herrliche ★★**Aussicht** auf die baumlosen, sich wellig im Horizont verlierenden Bergketten.

Unvergesslich bleibt auch die rund vierstündige Wanderung auf der Großen Mauer von ★★**Jinshanling** ⑪ nach ★★**Simatai** ⑫, 120 km nordöstlich der Hauptstadt. Hier ist das Bauwerk weniger intensiv restauriert und daher noch recht romantisch. Mit einer Seilbahn lässt sich der steile Aufstieg zur Mauer abkürzen.

★★Kaiserlicher Sommerpalast in Chengde

Nördlich des Ortes **Chengde** ⑬ liegt der ★★**Kaiserliche Sommerpalast** (UNESCO-Welterbe). Er ist ca. 230 km von Peking entfernt und kann auf einem Ausflug mit einer Übernachtung in Chengde besichtigt werden.

1703 ließ Kangxi, der hervorragendste der Mandschu-Kaiser, 60 km jenseits der Großen Mauer, in der Nähe warmer Quellen, einen Sommerpalast als „Raststätte" auf dem langen Weg zum Mulan-Jagdrevier bauen. Vor reizvoller Bergkulisse inmitten eines weitläufigen Parks reicht das **Berggut der Flucht vor der Sommerhitze** (*bishu shanzhuang*) an Größe und Bedeutung des Pekinger Kaiserpalastes heran.

Der von einer 10 km langen Mauer umgebene Komplex umfasst einen Park, die kaiserlichen Wohngebäude, eine Bibliothek sowie einige Tempel. Den Hauptzugang zum Palast bildet das **Tor der Schönheit und Rechtschaffenheit** 1 (*lizheng men*). Von ihm gelangt man zum **Mittelschloss** 2, der Residenz. In ihrem vorderen Bereich liegen die Repräsentationsräume, im hinteren Teil die prunkvollen Privatgemächer des Kaisers.

Eine reizvolle **Aussicht** auf das Parkgelände genießt man vom **Schloss der 10 000 Täler und Kiefern im Wind** 3 (*wanhe songfeng*). Den Nachfolgern Kaiser Kangxis diente es zum Studium chinesischer Klassiker oder zur Erholung. Östlich davon erhebt sich die **Kiefern- und Kranich-Halle** 4 (*songhe zhai*), wo die Damen der kaiserlichen Familie wohnten.

Die **Inseln** 5 des an der tiefsten Stelle des Parks gelegenen Sees schmücken Villen und Gärten im südchinesischen Stil, die an die Wasserlandschaften des Yangzi-Deltas erinnern.

Unter den Kaisern Kangxi und Qianlong (1736-1795) entstanden östlich und nördlich des Sommerpalastes, jenseits der Flüsse Wulie und Shizi Gou, die lamaistischen ★★**Acht Äußeren Tempel**. So wurde der im chinesischen Stil errichtete **Tempel der Umfassenden Menschenliebe** 6 (*puren si*) anlässlich des 60. Geburtstags von Kaiser Kanxi (1713) geweiht. Wenige Schritte weiter liegt der verfallene tibetische **Tempel der Universalen Aufrichtigkeit** 7 (*pushan si*).

Weiter oberhalb gleicht der Rundbau des **Tempel der Universalen Freude** 8 (*pule si*) dem Himmelsaltar in Peking. Von ihm führen ein Wanderweg und eine Seilbahn zum **Waschknüppel-Berg** 9 (*bangchui shan*), dessen nadelartige Form die Vorstellung einer tragenden Himmelssäule weckte.

Weiter nördlich folgt das 1764 erbaute Ensemble des **Tempels des Fernen Friedens** 10 (*anyuan miao*), der Bezug auf die Befriedung der Dsungarei (in Westchina) nimmt.

An Chengdes nördlichster Stelle erhebt sich am Berghang der in einem chinesisch-tibetischen Mischstil erbaute **Tempel des Universalen Friedens** 11 (*puning si*), auch „Tempel des

 » Karte S. 60-61, Plan S. 67, Info S. 68-69

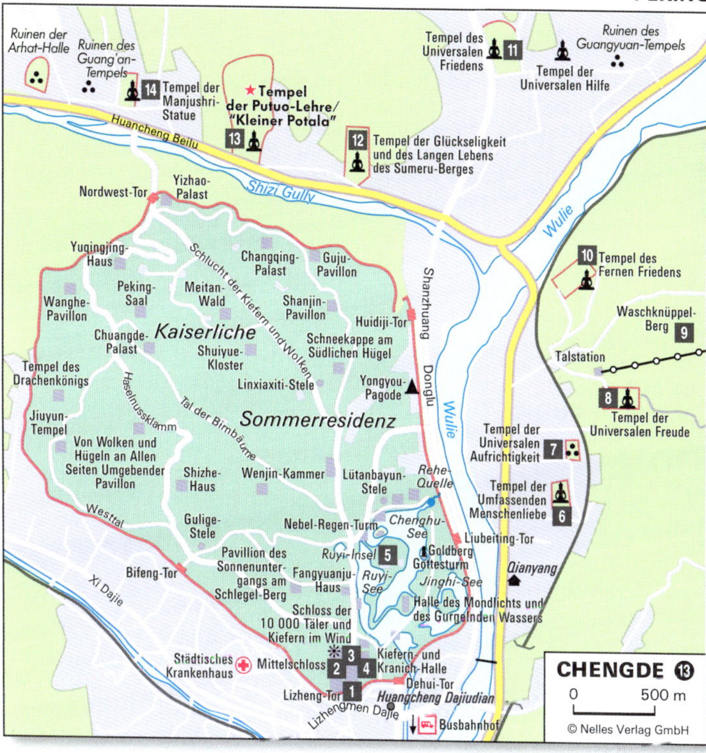

Riesen-Buddha" genannt. Er entstand als Zeichen des Sieges Kaiser Qianlongs über die Mongolen und des Anschlusses der Mongolei an China. Eine **Stele** erinnert in vier Sprachen (Chinesisch, Mandschu, Mongolisch, Tibetisch) an das Ereignis. Im großen **Mahayana-Pavillon** (*dazheng ge*), der an erhabenster Stelle im Norden des Anwesens steht, ragt eine **1000-händige Guanyin-Bodhisattva** über 22 m empor. Sie wurde aus fünf Nadelholzarten geschnitzt und wiegt 110 t.

Nördlich der Kaiserresidenz entdeckt man die schönsten Sakralbauten: Der **Tempel der Glückseligkeit und des Langen Lebens des Sumeru-Bergs** 12 (*xumi fushou miao*) ahmt eine tibetische Tempelstadt nach. Zu Ehren des VI. Panchen Lama erbaut, weist er die für Tibet typischen Dachverzierungen in vergoldeter Bronze auf.

Der ★**Tempel der Putuo-Lehre** 13 (*putuo zongsheng miao*) ist die großzügigste Klosteranlage in Chengde. Die als „**Kleiner Potala**" bekannte, ummauerte Anlage wurde 1767-71 als Residenz für Besucher aus Tibet, Xinjiang und der Mongolei auf einem 220 000 m² großen Grundstück erbaut. Der „Potala", Wahrzeichen der Sommerresidenz, offenbart die politisch-religiöse Verbindung der Mandschu-Herrscher zu Tibet.

Westlich des Potala liegt der **Tempel der Manjushri-Statue** 14 (*shuxiang si*). Er ist dem Buddha der Weisheit geweiht und einem Tempel in Xiangshan bei Peking nachempfunden.

» Plan S. 67, Info S. 68-69

Peking / Beijing (☎ 010)

Beijing Tourist Information Center, 49 Di'anmen Xidajie, am Zugang zum Qianhai, Tel. 6400 2378. **Tourist Hotline**, offizielle 24-Stunden-Hotline für Infos und Beschwerden aller Art, Tel. 6513 0828. **Aktuelles Veranstaltungsprogramm** unter www.thebeijinger.com oder www.cityweekend.com.cn/beijing.

FLUGZEUG: Der **Beijing Capital International Airport** liegt 30 km nordöstlich des Zentrums, in das man per Taxi, Bus oder Bahn (Airport Express) gelangt.
ZUG: Peking ist Verkehrsknotenpunkt Chinas und hat drei Bahnhöfe: den ursprünglichen **Hauptbahnhof**, den **Westbahnhof**, und den **Südbahnhof** für Hochgeschwindigkeitszüge nach Tianjin, Qingdao, Shanghai, Hangzhou, Xi'an und viele weitere Städte. Zugtickets gibt es an den Bahnhöfen. In fast allen Hostels und Hotels kann man gegen geringen Aufpreis ebenfalls Tickets buchen.

VERBOTENE STADT UND KAISERPALAST (*gu gong; zijin cheng*): Zugang vom **Tian'anmen-Tor** oder **Nordtor** an der Jingshanqian Jie, Tickets April–Juni, Sept./Okt. Di–So 8.30–17, in den Schulferien Juli/Aug. tgl. 8–17, Nov.–März Di–So 8.30–16.30 Uhr. Nach Erreichen der maximalen Zahl von 80 000 Besuchern/Tag, endet der Ticketverkauf! Palastmuseum: www.dpm.org.cn; U 1: Tian' anmen West und Tian'anmen East.
PARKS UND GÄRTEN: **Beihai-Park**, geöffnet bis 20 Uhr, Südeingang: Wenjin Lu, Nordeingang: West-Di'anmen Lu, U 6: Beihai North. **Sommerpalast** (*yihe yuan*), April-Okt. tägl. 7.30-17 Uhr, manche Gebäude nur nur 9-16 Uhr, Nov.-März tägl. 8-17 Uhr, U 4 Xiyuan für den Ost- oder Beigongmen für den Nordeingang oder Taxi.
Alter Sommerpalast (*yuanming yuan*), tägl. 7-18.30 Uhr, nordöstlich des Sommerpalastes Yihe Yuan, U 4: Yuanmingyuan.
TEMPEL UND KLÖSTER: **Konfuzius-Tempel** (*kong miao*), Guozijian Jie, tägl. 8.30-17 Uhr, U 2, 5: Lama Temple. **Lama-Tempel** (*yonghe gong*), tägl. 9-16.30 Uhr, Nov.-März 9-16 Uhr, Yonghegong Dajie, U 2, 5: Lama Temple. **Tempel der Quelle der Lehre** (*fayuan si*), tgl. 9-17 Uhr, 7 Fayuansi Qianjie, U 4, 7 Caishikou. **Himmelsaltar** (*tian tan*), tägl. 8.30-17 Uhr, Südtor bei der Yongdingmen Dongjie; Anfahrt mit Taxi, Osttor U 5: Tiantandongmen. **Tempel des Schlafenden Buddha** (*wofo si*), tgl. Sommer 8-16, Winter 8.30-16 Uhr, U-Bahn Western Suburban Line: Botanical Gardens. **Kloster der Azurblauen Wolke** (*biyun si*) und **Duftberg** (*xiang shan*), tgl. 8-17 Uhr, U-Bahn Western Suburban Line: Fragrant Hills. **Tanzhe- und Jietai-Kloster** (*tanzhe si; jietai si*), tägl. 8-17 Uhr, Anfahrt mit Taxi.
MUSEEN: **Chinesisches Nationalmuseum** (*zhongguo guojia bowuguan*), tgl. 9-17, Ticketausgabe bis 15.30, Einlass bis 16 Uhr, kostenlose Tickets – Reisepass nicht vergessen! – am Westeingang, 16 Dongchang'an Jie, an der Ostseite des Tian'anmen-Platzes, www.chnmuseum.cn; U 1: Tian'anmen East, U 2: Qianmen. **Mao-Mausoleum** (*mao zhuxi jinian tang*), Di-So 8-12 Uhr, Juli/Aug. Di-So 7-11 Uhr, an der Südseite des Tian'anmen-Platzes. **798 Art District** (*798 yishu qu*), Galerien Mo geschl., 2-4 Jiuxianqiao Lu, U 14 Gaojiayuan oder Taxi. **Hauptstadtmuseum** (*shoudu bowuguan*), Di-So 9-17, Einlass bis 16 Uhr, 16 Fuxingmenwai Dajie, www.capitalmuseum.org.cn, U 1 Muxidi.
GROSSE MAUER UND MING-GRÄBER: Direktbus 877 (letzte Hinfahrt 12, letzte Rückfahrt 17 Uhr) ab Busstation Deshengmen (U 2 Jishuitan) bis Badaling. Hotels vermitteln/verkaufen Touren zu allen Mauerabschnitten und zu weiter entfernten Sehenswürdigkeiten.
Ming-Gräber (*shisan ling*), tgl. 8-17.30 Uhr. U-Bahn Changping Line bis zum 50 km entfernten Areal der Ming-Gräber (Station Ming Tombs), das allerdings noch etwa 4 km von der Station entfernt liegt. Von der U-Bahn-Station fahren Shuttlebusse zu den einzelnen Gräbern.

Die Peking-Küche ist schlichter als die südliche süßsaure oder scharfe Küche und verwendet gern Knoblauch, Sojasauce und Ingwer. Aber Pekings unzählige Speiselokale servieren auch die Spezialitäten der Küchen von Kanton, Sichuan und Shandong. Als Snack gibt es *jiaozi* (gefüllte Teigtaschen oder „chinesische Ravioli"), in gebratener, herzhafter Variante als *guotie* bekannt.
Viele Abendrestaurants im **Shichahai-Viertel**, v. a. in **Houhai**, nördlich des Beihai-Parks beim

Glocken- und Trommelturm.
***PEKINGENTE*:** **Quanjude – Beijing Roast Duck Restaurant** („Super duck"), 32 Qianmen Dajie, Tel. 65 11 24 18. **Beijing Da Dong**, 3 Tuanjiehu Beikou, nahe dem *Hotel Zhaolong* (Great Dragon) bei der 3. Ringstraße, Tel. 65 82 28 92.
***SHANDONG-KÜCHE*:** **Beijing Fengzeyuan Restaurant**, 83 Zhushikou Xidajie, südlich der Dazhalan Jie im gleichnamigen Hotel.
***SPEZIALITÄTENGASSEN*:** **Geisterstraße** (*gui jie*), jeden Abend verwandeln hunderte rote Lampions die Dongzhimennei Dajie in Beijing stimmungsvollstes Restaurantviertel; U 5: Beixinqiao.
***KANTONESISCHE KÜCHE*:** **Huang Ting**, 8 Jinyu Hutong, im *Peninsula Palace Hotel*, Dongcheng.
TEEHÄUSER: **Family Fu's Teahouse** (*cha jia fu*), Tee und Snacks in stilvoller Atmosphäre im Houhai-Park, 23-3 A Yangfang Hutong, www.familyfusteahouse.com.

***PEKING-OPER*:** Karten bucht man über www.piao.com.cn oder das Hotel. **Chang'an-Theater** (*chang'an dajuchang*), eine der ersten Adressen für Peking-Opern, die hier häufig noch in ganzer Länge gespielt werden, 7 Jianguomennei Dajie / Chang'an-Boulevard, Tel. 65 10 13 08; U 1, 2: Jianguomen.
AKROBATIK UND KUNG FU: **Chaoyang-Kulturzentrum** (*chaoyang qu wenhuaguan*), Akrobatikshow der Mönche aus dem Shaolin-Kloster, Xiaozhuang, Chaoyang Lu, Tel. 85 99 11 88, U 1: Dawanglu. **Liyuan-Theater** (*liyuan juchang*), stark am touristischen Geschmack orientiertes Kung Fu, Vorstellungen um 12.30 und 19.30 Uhr, 175 Yong' an Lu, Qianmen Jianguo Hotel, Tel. 63 01 66 88, U 7 Hufangqiao. **Red Theater** (*hong juchang*), tgl. 19.30 Uhr gibt es eine perfekt inszenierte Kungfu-Show. 44 Xingfu Dajie, Tel. 5165 1914, http://redtheatrekungfushow.com, U 5 Tiantandongmen.

KLASSISCHE MUSIK:
Beijing Concert Hall (*Beijing yinyue ting*), 1 Beixinhua Jie, Tel. 66 05 70 06, U 1, 4: Xidan.
Hu-Guang-Gildenhaus (*huguang huiguan*), Theater vom Anfang des 19. Jh., 3 Hufang Lu; U 4, 7: Caishikou.
Großes Nationaltheater (*guojia da juyuan*), 2 Xichang'an Jie, neben der Großen Halle des Volkes; U 1: Tian'anmen West.

***BARS UND CLUBS*:** **Pass By**, urgemütliche Kneipe in einem beschaulichen *siheyuan* mit einem kleinen Patio. 108 Nanluoguxiang, U 5: Zhangzizhonglu.
No Name Bar (*wuming ba*), die erste Kneipe im Houhai-Gebiet am See und für viele wegen der relaxten Atmosphäre noch immer die beste, tägl. 12 Uhr bis 2 Uhr morgens, 3 Qianhai Dongyuan; U 2: Gulou Dajie.
Face Bar *(haosi)*, schicke, gemütliche, mit Kunst aus Südostasien und China eingerichtete Bar,angeschlossen sind drei exzell. asiatische Restaurants , tgl. 12-2 Uhr, Chaoyang, 26 Dongcaoyuan Hutong, Tel. 6551 6788, www.facebars.com, U 6: Dongdaqiao.
Mix, einer der erfolgreichsten Clubs der Stadt gleich am Nordtor des Arbeiterstadions. Internationale DJs sorgen ordentlich für Stimmung, tgl. 20-5 Uhr, Gongren Tiyuchang Beilu; U 10: Tuanjiehu.

***SHOPPING MALLS*:** **Oriental Plaza** (*dongfang guangchang*), tägl. 9.30-22 Uhr, 1 Dongchang'an Jie, www.orientalplaza.com, U 1: Wangfujing. **SOGO**, tägl. 9.30-21.30 Uhr, 8-12 Xuanwumen Waidajie; U 2, 4: Xuanwumen. **Beijing APM** (*xin dong'an shangchang*), 138 Wangfujing Dajie / Ecke Jinyu Hutong, U 1: Wangfujing. **Taikoo Li**, 19 Sanlitun Lu, www.taikoolisanlitun.com, tgl. 10-22 Uhr, U 10: Tuanjiehu.

Deutschsprachiger **Arzt**, Dr. Krippner, Tel. 65 32 35 15. **Notruf für Ausländer** (Tag und Nacht), Tel. 65 13 08 28.
Beijing Emergency Medical Center, Tel. 120. **International SOS Clinic**, Suite 105, Wing 1, Kunsha Building, No. 16 Xinyuanli, Tel. 64 62 91 12.

Chengde (☎ 0314)

Chengde ist mit der Bahn oder mit organisierten Bustouren zu erreichen.
Die weit auseinander liegenden **Acht Äußeren Tempel** (*waiba miao*) kann man mit Bus, Taxi oder Fahrrad erkunden.
Der Haupteingang zur **Kaiserlichen Sommerresidenz** (*bishu shanzhuang*) liegt gegenüber den Stadthotels *Lizhengmen Fandian* und *Shanzhuang Binguan*.

Foto: Jürgen Bergmann

ZWISCHEN GELBEM MEER UND GELBEM FLUSS

HEBEI
SHANDONG
SHANXI
HENAN
SHAANXI

Das Gelbe Meer

Das **Gelbe Meer** (*huang hai*) bildet eine weite und – mit 50 m bis maximal 100 m Tiefe – flache Einbuchtung des Pazifischen Ozeans. Diese dehnt sich über 650 km Breite und 1000 km Länge aus. Das Gelbe Meer wird im Norden und Westen von China, im Osten von der koreanischen Halbinsel umarmt; im Süden reicht es bis an die Mündung des Yangzi und geht dann in das **Ostchinesische Meer** (*dong hai*) über. Im nordwestlichen Teil rahmen die Halbinseln Liaoning und Shandong den **Golf von Bohai**. Der Name des Meeres stammt von der Farbe des Wassers, das die gewaltigen Sedimentmassen des Gelben Flusses (*huang he*) gelb-bräunlich trüben. Seine Schätze bestehen in den reichen Fischvorkommen und den Erdölvorkommen, die in Bohrungen *offshore* ausgebeutet werden.

Der Gelbe Fluss

Der rund 5500 km lange **Gelbe Fluss** (*huang he*) entspringt im Nordosten des tibetischen Hochlandes, zwischen Qaidam-Becken und Yangzi-Quellen, auf 4455 m Höhe. Ab **Zhongwei**, in einer Höhe von nur 1230 m, fließt er in seinem Mittellauf in weitem Bogen um das Ordos-Plateau. Als lange Provinzgrenze zwischen Shaanxi und Shanxi zieht er wieder nach Süden. Unterhalb der **Hukou-Fälle** erreicht der Gelbe Fluss das Hauptgebiet der Lössregion, das mit der nur 50 m breiten und 250 m tiefen Schlucht von Longmen beginnt. Nach Verlassen des **Drachentores** (*long men*) verstärken die beiden wichtigsten Zuflüsse, **Fenhe** (aus Shanxi) und **Weihe** (Shaanxi), seine Wassermassen, die bei Tongguan durch die Gebirgsmauer des Qingling nach Osten umgelenkt werden und durch eine letzte gewaltige Schlucht bei **Sanmen** („Drei Tore") ihren Weg zur nordchinesischen Tiefebene finden. Als breiter Dammuferstrom durchfließt dann der Unterlauf des Gelben Flusses die von ihm aufgeschüttete Schwemmlandebene, Chinas dichtestem Agrarsiedlungsraum.

Wie oft hat der Gelbe Fluss in den vergangenen 2500 Jahren die Richtung seines Unterlaufes in dieser weiten Ebene geändert! Er schuf so die größte Deltalandschaft der Erde. Wie oft sind dabei seine Deiche gebrochen, haben zu verheerenden Überschwemmungen geführt und Millionen von Menschen das Leben gekostet!

Der Kampf mit dem „Großen Fluss" (*da he*) hat die Chinesen zu Meistern im Wasserbau werden lassen, die seit alters kunstvolle Flussregulierungen

Links: Die Terrakotta-Krieger des ersten Kaisers Qin Shihuangdi bei Xi'an.

» Karte S. 74-75, Info S. 96-97

durchführten. 95 v. Chr. sollte sogar ein gewaltiger Durchstich zwischen Ober- und Unterlauf des Flusses unternommen werden, um den Großen Bogen abzuschneiden. Zur Han-Zeit (206 v. Chr. bis 220 n. Chr.) war bereits der größte Teil des Unterlaufes eingedeicht – mit Haupt-, Innen- und Überlaufdeichen sowie Rückstaubecken.

HEBEI

Zwischen dem Gelben Fluss im Süden und dem mongolischen Hochland im Norden erstreckt sich über das dicht besiedelte Gebiet der nordchinesischen Tiefebene und das eisen- wie kohlereiche Bergland um Peking die über 190 000 km^2 umfassende Provinz Hebei. Die **Hebei-Tiefebene** schufen Aufschüttungen durch den **Gelben Fluss** und die Zuflüsse des **Haihe**, der in der Region Tianjin in den Golf von Bohai mündet. Im Norden der Ebene ziehen die vom Zickzack der **Großen Mauer** bekrönten Bergkuppen des **Yanshan** („Schwalbengebirge") eine scharfe Grenze. Im Westen schließt der Rand des **Taihangshan** die Ebene ab, die durch enge Quertäler hindurch mit dem Hochland von Shanxi verbunden ist und nach Osten hin zum Meer leicht abfällt. Aus Shanxi wälzen die nur während der heißen, regenreichen Sommer strömenden Flüsse ihre mächtige Sedimentfracht in die Ebene, die deshalb nicht selten von Überschwemmungen heimgesucht wird. Seit alters her fürchten die Menschen in Hebei die Geißel von Dürre und Flut, die sie mit intensiven Wasserbaumaßnahmen und Aufforstung zu zähmen suchen.

Eine weitere Gefahr droht von den Erdbeben, die der Zusammenprall der unterschiedlichen Gebirgssysteme des Yanshan und Taihangshan verursacht. Das gewaltige Erdbeben von 1976 kostete nahezu 1 Mio. Menschen das Leben und machte die größte Stadt der Provinz, Tangshan, dem Erdboden gleich.

Die „vier Wunder von Hebei"

Südöstlich der Industrie- und Provinzhauptstadt **Shijiazhuang** erblickt man bei **Zhao Xian** ❶ eines der „vier Wunder von Hebei": die ★**Brücke von Zhaozhou**. Sie wurde 605-616 unter der Sui-Dynastie (581-618) im Zuge der 2. Reichseinigung über den Jiao-Fluss gespannt. Drachen und andere mythische Figuren zieren die 50 m lange und 9,6 m breite Steinbogenbrücke. Sie wurde den Gegebenheiten der Natur angepasst und gilt als Meisterwerk der Brückenbaukunst. Da sich Nordchinas Verkehr auf Landwegen bewegt, sind die Brücken flach und zugleich so kräftig gebaut, dass sie den sommerlichen Hochwasserfluten standhalten.

Das zweite „Wunder von Hebei", den ★**Tempel des Üppigen Gedeihens** (*longxing si*) aus dem 6. Jh., befindet sich 10 km nördlich von Shijiazhuang im Ort **Zhengding** ❷. Sehenswerte Gebäude sind die Halle der Drehbibliothek, die Maitreya-Halle, die Amitabha-Halle und die Haupthalle mit der berühmten, 19 m aufragenden **Bronzestatue der Bodhisattva Guanyin**.

Als „drittes Wunder" gilt die **Pagode von Dingzhou** (*liaodi ta* oder *kaiyuansi ta*) beim Ort **Dingzhou** ❸ auf halbem Weg zwischen Shijiazhuang und Baoding. Sie gehörte zum Kaiyuan-Tempel und diente im 11. Jh., als hier die Grenze zwischen dem Song- und dem nordchinesischen Liao-Reich verlief, als Wachturm. Mit rund 80 m ist die 11-stöckige Pagode eine der höchsten Chinas. Der Ziegelsteinturm bedeutet die Abkehr vom Holzpagodenbau. Der harmonische, strenge Stil macht ihn zu einem Meisterwerk chinesischen Sakralbaus.

Das vierte „Hebei-Wunder" steht 18 km südöstlich von **Cangzhou** ❹ am Kaiserkanal: Ein 6,9 m hoher **Eisenlöwe** in schreitender Haltung. 2010 neu gestylt und gegossen, ersetzte er seinen

Rechts: Die Große Mauer in der Provinz Hebei.

» Karte S. 74-75, Info S. 96-97

Foto: kravka (stock.adobe.com)

maroden Vorgänger aus dem 10. Jh., der zu Chinas größten, ältesten Eisenstatuen zählte und einst Guanyin, die Göttin der Barmherzigkeit trug.

Tianjin

Knapp 150 km von Peking entfernt, liegt am Zusammenfluss von Yongdinghe und Ziyahe die regierungsunmittelbare Industriestadt **Tianjin** ❺ mit über 13 Mio. Einwohnern. Nach der Unterzeichnung des Vertrages von Tianjin (1858) wurde hier der Hebel zur Einrichtung ausländischer Konzessionsgebiete angesetzt und so Chinas Öffnung für den Außenhandel, einschließlich Opiumeinfuhr, erzwungen. Tianjin entwickelte sich – ähnlich wie Shanghai und Kanton – zu einer europäischen Kolonialstadt mit eigener Rechtshoheit.

Zu den Highlights der Stadt zählen der Bereich zwischen **Trommelturm** und der **Alten Kulturstraße** mit ihren restaurierten qing-zeitlichen Bauwerken, die **Jiefang Lu**, das einstige Herz der europäischen Konzessionen mit zahllosen liebevoll restaurierten Gebäuden und der **Antiquitätenmarkt** in der Shenyang Dao. Der **Tempel des Großen Mitleids** (*dabei yuan*) in einer Seitengasse der Zhongshan Lu ist der älteste buddhistische Tempel Tianjins, aus dem Jahr 1669.

SHANDONG

Der Name *Shandong* bezeichnet das im „Osten der Berge“ (dem Bergland von Shanxi und Henan) liegende Land. Mit ungefähr 153 000 km^2 umfasst die Provinz die weiten Schwemmlössebenen am Unterlauf des **Gelben Flusses** (*huang he*) und das alte kristalline Mittelgebirge, das bis in die Halbinsel Shandong reicht. Die Shandong-Berge stellten sich dem Gelben Fluss stets als Scheide in den Weg, ihn einmal nach Norden, dann wieder nach Süden lenkend. Seit 1933 strömt der „Kummer Chinas“ in seinem ursprünglichen Bett erneut nach Norden.

In Shandong lag eine der Wiegen der chinesischen Kultur, wie eine Fundstel-

» Karte S. 74-75, Info S. 96-97

NEI MONGOL ZIZHIQU
★★Yungang Grottoes
★DATONG
Yangyuan
BEIJI
Jungar Banner
Qingshuihe
Youyu
Huairen
★Heng Shan
Guangling
Yu Xian
Zhaogezhuang
Shagedu
Huang He
Hunyuan
2017
★Xuankong Si
HENG SHAN
Qing Xiling
Yi Xian
Pianguan
Pinglu
Shanyin
Ying Xian
Lingqiu
Yandu
Hequ
2138
Shuozhou
Fanshi
★★Wutai Shan
3058
Laiyuan
Fugu
Ningwu
Dai Xian
WUTAI SHAN
Xushui
Wuzhai
BAODING
Yuan Ping
Wutai
Fuping
Tangxian
LUYA SHAN
2776
YUNZHONG SHAN
Watang
Quyang
Chenzhuang
Ding Zhou
Li Xian
Xingtang
Xing Xian
Jingle
Xin Zhou
Dingxiang
Bopo
HEB
Shangshe
Pingshan
Lan Xian
Dongliang
Zhengding
Raoyang
SHIJIAZHUANG
Jin Zhou
Fenhe Res.
Yangqu
Yu Xian
Luancheng
Xinji
Lin Xian
Fangshan
Gujiao
TAIYUAN
Tongye
Zhao Xian
YANGQUAN
2251
Long Shan
★Zhaozhou Bridge
HENGSHUI
★★Jinci Temple
Jinzhong
Zanhuang
Lishi
Jiaocheng
Xiyang
Gaoyi
Ningjin
Ji Zhou
2069
Liulin
Nangong
Taigu
Heshun
Zhongyang
Fenyang
Fen He
Neiqiu
Longyao
Xiaoyi
★★Pingyao
XINGTAI
Pingxiang
Wei Xian
Shilou
Zuoquan
Jiexiu
Shahe
TAIYUE SHAN
Lingshi
Wuxiang
Quzhou
LINQING
Qin Xian
Qingxiang
Wu'an
HANDAN
SHANXI
Huozhou
She Xian
2347
Xiangyuan
Guantao
Qinyuan
Wucheng
Xinzhi
Licheng
Fengfeng
Wei Xian
Guan Xian
Shen Xian
Linzhang
Tunli
Hongdong
CHANGZHI
Lucheng
Yin Xu
ANYANG
Shuiye
LINFEN
Anze
Linzhou
Neihuang
Nanle
Changzhi
Longzhen
Xiangning
Fushan
Xiangfen
Tangyin
Yicheng
Gaoping
HEBI
PUYANGSHI
Lingchuan
Qinshui
Xinjiang
Xunxian
Quwo
JINCHENG
Hui Xian
Huaxian
Fen He
Wangu
Juancheng
Wanrong
Yangcheng
XINXIANG
Wei Hui
Wenxi
Yuanqu
Macun
Dongming
HEZE
Yuncheng
1567
JIYUAN
Bo'ai
Wuzhi
Fengqiu
Xian (230 km)
Duancun
ZHONGTIAO SHAN
Mengzhou
Huang He
Zhuangzhai
Shangjie
Huiji
SANMENXIA
KAIFENG
Lankao
Xin'an
Baima Si
Yanshi
Cao Xian
Mianchi
★LUOYANG
★★Song Shan
ZHENGZHOU
Zhongmou
Minquan
1494
Lingbao
★★Longmen Grottoes
Dengfeng
Weishi
Qi Xian
Sui Xian
Luoling
Yichuan
★★Shaolin Si
Xinzheng
Tongxu
SHANGQIU
Guandaokou
HENAN
Guanxing Tai
Changge

BEIJING (PEKING)
Shunyi
Ji Xian
Qianxi
HEBEI
Shimenzhai
Qiansuo
TONGZHOU
Yutian
Fengrun
Funing
QINHUANGDAO
Fangshan
Baodi
Guzhi
TANGSHAN
Changli
LANGFANG
Fengnan
Luannan
TIANJIN SHI
Luanhe Mouth
Gu'an
Laoting
Gaobeidian
Ninghe
Tanghai
Wangtan
Beichen
Ba Zhou
TIANJIN
BINHAI
Nanpu
Bo Hai
(Gulf of Chihli)
Xiong Xian
Hai He
Tianjin Harbor
Wen'an
Shihuazongchang
Bohai
Renqiu
Qikou
Bay
Qing Xian
Qijiawu
Bohai Strait
Hejian
Huanghua
MIAO
CANGZHOU
Dahekou
Xian Xian
Giant Lion
Suji
ISLANDS
Botou
Yanshan
Zhuangxi
Xinhu
Nanpi
Dongguang
Hekou
Gudao
PENGLAI
Huang He Mouth
Jing Xian
Leling
Wudi
LONGKOU
Longkou Bay
Zhanhua
Huanghe
Ningjin
Dongyingqu
Laizhou
DEZHOU
Huimin
DONGYING
ZHAOYUAN
Bay
Qixia
Shanghe
BINZHOU
LAIZHOU
Pingyuan
Linyi
Yangjiangou
Yidao
Huang He
Taizi
Gaoqing
Guangrao
Yangzi
Jiyang
LAIYANG
Yucheng
ZIBO
SHOUGUANG
CHANGYI
Gaotang
ZHANGQIU
LINZI
WEIFANG
Hanting
PINGDU
LAIXI
Xiaoji
JINAN
ZICHUAN
QINGZHOU
LIAOCHENG
BOSHAN
Linqu
ANQIU
Yinma
SHANDONG
Lancun
JIMO
Wangcun
GAOMI
Dong'e
Taishan
(1545)
Yiyuan
1032
Jiangyu
JIAO ZHOU
Laoshan
1133
TAI'AN
LAIWU
LICANG
FEICHENG
Mazhan
QINGDAO
(TSINGTAO)
Yinshan
Gangcheng
HUANGDAO
Ciyao
ZHUCHENG
Dongping
XINTAI
Xiaoxie
JIAONAN
Liangshan
Grand Canal
Wenshang
Sishui
MENG SHAN
Mengyin
Yishui
Wulian
Lingshan Bay
Poli
QUFU
Ju Xian
661
Jiaxiang
YANZHOU
Pingyi
Yinan
RIZHAO SHI
Juye
JINING
ZOUCHENG
Fei Xian
Junan
YELLOW SEA
Shanting
Chauyang Hu
LINYI
Luozhuang
Lanshan
(HUANG HAI)
Jinxiang
TENG ZHOU
Linshu
Haizhou Bay
Ganyu
Shan Xian
Weishan
SHIZHONG
ZAOZHUANG
Tancheng
Feng Xian
PEIXIAN
Weishan Hu
Donghai
Tai'erzhuang
Dangshan
Jiawang
Pi Zhou
Xinyi
ANHUI
Xiayi
XUZHOU
JIANGSU
HEBEI/SHANDONG/SHANXI
Nummern: 1 - 22
0 50 100 km
© Nelles Verlag GmbH, München

Foto: Ababsolutum (iStockphoto.com)

le der neolithischen **Longshan-Kultur** beweist. Dieser Ort nahe der Stadt Jinan weist auf den Anfang des 3. Jtd. v. Chr. zurück und birgt reichhaltige Funde feiner Keramik, polierter Steinäxte, Orakelknochen und Lehmwälle.

Die Verlängerung des **Kaiserkanals** (*da yunhe*, „Großer Transportkanal") während der Sui-Dynastie (581-618) bis nach Peking machte Shandong zu einem wichtigen Durchgangsland. An seiner künstlichen Wasserstraße entstanden die Handelsorte Dezhou, Linqing, Liaocheng und Jining.

Jinan

Wo auf einer alten Lössterrasse bei Luokou am Südufer des Gelben Flusses 72 Quellen mit einer konstanten Wassertemperatur von 18 °C hervorsprudeln, entstand im 7. Jh. das blühende Handelszentrum **Jinan** ❻. Im 14. Jh. entwickelte sich die „Stadt der Quellen" zu Shandongs politischem Nabel. Der Bahnanschluss im Jahr 1899 ließ Jinan zum Verkehrszentrum der Provinz und – neben Qingdao – zweiten Wirtschaftsschwerpunkt werden.

Einst erinnerte Jinans Hauptbahnhof mit seiner Architektur eines deutschen Landbahnhofs an die Präsenz der Deutschen. Heute führt der Weg von einem modernen, gläsernen Bahnhofskomplex durch das Zentrum der ehemaligen Konzessionsgebiete mit alten Kolonialbauten zur einst ummauerten **Altstadt**. In ihrem nördlichen Teil lädt der riesige, seit dem 4. Jh. immer wieder erweiterte **Park des Daming-Sees** mit Pavillons, Tempeln und klassischen Gartenanlagen ein. Das Zentrum der Altstadt bildet der **Park der Perlenquelle** (*zhenzhu quan*). Im Südostwinkel entspringt unterhalb der Jiefangge-Terrasse die **Quelle des Schwarzen Tigers** (*heihu quan*) und im südwestlichen Eck die **Emporspritzende Quelle** (*baotu quan*), die mit bis zu 3 m hohen Fontänen beeindruckendste Quelle der Stadt.

Im **Baotuquan-Park** entdeckt man neben einer Reihe weiterer Quellen auch die **Gedächtnishalle für Li Qingzhao**. Das kleine Museum erinnert an diese berühmteste Dichterin Chinas, die hier im 11. Jh. geboren wurde.

Von der Altstadt klettert die Straße des Tausend-Buddha-Berges (*qianfoshan lu*) südwärts zum **Tausend-Buddha-Berg** (*qianfoshan*) hinauf. Dort wurden während der Sui-Dynastie (581-618) zahllose, von Pilgern gestiftete Buddha-Skulpturen in Felshöhlen gemeißelt.

Ausflüge von Jinan

Bei **Liubu**, knapp 30 km weiter südlich, erhebt sich die **Pagode der Vier Tore** (*simen ta*), eine der ältesten Steinpagoden Chinas aus dem Jahr 544. Sie gehört, ebenso wie die etwas jüngere **Drachen-Tiger-Pagode** (*longhu ta*), zum **Shentong-Kloster**. Dieses liegt

Oben: Treppenweg zu den Taishan-Bergtempeln.
Rechts: Im daoistischen Daimiao-Tempel in Tai'an.

» Karte S. 74-75, Info S. 96-97

am Hang des Baihushan unterhalb des **Tausend-Buddha-Felsens** (*qianfo yan*), dessen Felshöhlen über 200 Buddha-Figuren bergen.

80 km südlich von Jinan, auf halber Strecke von Jinan nach Tai'an, leitet von Wande ein Weg zum ★**Tempel des Seelenfelsens** (*lingyan si*). Dort stand – gleichsam als Tor zum Berg Taishan – in der Tang-Zeit ein großes buddhistisches Kloster. Über 200 *stupa* halten das Gedenken an seine Äbte aufrecht. Einem Wahrzeichen gleich ragt die 54 m hohe, schlanke neunstöckige **Pagode Pizhita** aus der Tang-Zeit (8. Jh.) auf. Die **Halle der Tausend Buddha** (*qianfo dian*) hüten fein gearbeitete *Luohan*-Statuen. Beachtung verdienen 423 **Steinstelen** mit Texten berühmter Dichter und des Kaisers Qianlong.

Tai'an und ★★Taishan

Die Stadt **Tai'an** ❼ (167 m ü. M.) ist das Tor zum Berg ★★**Taishan** (1545 m ü. M.), dem heiligsten der fünf daoistischen „Götterberge" Er zählt zum UNESCO-Welterbe. Hier war die Wiege des Daoismus, Chinas ältester geistiger Schule. Von Laozi (Laotse) im 6. Jh. v. Chr. begründet, hat der Daoismus die Weltanschauung der Chinesen nachhaltig beeinflusst. Im Zentrum von Tai'an umringen Akazien, Gingkos und Zypressen den ★★**Tempel des Berggottes** (*dai miao*), Ziel vieler Pilger. Die zur Song-Zeit (1009) errichtete **Haupthalle** (*tian gong*) trägt ein Doppeldach und zeigt auf einer 62 m breiten Wand die Wege zum Gipfel des Taishan.

Der Aufstieg zu diesem meist bestiegenen Berg der Welt erfolgt über 6660 Treppenstufen, die immer steiler auf den Gipfel führen (Alternative: Bus/Seilbahn, s. u.). Neben vielen Brücken, Torbögen, Pavillons, Tempeln und Höhlen begleiten uralte **Steinstelen** die Wege. Auf den Stelen sind kaiserliche Gebete verzeichnet, die als Fürbitten zum Schutz vor Erdbeben, Überschwemmungen und Dürre an den „Obersten

Foto: Erhard Pansegrau

Himmelskaiser" (*shang di*, etwa: „Gott") gerichtet wurden.

Als erster großer Gebäudekomplex auf dem Zentralweg fällt der **Tempel des Roten Tores** (*hongmen gong*) ins Auge. Oberhalb folgt dem **Torturm der Tausend Himmlischen** (*wanxian lou*) der **Tempel zur Göttin des Großen Bären** (*doumu gong*), ein weiterer, einst als Nonnenkloster dienender daoistischer Tempel. Von ihm aus erreicht man das **Tal der Steinsutra** (*shijing yu*). Dort wurde mit vollkommenen Schriftzeichen in eine Felswand die *Diamant-Sutra* (*jingang jing*) aus dem 6. Jh. graviert. Unter diese setzte man in der Ming-Zeit Zeilen aus dem konfuzianischen *Buch des Großen Lernens* (*da xue*) – sichtbares Zeichen für das konkurrierende Erscheinen der buddhistischen und konfuzianischen Weltanschauungen, die neben den Daoismus traten.

Bergan gelangt man zum **Zweiten Himmlischen Tor** (*zhongtian men*), wo auch die **Busse**, die vom Besucherzentrum hochfahren, enden. Nahe der Bushaltestelle befindet sich auch die

» Karte S. 74-75, Info S. 96-97

Talstation der **Seilbahn** zur Bergstation Wangfushan. Im Anschluss an die **Wolkenbrücke** (*yunbu qiao*), das **Fünf-Kiefern-Türmchen** (*wusong ting*) und **Türmchen gegenüber den Kiefern** (*duisong ting*) steigen steile Treppen zum **Südlichen Himmelstor** (*nantian men*) auf dem Bergsattel auf.

Der weitere Aufstieg endet schließlich auf dem 1545 m hohen **Gipfel des Jade-Kaisers** (*yuhuang ding*), dem Hauptgipfel des Taishan, oder auf dem **Gipfel der Sonnenbetrachtung** (*riguan ding*), der als Aussichtspunkt für flammende Sonnenaufgänge lockt. Zu Füßen der beiden Gipfel schmiegt sich die Anlage des Ahnen-**Tempels der Azurblauen Röte** (*bixia ci*) aus der Song-Zeit. Er ist der Göttin des Taishan geweiht und wurde ab dem Jahr 1759 alljährlich am 18. Tag des vierten Monats von einer Gesandtschaft des Kaisers aufgesucht, die hier der Himmelsfürstin opferte.

★Qufu

Etwa 80 km südlich von Tai'an erreicht man ★**Qufu** ❽, die Stadt des Konfuzius. Meister Kong (Kongzi / Kung Fu-tse; 551-479 v. Chr.) wurde in einer Epoche geboren, die man später nach dem Titel eines der bedeutendsten Geschichtswerke als „Frühlings- und Herbstperiode" (*chun qiu*) bezeichnete. Damals besaß China keine zentrale Königsmacht mehr, sondern war in eine Vielzahl unabhängiger, nach Hegemonie strebender Staaten aufgeteilt. Als einer von vielen Denkern jener Zeit forschte Konfuzius nach den philosophischen Grundlagen eines Zentralstaates. Seine Lehren bestimmten über 2000 Jahre Chinas politische, soziale und moralische Verfassung und beeinflussen weiterhin das Denken der Chinesen. So etwa sucht man heute noch die Gründe für Veränderungen der Gesellschaft auch im Verhalten der Staatsführung, die bei Versagen ihr Mandat verwirkt.

Qufu wurde als Geburts- und späterer Wirkungsort von Konfuzius (Lehrmeister Kong) zu einem geistigen Zentrum Chinas. Die Familie Kong unterhielt hier bis ins 20. Jh. den ★★**Konfuzius-Tempel** (*kong miao*; UNESCO-Welterbe). Ein Jahr nach dem Tod des Meisters erbaut, diente der Sakralbau beim Neubau der Stadt Qufu im 14. Jh. als Siedlungskern. Im 16. Jh. wurde er durch eine Mauer befestigt und erreichte unter der Qing-Dynastie seine heutige Größe. Er wurde 1948 geschlossen und während der Kulturrevolution beschädigt; erst 1979 öffnete er wieder seine Tore.

Die großzügige Anlage gleicht dem Pekinger Kaiserpalast. In seinen etwa 450 Hallen opferten einst Chinas Kaiser und lehrten die namhaftesten Gelehrten. Das Hauptgebäude ist die **Halle der Großen Vollendung** (*dacheng dian*), der mit 32 m höchste Bau des Konfuzius-Tempels. Der eigens ummauerte zentrale Tempelbereich liegt im Norden der in eine Vielzahl von Höfen und Gebäuden aufgeteilten Anlage und ist vom **Südlichen Haupttor** (*lingxing men*) aus erreichbar. Als Blickfang wirken die vielen krummen Kiefern und Zypressen sowie über 1000 Stelen mit Inschriften von der Han- bis zur Qing-Dynastie. Den Abschluss bildet im Norden die **Halle der Heiligen Dokumente** (*shenji dian*). Dort schildern ming-zeitliche Steinbilder die Lebensstationen des Konfuzius.

Sehenswert ist die **Residenz der Familie Kong** östlich des Konfuzius-Tempels, ein 16 ha großer, während der Ming-Dynastie (1368-1644) errichteter Komplex. Klar lassen sich die verschiedenen Bestimmungen der um neun Höfe gruppierten Gebäude unterscheiden: im Westen die Bibliothek mit Studierzimmern (heute ein Hotel), im Zentrum die Privaträume und die einstigen Büros der Stadtregierung von Qufu sowie Hallen für religiöse Zeremonien im östlichen Bereich.

Rechts: Zeremonie im Konfuzius-Tempel in Qufu.

» Karte S. 74-75, Info S. 96-97

Foto: Christoph Mohr

Die **Straße des Trommelturms** (*gulou dajie*) führt am **Yanhui-Tempel**, errichtet um 200 v. Chr. für den Lieblingsschüler des Konfuzius, vorbei nach Norden und durch die Tore Wanguchangchun und Zhishenglin zum **Wald des Konfuzius** (*kong lin*) außerhalb der Stadt. Inmitten von etwa 20 000 Kiefern und Zypressen findet man hier den mutmaßlichen **Grabhügel des Kongzi**.

Xuzhou

Die Industriestadt **Xuzhou** ❾ an der Eisenbahnlinie Peking – Shanghai bietet außer dem **Stadtmuseum** mit hanzeitlichen Funden südöstlich des Zentrums nur wenige Sehenswürdigkeiten. Höhepunkt ist eine 3000 Mann starke **Terrakotta-Armee**, eine zahlen- und größenmäßig verkleinerte Nachbildung des berühmten Vorbilds in Xi'an.

★Qingdao

Der Hafen und die Bucht **Jiaozhou** (Kiautschou) war jahrhundertelang der bedeutendste Handelsplatz Nord-Chinas; aufgrund der Küstenhebung verlandete jedoch der Hafen. Seine Aufgabe übernahm 1860 die Stadt Yantai. Bald trat die Jiaozhou-Bucht erneut ins Licht der Geschichte: 1895 bestimmten die deutschen Gesandten, der China-Geograf Ferdinand von Richthofen, Admiral Tirpitz und G. Franzius, den schön gelegenen Fischerort ★**Qingdao** ❿ (Tsingtau) zum Schutzhafen der Kriegs- und Handelsflotte des Deutschen Kaiserreichs, gerühmt als „Neapel am Gelben Meer". Zwei Jahre später war Qingdao Verwaltungs- und Wirtschaftszentrum des deutschen Pachtgebietes Jiaozhou (das 1914 in die Hände der Japaner fiel). Mit dem Bahnanschluss 1905 und der Öffnung der Kohlegruben 1912 wuchs Qingdao zu einer blühenden Handelsstadt, die mit Tianjin und Shanghai wetteiferte und heute im Großraum etwa 9 Mio. Einwohner zählt.

Qingdaos Sehenswürdigkeiten sind deutsche Kolonialbauten wie die ★**Gouverneursvilla**, die neoromanische **St.-Michaels-Kathedrale**, die

» Karte S. 74-75, Info S. 96-97

Foto: Haines (Shutterstock.com)

protestantische **Christuskirche** im Jugendstil, der **Fernsehturm** (232 m) mit **Aussichtsplattform** und – außergewöhnlich für eine Industriestadt – breite, sandige **Badestrände.**

Gleich hinter dem Stadtstrand beginnt das Massiv des ★**Laoshan** („Alter Berg"), der das berühmte Laoshan-Mineralwasser sprudeln lässt. Das weiche Wasser ist ein Grund dafür, weshalb das **Qingdao-Bier** der 1903 eröffneten deutschen **Brauerei** – heute **Museum** – als bestes chinesisches Biere gerühmt wird. 30 km nordöstlich von Qingdao erhebt sich dann der höchste Gipfel des Laoshan, der 1133 m hohe **Jufeng**. Das Granitbergmassiv ist ein reizvolles Wandergebiet mit landschaftlichen und kulturellen Sehenswürdigkeiten wie dem daoistischen **Kloster Taiqing** mit seiner 36 m hohen **Laozi-Statue**, den **Jiushui-Wasserfällen** und dem **Yangkou Beach**.

Oben: Blick vom Laoshan auf den Yangkou Beach. Rechts: 14 m hohe Buddhastatue in der eingestürzten Höhle 20 des Höhlentempels von Yungang.

SHANXI

Die 157 000 km² umfassende Provinz **Shanxi** erstreckt sich über das 1000 bis 2000 m hohe Lössbergland zwischen dem Gelben Fluss im Westen und Süden und der nordchinesischen Tiefebene im Osten. Die zentrale Wasserader, der **Fenhe**, mündet unterhalb der Longmen-Schlucht in den aufgestauten Huanghe. Im Osten bildet die Gebirgskette des **Taihangshan**, der im über 3000 m hohen **Wutaishan** gipfelt, den Übergang zur nordchinesischen Tiefebene. Im Norden verläuft die Grenze entlang der **Chinesischen Mauer**, jenseits derer sich die mongolische Hochebene ausdehnt.

Das ab 500-1200 m Höhe mit einer bis zu 30 m starken Lössschicht bedeckte Bergland ist stark erodiert und durch Gebirgsbewegungen in Bruchschollen zerlegt, die Beckenlandschaften entstehen ließen. **Löss** – das ist jene fruchtbare „Gelbe Erde" (*huang tu*), in der die Wiege der chinesischen Kultur liegt. Der fruchtbare, bis zu 400 m mächtige Lössboden stammt aus der letzten Eiszeit, in der trocken-kalte Stürme gewaltige Staubmassen aus dem mongolischen Raum nach Süden verfrachteten. Die Lössgebiete bieten beste Voraussetzungen für den Ackerbau: Der Boden lässt sich leicht bearbeiten und benötigt keine Düngung. Die Menschen können Höhlenwohnungen in den Löss graben, deren Standhaftigkeit und natürliche Klimatisierung unübertroffen sind.

Bereits während der Zhou-Zeit hatten die selbstständigen Territorien in Shanxi zum Schutz gegen Nomadeneinfälle aus dem Norden Mauern gezogen, die dann der erste Kaiser der Qin-Dynastie zur Großen Mauer zusammenfassen ließ. Shanxi nahm daher eine Schlüsselstellung als Bollwerk ein, das der Verteidigung der Reichseinheit diente, sich allerdings auch gegen diese wenden konnte.

» Karte S. 74-75, Info S. 96-97

Foto: Willy Seto (iStockphoto)

★Datong

★Datong ⓫ („Große Harmonie") liegt auf einer Hochebene im Zentrum des Kohlebergbaugebietes von Shanxi und ist mit ca. 1,4 Mio. Einwohnern die zweitgrößte Stadt der Provinz. Der Grenzort zur (Inneren) Mongolei hat seit dem 5. Jh. v. Chr. eine strategische Schlüsselstellung und stellt den wichtigsten Verkehrsknotenpunkt zwischen Nordchina und Innerasien dar. Während der Tang- und Ming-Dynastie war Datong eine der am stärksten bewehrten Grenzstädte an der Großen Mauer.

2011 wurde Datongs imposante, mächtige alte **★Stadtmauer** vollständig rekonstruiert, so dass man auf ihr nun Teile der jüngst ebenfalls umfassend rekonstruierten **★Altstadt** umrunden kann. In der großzügigen quadratischen Stadtanlage rufen die erhaltenen Tempel den Glanz der buddhistischen Staatsreligion in Erinnerung. Im südwestlichen Teil der Altstadt prunkt das **★Huayan-Kloster** (*huayan si*) aus der Liao-Zeit. Seine riesigen Gebetshallen sind ausnahmsweise nach Osten ausgerichtet und beherbergen seltene, wertvolle buddhistische Plastiken aus dem 12. und 13. Jh. Im südöstlichen Teil der Innenstadt liegt das **Shanhua-Kloster** (auch als *nan si*, „Südkloster", bezeichnet) aus dem 8. Jh. Es wurde von den Dschurdschen neu erbaut und verfügt über eine stattliche Bibliothek.

Im gleichen Viertel wurden in der Ming-Zeit der Konfuzius-Tempel und die **★Neun-Drachen-Wand** (*jiulong bi*) erbaut. Diese 40 m lange Mauer schmücken neun aus bunt glasierten Ziegeln gefertigte Drachen, die der Stadt Schutz und Segen bringen sollten.

★★Höhlentempel von Yungang

Die nach Shanxi eindringenden Reiternomaden der Toba-Wei nutzten den Buddhismus anfänglich als Waffe gegen den chinesischen Konfuzianismus und Daoismus und erhoben ihn während der Nördlichen Wei-Dynastie (385-534) zu ihrer Staatsreligion.

Zu den zivilisatorischen Verdiensten

der Toba-Wei gehörten ein gerechteres Landverteilungssystem und die Förderung von Kunst und Wissenschaft. Sie erreichten ihren Höhepunkt in der künstlerischen Ausgestaltung der ★★**Höhlentempel von Yungang** ⓬ (UNESCO-Weltkulturerbe). Die Arbeiten an den Felswänden wurden auch nach dem Abzug der Toba-Wei aus Datong fortgeführt. Hier lassen sich vielfältige Einflüsse aus Indien (Vishnu, Shiva, Elefant, Kleidung, Haartracht), Griechenland (Akanthus-Blätter, Dreizack) und Byzanz (Bart, Waffen, Löwen) erkennen. 1903 entdeckte man die stark erodierten Grotten wieder.

Hinter dem Tempelkomplex, der den Eingang bildet, erblickt man den Holzbau des **Shifogu-Tempels** (*shifugu si*) aus dem Jahr 1652. Er blieb als einziger von etlichen Klöstern erhalten, die sich einst vor den Höhlen erhoben. Wo ehemals das große Lingyan-Kloster lag, befindet sich die **Grotte Nr. 3** mit einer einzigartigen Darstellung von drei Buddhas im Hochrelief. Den Hauptanziehungspunkt von Yungang bildet die **Höhle Nr. 5**, deren Buddha-Statue Stil und Zeitgeist der Toba-Wei-Dynastie besonders fein widerspiegelt. In **Grotte Nr. 6** zeigen Abbildungen Szenen aus Buddhas Leben von seiner Geburt bis zum Entschlafen. Die **Höhle Nr. 8** schmücken ein dreiköpfiger, achtarmiger Vishnu auf seinem Reittier Nandi (einem Stier) sowie der fünfköpfige und sechsarmige Shiva auf seinem Adler. In **Nr. 12** spielen himmlische Musikanten zu Ehren des Buddha, der die Erleuchtung erlangt hat. Die Wände der **Nr. 14** zieren über 10 000 Buddhas. **Nr. 16** wirkt auf den Betrachter wie ein beschauliches Paradies. Hier weckt ein über 14 m hoher Buddha in schreitender Haltung Bewunderung. In der **Grotte Nr. 18** beeindruckt ein Buddha, der im Lotossitz thronend 16 m hoch aufragt. Und die **Dreier-Höhle Nr. 19** schließlich beherbergt einen 11 m hohen Buddha, dessen strenger und unbewegter Ausdruck als ein Musterbeispiel der frühen Wei-Kunst gilt.

Rechts: Am Hengshan kleben die Gebäude des Hängenden Klosters wie Schwalbennester am Felsen.

★Hengshan

Etwa 70 km südöstlich von Datong erhebt sich im Kreis Hunyuan der 2017 m hohe ★**Hengshan** ⓭, der nördlichste der heiligen Berge Chinas. Gegenüber klammert sich das ★**Hängende Kloster** (*xuankong si*), errichtet während der Nördlichen Wei-Dynastie (385-534), an die steile Felswand. Die Wände hinter den über 40 kunstvollen Holzbauten wurden zu Gebetsgrotten ausgehöhlt; in ihnen verdienen die gut erhaltenen **Skulpturen** von buddhistischen, daoistischen und konfuzianischen Heiligen aus der Zeit der Tang-Dynastie die Aufmerksamkeit der Besucher. Etwa 2 km vom Kloster entfernt kann man über eine lang gezogene **Steintreppe** den Doppelgipfel des 2017 m hohen Hengshan besteigen.

Sehenswert ist die ruhig gelegene **Holzpagode** (*shijia ta*) im **Kreis Ying**, ca. 80 km von Datong entfernt. Mit einer Höhe von fast 70 m ist sie die höchste und älteste buddhistische Pagode aus Holz aus dem 11. Jh.

★★Wutaishan

Parallel zur Bergkette des Hengshan erstreckt sich südlich davon der Höhenzug der **Fünf-Terrassen-Berge**. Sie gipfeln im 3058 m hohen, gleichnamigen ★★**Wutaishan** ⓮ (UNESCO-Welterbe), einem der vier heiligen buddhistischen Berge Chinas. Der Berg war während der Toba-Wei- und Tang-Dynastie eine der bedeutendsten Wallfahrtsstätten Chinas. Bis in das 20. Jh. hinein diente er den Mongolen als höchstverehrter Begräbnisort. Von den einstmals Hunderten von Tempeln, die durch Opfergaben von Kaufleuten stattlichen Reichtum ansammelten, haben immerhin rund 45 sehenswerte Anlagen überlebt. Der

» Karte S. 74-75, Info S. 96-97

Foto: Volkmar E. Janicke

Xiantong-Tempel (*xiantong si*) mit 400 Gebäuden ist das älteste und eines der fünf großen Zen-Klöster am Wutaishan. Das **Kloster Foguang** (*foguang si*) umfasst besonders erlesene Gebäude, die **Manjushri-Halle** (*wenshu dian*) und die **Hauptgebetshalle** (*zheng dian*), deren Originale aus der Tang-Zeit stammen und den typisch chinesischen Palastbaustil widerspiegeln. Einen Höhepunkt fand die tang-zeitliche Baukunst auch in der **Hauptgebetshalle** (*da dian*) des **Klosters des Süd-Zen** (*nanchan si*).

Taiyuan

An der Südwestspitze des Wutaishan erstreckt sich die heutige Hauptstadt der Provinz Shanxi. **Taiyuan** ⓯ liegt im Zentrum der ältesten Kultur Chinas und war bereits im 5. Jh. v. Chr. eine befestigte Stadt. Im Han-Reich spielte Taiyuan als Bollwerk gegen eindringende Wandervölker eine strategisch bedeutende Rolle. Als Hauptstadt der Nördlichen Qi-Dynastie (550-577) entfaltete es sich zu einer ersten Blüte, während derer zahlreiche Tempel, Gärten und Paläste angelegt wurden. Eine weitere Glanzzeit erfuhr Taiyuan während der Tang-Zeit. Doch sie endete beim Untergang des Reiches im 10. Jh. mit der nahezu vollständigen Zerstörung. Erst im 20. Jh. erlangte die Stadt wieder größere Bedeutung. Damals diente sie als Sitz des Diktators Yan Xishan, der Shanxi als gleichsam unabhängigen Staat bis 1949 regierte.

Einen guten Überblick über die Geschichte von Stadt und Provinz bietet das hervorragende ★**Shanxi-Museum** (*shanxi bowuguan*).

Einer der berühmtesten Tempel von Shanxi liegt etwa 25 km südlich von Taiyuan. Er schmiegt sich in eine bezaubernde, mit Zypressenwäldern bestandene Landschaft. Der ★★**Tempel der Minister von Jin** (*jin ci*, auch *jindaifu ci*) wurde zu Ehren der Minister des Staates Jin erbaut. Diese fanden die Bewunderung des Konfuzius, da sie nach vorgeschriebener Sitte ihren Herrscher gewählt hatten. Hier liegt in der westlichen Mitte der nach klassischem chinesischen Gartenmuster gestalteten Anlage die **Halle der Heiligen Mutter** (*shenmu dian*). Dieses herausragende Beispiel song-zeitlicher Architektur beherbergt die Statue der heiligen Mutter. Sie ist umgeben von 44 Frauen, die Sitte und Verhalten ihrer Zeit verkörpern.

Vom Jinci führt der Weg westwärts zu den **Drachenbergen** (*long shan*). Dort findet man den **Tongzi-Tempel** (*tongzi si*) mit den ältesten Steinlaternen Chinas und das daoistische **Kloster Haotianguan** (*haotianguan si*). Südwestlich von Jinci erhebt sich der **Berg des Himmelsdrachens** (*tianlong shan*) mit 21 buddhistischen Grotten (6.-8. Jh.).

★★Pingyao

Rund 100 km südlich von Taiyuan liegt ★★**Pingyao** ⓰. Das nahezu komplett erhaltene städtebauliche Kleinod und UNESCO-Welterbe erlangte seine Blütezeit als wichtigstes Finanzzentrum in der Ming-Dynastie (1368-1644): damals hatten über 400 Banken in der Stadt ihren Sitz, bei denen bisweilen sogar der Kaiserhof um Darlehen bat. Nach dem Ende der Qing-Dynastie (1911) und dem damit einhergehenden Bankrott der Finanzhäuser übernahmen Hongkong und Shanghai Pingyaos Rolle als Bankzentrum.

Eine annähernd quadratische, bis zu 12 m hohe begehbare **Stadtmauer** mit 1500 m Seitenlänge, 3000 Zinnen und 72 markanten Wachtürmen umgibt die Altstadt mit den luxuriös ausgestatteten **Herrenhäusern**. In der südöstlichen Ecke erhebt sich der **Kuixing-Turm**, eine befestigte Pagode.

Eine gleichfalls hervorragende Aussicht genießt man vom zentralen **Stadtturm** (*shi lou*) an der Nan Daijie. Wenige Gehminuten nördlich von ihm liegt das **Tian-Ji-Xiang-Museum** mit seiner großen Kollektion zur Stadtgeschichte.

Zu den Hauptattraktionen gehören der riesige **Konfuzius-Tempel** (*wen miao*) im Südosten und der weitläufige **Bezirks-Yamen** (*pingyao yamen*) im Zentrum mit zahlreichen original ausgestatteten Regierungsbüros aus der Kaiserzeit. Sehenswert ist zudem die 1824 errichtete **Rishengchang**, eine der weltweit ersten Banken, die mit Schecks arbeitete.

Knapp 6 km außerhalb der Stadt erregt der **Tempel des Zwillingswaldes** (*shuanglin si*) mit seinen hochwertigen **Skulpturen** aus der Song- und Yuan-Zeit bei Besuchern Bewunderung.

HENAN

Die 167 000 km² große Provinz **Henan** mit ihren 94 Mio. Einwohnern bildet die Mitte des klassischen China. *Henan* bedeutet, ihre Lage kennzeichnend, „im Süden des (Gelben) Flusses". Den westlichen Teil prägen die Ausläufer des **Qinling-Gebirges**, die in über 2000 m hohen Granitfelsen gipfeln. Sie überragen das mit einer dicken Lössschicht bedeckte Hügelland, das im Osten in das Schwemmland der nordchinesischen Tiefebene überleitet.

Henan weist die älteste verzeichnete Geschichte Chinas auf. Zwischen Huanghe, dem Tal des Luohe und dem Hochland von Shanxi haben Ausgrabungen auf die dichteste jungsteinzeitliche Besiedlung Chinas schließen lassen. Im Norden hat man bei **Anyang** die frühe Hauptstadt Yin (13.-11. Jh. vor Chr.) der bronzezeitlichen Shang-Dynastie entdeckt – zwar gibt es nur wenige sichtbare Überreste, aber wegen der Bedeutung zählt es zum UNESCO-Weltkulturerbe. Als die Zhou im 8. Jh. v. Chr. aus dem Tal des Weihe nach Osten vordrangen, gründeten sie in der Nähe der heutigen Stadt Luoyang ihre neue Residenz, die bis ins 10. Jh. immer wieder Chinas Hauptstadt war. Seit dem Mongolen-Einfall im 13. Jh. verlagerte sich Chinas politisches Zentrum endgültig nach Norden, wo Peking zur neuen „Mitte Chinas" geriet. Erst im 20.

Rechts: Bronzegefäß der Zhou-Zeit im Henan-Provinzmuseum in Zhengzhou.

» Karte S. 74-75, Info S. 96-97

Foto: Jürgen Bergmann

Jahrhundert konnte Henan, im Schnittpunkt der Trans-China-Verkehrsachsen, mit dem Anschluss an das Eisenbahnnetz wieder eine größere wirtschaftliche Bedeutung erlangen.

Zhengzhou

Zhengzhou ⓱, die Hauptstadt der Provinz seit 1949 und Bahnknoten, verdeutlicht diese wirtschaftliche Entwicklung – binnen weniger Jahrzehnte vervielfachte sich die Bevölkerung auf über 4 Mio. Einwohner im Stadtgebiet. Die Stadt ist mit ihren sauberen, breiten Boulevards und den glitzernden Shopping Malls und Bürotürmen nicht unattraktiv, bietet aber keine bedeutenden Sehenswürdigkeiten. Besuchen kann man das ★**Henan-Provinzmuseum** (*henan sheng bowuguan*) in der Renmin-lu mit neolithischen Töpferwaren, Jadeschmuck, Orakelknochen und Bronzefunden aus der Shang- und Zhou-Zeit sowie glasierten Keramiken aus der Tang-Dynastie.

★Luoyang

★**Luoyang** ⓲, die einstige Hauptstadt Chinas, ist heute eine hektische Millionenstadt am Nordufer des **Luohe**, eines Nebenflusses des Huanghe. Mit ihrer geschützten Lage zwischen **Mang-Hügel** (*mang shan*) im Norden und **Drachentor** (*long men*) im Süden zog sie nach den Zhou-Herrschern auch die Regenten der Östlichen (oder Späten) Han Dynastie (1.-2. Jh. n. Chr.) an, die östlich der alten Zhou-Stadt ihre neue Hauptstadt errichteten.

Als in jener Zeit der Buddhismus auf der Seidenstraße nach China gelangte, entstanden in Luoyang die ersten Tempel dieses Glaubens. An sie erinnert der **Tempel des Weißen Pferdes** (*baima si*), den Kaiser Ming Di (58-76) nach einer Traumerscheinung vor dem Westtor seiner Hauptstadt bauen ließ. Vor dem Eingang der in der Ming-Zeit erweiterten, 1957 restaurierten Klosteranlage verweisen zwei steinerne Pferde auf die Legende, der zufolge zwei indische Mönche auf einem weißen Pferd heilige Schriften des buddhistischen Kanons nach Luoyang brachten. Die **7 Großen Gebetshallen** (*tianwang dian*) des Tempels sind u. a. den *Himmlischen Wächtern* geweiht. Eine 13-stöckige Ziegelsteinpagode ist Wahrzeichen des Baimasi, in dessen Nähe, umgeben von Feldern, Reste der mit feinen Lehmziegeln erbauten han-zeitlichen **Stadtmauer** Luoyangs zu bewundern sind.

In der Sui-Dynastie (581-618) war Luoyang Hauptstadt des wiedervereinten China und wurde durch den Bau des Kaiserkanals mit den Anbauzentren des Yangzi-Delta verbunden. Die Wohnstadt erstreckte sich in einem großen Viereck nördlich und südlich des Luohe und stellte das wichtigste Wirtschafts- und Kulturzentrum Chinas dar.

In der Tang-Zeit (618-907) sank Luoyang zur Nebenhauptstadt des Reichs ab und verlor an Bedeutung. Es blieben die Reste der Altstadt aus dem 10. Jh. Mit der Industrialisierung erbaute man im Westen der Altstadt für die zugezogenen Arbeitskräfte eine Neustadt. Hier findet man an der Nietai-Straße das **Stadtmuseum** (*luoyang bowuguan*) mit neolithischen Keramiken, shang- und zhou-zeitlichen Bronzen sowie Porzellan aus der Song-Dynastie.

★★Grotten von Longmen

Wo der Fluss **Yihe** ins Tal des **Luohe** einfließt, haben seit dem 5. Jh. bis in die Tang- und Song-Zeit (618-907 bzw. 960-1279) Künstler am westlichen Steilufer des Flusses rund 1350 Grotten und 750 Nischen zu einem gewaltigen buddhistischen Heiligtum vereinigt. Als 494 die Nördliche Wei-Dynastie (4.-6. Jh.), in der der Buddhismus Staatsreligion war, ihre Residenz von Datong in Shanxi nach Luoyang verlegte, wurden die Arbeiten an den berühmten ★★**Grotten von Longmen** ⓳ (UNESCO-Welterbe) bei Yungang (Datong) fortgesetzt.

Rechts: Monumentale, 17 m hohe Statue des Buddha Vairocana in einer der Grotten von Longmen.

Die kunstvollsten Skulpturen und Wandmalereien des 5.-6. Jh. birgt die dreiteilige **Grotte der Sonnenbegrüßung** (*pingyang dong*). In ihrer mittleren Höhle thronen elf große Buddhas mit dem verklärten, feinen Lächeln der Wei-Zeit, umgeben von Bodhisattvas und Longmens eindrucksvollsten Reliefszenen. Die Guanyin geweihte **Lotosblumengrotte** (*lianhua dong*) zeigt eine riesige **Lotosblüte**, Symbol der Reinheit und Erhabenheit. Eine der kostbarsten Höhlen, **Guyangdong** (auch „Laozi-Höhle" genannt), enthält die meisten wei-zeitlichen Kalligrafien. Die stilvollsten Anbetungsszenen blieben im **Tempel der Grotten** (*shiku si*) erhalten. In der **Höhle der Apotheke** (*yaofang dong*) belegen 120 Rezepte die medizinischen Kenntnisse des 6. Jh.

Den Höhepunkt von Longmen bildet die enorm große Reliefanlage des **Tempels zur Ehre des Herrn** (*fengxian si*) aus der Tang-Zeit. In der Mitte lächelt gütig der 17 m hohe **Große Buddha Vairocana** (676 n. Chr.). An seine Seite gesellen sich seine Lieblingsschüler Ananda und Kasyapa, zwei gekrönte Guanyin-Bodhisattva sowie Himmelswächter und Glaubensverteidiger.

★★Songshan und ★Shaolin-Kloster

Der 1494 m hohe ★★**Songshan** ⓴ (UNESCO-Weltkulturerbe) ist einer der fünf mythischen heiligen Berge Chinas und vertritt die fünfte Himmelsrichtung, die Mitte, weshalb das Massiv auch „Berg der Mitte" (*zhong yue*) genannt wird. Am Westhang des Berges, der als Mittelpunkt zwischen Himmel und Erde gilt, entwickelte sich bei **Dengfeng** ㉑ ab Ende des 5. Jh. das ★**Kloster Shaolin** (*shaolin si*), dessen Ruhm Damo (Bodhidharma) begründete. Der indische Mönch kam 520 n. Chr. nach Nanjing, um den Beschützer des Buddhismus, Kaiser Wu des Liang-Reichs, zu besuchen. Unbeeindruckt von den guten Taten des Kaisers zog sich Damo

» Karte S. 74-75, Info S. 96-97

Foto: Giusparta (Dreamstime.com)

in die Wälder am Songshan zurück, wo er neun Jahre meditiert haben soll. Das Shaolin-Kloster wurde somit zum Ausgangsort des **Chan-Buddhismus** (japan.: *Zen*). Damo gilt als Gründer der meditativen Schule, der auch die Kampfart des *shaolin quan*, die Urform des heutigen Kung Fu (*gongfu*), als Körperkultur eingeführt hat. Heute gibt es in Dengfeng („*Kung Fu City*") rund 80 Kampfsportschulen mit über 60 000 Schülern aus ganz China. In **Yongtai**, wenige Kilometer von Shaolin, befindet sich die einzige **Mädchen-Kung-Fu-Schule** des Landes für ungefähr 70 Studentinnen.

Im **Stupawald** (*ta lin*), der herausragendsten Sehenswürdigkeit von Shaolin, kennzeichnen über 220 Stupas aus der Tang- bis zur Qing-Zeit den alten Friedhof der Äbte und hohen Mönche.

Eines der wichtigsten Gebäude ist die **1000-Buddha-Halle** (*qiabfo dian*), in der man ein monumentales Wandgemälde aus der Ming-Zeit (1368-1644) bestaunen kann, auf dem 500 Luohans dem Vairocana huldigen.

Ein steiler Weg klettert vom Kloster bergauf zur **Höhle**, in der Damo meditiert haben soll (*damo mianbi dong*). In der Nähe wurde der älteste Holztempel von Henan, der **Tempel des Ersten Patriarchen** (*chuzu an*), 1125 zum Gedenken an Damo erbaut.

Am östlichen Fuß des Songshan, 4 km östlich von Dengfeng, ließ der Überlieferung nach der große Erobererkaiser Han Wudi nach einer Reise dorthin 118 v. Chr. zu Ehren des heiligen Berges den **Zhongyue-Tempel** bauen. An dessen Stelle trat während der Blütezeit der Tang-Dynastie im 8. Jh. die heute größte Tempelanlage von Henan. In ihr brachten Herrscher aller Dynastien dem Berg Dankesopfer dar.

Eine Besonderheit der Gegend, etwa 15 km südöstlich von Dengfeng, stellt auch die **Sternwarte** (*guanxing tai*) dar. Der über 12 m hohe, trapezartige Ziegelsteinturm ist auf den Gipfel des Songshan im Norden ausgerichtet. Zu Beginn der mongolischen Yuan-Dynastie um 1280 angelegt, ist er Chinas älteste noch erhaltene Sternwarte.

» Karte S. 74-75, Info S. 96-97

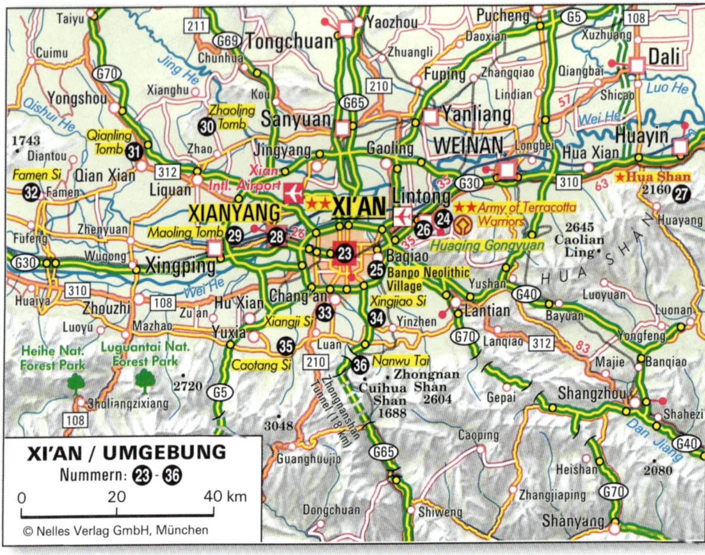

Kaifeng

Etwa 80 km östlich von Zhengzhou erreicht man **Kaifeng** ㉒, das Residenzstadt mehrerer Kleinreiche war. Während der Nördlichen Song-Dynastie (960-1127) diente sie als Hauptstadt Chinas und war das geistige und künstlerische Zentrum des Landes mit einer bedeutenden jüdischen Gemeinde. Eine dreifache Stadtmauer trennte damals die in der Mitte gelegene Kaiserstadt von einer Inneren und Äußeren Wohnstadt. Der von vielen Kanälen umgebene blühende Ort war zu jener Zeit wichtigstes Handelszentrum des Fernen Ostens. 1127 fiel die Stadt der nahezu vollständigen Zerstörung durch die aus dem Norden eindringenden Dschurchen (*yü jen*; Vorfahren der Mandschu) anheim. In den letzten Jahren sind viele historische Bauten restauriert und mehrere (Freizeit-)Parks angelegt worden. Wirtschaftliche Bedeutung haben heute v. a. die Stickerei und die Seidenweberei. Eine schlecht erhaltene **Stadtmauer** begrenzt die rechteckige Altstadt, für deren Erkundung sich der **Tempel des Kanzlers** (*xiangguo si*) als Ausgangspunkt anbietet. Der 555 geweihte Sakralbau war in den folgenden Jahrhunderten ein wichtiges buddhistisches Zentrum, ehe ihn 1644 am Ende der Ming-Dynastie die Fluten des Huanghe davonschwemmten, denn Kaifengs Bewohner hatten in einer verzweifelten Verteidigungsmaßnahme gegen die Mandschu ihre Deiche durchstoßen. Die heutige Anlage stammt aus dem Jahr 1766. Zum Komplex gehört das achteckige **Haus des Großen Schatzes** (*daxiong baodian*), das eine beeindruckende Guanyin-Statue aus Gingko-Holz und eine 5 t schwere Bronzeglocke aus der Qing-Zeit beherbergt.

Achteckig ist auch der **Pavillon des Jadekaisers** (*yanqing si*), über die Dazhifang Jie nach ca. 1 km erreichbar. Der mit türkisen Kacheln dekorierte Bau geht auf das 13. Jh. zurück und ist der Überrest eines einst großen Tempels.

In einem Gassengewirr am Ende der

Rechts: Der Glockenturm in Xi'an.

» Karte S. 74-75, Info S. 96-97

Foto: Kai-Ulrich Müller

Hauptstraße Zhongshan Lu liegt das ★**Shanshangan-Gildenhaus** verborgen. Es ist ein schönes Beispiel für die Architektur der Qing-Zeit und diente als Herberge für Kaufleute aus den Provinzen Shanxi, Shaanxi und Gansu.

Wenige Schritte weiter gelangt man in die **Shudian Jie**, eine Straße mit zahlreichen restaurierten Häusern, an denen insbesondere die zierlichen Balkone auffallen. Hier findet auch der **Nachtmarkt** statt.

Die von etlichen Souvenirshops im Stil der Song-Zeit gesäumte Song Jie führt zum **Longting-Park** mit der **Millennium City**. Der weitläufige Vergnügungspark mit den drei großen Seen markiert den einstigen Standort der kaiserlichen Gärten. Kunstgeschichtlich ist lediglich der 1692 vollendete **Drachenpavillon** (*long ting*) von Interesse.

Das Wahrzeichen Kaifengs ist die neben der Universität von Henan in einem Park gelegene ★★**Eiserne Pagode** (*tie ta*). Eisenfarbige Keramikziegel verkleiden die 55 m hohe und 13-stöckige **Holzpagode** eines Klosters (1049).

Außerhalb der Stadtmauer verspricht der **Yuwangtai-Park** mit mehreren Pavillons und der früher wohl als Musikbühne genutzten **Yu-Terrasse** Erholung. Die heute dreistöckige **Fächerpagode** (*pota si*) daneben stammt aus der Nördlichen Song-Zeit. Bis zu ihrer Beschädigung im 14. Jh. war sie rund 80 m hoch und hatte 9 Stockwerke.

SHAANXI

Die Provinz **Shaanxi** im Herzen der chinesischen Lösslandschaft bedeckt 195 000 km². Sie erstreckt sich beiderseits des Weihe-Tales: nach Norden bis jenseits der **Chinesischen Mauer**, nach Süden über das große Scheidegebirge des **Qingling** mit dem 3767 m hohen Taibaishan zum Stromsystem des oberen **Hanshui**. Die Lage zwischen Ordos-Wüste und Zentralchina, zwischen den Ausläufern der tibetischen Randketten und dem unteren Huanghe hat die Provinz zur Drehscheibe zwischen West und Ost, Nord und Süd bestimmt.

Seit Jahrtausenden ist das Weihe-Tal das Zentrum der Besiedlung und der Landwirtschaft, in dem die Hälfte der Bevölkerung auf nur 8 % der Provinzfläche lebt. Dank künstlicher Bewässerung erzielt man trotz des kalten und trockenen Winterklimas bis zu zwei Ernten (Winterweizen, Mais, Hirse).

★★Xi'an

★★**Xi'an** ㉓ mit fast 9 Mio. Einwohnern ist Chinas geschichtsträchtigste Stadt, sie diente bis ins 10. Jh. als königliche und kaiserliche Residenz. 221 v. Chr. gelang es dem kleinen Staat Qin, unter seinem Namen ganz China zu vereinen und vom Weihe-Tal aus zu regieren. Am Flussufer entstand die erste kaiserliche Hauptstadt **Xianyang**, in der Qin Shihuangdi als erster Kaiser in der chinesischen Geschichte residierte.

Die Herrscher der Han gründeten südlich des Weihe, unweit von Xianyang und Xi'an, ihre neue Hauptstadt

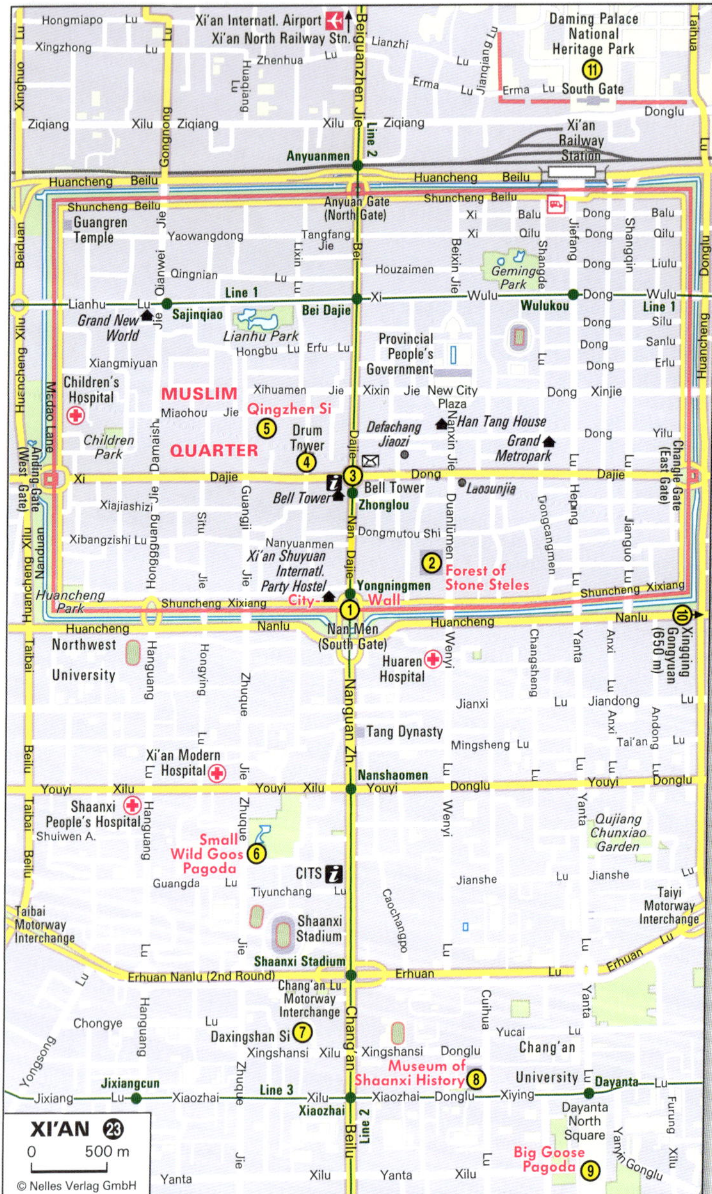
Hongmiapo
Lu
Xingzhong
Lu
Xi'an Internatl. Airport
Xi'an North Railway Stn.
Zhenhua
Lu
Huaqiang Lu
Beiguanzhen Jie
Lianzhi
Erma
Lu
Jianqiang Lu
Daming Palace National Heritage Park
11
Erma Lu
South Gate
Taihua
Xinghuo Lu
Gongnong Lu
Ziqiang
Xilu
Ziqiang
Xilu
Ziqiang
Line 2
Donglu
Xi'an Railway Station
Anyuanmen
Huancheng Beilu
Huancheng Beilu
Shuncheng Beilu
Shuncheng Beilu
Anyuan Gate (North Gate)
Guangren Temple
Yaowangdong
Tangfang Jie
Lixin Lu
Bei
Xi
Balu
Xi
Qilu
Jiefang
Dong
Balu
Dong
Qilu
Shangqin
Beiduan
Qingnian
Qianwei Jie
Houzaimen
Beixin Jie
Geming Park
Shangde
Dong
Liulu
Donglu
Line 1
Lianhu
Lu
Sajinqiao
Bei Dajie
Xi
Wulu
Wulukou
Dong
Wulu
Line 1
Grand New World
Lianhu Park
Hongbu
Lu
Erfu
Lu
Provincial People's Government
Dong
Silu
Dong
Sanlu
Dong
Erlu
Huancheng Xilu
Xiangmiyuan
Huancheng
Children's Hospital
MUSLIM QUARTER
Xihuamen
Jie
Xixin
Jie
New City Plaza
Dong
Xinjie
Miaohou
Jie
Qingzhen Si
5
Drum Tower
4
Dajie
Defachang Jiaozi
Han Tang House
Nanxin Jie
Grand Metropark
Dong
Yilu
Miedao Lane
Children Park
Damaishi Jie
Anding Gate (West Gate)
Changle Gate (East Gate)
Xi
Dajie
3
Dong
Dajie
Bell Tower
Bell Tower
Zhonglou
Laosunjia
Xiajiashizi
Guangji
Situ
Dongmutou Shi
Duanlümen
Dongcangmen
Heping Lu
Jianguo Lu
Xibangzishi Lu
Nanyuanmen
Nandun
Hongguang Jie
Xi'an Shuyuan Internatl. Party Hostel
Jie
Jie
Nan Dajie
2
Forest of Stone Steles
Yongningmen
Huancheng Park
City-Wall
Shuncheng Xixiang
Shuncheng Xixiang
1
Huancheng Nanlu
Huancheng Nanlu
Nanlu
Nan Men (South Gate)
10
Xingqing Gongyuan (650 m)
Northwest University
Hanguang
Hongying
Zhuque
Huaren Hospital
Wenyi
Changsheng
Yanta
Anxi
Taibai
Jianxi
Lu
Jiandong
Lu
Anxi
Andong
Tang Dynasty
Mingsheng Lu
Tai'an
Lu
Xi'an Modern Hospital
Lu
Nanguan Zh.
Beilu
Youyi
Xilu
Youyi
Xilu
Nanshaomen
Youyi
Donglu
Youyi
Donglu
Shaanxi People's Hospital
Hanguang
Zhuque
Wenyi
Yanta
Qujiang Chunxiao Garden
Shuiwen A.
Small Wild Goos Pagoda
6
Taibai Beilu
CITS
Guangda
Lu
Tiyunchang
Lu
Jianshe
Lu
Jianshe
Taiyi Motorway Interchange
Lu
Taibai Motorway Interchange
Shaanxi Stadium
Caochangpo
Jie
Lu
Lu
Lu
Shaanxi Stadium
Erhuan Nanlu (2nd Round)
Erhuan
Lu
Erhuan
Lu
Chang'an Lu Motorway Interchange
Yanta
Cuihua
Chongye
Hanguang
Lu
Daxingshan Si
7
Yucai
Lu
Chang'an University
Yongsong
Xingshansi
Xilu
Chang'an
Xingshansi
Donglu
Museum of Shaanxi History
8
Lu
Dayanta
Lu
Jixiangcun
Line 3
Jixiang
Lu
Xiaozhai
Zhuque
Xilu
Xiaozhai
Xiaozhai
Donglu
Xiying
Line 2
Beilu
Dayanta North Square
Furong
Yanyin Gonglu
Xilu
XI'AN 23
0 500 m
© Nelles Verlag GmbH
Jie
Yanta
Xilu
Yanta
Xilu
Lu
Big Goose Pagoda
9

namens **Chang'an** („Ewiger Friede"). Eine 25 km lange, unregelmäßig verlaufende Stadtmauer schützte die Paläste der Kaiserstadt und die Häuser der Wohnstadt. Seine Blütezeit erlebte der aus 160 Vierteln bestehende Ort unter dem Erobererkaiser Han Wudi (140-86 v. Chr.). Auf den Feldern des Lösshügellandes nördlich der Stadt – auf der Fahrt zum Flughafen gut erkennbar – kennzeichnen bis zu etwa 30 m hohe Runderhebungen die **Tumuli der Han-Kaiser**, aber auch früher Zhou-Könige und einiger Tang-Herrscher.

Dort wo heute die Altstadt von Xi'an liegt, errichteten die Kaiser der Sui-Dynastie (581-618) ihre neue Hauptstadt, die ebenfalls den Namen Chang'an trug. Der Teil der heutigen Altstadt war damals aber lediglich der Bezirk der Kaiserstadt. Das gesamte ummauerte Stadtgebiet erstreckte sich über 80 km². Als Grundriss diente ein großzügiges, für eine Millionenstadt geplantes Schachbrettmuster. Es sprach von der nach dem Untergang der Han-Dynastie neu aufkeimenden Hoffnung und bot der gewachsenen Bevölkerung Platz.

Dieses Chang'an wurde von den Kaisern der Tang-Dynastie (618-907) übernommen. Der 10. Tang Kaiser, Xuan Zong, unter dem Chinas Goldenes Zeitalter seinen Höhepunkt erlangte, verlegte das Regierungsviertel in ein Wohnviertel im Südosten.

Leider wurde das alte Chang'an am Ende der Tang-Dynastie zerstört. Erhaltene Schriftstücke berichten über das „politische und wirtschaftliche Zentrum Chinas", den „Mittelpunkt von Kunst und Gelehrsamkeit", „reiche Händler und Missionare aller Religionen", den „Beginn und das Ende der Seidenstraße". Bauliche Erinnerungen an die Tang-Zeit gibt es nur in ganz wenigen Beispielen, drunter der rekonstruierte Daming-Palast von 635.

Foto: Jürgen Bergmann

Oben: Eine Musikerin im Südtor von Xi'an spielt die zweisaitige Erhu.

Stadtbesichtigung

Zu Beginn der Ming-Dynastie (1368-1644) wurde auf den Ruinen der ersten Kaiserstadt Chang'an die neue Stadt Xi'an erbaut. Ihre eindrucksvolle ★**Stadtmauer** mit dem mächtigen **Südtor** (1) (*nan men*) umsäumt mit ca. 14 km Länge und 12 m Höhe samt Wassergraben die heutige Altstadt. Häufig finden hier Darbietungen traditioneller chinesischer Musik statt.

Im einstigen Konfuzius-Tempel ist heute der ★**Stelenwald** (2) (*bei lin*) untergebracht, mit der ältesten und mit 1095 Objekten reichsten Steinstelen-Sammlung aus der Han-Zeit bis zum 17. Jh. Auf 114 Stelen wurden im 9. Jh. die klassischen Schriften des Konfuzius gemeißelt. Eine Stele von 781 berichtet in chinesischer und altsyrischer Schrift von der Ankunft des nestorianischen Christentums in China. Stelen aus der Song-Zeit (960-1279) weisen die ältesten noch erhaltenen Karten Chinas auf.

Im Zentrum der beiden Hauptverkehrsachsen erhebt sich der 36 m hohe

» Stadtplan S. 90, Info S. 96-97

Foto: LMspencer (Shutterstock.com)

Glockenturm ③ (*zhong lou*), 1582 an heutiger Stelle errichtet. Eine eiserne Glocke gab hier früher die Zeit an.

Wenige Schritte nordwestlich liegt der **Trommelturm** ④ (*gu lou*). Er beherbergt eine umfangreiche Sammlung alter Trommeln. Hier beginnt das ★**Muslimische Viertel** mit seinem faszinierenden ★★**Nachtmarkt**. Dort liegt die in der Tang-Dynastie (742) gegründete, in ihrer heutigen Form aus der Ming-Zeit stammende ★**Große Moschee** ⑤ (*qingzhen si*; *hua jue si*) der muslimischen Hui. Harmonisch verbinden sich bei den Gebäuden der fünf Höfe traditioneller chinesischer Baustil mit islamischem Dekor und Kalligrafien.

Weitere bedeutende Bauten der chinesischen Architekturgeschichte liegen außerhalb der Stadtmauer, so die 43 m hohe ★**Kleine Wildgans-Pagode** ⑥ (*xiaoyan ta*; Bild S. 23). Sie gehörte zum Jianfu-Kloster, einem Zentrum der buddhistischen Lehre. 684 in der Tang-Zeit von Kaiser Gaozong geweiht, verlor sie zwei der ursprünglich 15 Geschosse durch Erdbeben.

Südlich davon lehrten während des 8. Jh. im **Daxingshan-Tempel** ⑦ (*daxingshan si*) indische Mönche. Von dort brachte der japanische Mönch Ennin Schrift und Gebräuche Chinas nach Japan, wo Geist und Kultur des tang-zeitlichen China bis heute bewahrt blieben.

Das ★**Historische Museum der Provinz Shaanxi** ⑧ zählt zu den bedeutendsten Museen Chinas. 1992 im Stil der Tang-Zeit fertig gestellt, gibt es einen hervorragenden Überblick über die kulturgeschichtliche Entwicklung von der Shang- bis zur Qing-Dynastie und zeigt auf 44 000 m^2 Fläche rund 3000 Kunstobjekte von unschätzbarem Wert.

Das Wahrzeichen des heutigen Xi'an ist die ★**Große Wildgans-Pagode** ⑨ (*dayan ta*). Der 73 m hohe, siebenstöckige Ziegelturm aus dem Jahr 647 (?) wurde durch Erdbeben und Buddhistenverfolgungen mehrmals beschädigt und im 10. und 16. Jh. restauriert. Er gehörte zum großen **Kloster der Großen Gna-**

Oben: Angehörige der muslimischen Hui-Minderheit in der Großen Moschee von Xi'an.

de und Güte (*daci'en si*) im Süden der Tang-Stadt, wo der berühmte Mönch Xuan Zang den buddhistischen Kanon (*Tripitaka*) ins Chinesische übersetzte. Um die Pagode breiten sich Parks und Kneipenviertel aus. Allabendlich finden vor der Pagode musikuntermalte **Wasserspiele** statt.

Der **Park der Feierlichkeiten** ⑩ (*xingqing gongyuan*) mit Teichanlagen und reich dekorierten Holzbauten kennzeichnet die Stelle der einstigen Residenz der Tang-Zeit, die der Kaiserstadt von Peking als Vorbild diente.

Im Nordosten der Altstadt wurde jüngst der **Daming-Palast** ⑪ aus dem 7. Jh. teilrekonstruiert und in einen großen **Historischen Park** eingebettet.

★★Terrakotta-Armee des Qin Shihuangdi

Zu den Highlights einer China-Reise zählt die Besichtigung der weltberühmten ★★**Terrakotta-Armee des Qin Shihuangdi** ㉔ (*bingma yong*; Bilder S. 22 und 70), 28 km östlich von Xi'an (Weltkulturerbe der UNESCO).

Qin Shihuangdi, der erste Kaiser Chinas und Begründer der kurzlebigen Qin-Dynastie (221-207 v. Chr.), gab eine monumentale, fast 60 km² große Grabanlage mit zahlreichen Gruben, Gräben und Mauern in Auftrag, gleichsam eine unterirdische Stadt, deren Zentrum der überwachsene Tumulus neben der Straße, 2 km westlich der Terrakotta Armee ist. Der han-zeitliche Geschichtsschreiber Sima Qian berichtet in den „Historischen Aufzeichnungen" (*shi ji*), dass 700 000 Arbeiter 36 Jahre gebraucht hätten, um die prunkvoll mit Gold, Silber und Edelsteinen ausgestattete Grabanlage zu errichten. Da das eigentliche Grab noch nicht geöffnet ist, konzentriert sich das Interesse ganz auf die 1974 zufällig von einem Bauern beim Brunnenbau entdeckten, ca. 1,80 m großen Tonsoldaten in den Gruben und die Neuentdeckungen der letzten Jahre.

Zur Einstimmung empfiehlt sich der Besuch des **Panoramakinos** 1, in dem auf einer 360°-Leinwand die kriegerische Einigung Chinas unter Qin Shihuangdi als kurzer Spielfilm gezeigt wird, gefolgt von der gleichfalls nachgestellten Konstruktion der Grabanlage und ihrer Entdeckung 2000 Jahre später.

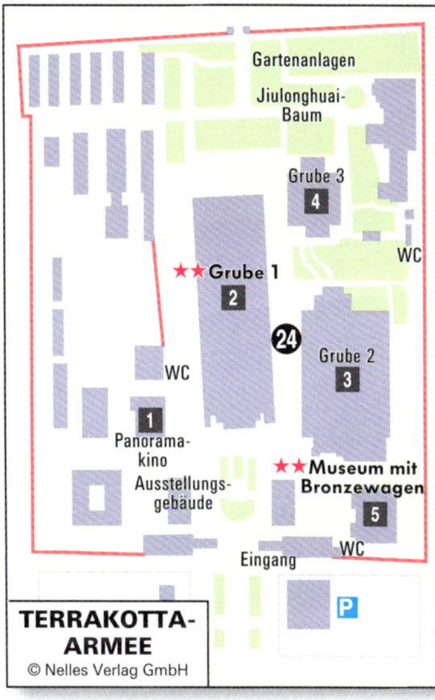

Hauptanziehungspunkt ist die 230 x 62 m große ★★**Grube 1** 2, in der man rund 1100 Tonsoldaten – von geschätzten 7000 – mitsamt 32 Pferden, Bronzewaffen und den Überresten von acht Streitwagen ausgrub. Die erste Abteilung besteht aus 210 Bogenschützen, gefolgt von gepanzerten Speerträgern und Kampfwagen. Die in Haupttruppe sowie Vor- und Nachhut gegliederte Formation in den elf Korridoren gibt die Aufstellung der Soldaten nach den damaligen Regeln der Kriegskunst wider. Der militärische Rang jedes Kriegers lässt sich sowohl an der Ausrüstung als auch an der Haartracht erkennen. Die Gesichtszüge der Soldaten sind individuell modelliert.

Die verschiedenen Waffengattungen lassen sich auch in der 96 x 84 m mes-

» Stadtplan S. 90, Karte S. 88, Plan S. 93, Info S. 96-97

Foto: Jürgen Bergmann

senden **Grube 2** 3 studieren: Infanterie, Kavallerie, Wagenlenker sowie Bogen- und Armbrustschützen sind unter den einst farbig bemalten Tonsoldaten klar zu unterscheiden. In den Vitrinen erkennt man u. a. ein **Bronzeschwert**, das kaum korrodiert und extrem scharf ist: es wurde verchromt, eine Technik, die in Europa erst rund 2000 Jahre später, im 19. Jh., aufkam.

Als Hauptgefechtsstand wird die hufeisenförmige **Grube 3** 4 interpretiert, bei der die 68 ausgegrabenen Soldaten nicht in Kampfformation aufgestellt, sondern größtenteils zur Mitte hin orientiert sind. Tierknochen legen Opferrituale nahe, wie sie tatsächlich vor Schlachten stattgefunden haben.

Einen Höhepunkt bilden die beiden ★★**Bronzewagen** im Untergeschoss des **Museums** 5. Die Quadrigas (Viergespanne) kamen 20 m westlich des Grabtumulus ans Licht und geben sehr detailgetreu echte Karossen im verkleinertem Maßstab wieder: einen Reisewagen mit kastenförmigem Aufbau und Dach sowie einen Streitwagen mit aufrecht stehendem Lenker und hohem Schirm. Von den über 3000 einzeln gefertigten Teilen sind ungefähr 1000 aus Gold und Silber; einige Drähte haben einen Durchmesser von nur 0,5 mm.

Neueste Entdeckungen – in Zusammenarbeit mit deutschen Restauratoren – sind in mehreren Gruben ungefähr 150 **Tonsoldaten** mit detailgetreu imitierten **Schuppenpanzern** aus Kalkstein und Bronzedrähten, zudem **Beamte**, **Akrobaten**, **Stallknechte** und 16 **Musiker** aus Terrakotta sowie lebensgroße **Kraniche**, **Gänse** und **Schwäne** aus Bronze. Diese Funde und die Identifizierung eines unterirdischen **Küchentraktes** und **Jenseitspalastes** sind ein deutliches Indiz dafür, dass man nicht nur das Militär, sondern auch das pompöse Leben am Hof Qin Shihuangdis verewigt hat (bislang nur teilweise öffentlich zugänglich).

Ziele in der Umgebung von Xi'an

Älteste Siedlungsspuren findet man im Dorf **Banpo** 25 östlich von Xi'an. Dort grub man 1953 ein **Neolithisches Dorf** aus, dessen feine Buntkeramik die hohe Entwicklung der frühchinesischen **Yangshao-Kultur** (5./4. Jahrtausend v. Chr.) beweist.

30 km östlich von Xi'an erreicht man am Fuß des 1302 m hohen **Lishan** die 42 °C heißen **Thermalquellen von Huaqing** 26 (*huaqing gongyuan*), die schon den Königen der Zhou-Dynastie bekannt waren. Qin Shihuangdi ließ hier einen Palast bauen, und die Kaiser der Tang-Dynastie legten einen prächtigen Sommerpalast mit Teichen und Pavillons an. Die heutigen Gebäude im Park sind rekonstruiert.

Weiter in östlicher Richtung kommt man zum ★**Huashan** 27. Der 2645 m hohe Granitfels ist der westlichste der fünf mythischen heiligen Berge Chinas.

Oben: Krieger der Terrakotta-Armee. Rechts: Vorführung traditioneller Tang-Tänze bei den Thermalquellen von Huaqing.

» Plan S. 93, Karte S. 88, Info S. 96-97

Foto: Jürgen Bergmann

Seinen Hauptgipfel erreicht man nach einer beschwerlichen **Wanderung** (Schwindelfreiheit notwendig). Auch die bis zu 2160 m hohen Nebengipfel erreicht man über steile, mit Ketten gesicherte Felsstufen.

In **Xianyang** ㉘, ca. 30 km westlich von Xi'an am Nordufer des Weihe, gewährt das **Stadtmuseum** (*xianyang shi bowuguan*) einen Überblick über die Qin- und Han-Dynastie. Höhepunkt der Kollektion ist eine **Mini-Terrakotta-Armee** mit etwa 3000, durchschnittlich 50 cm hohen Soldaten.

Etwa 50 km westlich von Xi'an erhebt sich **Maoling** ㉙, eines der größten Kaisergräber der Han-Dynastie und Ruhestatt von Han Wudi.

Wenige Kilometer nördlich davon liegen im Kreis Qianxian die **Gräber der Tang-Kaiser**. In **Zhaoling** ㉚ wurde in einem natürlichen Berghügel der zweite Tang-Kaiser Tai Zong mit seiner Familie bestattet.

In **Qianling** ㉛ ruht der dritte Tang-Kaiser Gao Zong gemeinsam mit seiner Frau, der berühmten Kaiserin Wu Zetian. Das Grab befindet sich im Berg **Liangshan**. Zu ihm führt eine prachtvolle Prozessionsstraße, die von Steintieren, Stelen und Statuen geziert wird.

Im Kreis Fufeng, rund 120 km westlich von Xi'an, hütet der **Tempel des Tores zum Dharma** ㉜ (*famen si*) Buddha-Reliquien. 1987 entdeckte man hier bei Ausgrabungen ein großes Depot mit wertvollen Schätzen ausgegraben, die im **Famen-Tempelmuseum** gezeigt werden.

Im Süden von Xi'an, in Richtung der Qingling-Berge, findet man zahlreiche weitere Tempel. Sie stammen vorwiegend aus der Tang-Zeit und erlangen nun nach und nach ihren ehemaligen Glanz zurück. Zu ihnen gehören der **Tempel des Duftenden Speichers** ㉝ (*xiangji si*) mit einer zehnstöckigen Pagode oder der bereits 669 gegründete **Tempel der Blühenden Lehre** ㉞ (*xingjiao si*).

Von dort südwärts gelangt man zum **Tempel der Grashalle** ㉟ (*caotang si*) und den **Fünf Südterrassen** ㊱ (*nanwu tai*) am 1688 m hohen **Cuihuashan**.

» Karte S. 88, Info S. 96-97

HEBEI

Shijiazhuang (☎ 0311)

Shijiazhuang liegt am Bahnknoten der wichtigen Strecken Peking – Kanton (Nord-Süd) und Jinan – Taiyuan (Shandong – Shanxi, Ost-West). Es ist auch mit Direktflügen ab Peking zu erreichen und idealer Ausgangspunkt für die „Vier Wunder von Hebei".

SHANDONG

Jinan (☎ 0531)

CTS, 6 Hongjialou Nanlu, Huihu Mansion, Tel. 8807 5067.

Die Hauptstadt Jinan ist Bahnknoten der Hauptstrecken Peking – Nanking – Shanghai und Qingdao – Dezhou – Shijiazhuang (Hebei) und wird zudem täglich von Peking und anderen Großstädten aus angeflogen.

Tai'an (☎ 0538)

CITS, 210 Daizong Dajie, Tel. 626 661, Ticketzentrum: 899 9222.

Die Stadt ist mit der Bahn (Hauptstrecke Peking – Shanghai) oder mit dem Bus von Jinan aus zu erreichen.

Der Aufstieg zum **Taishan** (etwa 7000 Stufen) vom Zentrum der Stadt **Tai'an** aus beginnt am steinernen **Triumphbogen** (*daizong fang*) und führt zunächst zu den am Fuß des Berges liegenden Tempeln. Der Aufstieg über die Treppen beginnt beim Taishan Binguan nördlich vom Tempel des Berggottes und erreicht auf etwa 900 m Höhe das **Zhongtian-Tor**; dieses kann auch auf der Fahrstraße erreicht werden (Bus ab Taishan Ticketcenter in Tai'an) und ist Talstation der Seilbahn, die zur Bergstation Wangfushan beim **Nantian-Tor** führt.

Qufu (☎ 0537)

CITS, im Eingangshof der Konfuziusresidenz, Tel. 449 2146, www.qufucits.com.

Regelmäßige Busverbindungen bestehen zur Bahnstation Yanzhou und nach Tai'an.

Overseas Chinese Restaurant, guter Service und Speisen, 85 Gulou Dajie. Preiswert: Imbisse an der **Wumaci Dajie**.

Qingdao (☎ 0532)

CITS, Wanda Square, 112 Yanji Rd., Tel. 6606 7181, www.citsqd.net.

Brauereimuseum (*qingdao pijiu bowuguan*), 56 Dengzhou Lu, tgl. Juli-Sept. 8-18, Okt.-Juni 8.30-17.30 Uhr. Ticketverkauf bis 1 Std. vor Schließung. **Gouverneurshaus** (*qingdao ying binguan*), 26 Longshan Lu, tgl. 8.30-17.30 Uhr.

Endstation der Shandong-Bahn von Jinan; tgl. Flugverbindung mit Peking u. Schiffsverbindung mit Dalian (Liaoning).

Chunhelou, exzellente Küche und angenehmes Ambiente, 146 Zhongshan Lu. **Nanhai**, sehr gute Fischgerichte, gegenüber vom Huiquan Dynasty Hotel, 14 Nanhai Lu. Zahlreiche preiswerte Lokale für Fisch und Meeresfrüchte liegen entlang der **Laiyang Lu**.

BADEN: Die Badesaison an den sechs feinen **Sandstränden** erstreckt sich von Juni bis einschließlich September.

SHANXI

Taiyuan (☎ 0351)

CITS, 167 Bingzhou Xijie, Tel. 415 3866.

Taiyuan liegt an der Bahnstrecke Datong – Xi'an; von Peking über Shijiazhuang. Täglich Flugverbindungen nach Peking.

Fleisch- u. Mehlspeisen sind typisch für Taiyuan. Am Westende der Qiaotou-Straße liegt das Stammhaus der **Liuweizhai**-Restaurant-Kette, die Filialen in der Stadt hat. Parallel zur Jiefang Lu liegt die Essensstraße **Shipin Jie** mit vielen Restaurants. Spezialität: in Sojabohnensauce gekochtes Fleisch.

Datong (☎ 0352)

CITS, Kangle Jie, Kangleyuan 5-3-601, Tel. 766 7555, 139 3522 4288 (24 Std.).

Pingyao (☎ 0354)

Tian-Ji-Xiang-Museum, tgl. Sommer 8-19, Winter 8-18 Uhr, Nan Dajie. **Rishengchang**, tgl. Sommer 8-19, Winter 8-18 Uhr, Dong Dajie.

Yunjincheng, stimmungsvolle Atmosphäre mit Holzverkleidung und vielen Lampen, exzellente Gerichte der lokalen Pingyao-Küche, in der Nähe des Glockenturms im gleichnamigen Hotel, 62 Nan Dajie.

HENAN

Zhengzhou (☎ 0371)

CITS, 1 Nongye Lu Dong, Tel. 6572 3300. **CTS**, 85 Huayuan Lu, Tel. 8888 5591.

Die Provinzhauptstadt **Zhengzhou** ist Bahnknoten an den Hauptstrecken Peking – Wuhan – Kanton und Shandong – Shanxi. Regelmäßige Flugverbindungen bestehen zu den Großstädten Ostchinas.

Kaifeng (☎ 0378)

CITS, 98 Yingbin Lu, Tel. 339 5588.

Tempel des Kanzlers (*xiangguo si*), tägl. 8-18 Uhr, Ziyou Lu. **Pavillon des Jadekaisers** (*yuqing si*), tägl. 8-18 Uhr, Dazhifang Jie. **Shanshanguan-Gildenhaus**, tägl. 8-18.30 Uhr, Xufu Jie. **Eiserne Pagode** (*tie ta*), tägl. 8.18.30 Uhr, nördliches Ende der Beimen Dajie. **Yuwangtai-Park**, tägl. 8-18 Uhr, 2 km südöstlich der Stadt jenseits der Bahnlinie. **Longting-Park**, tägl. 8-18 Uhr, am nördlichen Ende der Song Jie.

Shao'e Huang, 214 Zhongshan Lu, gepflegt und bei den Einheimischen sehr beliebt, bebilderte Speisekarte.
Diyi Lou, empfehlenswerte traditionelle Küche, jeden Abend mit chinesischer Musikgruppe, 43 Sihou Jie. Gut und preiswert isst man an den zahlreichen Ständen auf dem **Nachtmarkt**.

Luoyang (☎ 0379)

CITS, Nanchang Lu, Jinmao Bldg., Zi. 1411-1412, Tel. 6461 7505, 6462 6818.

SHAANXI

Xi'an (☎ 029)

CITS, 48 Chang'an Beilu, Tel. 8669 2066, www.chinabravo.com.

Xi'an liegt im Tal des Wei-Flusses an der **Hauptbahnverbindung** Peking – Lanzhou – Urumqi. Der **Internationale Flughafen** liegt bei Xianyang; regelmäßige Verbindungen zu allen Großstädten Chinas.

Xi'an ist ein Paradies für **Maultaschen** (*jiaozi*) – es gibt mehr als 20 verschiedenen Sorten!
Defachang Jiaozi, der Name verrät's: Maultaschen in allen Variationen, 18 Anban Jie. **Qingyazhai**, hunderte von muslimischen Gerichten, u. a. Hammel und Nudeln, werden zum Verzehr angeboten, 384 Dong Dajie. **Laosunjia**, exzellentes muslimisches Restaurant, dessen Spezialität Fleischeintopf (*paomo*) ist, 364 Dong Dajie.

TRADITIONELLE TÄNZE: Allabendlich finden im **Tangyuegong** touristische Darbietungen von Tänzen und Gesängen nach Vorlagen aus der Tang-Zeit statt, die Vorstellungen sind durchaus sehenswert, das westliche Essen etwas überteuert, 75 Changan Lu, Tel. 8782 2222, www.xiantangdynasty.com.

Historisches Museum der Provinz Shaanxi (*shenli bowuguan*), Winter Di-So 9-17.30, Sommer Di-So 8.30-18 Uhr, Einlass bis 90 Min. vor Schließung, 97 Xiaozhai Donglu, U 2, 3: Xiaozhai. **Stelenwald** (*beilin*), tägl. 8-18 Uhr, im alten Konfuzius-Tempel in der Nähe des Südtors, U 2: Yongningmen. **Kleine Wildgans-Pagode** (*xiaoyan ta*), Sommer Di-So 9-18, Winter Di-So 9-17.30, 72 Youyi Xilu, U 2: Nanshaomen. **Große Wildgans-Pagode** (*dayan ta*), tgl. 8-17.30 Uhr, am südlichen Ende der Yanta Lu, U 2, 3: Xiaozhai. **Große Moschee** (*qingzhen si*), tägl. 8-19 Uhr, ca. 300 m nordwestlich des Trommelturms, U 2 Bell Tower. **Terrakotta-Armee des Qin Shihuangdi**, tägl. 8-18.30 Uhr, 28 km östlich von Xi'an. **Huaqing-Thermalquellen**, tägl. 7-19 Uhr. **Museum in Banpo**, tgl. 8-17.30 Uhr, 155 Banpo Lu, U 1: Banpo. **Stadtmuseum in Xianyang**, tägl. 8-17.30 Uhr, Zhongshan Lu.

Foto: Efired (Shutterstock.com)

SHANGHAI

BUND
PUDONG
NANJING LU
VOLKSPARK
ALTSTADT
EHEMALIGE FRANZÖSISCHE KONZESSION / XINTIANDI
AUSFLÜGE

★★SHANGHAI

★★Shanghai ❶ – mit diesem Namen assoziierte man früher dramatische Ereignisse wie Opiumkriege, Luxus und extreme Armut in den ausländischen Konzessionen sowie die Kulturrevolution. Heute ist Shanghai *das* Symbol des erstaunlich schnellen Wirtschaftswachstums Chinas, sichtbar an der Skyline von Pudong, einem der wichtigsten Finanzzentren Asiens. Hier fährt der Transrapid als Staussymbol. Die Spannung zwischen Vergangenheit und Gegenwart, zwischen altchinesischer, kolonialer und zeitgenössischer Architektur macht die 24 Millionen-Metropole zu einem interessanten Reiseziel. Hinzu kommen das attraktive Nachtleben, erstklassige Museen, Shopping in schicken Boutiquen und Mega-Malls und idyllische Wasserdörfer in der Umgebung.

„Bessere Stadt – besseres Leben“ war das Motto der EXPO-Weltausstellung in Shanghai 2010, an die der mächtige rote *China-Pavillon* erinnert – heute ist es wieder „schnellste Stadt Chinas“ und hat vor Kurzem den 632 m hohen Hightech-Wolkenkratzer *Shanghai Tower* in Pudong und das modernste und größte Disneyland der Welt eröffnet.

Links: Der Oriental Pearl Tower prägt die Skyline des modernen Shanghaier Finanzviertels Pudong.

Stadtgeschichte

Bis in die Song-Zeit (960-1279) reichen die Ursprünge von *Shang Hai* („über dem Meer“) zurück. 1554 umgab man den Baumwoll-Handelshafen zum Schutz gegen Piraten mit einer 5 km langen, 10 m hohen Mauer, deren einstiger Verlauf noch am Oval der Altstadt erkennbar ist. Im 16.-18. Jh. war die Stadt ein bedeutendes Textilzentrum, das in seinen Mauern über 20 000 Weber beherbergt haben soll.

Die Gründung des modernen Shanghai geht auf den Vertrag von Nanjing (1842) zurück, der den 1. Opiumkrieg beendete und die gewaltsame Öffnung Chinas durch die Kolonialmächte einleitete. So erhielten 1842 die Briten und 1847 die Franzosen in Shanghai „Konzessionen“, d. h. Niederlassungsrecht, Rechtshoheit und Exterritorialität in bestimmten Gebieten am Huangpu. Den Europäern folgten später auch die Amerikaner, die 1863 ihre Konzession mit der britischen zur Internationalen Niederlassung (International Settlement) vereinigten. Shanghai, für den Binnen- und Überseehandel ideal unweit der Mündung des Yangzi in das Südchinesische Meer gelegen, löste in kurzer Zeit Kanton (Guangzhou) als größten Außenhandelshafen Chinas ab.

Zudem setzte in den nächsten Jahrzehnten ein gewaltiges Bevölkerungs-

» Karte S. 114-115, Stadtplan S. 100-101, Info S. 116-117

SHANGHAI

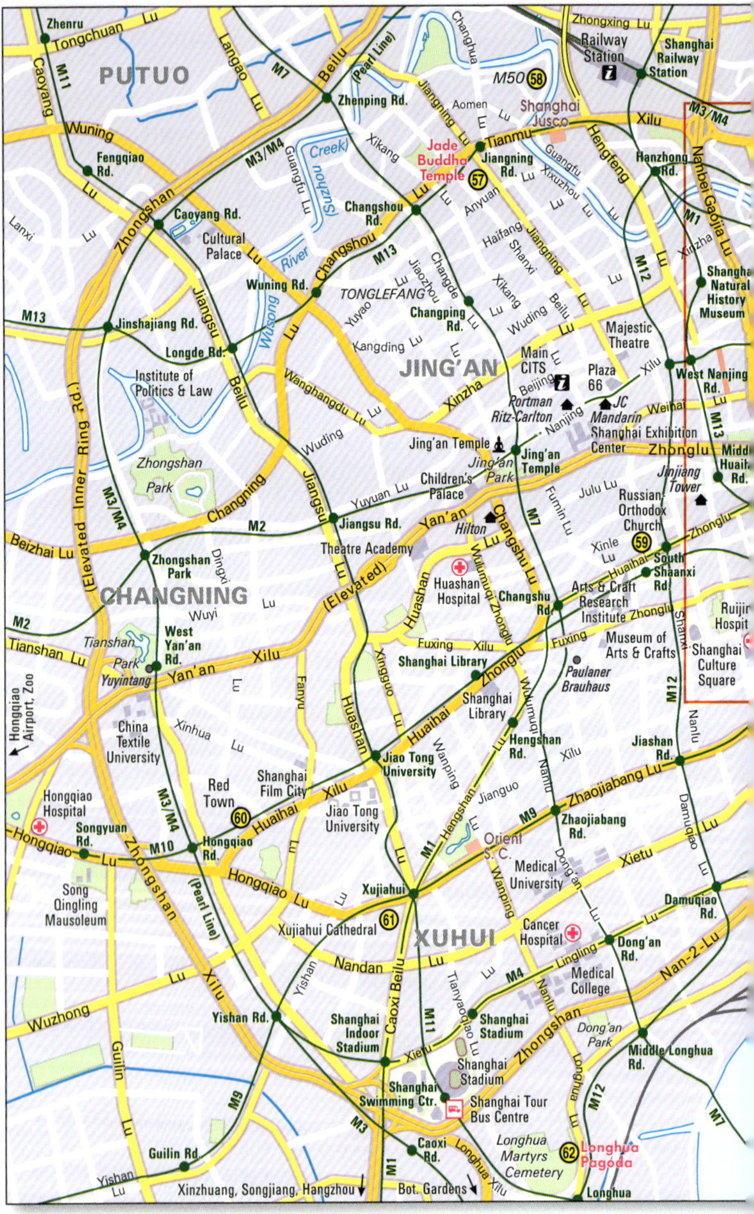
PUTUO
JING'AN
CHANGNING
XUHUI
Zhenru
Tongchuan Lu
Caoyang
M11
Langao Lu
M7
Beilu
(Pearl Line)
Changhua
Zhongxing Lu
Railway Station
Shanghai Railway Station
M50
58
Zhenping Rd.
Jiangning Lu
Aomen Lu
Shanghai Jusco
Xilu
M3/M4
Wuning
Fengqiao Rd.
Lu
Creek
Suzhou
Guangfu Lu
Xikang
Jade Buddha Temple
57
Tianmu
Jiangning Rd.
Guangfu
Xizhou Lu
Hengfeng
Hanzhong Rd.
Nanbei Gaojia Lu
M1
Lanxi
Zhongshan
Caoyang Rd.
Cultural Palace
Lu
Changshou Rd.
Anyuan
Haifang
Shanxi
Jiangning
M12
Xinzha
River
Changshou
M13
Jiaozhou
Changde
Wuning Rd.
TONGLEFANG
Yuyao
Xikang
Wuding
Beilu
Shanghai Natural History Museum
M13
Jinshajiang Rd.
Jiangsu
Wusong
Changping Rd.
Kangding Lu
Majestic Theatre
Longde Rd.
Main CITS
Beijing
Plaza 66
Xilu
West Nanjing Rd.
Institute of Politics & Law
Beilu
Wanghangdu Lu
Portman Ritz-Carlton
JC Mandarin
Weihai
Nanjing
Shanghai Exhibition Center
Zhonglu
Wuding
Jing'an Temple
Jing'an Park
Jing'an Temple
Middle Huaihai Rd.
(Elevated Inner Ring Rd.)
Zhongshan Park
Jinjiang Tower
M3/M4
Changning
Yuyuan Lu
Children's Palace
Fumin Lu
Julu Lu
Russian Orthodox Church
Beizhai Lu
M2
Jiangsu Rd.
Yan'an
Hilton
Changshu Lu
M7
59
Zhongshan Park
Dingxi
Theatre Academy
Xinle Lu
Huaihai
South Shaanxi Rd.
Zhonglu
(Elevated)
Huashan Hospital
Wulumuqi Zhonglu
Changshu Rd.
Arts & Craft Research Institute
Zhonglu
Ruijin Hospital
Wuyi
Lu
Huashan
M2
Tianshan Park
West Yan'an Rd.
Fuxing
Xilu
Fuxing
Museum of Arts & Crafts
Shaanxi
Shanghai Culture Square
Tianshan Lu
Yuyintang
Yan'an
Xilu
Shanghai Library
Zhonglu
Paulaner Brauhaus
Hongqiao Airport, Zoo
Fanyu
Xingguo
Huashan
Shanghai Library
Wulumuqi
M12
Nanlu
China Textile University
Xinhua
Lu
Huaihai
Hengshan Rd.
Xilu
Jiashan Rd.
Red Town
Shanghai Film City
Jiao Tong University
Wanping
Nanlu
Hongqiao Hospital
60
Xilu
Jiao Tong University
Jianguo
Zhaojiabang Lu
Damuqiao
M3/M4
Hengshan
Lu
M9
Zhaojiabang Rd.
Songyuan Rd.
M10
Hongqiao Rd.
Orient S.C.
Lu
Hongqiao
Lu
Huaihai
M1
Medical University
Xietu
Zhongshan
(Pearl Line)
Dong'an
Song Qingling Mausoleum
Hongqiao Lu
Xujiahui
Damuqiao Rd.
Lu
Wanping
Xujiahui Cathedral
61
Cancer Hospital
Lu
Dong'an Rd.
Lingling
XUHUI
Nan-2-Lu
Nandan
Lu
Medical College
Lu
Xilu
Yishan
Caoxi Beilu
Tianyaoqiao Lu
Lu
M4
Nanlu
Wuzhong
Yishan Rd.
M11
Shanghai Stadium
Zhongshan
Shanghai Indoor Stadium
Dong'an Park
Middle Longhua Rd.
Guilin
Xietu
Shanghai Stadium
Longhua
M12
M9
Shanghai Swimming Ctr.
Shanghai Tour Bus Centre
M7
Lu
M3
Longhua Martyrs Cemetery
62
Longhua Pagoda
Guilin Rd.
Caoxi Rd.
Longhua Xilu
M1
Yishan Lu
Xinzhuang, Songjiang, Hangzhou
Bot. Gardens
Longhua

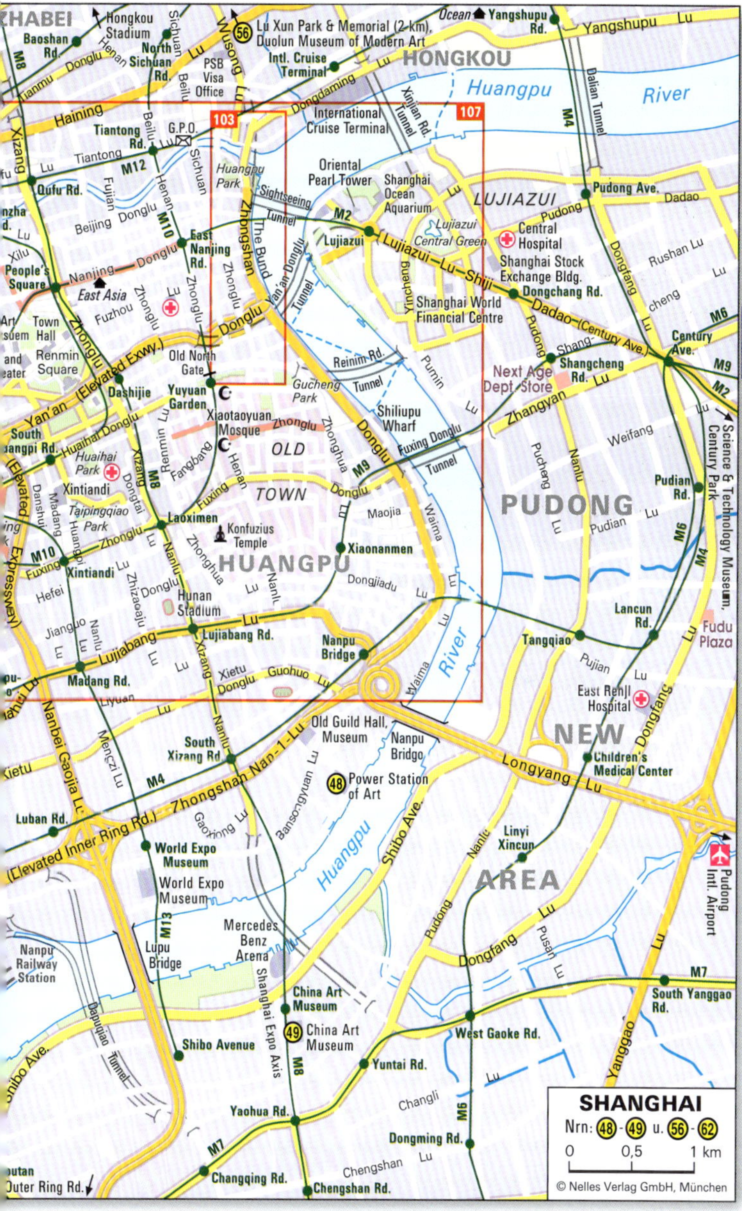
ZHABEI
Hongkou Stadium
Baoshan Rd.
North Sichuan Rd.
Sichuan Beilu
PSB Visa Office
Lu Xun Park & Memorial (2 km), Duolun Museum of Modern Art
Intl. Cruise Terminal
Ocean
Yangshupu Rd.
Yangshupu Lu
HONGKOU
Huangpu River
Haining
Tiantong Rd.
G.P.O.
Tiantong Lu
International Cruise Terminal
Xinjian Rd. Tunnel
Dalian Tunnel
Qufu Rd.
Huangpu Park
Sightseeing Tunnel
Oriental Pearl Tower
Shanghai Ocean Aquarium
LUJIAZUI
Pudong Ave.
Dadao
Beijing Donglu
East Nanjing Rd.
Lujiazui
Lujiazui Central Green
Central Hospital
People's Square
Nanjing Donglu
East Asia
Zhongshan
The Bund
Yan'an Donglu Tunnel
Lujiazui–Lu–Shiji–Dadao (Century Ave.)
Shanghai Stock Exchange Bldg.
Dongchang Rd.
Rushan Lu
Fuzhou
Zhonglu
Shanghai World Financial Centre
Yincheng
Century Ave.
Town Hall
Renmin Square
Yan'an (Elevated Exwy.)
Old North Gate
Reinim Rd. Tunnel
Pumin
Shangcheng Rd.
Next Age Dept. Store
Dashijie
Yuyuan Garden
Gucheng Park
Xiaotaoyuan Mosque
Shiliupu Wharf
Zhangyan Lu
Science & Technology Museum, Century Park
South Huangpi Rd.
Huaihai Donglu
Huaihai Park
Renmin Lu
Fangbang Zhonglu
OLD TOWN
Zhonghua
Fuxing Donglu Tunnel
Weifang
Xintiandi
Taipingqiao Park
Laoximen
Konfuzius Temple
Maojia
PUDONG
Pudian Rd.
Pudian Lu
Pucheng Lu
Nanlu
Xintiandi
Fuxing
Xiaonanmen
HUANGPU
Dongjiadu Lu
Waima
Hunan Stadium
Hefei
Lujiabang Rd.
Lujiabang Lu
Lancun Rd.
Tangqiao
Fudu Plaza
Madang Rd.
Xietu Donglu
Guohu Lu
Nanpu Bridge
River
Pujian Lu
East Renji Hospital
Dongfang
Nanbei Gaojia Lu
Old Guild Hall Museum
Nanpu Bridge
NEW
Children's Medical Center
Longyang Lu
South Xizang Rd.
Zhongshan Nan-1-Lu
Power Station of Art
Bansongyuan Lu
Luban Rd.
(Elevated Inner Ring Rd.)
Gaoxiong Lu
Huangpu
Shibo Ave.
Linyi Xincun
World Expo Museum
World Expo Museum
AREA
Pudong Airport Intl. Airport
Lupu Bridge
Mercedes Benz Arena
Shanghai Expo Axis
Nanpu Railway Station
Dongfang
Pusan Lu
South Yanggao Rd.
China Art Museum
China Art Museum
West Gaoke Rd.
Yanggao
Shibo Avenue
Dapuqiao Tunnel
Yuntai Rd.
Yaohua Rd.
Changli
Dongming Rd.
Changqing Rd.
Chengshan Lu
Chengshan Rd.
Outer Ring Rd.
SHANGHAI
Nrn: 48 - 49 u. 56 - 62
0 0,5 1 km
© Nelles Verlag GmbH, München

5 Shanghai

Foto: Paul Spierenburg

wachstum ein: Zählte die Stadt 1842 ca. 60 000 Einwohner, überschritt sie um 1900 bereits die Millionengrenze. Erfolglose Rebellionen wie der Taiping (1850-1864) und die Wirren am Ende des Kaiserreichs (1911) trieben zahllose Chinesen in die Schutz versprechenden ausländischen Konzessionen. Doch die meisten konnten in Boom-Stadt nicht Fuß fassen, verdingten sich als Tagelöhner, Industriearbeiter oder Rikschakulis für die Kolonialherren oder die reichen verwestlichten Chinesen und lebten oft unter erbärmlichsten Bedingungen in den kleinen, für Shanghai typischen Shikumen-Häusern.

Die Blütezeit Shanghais fiel in die 1920er- und 1930er-Jahre, als am Bund die prächtigen Hotels, Bank- und Handelshäuser sowie am Stadtrand luxuriöse Villen entstanden. In der mondänen Stadt lebten mehr als 90 000 Ausländer, die Grundstückspreise explodierten, und Korruption, Prostitution (um 1930 fast 700 Bordelle!) und Geschäfte blühten – allen voran mit Opium. Dies war auch die Zeit der Glücksritter und Verbrecher; Gangster wie der berüchtigte Du Yuesheng („Großohr Du") – Boss der „Grünen Bande" kontrollierten die Unterwelt und waren zugleich angesehene Mitglieder der Geschäftswelt; die Legende des dekadenten Shanghai und der „lasterhaften Schönheit" entstand. In diesem Milieu extremster sozialer Gegensätze gründete eine Gruppe junger Chinesen in der Französischen Konzession im Juli 1921 die Kommunistische Partei Chinas (KPCh). Ab 1938 fanden hier Tausende deutschsprachige Juden Zuflucht.

Bis zur japanischen Invasion 1937 war Shanghai die glanzvollste Metropole Asiens. Im Mai 1949 nahm dann die kommunistische Bauernarmee die „Hure des Imperialismus" ein. Die meisten Shanghaier Unternehmer, Künstler und Schriftsteller waren schon zuvor nach Hongkong oder ins Ausland geflohen, beim Rest setzte die KPCh mit

Oben: Architekten aus der ganzen Welt wetteifern beim Bau des neuen Shanghai (hier: Shanghai Grand Theatre).

 » Stadtplan S. 100-101, Info S. 116-117

der "Anti-Rechts-Kampagne" 1957 und der „Großen Proletarischen Kulturrevolution" 1966 zu gründlichen Umerziehungskampagnen an.

Shanghai entwickelte sich zu einem grauen sozialistischen Industriezentrum, ehe die Regierung in Peking die Stadt aus ihrem vier Jahrzehnte langen Dornröschenschlaf holte. Seit 1990 boomt die Metropole mehr denn je – mit der Begleiterscheinung, dass die historische Bausubstanz radikal „modernisiert", d. h. abgerissen wird. Gegenüber dem Bund entstand der neue Stadtteil Pudong („östlich des Flusses"), mit rund 520 km^2 fast so groß wie Singapur (s. Bild S. 42).

Stadtbesichtigung

★★Bund

Eigentliches Stadtzentrum ist seit 1863 die **Internationale Niederlassung** (International Settlement), bestehend aus der amerikanischen Konzession nördlich und der britischen Konzession südlich des **Suzhou Creek**, auch **Wusong-Fluss** genannt. Hier erstreckt sich entlang des **Huangpu-Flusses** der ★★**Bund** (ein anglo-indisches Mischwort für „Quai"), eine der schönsten Uferstraßen der Welt und die einst prächtigste Straße Shanghais, gerahmt von Prachtbauten verschiedenster Architekturstile asiatischer und kolonialer Banken und Handelshäuser. Unvergesslich ist ein Spaziergang entlang des Huangpu zu jeder Tageszeit, besonders stimmungsvoll jedoch in den Abendstunden, wenn in den bisweilen futuristisch anmutenden Wolkenkratzern in Pudong die Lichter angehen.

Idealer Ausgangspunkt ist die 1907 konstruierte **Waibaidu-Brücke** (1) (*waibaidu qiao*; ehemalige **Garden Bridge**), die den Wusong an seiner Mündung in den Huangpu überquert. Wenige Schritte von hier liegt das im Jahr 1917 nach Plänen des deutschen Architekten Hans Emil Lieb ausgeführte **Russische**

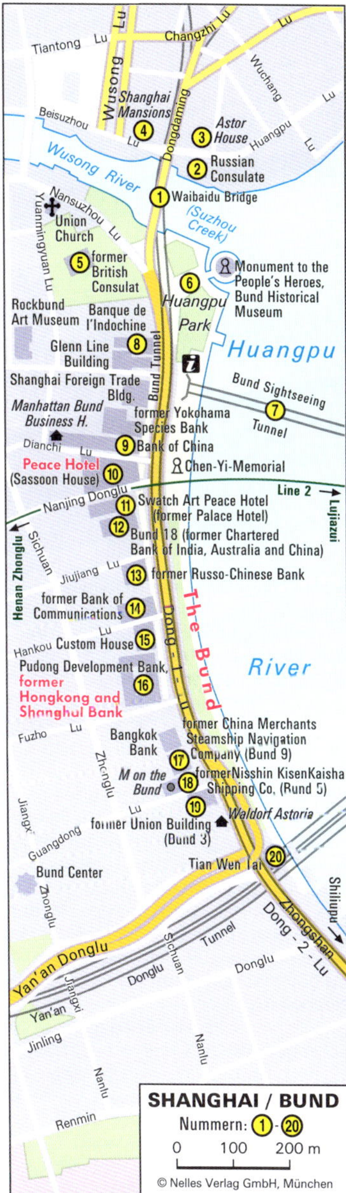

Foto: Jürgen Bergmann

Oben: Spaziergänger vor der einmaligen kolonialen Architekturkulisse des Bund.

Konsulat (2) mit seiner weißen Fassade.

An der Kreuzung der Huangpu Lu mit der **Daming Lu** – letztere, früher **Broadway** genannte Straße säumten bis in die 1930er-Jahre schummrige Bordelle, Kneipen und Opiumhöhlen – liegen zwei Traditionshotels Ostasiens: rechts das im Neorenaissance-Stil ausgeführte **Astor House Hotel** (3), 1846 als Shanghais erste Luxusherberge eröffnet; linker Hand das 1934 eingeweihte **Shanghai Mansions** (4) (ehemalige **Broadway Mansions**) mit einer Art-déco-Lobby.

Südlich der Waibaidu-Brücke beginnt die eigentliche **Uferpromenade des Bund**, der offiziell seit 1949 zu Ehren von Sun Yatsen den Namen **Zhongshan Lu** trägt, von Chinesen aber meist **Waitan** genannt wird.

Vom ehemaligen **Britischen Konsulat** (5) von 1873 und der protestantischen **Unionskirche** zieht sich die gepflasterte **Yuanmingyuan Lu** nach Süden. Hier reihen sich acht renovierte Gebäude auf, darunter das 1923 erbaute **Associate Mission Building** mit dem interessanten **Rockbund Art Museum**. Flussseitig breitet sich der **Huangpu-Park** (6) mit dem Denkmal der Volkshelden aus. Früher war Chinesen der Zutritt zum Park verboten, wenngleich das berühmt-berüchtigte Schild mit der Aufschrift „Zutritt für Hunde und Chinesen verboten“ nie existiert hat.

Südlich des Parks führt eine Treppe zum **Bund Sightseeing Tunnel** (7) hinab, einer für Touristen unter dem Flussbett des Huangpu angelegten, kitschig beleuchteten **Untergrundbahn** hinüber nach Pudong.

Das nördlichste der repräsentativen, großen Bankhäuser ist die **Banque de l'Indochine** (8), 1914 im französisch-klassisch-barocken Mischstil erbaut.

Unübersehbar ragt der Turm der **Bank of China** (9) in die Höhe, wie andere Bauten am Bund in den 1920er- und 1930er-Jahren von dem britischen Architektenbüro Palmer & Turner entworfen und später mit einem chinesischen Dach erhöht.

» Stadtplan S. 103, Info S. 116-117

An der Einmündung der Nanjing Lu (s. u.) liegt das legendäre **Sassoon House** (10) mit seiner 19 m hohen, dunkelgrünen Dachpyramide, Anfang des 20. Jh. als *Cathay Hotel* die nobelste Adresse am Bund; das Penthouse des heutigen ★**Peace Hotel** bewohnte der u. a. durch Immobilien- und Opiumhandel reich gewordene jüdische Magnat Sir Ellice Victor Sassoon selbst, der durch seine Leidenschaft für schöne Frauen, schnelle Pferde und spektakuläre Partys von sich reden machte. 2010 wurde das Traditionshaus nach Renovierung als *Fairmont Peace Hotel* wiedereröffnet.

Gegenüber, jenseits der Nanjing Lu, hat die Swatch-Gruppe das einstige **Palace Hotel** (11) zum **Swatch Art Peace Hotel** mit 18 temporären Wohnungen und Ateliers für wechselnde Künstler, 6 exklusiven Hotelsuiten und einem Verkaufszentrum für Designeruhren und Schmuck umgebaut und darin auch das stylishe Edellokal **Shook!** eröffnet.

Den Reigen der – seit Ende des 19. Jh. wegen enormer Grundstückspreise in die Höhe gebauten – Kolonialhäuser setzt die ehemalige **Chartered Bank of India, Australia and China** (12) fort. Heute heißt das Gebäude **Bund 18** (*waitan shiba hao*) und beherbergt als Lifestyle-Zentrum exklusive Restaurants und die **18Gallery**, die auf zeitgenössische asiatische Kunst spezialisiert ist.

Weitere Highlights sind die ehemalige **Russo-Chinese Bank** (13), die **Bank of Communications** (14) sowie das **Customs House** (15). Auf dem 1927 errichteten Seezollamt zeigt der dem Londoner Big Ben nachempfundene **Big Ching** am markanten Uhrturm die Zeit an.

Nebenan protzt der neoklassizistische, 1921 von Palmer & Turner geplante Kuppelbau der ehemaligen ★**Hongkong and Shanghai Bank** (16) (HSBC) – zu Beginn des 20. Jh. das größte Bankhaus Asiens. Nach Nutzung durch die Stadtregierung residiert hier seit 1995 die **Pudong Development Bank**. Mosaiken zieren die Innenseite der Kuppel, Marmorsäulen das repräsentative Foyer.

Die Welt der Mode hat im alten Gebäude der **China Merchants Steamship Navigation Company** (17) eine adäquate Heimat gefunden. **Bund 9** (*waitan jiu hao*) heißt das Gebäude heute und ist Sitz der Chinazentrale der taiwanesischen Stardesignerin Shiatzy Chen, die als Asiens Antwort auf Chanel gilt.

Ein Stück weiter südlich kann man mit dem **Bund 5** (*waitan wu hao*) im ehemaligen Gebäude der **Nisshin Kisen Kaisha Shipping Co.** (18) das Pionierprojekt besichtigen, mit dem Investoren begannen, die heruntergekommenen Gebäude am Bund aufzupeppen. Exklusive Restaurants, Bars und Designerläden gehören heute zu den Mietern.

Nebenan steht das 1916 erbaute **Union Building** (19), das heute den Namen **Bund 3** (*waitan san hao*) trägt und das erste Projekt von Palmer & Turner am Bund war. 2004 gestaltete es Stararchitekt Michael Graves zu einem preisgekrönten „Lifestyle Concept Building" um, in dem man einige der besten Restaurants der Stadt und die **Shanghai Gallery of Arts** findet. Nebenan, in dem neobarocken Gebäude von 1910, befand sich der **Shanghai Club**, in dem heute das exklusive **Waldorf Astoria** residiert; einen Besuch lohnt die berühmte **Long Bar** – der einst längste Tresen der Welt

Am Südende der Uferpromenade steht noch die 1908 erbaute **Wettersignalstation** (20) (*tian wen tai*).

Am Ausflugsterminal **Shiliupu** an der Waima Lu legen die Fähren nach Pudong und Boote für ★**Hafenrundfahrten** ab. Im Angebot sind 1-4-stündige Fahrten flussaufwärts zur **Nanpu-Hängebrücke** (8346 m) und flussabwärts zur **Yangpu-Hängebrücke** (7658 m) oder weiter bis zur **Huangpu-Mündung** in den Yangzi, vorbei am Stadtteil **Hongkou**, wo während des 2. Weltkrieges 20 000 Juden im Exil lebten (woran das **Jewish Refugees Museum** erinnert), und vorbei an Pudong mit den höchsten Gebäuden der Stadt.

5
Shanghai

» Stadtplan S. 103, Info S. 116-117

★Pudong

Zum Wahrzeichen Shanghais avancierte in den letzten Jahren die Skyline von ★**Pudong** auf der östlichen Seite des Huangpu, wo noch 1990 zwischen alten Lagerhallen und Hütten Reisbauern ihre Felder bestellten. Doch dann erklärte die Regierung Pudong zur Sonderwirtschaftszone, nachdem Shanghai wirtschaftlich lange vernachlässigt worden war. Inzwischen ist Pudong mit seinem Finanzviertel **Lujiazui** der Wirtschaftsmotor Ostchinas, laufend entstehen neue Hochhäuser, in denen schon rd. 5 Mio. Menschen leben. Hier baut man in Superlativen, schafft die größten Parks, die breitesten Avenues, die längsten Hängebrücken, die schnellsten Züge, die höchstgelegenen Hotels und die schönsten Wolkenkratzer.

Hauptverkehrsachse Pudongs ist die **Century Avenue** (**Shiji Dadao**), an deren Westende das Mega-Einkaufszentrum **Super Brand Mall** (21), der **Mingzhu-Park** (22) und der einzigartige ★**Oriental Pearl Tower** (23) (s. Bild S. 98) liegen. Der „Perle des Orients" genannte Fernsehturm mit seinen nachts bunt beleuchteten rosaroten Kugeln ist 468 m hoch. Stilvoll speisen Gourmets im 267 m hoch gelegenen **Drehrestaurant**, eine fantastische ★★**Aussicht** über die Stadt bieten die **Aussichtsplattformen** in 263 und 350 m Höhe.

Über Glanz und Elend der letzten zwei Jahrhunderte in der Huangpu-Metropole informiert im Erdgeschoss des Fernsehturms das ★★**Shanghai Municipal History Museum**, u. a. mittels historischer Fotos und originalgetreuer Modelle von Häusern und Läden.

Wie viele andere Großstädte hat auch Shanghai seine künstlich geschaffene Unterwasserwelt: In den Becken des **Shanghai Ocean Aquarium** (24) tummeln sich annähernd 15 000 Meeresbewohner 350 verschiedener Arten, die sich besonders eindrucksvoll in einem 155 m langen **Glastunnel** beobachten lassen.

» Stadtplan S. 106-107, Info S. 116-117

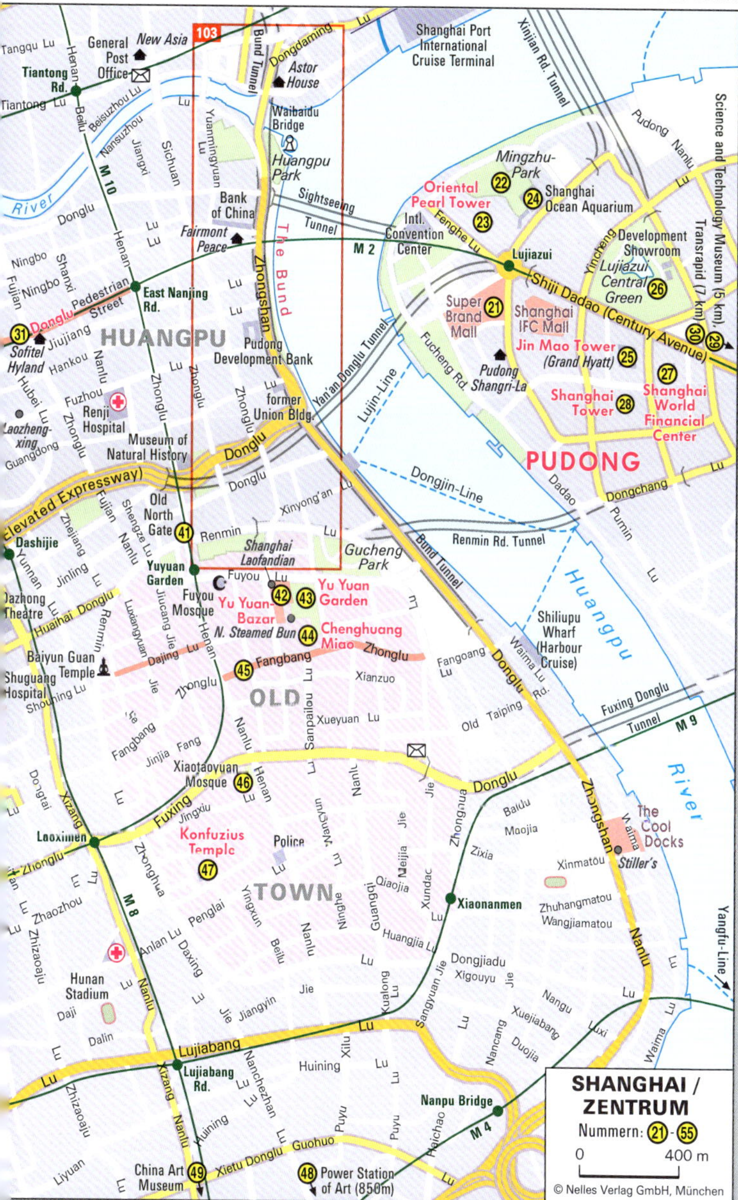

103
New Asia
General Post Office
Tiantong Rd.
Tangqu Lu
Tiantong Lu
Henan Beilu
Beisuzhou Lu
Nansuzhou
Jiangxi
Sichuan
M 10
River
Donglu
Bund Tunnel
Dongdaming
Astor House
Waibaidu Bridge
Huangpu Park
Yuanmingyuan Lu
Bank of China
Fairmont Peace
Sightseeing Tunnel
The Bund
Zhongshan
M 2
Shanghai Port International Cruise Terminal
Xinjian Rd. Tunnel
Pudong Nanlu
Mingzhu-Park
Oriental Pearl Tower 23
22
Shanghai Ocean Aquarium 24
Fenghe Lu
Intl. Convention Center
Lujiazui
Yincheng
Development Showroom
Lujiazui Central Green 26
Shiji Dadao (Century Avenue)
Science and Technology Museum (5 km), Transrapid (7 km) 30 29
Ningbo
Shanxi
Fujian
East Nanjing Rd.
Pedestrian Street
Nanjing Donglu 31
Sofitel Hyland
Jiujiang
Hankou
HUANGPU
Pudong Development Bank
Yan'an Donglu Tunnel
Lujin-Line
Super Brand Mall 21
Shanghai IFC Mall
Jin Mao Tower (Grand Hyatt) 25
Fucheng Rd.
Pudong Shangri-La
27
Shanghai World Financial Center
Shanghai Tower 28
Hubei Lu
Fuzhou
Renji Hospital
Zhongshan Dong Yi Lu
former Union Bldg.
Laozheng-xing
Guangdong
Museum of Natural History
Yan'an Donglu
PUDONG
Dongjin-Line
Dadao
Dongchang
Pumin
Elevated Expressway)
Old North Gate 41
Xinyong'an
Renmin
Renmin Rd. Tunnel
Dashijie
Zhejiang
Shengze Lu
Shanghai Laofandian
Gucheng Park
Bund Tunnel
Huangpu
Yunnan
Jinling
Yuyuan Garden
Fuyou Lu
Fuyou Mosque
Yu Yuan Bazar 42
Yu Yuan Garden 43
Dazhong Theatre
Huaihai Donglu
Renmin
Luxiangyuan
Jiucang Jie
N. Steamed Bun 44
Chenghuang Miao
Shiliupu Wharf (Harbour Cruise)
Baiyun Guan Temple
Dajing Lu
Fangbang Zhonglu 45
Fangoang Lu
Waima Lu
Zhongshan Dong Er Lu
Shuguang Hospital
Shouning Lu
OLD
Sanpailou
Xianzuo
Xueyuan Lu
Old Taiping Rd.
Fuxing Donglu Tunnel
M 9
Fangbang
Jinjia Fang
Xiaotaoyuan Mosque 46
Henan
Nanlu
Dongtai
Xizang
Fuxing Donglu
Jingxiu
Konfuzius Temple 47
Police
Laoximen
Zhonghua
Zhongshan Nanlu
River
The Cool Docks
Stiller's
Baidu
Maojia
Zixia
Xinmatou
Zhonglu
Zhaozhou
M 8
Penglai
Yingxun
TOWN
Ninghe
Guangqi
Qiaojia
Meijia Jie
Xundao
Xiaonanmen
Zhuhangmatou
Wangjiamatou
Yangfu-Line
Zhizaoju
Anlan Lu
Daxing
Beilu
Huangjia Lu
Dongjiadu
Xigouyu
Hunan Stadium
Daji
Dalin
Jiangyin
Kualong
Sangyuan Jie
Nangu
Xuejiabang
Duojia
Nancang
Luxi
Waima
Lujiabang Lu
Lujiabang Rd.
Nanchezhan Lu
Huining
Xilu
Nanpu Bridge
M 4
Haichao
Liyuan
China Art Museum 49
Xietu Donglu
Guohuo
Power Station of Art (850m) 48
Puyu
SHANGHAI / ZENTRUM
Nummern: 21 - 55
0 400 m
© Nelles Verlag GmbH, München

Foto: Jürgen Bergmann

Einem gigantischen, raffiniert geschliffenen Kristall gleicht das 420 m hohe ★**Jin Mao Building** (25), einer der schönsten Wolkenkratzer überhaupt. Seit 1998 strebt das von dem US-amerikanischen Architektenbüro Skidmore, Owing & Merrill entworfene Gebäude, eines der höchsten der Welt, gen Himmel. Nobel nächtigen Betuchte in den 555 Zimmern des **Grand Hyatt Hotels** im 55.-88. Stock, dessen spektakuläres, 152 m hohes ★**Atrium** unbedingt einen Besuch wert ist. Im 87. Stock hält die schicke Bar **Cloud 9** neben Drinks eine 360°-Rundumsicht bereit: unbedingt einen Fensterplatz reservieren!

Neben dem Jin Mao Building und gegenüber dem **Lujiazui-Park** (26) erhebt sich das postmoderne, 492 m hohe ★**Shanghai World Financial Center** (27) mit ★**Aussichtsplattformen** in der 94. bis 100. Etage, in 474 m Höhe.

Daneben ist 2016 der 632 m hohe ★**Shanghai Tower** (28), mit einer ★**Aussichtsplattform** in atemberaubenden 561 m Höhe fertiggestellt worden.

Unweit des weitläufigen **Century Park** liegt das **Science and Technology Museum** (29), in dem Technik und Naturwissenschaften anhand von Experimenten, Modellen und einem Imax-Kino vermittelt werden.

Eine U-Bahn-Station weiter, an der Longyang Lu (Linie 2), beginnt der von Siemens entwickelte **Transrapid** (30) (in China **Maglev**) seine 31 km lange Fahrt zum **International Airport Pudong**. Für die Strecke benötigt der Prestigezug knapp 8 Minuten, von denen er jedoch nur 50 Sekunden mit 430 km/h Höchstgeschwindigkeit fährt.

★Nanjing Donglu und Huangpu

Die ★**Nanjing Donglu** (31), seit jeher Shanghais Hauptgeschäftsstraße im Stadtteil **Huangpu**, führt vom Peace Hotel am Bund in westliche Richtung bis zum Volkspark, wo sie dann Nanjing Xilu heißt. Hier stehen neben Hotels wie

Oben: Einer der schnellsten Züge der Welt – der Transrapid. Rechts: Glitzernd, aufregend, weltoffen – die Nanjing Donglu.

» Stadtplan S. 106-107, Info S. 116-117

Foto: Kai-Ulrich Müller

dem noblen Sofitel auch Kaufhäuser aus den 1920er- und 30er-Jahren, darunter das prächtige **Sun**, heute **Department Store No. 1** (32).

Alle vom Bund abzweigenden Straßen tragen in Huangpu die Namen chinesischer Städte – so die **Beijing Donglu** und die **Fuzhou Lu**, Anfang des 20. Jh. Vergnügungszentren mit Teehäusern, Opiumhöhlen und Bordellen, heute Sitz etlicher Buchhandlungen.

Die parallel zum Bund verlaufenden Straßen sind nach chinesischen Provinzen benannt, darunter die **Sichuan Lu** und die **Henan Zhonglu** (alte Grenze der Internationalen Niederlassung). Ihre Gevierte bilden das Stadtzentrum der früheren Internationalen Niederlassung, das sich bis zur **Xizang Zhonglu** am Rand des Volksparks erstreckt.

Volkspark

In Höhe der Huanghe Lu und des 1934 errichteten **Park Hotel** (33), seinerzeit mit 22 Stockwerken der höchste Wolkenkratzer außerhalb Amerikas, biegt die Nanjing Lu, früher *Big Horse Road* genannt, leicht nach Süden ab; diese Kurve folgt dem Einlaufbogen der ehemaligen Pferderennbahn, die heute vom **Volkspark** (Renmin Gongyuan) und vom **Volksplatz** (Renmin Guangchang; People's Square) eingenommen wird.

Gegenüber der **Mu'en Church** (34) (Moore Memorial Church), der von dem tschechischen Architekten Ladislaus Hudec (1893-1958) entworfenen Methodisten-Kirche, liegt im Volkspark im Schatten des 284 m hohen **Tomorrow Square** (35) das **Museum of Contemporary Art** (36). Gezeigt wird chinesische und internationale Gegenwartskunst.

Südlich davon fällt der 1998 vollendete Bau des französischen Architekten Jean Marie Charpentier ins Auge: Das **Shanghai Grand Theatre** (37) machte sich mit seinem Opern-, Ballett- und Konzertprogramm auch über die Landesgrenzen hinaus einen Namen.

Architektonisch nüchtern und anspruchslos ist das moderne **Rathaus** (38), umso interessanter jedoch die **Shang-**

hai City Planning Exhibition Hall (39) wenige Schritte weiter. Hier kann man die Visionen der rund 400 km² großen Huangpu-Metropole an einem riesigen ★**Stadtmodell** nachvollziehen.

In Gestalt eines shang-zeitlichen Bronzegefäßes vom Typ *ding* erhebt sich markant im Südteil des Volksparks das ★★**Shanghai Museum** (40). Die Sammlung chinesischer Meisterwerke vom Neolithikum bis zum Ende der Qing-Dynastie ist mit rd. 200 000 Objekten neben dem Nationalen Palastmuseum in Taipeh (Taiwan) die weltweit bedeutendste. Mustergültig präsentiert, lassen sich auf vier Stockwerken die einmaligen antiken Bronzen (Figuren, Waffen und vor allem reich verzierte Gefäße), buddhistische Skulpturen, Keramiken und Porzellan, Siegel und Münzen, Kalligrafien, die traditionelle (Landschafts-)Malerei sowie die Eleganz ming- und qing-zeitlicher Möbel studieren. Ein Saal ist dem Kunsthandwerk der nationalen Minoritäten gewidmet, zudem finden Sonderausstellungen statt.

Chinesische Altstadt

Ein Großteil der **Altstadt** jenseits des **Alten Nordtors** (41) (*lao beimen*) wurde abgerissen und durch Bauten im Stil des alten Shanghai ersetzt, in denen der ★**Yuyuan-Bazar** (42) zum Stöbern einlädt. In Garküchen kann man die Herstellung der beliebten Teigtaschen (*jiaozi*) beobachten.

Unmittelbar östlich schließt sich der ★★**Yu-Garten** (43) (*yu yuan*) an, der eindrucksvollste der v. a. für Südchina typischen sog. Literatengärten (s. S. 122) in Shanghai. Angelegt 1559 als Alterssitz im Auftrag eines hohen Beamten der Ming-Dynastie, wurden die meisten Gebäude nach vorübergehender Vernachlässigung im 18. Jh. restauriert oder neu errichtet. Am schönsten ist ein Spaziergang frühmorgens gleich nach der Öffnung (tagsüber viele Touristen!), entlang mehrerer Seen, Wandelgängen, Brücken, Hallen und dem **Pavillon des Frühlings** (*dianchun tang*), der 1853 der geheimen „Gesellschaft der Kleinen Schwerter" als Hauptquartier diente. Diese probte damals parallel zu den Taiping im 19. Jh. den Aufstand gegen die Mandschu-Dynastie.

Rechts: In der Chinesischen Altstadt.

Direkt vor dem Haupteingang liegt inmitten eines Teiches das ★**Huxinting-Teehaus**. Es ist nur über eine neunteilige **Zickzack-Brücke** zu erreichen, die bösen Geistern den Zugang verwehren soll.

Um Glück, Kindersegen und gute Geschäfte bitten die Shanghaier im ★**Stadtgott-Tempel** (44) (*chenghuang miao*), dem wichtigsten der Stadt, geweiht dem vergöttlichten Huo Guang, einen General aus dem 1. Jh. v. Chr.

Über den **Antiquitätenmarkt** in der **Fangbang Zhonglu** (45) und vorbei an der **Xiaotaoyuan-Moschee** (46) gelangt man zum ★**Konfuzius-Tempel** (47) (*wen miao*) im Südwesten der Altstadt. 1855 eingeweiht, fanden hier während der Qing-Dynastie am Geburtstag des Begründers der chinesischen Staatsideologie (der Tradition zufolge der 28. Oktober 551 v. Chr.) große Feiern statt.

Ganz im Süden der Altstadt lohnt ein Besuch der Shanghai **Power Station of Art** (48) (*shanghai dangdai yishu bowuguan*), ein avantgardistisches Kunstmuseum in einem Kraftwerk von 1897 (Zukunftspavillon der EXPO 2010), dessen Kamin als Thermometer dient.

Jenseits des Huangpu sieht man den gigantischen China-Pavillon der EXPO 2010. Der rote Bau birgt das **China Art Museum** (49), das mit 80 000 Exponaten einen Querschnitt durch das chinesische Kunstschaffen seit 1900 zeigt.

★Ehemalige Französische Konzession und Xintiandi

Der Stolz der 1849-1946 existierenden ★**Französischen Konzession**, die die Altstadt Shanghais an drei Seiten umgab, war die **Avenue Joffre**, heute

» Stadtplan S. 106-107, Info S. 116-117

Foto: Maridav (stock.adobe.com)

★**Huaihai Zhonglu** genannt. Dieser lange, von abends illuminierten Platanen gesäumte Boulevard – eine Art Champs-Élysées und französisches Gegenstück zur Nanking Road – ist ideal für Edelshopping oder einen Bummel am Abend. Boutiquen, Restaurants und Shopping Malls wie das Taipingyang-Kaufhaus, das Hongkong Plaza oder das Shanghai Times Square locken hier.

Abseits der Huaihai Zhonglu stößt man auf die **Gründungsstätte der Kommunistischen Partei Chinas** (50) (Xingye Lu 76). Hier hielten 13 junge Chinesen, unter ihnen der 28-jährige Mao Zedong, im Juli 1921 ihren konspirativen Parteitag ab. Die Anzahl der Tassen auf dem Tisch des nachempfundenen Versammlungslokals symbolisiert die Zahl der Delegierten. Ein Museum dokumentiert die Frühphase der chinesischen Revolution.

Das für Kommunisten wichtige Gebäude liegt heute – welch eine Ironie – inmitten des Szene- und Vergnügungsviertels **Xintiandi** (51). Bei dem „Neues Universum" genannten Komplex handelt es sich um 1996 restaurierte Gassenhäuser entlang der Taicang Lu, Huangpi Lu und Xingye Lu, in denen in den 1920er-Jahren 8000 Menschen bzw. 2800 Familien lebten. Diese **Shikumen** („Steintor") bezeichneten und für Shanghai typischen Häuser entstanden ab Mitte des 19. Jh. mit chinesischen und europäischen Architekturelementen. Eindrucksvoll wird die gutbürgerliche Einrichtung eines derartigen Gebäudes im **Shikumen Open House** vorgeführt, das sich zwischen Pubs, Modeboutiquen, Nachtclubs, Restaurants und teuren Discos einfügt. Zu Xintiandi gehört der **Taipingqiao-Park** mit See.

Eine Oase der Ruhe ist der große **Fuxing-Park** (52), einst der **Französische Park**, in dem heute Chinesen Mahjong oder Go spielen und sich in aller Frühe mit Tai Chi fit halten.

In der Xiangshan Lu wohnte in der **Sun-Yatsen-Residenz** (53) (*sun zhongshan*) der Gründer der Guomindang und „Pionier der Revolution" mit seiner Frau Song Qingling, einer der Schwestern aus dem mächtigen Song-Clan (s. u.).

» Stadtplan S. 106-107, Info S. 116-117

Das Villenviertel links und rechts der Residenz ist jüngst restauriert worden und bildet heute das schicke Szeneviertel **Sinan Mansions** mit edlen Bars und Restaurants.

Beim Westausgang des Fuxing-Parks steht die eigenwillige **St.-Nikolas-Kirche** (54) mit ihren hübschen Zwiebeltürmen, die 1934 zum Zentrum der nach der bolschewistischen Revolution stark angewachsenen russisch-orthodoxen Gemeinde wurde.

Ein Highlight ist das alte Fabrikviertel ★**Tianzifang** (55) in der Taikang Lu, wo sich in engen Gassen hunderte Ateliers, Shops und Lokale konzentrieren.

Highlights außerhalb des Zentrums

Im Stadtteil Hongkou erstreckt sich der angenehme **Lu-Xun-Park** (56) mit dem früheren **Wohnsitz Lu Xuns** (1881-1936), heute ein Museum. Der Autor gilt als der bedeutendste des modernen China; er schrieb als erster in der Umgangs- statt in der klassischen Hochsprache.

Ein Stück südlich der Residenz kann man über die malerische Fußgängerzone **Duolun Lu** spazieren, die Skulpturen berühmter Shanghaier Dichter säumen. Interessant sind auch die im chinesischen Stil erbaute protestantische **Hongde-Kirche** und das **Duolun Museum of Modern Art** *(duolun xiandai meishuguan)*.

1882 brachte der Mönch Huigeng zwei Jadebuddhas aus Burma nach Shanghai; der sitzende Buddha ist 1,95 m hoch und aus einem einzigen Stück gearbeitet, der liegende Buddha misst 96 cm. Diese beiden Meisterwerke stehen im Mittelpunkt des prächtig renovierten und gepflegten ★**Jadebuddha-Tempels** (57) *(yufo si)* in der Anyuan Lu.

Nördlich des Tempels trifft man in der Moganshan Lu 50 auf einen alten Lagerhauskomplex, in dessen Hallen das **Künstlerviertel M50** (58) mit 150 Galerien und Ateliers untergebracht ist.

Neben dem **Xiangyang-Park** lohnt die in den 1930er-Jahren erbaute **Russisch-Orthodoxe Missionskirche** (59) einen kurzen Abstecher. Das Gebäude mit den charakteristischen blauen Kuppeln beherbergt das Restaurant **Grape**.

Eines der schönsten Galerieviertel Shanghais ist die **Red Town** (60) *(hong fang)* an der Huaihai Xilu. Um eine riesige Rasenfläche gruppieren sich hier zahlreiche Galerien, allen voran **Shanghai Sculpture Space**, wo rd. 250 Skulpturen chinesischer und internationaler Künstler zu sehen sind.

Von der regen Missionstätigkeit französischer Jesuiten in Ostasien zeugt die **Xujiahui-Kathedrale** (61) im gleichnamigen Stadtteil. Die 1910 im neogotischen Stil errichtete St.-Ignatius-Kirche ist ein Backsteinbau mit Emporen im lichtdurchfluteten Hauptschiff.

Als schönster buddhistischer Sakralbau Shanghais gilt der ★**Tempel der Drachenblume** (62) *(longhua si)* im Stadtteil **Xuhui**, dessen Gründung auf die Mitte des 3. Jh. n. Chr. zurückgeht. Zu empfehlen ist ein Besuch kurz vor Mittag, wenn zu den Sutren der Mönche Gongs und Maultrommeln ertönen und das zugehörige **Restaurant** Vegetarisches und Suppen serviert.

AUSFLÜGE VON SHANGHAI

Songjiang

25 km südwestlich von Shanghai liegt die Stadt **Songjiang** ❷, mit über 500 000 Einwohnern und einigen bedeutenden Kulturdenkmälern, darunter die im Jahr 859 aufgestellte, 9,2 m hohe **Dharani-Stele** *(tuoluoni jingzhang)* sowie die ca. 48 m hohe, neunstöckige **Viereckige Pagode** *(fang ta)* aus der Nördlichen Song-Zeit (960 bis 1127).

Zu den schönsten Gärten am Unteren Yangzi gehört der Park mit dem **Teich des Betrunkenen Bai** *(zui bai chi)*, benannt nach dem berühmten ming-

Rechts: Beschauliche Bootsfahrt im Wasserdorf Zhujiajiao.

 » Stadtplan S. 100-101 u. S. 106-107, Karte S. 114-115, Info S. 116-117

Foto: Jürgen Bergmann

zeitlichen Maler und Kalligrafen Bai Juyi, der hier angeblich während der Arbeit Wein getrunken haben soll.

Den islamischen Einfluss während der mongolischen Yuan-Dynastie (1271-1368) bezeugt die **Moschee** mit chinesischen Architektur- und arabischen Ornamentik-Elementen.

Sheshan

Beliebtes Ausflugsziel für Shanghaier sind mehrere großteils bewaldete, zum **Naturschutzgebiet** erklärte Hügel westlich der Metropole, von denen der **Sheshan** ❸ 100 m ü. d. M. erreicht. Stimmungsvoll ist der Aufstieg entlang des **Kreuzweges**, den die Chinesen Leidensweg (*kulu*) nennen – der Sheshan ist ein Zentrum der Katholiken in China und die Sommerfrische des Bischofs von Shanghai. Auf dem Gipfel erhebt sich imposant die von portugiesischen Missionaren 1925-35 gebaute Marienkirche **Unserer Lieben Frau von Sheshan** (*sheshan shengmu dajiaotang*), ein Spektrum europäischer Architekturstile.

Qingpu

30 km westlich von Shanghai wartet **Qingpu** ❹ (450 000 Einwohner) mit zwei Sehenswürdigkeiten auf. Mit der 1743 vollendeten **Pagode der Langlebigkeit** (*wanshou ta*) wünschten die Bewohner des Ortes dem Qianlong-Kaiser (1736-1795) ein langes Leben, nachdem dieser die Steuern gesenkt hatte.

Ein längeres Verweilen lohnt v. a. der **Garten des Mäandrierenden Flusses** (*qushui yuan*) am Dayinghe, 1745 während der Qing-Dynastie angelegt. Mehr als sonst bei den südchinesischen Literatengärten üblich treten hier Teiche und künstliche Wasserläufe in Erscheinung. Die **Halle der Blumengöttin** (*huashen tang*) und die **Halle des Erwachens** (*jue tang*) flankieren die zentral gelegene **Halle der Konzentrierten Harmonie** (*ninghe tang*).

★Zhujiajiao

Eines der schönsten und ursprünglichsten – obwohl für Touristen gut er-

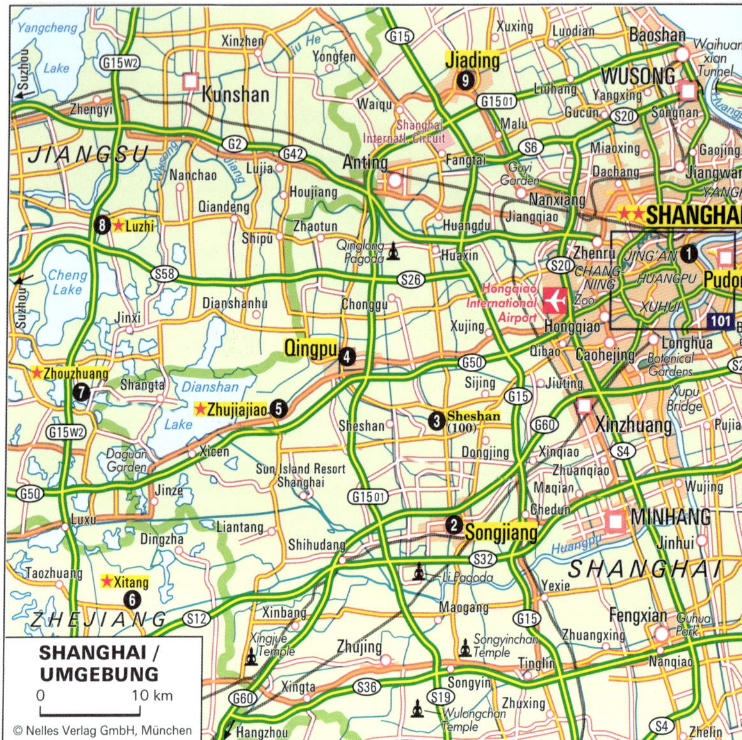

schlossenen – Wasserdörfer des Yangzi-Deltas ist ★**Zhujiajiao** ❺ am Ostufer des Dianshan-Sees. Mehrere von etwa zwei Dutzend Steinbrücken überspannte Kanäle durchziehen pittoresk das knapp 3 km^2 große historische Zentrum aus der Ming- und Qing-Zeit.

Wahrzeichen des Dorfes ist die fünfbogige, 72 m lange **Brücke zur Freilassung** (*fangsheng qiao*) von 1812, bei der man gefangene, aber nicht benötigte Fische aussetzte.

Bei einem Bummel durch die schmalen Geschäftsstraßen, z. B. die belebte **Bei Dajie**, verdienen die **Wang-Chang-Gedächtnishalle** eines hohen Beamten aus der Qianlong-Ära (1736-1795), der 1912 angelegte **Kezhi-Garten** (*kezhi yuan*) und das 1903 eröffnete **Postamt** mit eigener Bootsanlegestelle Beachtung. Nicht versäumen sollte man eine Pause auf dem Balkon des **Ah-Po-Teehauses** mit toller Aussicht auf die Fangsheng-Brücke und den **Yuan-Jin-Tempel**.

★Xitang

Ähnlich wie Zhujiajiao erscheint auch ★**Xitang** ❻ wie aus einer ming- oder qing-zeitlichen Tuschezeichnung herausgeschnitten, so harmonisch und stimmungsvoll fügen sich Brücken, Kanäle, Läden sowie die mit roten Laternen geschmückten Tee- und Gassenhäuser zusammen. Eine architektoni-

 » Karte S. 114-115, Info S. 116-117

sche Besonderheit des einst bedeutenden Marktortes sind die von Holzsäulen gestützten Ziegeldächer, die, teils bis zu mehreren hundert Metern aneinandergereiht, Gassen und Uferstraßen bedecken und zum Schlendern an den Kanälen einladen.

★Zhouzhuang

Unvergesslich ist eine beschauliche Bootsfahrt auf den Kanälen von ★**Zhouzhuang** ❼, unter hohen Steinbrücken hindurch und entlang der weißen Gassen- und Hofhäuser mit ihren grauen Ziegeldächern. Der viel besuchte Ort ist eines der eindrucksvollsten und besterhaltenen Wasserdörfer aus der Ming- und Qing-Zeit in der Umgebung Shanghais. Zu den Highlights zählt das ★★**Shen-Haus** südöstlich der **Fu'an-Brücke** in der Nanshi Lu. Die ca. 100 Räume des über 2000 m² großen, 1742 erbauten Herrenhauses gruppieren sich um fünf Innenhöfe mit Tee-, Gäste-, Hochzeits- und Haupthalle und – eine Rarität – privatem Theater.

★Luzhi

Wie die anderen Wasserdörfer im Yangzi-Delta blieb auch ★**Luzhi** ❽ aufgrund der abgeschiedenen Lage – einst waren die Orte in dem Labyrinth aus unzähligen Seen und Kanälen nur mit dem Boot erreichbar – von allen Kriegs- und Revolutionswirren verschont. Neben dem **Baosheng-Tempel** und dem **Xiao-Haus** eines reichen Kaufmanns aus der Qing-Dynastie verleihen 41 von ehemals 72 Brücken aus Naturstein dem Dorf Flair und Charme.

Jiading

20 km nordwestlich von Shanghai liegt **Jiading** ❾, dessen Anfänge bis in die Östliche Zhou-Dynastie (770-221) zurückreichen und das außerhalb Chinas v. a. durch die nahe Formel-1-Rennstrecke bekannt ist. Größte Sehenswürdigkeit der 700 000 Einwohner zählenden Stadt ist der 1219 eingeweihte **Konfuzius-Tempel** (*kongzi miao*), der wohl bedeutendste südlich des Yangzi, der auch das **Städtische Museum** mit Inschriftenstelen beherbergt. In dem weitläufigen Komplex mit mehreren Toren und Hallen, darunter die **Halle der Großen Vollendung** (*dacheng dian*), wird neben Konfuzius auch Kuixi, Gott der Literaten, verehrt.

Östlich des Konfuzius-Tempels legte man 1588 den **Teich der sich Treffenden Drachen** (*huilong tan*) an, nördlich des Stadtzentrums 1502 den **Garten der Herbstwolken** (*qiuxia pu*), der älteste Park in der Umgebung Shanghais mit einem Stadtgott-Tempel.

Shanghai (☎ 021)

Shanghai Call Center, englischsprachige 24-Std-Gratis-Hotline, u.a. Reservierung und Zustellung von Theaterkarten, Tel. 962288.

Vom **Pudong International Airport** fährt die Metro 2 ins Zentrum; knapp 8 Min. dauert die Fahrt mit dem **Transrapid** bis Lujiazui. Vom Flughafen **Hongqiao** im Westen fährt die Metro 2 u.10 ins Zentrum.
Vom **Hauptbahnhof** (Metro 1, 3, 4) starten die Züge nach Norden und Westen, vom **Südbahnhof** (Metro 1, 3) fahren Züge nach Südosten, Süden und Südwesten, vom Bahnhof **Hongqiao** (Metro 2, 10) starten die Superexpresszüge nach Peking.

Zu den **Spezialitäten** der Shanghai-Küche zählen neben Meeresfrüchten u. a. mit Gemüse, Krabben-, Hühner- oder Schweinefleisch gefüllte und in Dampfkörbchen gegarte Teigtäschchen (*xiaolong bao*) sowie in schwarzer Sojasauce gekochtes Rind- oder Schweinefleisch (*hongshao rou*).
RESTAURANTVIERTEL: In den hippen ehemaligen Fabrikvierteln **Tianzifang** in der Taikang Lu, **1933 Shanghai** in der Shajing Lu, **Sinan Mansions** in der Fuxing Zhonglu oder den **The Cool Docks** in der Zhongshan Nanlu gibt es zahllose coole Restaurants aller Kochstile.
RESTAURANTS: **Noble House**, das herausragende kantonesische Restaurant, befindet sich in einer 1885 erbauten europäisch-chinesischen Villa inmitten der modernen Bauwerke Pudongs, tgl. 11.30-14, 17.30-22 Uhr, 679 Shangcheng Lu, Tel. 5879 3179, www.noblehouserestaurant.cn M 2, 4, 6: Century Avenue. Weitere Filiale in einer französischen Villa, 46 Anting Rd., Tel. 6433 3666, M 7, 9: Zhaojiabang Lu. **Meilongzhen**, schöne Atmosphäre, verschiedene chinesische Küchen (Shanghai, Sichuan u. a.), reservieren, tägl. 17-22 Uhr, 1081 Nanjing Lu, etwas versteckt in einem Hinterhof, Tel. 62562718. **Shanghai Laofandian**, sehr gute Shanghai-Küche, reservieren, 242 Fuyou Lu, Tel. 63282782. **Lü Bo Lang**, typische Shanghaier Küche in angenehmer Atmosphäre, tägl. 11-13.45, 17-22 Uhr, 115 Yuyuan Lu, in der Nähe des Stadtgott-Tempels. **M on the Bund**, westliche Küche, schöne Aussicht auf die Skyline Pudongs, hohe Preise, Mo-Fr 11.30-14.30, 18.30-22.30 Uhr, Sa/So Brunch von 11.30-15 Uhr, reservieren nötig, 20 Guangdong Lu, Tel. 63509988. **Nanxing Steamed Bun**, eines der besten Xiaolongbao-Restaurants Shanghais, in der Altstadt, tägl. 11-21 Uhr, 85 Yuyuan Lu.
Laozhengxing, seit 1862 wird hier der frischeste Fisch der Stadt zubereitet: Fisch-, Krebs- und Garnelengerichte nach Art des südlichen Yangzi, tgl. 11-2 Uhr, 556 Fuzhou Lu, Tel. 021/63 22 26 24; www.laozhengxing-sh.com, M 1, 2, 8: People's Square.
TEMPEL-RESTAURANTS: Der **Tempel der Drachenblume** (*longhua si*) und der **Jadebuddha-Tempel** (*yufo si*) bieten tgl. 11.30-13 Uhr preiswerte vegetarische Gerichte.
CAFÉ- / TEEHÄUSER: **Huxinting**, pittoresk auf der Zickzackbrücke vor dem Yuan-Garten gelegen, mit schöner Aussicht, teuer. **Marriott Café**, exzellente Aussicht vom 38. Stock des Tomorrow Square, 399 Nanjing Xilu.

MUSEEN: **Shanghai Museum**, tägl. 9-17 Uhr, regelmäßig Sonderausstellungen, 201 Renmin Dadao, www.shanghaimuseum.net, M 1, 2, 8: People's Square. **Shanghai City Planning Exhibition Hall**, Di-So 9-17 Uhr, 100 Renmin Dadao, www.supec.org, M 1, 2, 8: People's Square. **Shikumen Open House**, tgl. 10.30-22.30 Uhr, mitten im Szeneviertel Xintiandi, 25 Lane, 181 Taicang Lu, www.xintiandi.com, M1: South Huangpi Rd, M 10, 13: Xintiandi. **Shanghai Municipal History Museum**, tägl. 9-21 Uhr, 1 Century Avenue (Shiji Dadao), im Sockel des Oriental Pearl Tower, Gate 4, Pudong, M 2 Lujiazui. **Shanghai Ocean Aquarium**, tägl. 9-18 Uhr, 158 Yincheng Lu (N), Pudong, www.sh-soa.com, M 2: Lujiazui. **Science and Technology Museum**, Di-So 9-17 Uhr, 2000 Century Avenue (Shiji Dadao), Pudong, M 2: Science and Technology Museum. **Shanghai Museum of Natural History**, tägl. 9-17 Uhr, 260 Yan'an Dong Lu, M 2, 10: East Nanjing Rd. **Museum of Contemporary Art**, tgl. 10-21.30 Uhr, 231 Nanjing Xilu, www.mocashanghai.org, M1, 2, 8 People's Square. **China Art Museum**, Di-So 10-18 Uhr. letzter Einlass 16 Uhr, 205 Shangnan Lu, http://china.artmuseumonline.org, M 8: China Art Museum.
PARKS: **Garten der Zufriedenheit** (*yu yuan*), tägl. 8.30-17.30 Uhr, Yuyuan Laolu in der Altstadt,

M10: Yuyuan Garden. **Fuxing-Park**, Eingänge an der Gaolan Lu, Fuxing Zhonglu u. Yandang Lu, M 1, 10, 12: South Shaanxi Rd. **Taipingqiao-Park**, im Vergnügungsviertel Xintiandi, M 10, 13: Xintiandi, M 1: South Huangpi Rd.
TEMPEL / KIRCHEN: **Konfuzius-Tempel** (*wen miao*), tägl. 9-17 Uhr, 215 Wenmiao Lu im Westen der Altstadt, M 8, 10: Laoximen. **Jadebuddha-Tempel** (*yufo si*), tägl. 8-16.30 Uhr, 170 Anyuan Lu, M 13: Jiangning Rd. **Tempel der Drachenblume** (*longhua si*), tägl. 7-16.30 Uhr, 2853 Longhua Lu, M 11, 12: Longhua. **Russisch-Orthodoxe Missionskirche**, 55 Xinle Lu, M 1, 10, 12: South Shaanxi Rd. **Xujiahui-Kathedrale**, Sa/So 13-17 Uhr, 158 Puxi Lu, M 1, 9, 11: Xujiahui.
SONSTIGES: **Sun Yatsen-Residenz**, tägl. 9-16 Uhr, 7 Xiangshan Lu, M 10, 13: Xintiandi. **M50,** Mo geschl., 50 Moganshan Lu, M 13: Jiangning Rd. **Red Town**, Mo geschl., 570 Huaihai Xilu, M 3, 4, 10 Hongqiao Rd.

BARS: **Cloud 9**, stilvolle Bar mit super Aussicht, v. a. nachts, Mo-Fr 18-24 Uhr, Sa / So 12-24 Uhr, 87/F Jin Mao Building, 88 Century Avenue (Shiji Dadao), Tel. 5049 1234, M 2: Lujiazui.
DISCOS: **JZ Club**, bester Jazzclub Shanghais, lässig und cool wie der Jazz, der hier live gespielt wird, tgl. 20-2 Uhr, 158 Julu Lu, www.jzclub.cn. M 1, 10, 12 South Shaanxi Rd.
Yuyintang, bester Einblick in die Shanghaier Musikszene, Di-So ab 21 Uhr, 851 Kaixuan Lu, Tel. 021 5237 8662, http://yytlive.com, Metro 3, 4 West Yan'an Rd.

Shanghai Grand Theatre, Opern-, Ballett- und Konzertprogramm, 300 Renmin Dadao, Tel. 6386 8686, M 1, 2, 8 People's Square. **Shanghai Centre Theatre**, tolle Akrobatik-Shows, für die Shanghai international berühmt ist, 1376 Nanjing Xilu, Reservierungs-Tel. 6279 8600, M 2, 7: Jing'an Temple.

HAFENRUNDFAHRT: Ab Ausflugsterminal Shiliupu, auf Höhe der Dongmen Lu, tägl. von etwa 8-17 Uhr, ein- bis vierstündige Fahrten bis hinab zur Huangpu-Mündung in den Yangzi. Abendtouren entlang des hell erleuchteten Bunds und der Skyline von Pudong ab 19 Uhr. Infos unter Tel. 54 10 68 31, www.pjrivercruise.com.

EINKAUFSSTRASSEN- / VIERTEL: Die wichtigsten Shopping-Malls liegen an der Fußgängerzone **Nanjing Lu** und der von Shanghaiern bevorzugten **Huaihai Lu**.
Xintiandi, Vergnügungs- und Shoppingviertel mit vielen (Mode-)Boutiquen, Taicang Lu, M1: South Huangpi Rd., M 10, 13: Xintiandi. **Yu-Yuan-Bazar**, viele Souvenirs wie Hängerollen, T-Shirts u. ä., in der Altstadt neben dem Garten der Zufriedenheit (*yu yuan*), M10: Yuyuan Garden.
Fangbang Zhonglu, ideal für Antiquitäten und Kunsthandwerk, unbedingt feilschen, in der Altstadt unweit des Yuan-Gartens.
KAUFHÄUSER: **Department Store No. 1**, das frühere *Sun* aus den 1930er Jahren, 830 Nanjing Donglu. **Grand Gateway**, Riesenkaufhaus, 1 Hongqiao Lu, M 1, 9, 11: Xujiahui. **Plaza 66**, internat. Designerwaren, 1266 Nanjing Lu, M 2, 12, 13: West Nanjing Rd.
KUNSTHANDWERK: **Shanghai Antiques and Curio Store**, große Auswahl an Kunsthandwerk u. Antiquitäten, tgl. 9-17 Uhr, 192-242 Guangdong Lu, M 2, 10: East Nanjing Rd.
BUCHHANDLUNGEN: **Foreign Language Bookstore**, sehr gut sortierter Laden mit vielen ausländischen Titeln, 390 Fuzhou Lu. **Shanghai Shucheng** (Shanghai-Buchstadt), eine der größten Buchhandlungen, 401-411 Fuzhou Lu, M 2, 10: East Nanjing Rd.
TRADITIONELLE MEDIZIN: **Tonghan Chundang**, Apotheke in der Altstadt mit Tees, Ginseng, Akupunkturzubehör, Kräutern u. a., tägl. 9.30-20 Uhr, 20 Yuyuan Lu.

SHANGHAI SIGHTSEEING BUS CENTER (SSBC): Südlich vom Shanghai Stadium, 2409 Zhongshan Nanlu Tel. 021-64 26 55 55, www.chinassbc.com, M 1, 4: Shanghai Indoor Stadium, M 11: Shanghai Swimming Center. Vom Ausflugsbuszentrum fahren Busse zu Tagesausflügen nach **Qingpu**, **Zhujiajiao**, **Xitang**, **Zhouzhuang**, **Luzhi** und anderen Ausflugszielen. Im Fahrpreis der Busse zu den Wasserdörfern sind die Eintritte enthalten. Die Tickets am besten schon am Vortag kaufen.
Songjiang (M 9 bis Zuibaichi), **Sheshan** (M 9 bis Sheshan und weiter mit Taxi), **Jiading** (M 11 bis North Jiading dann Taxi).

Foto: Aimin Tang (iStockphoto)

IM YANGZI-DELTA

JIANGSU
ANHUI
ZHEJIANG

JIANGSU UND YANGZI-DELTA

Dem Saum des Gelben Meeres folgt zwischen der Provinz Shandong im Norden und dem **Yangzi-Delta** im Süden die ca. 102 000 km² große Provinz **Jiangsu**. Sie erstreckt sich über ein weites Niederungsgebiet zwischen dem **Kaiserkanal**, den drei weitflächigen Seen Hongzehu, Gaoyaohu und Taihu sowie der flachen, versandeten Meeresküste. Sie besteht nahezu ausschließlich aus dem Schwemmmaterial früherer Mündungsarme des Gelben Flusses, des Huaihe und des Yangzi, die seit der Zeitenwende die Küstenlinie ungefähr 50 km weiter ostwärts ins Meer geschoben haben. Ein dichtes Netz aus Flussläufen, Kanälen, Seen, Teichen und Sümpfen überzieht die meist nur 40 m über dem Meeresspiegel gelegenen Schwemmebenen.

Besonders ausgeprägt ist die Gewässerlandschaft um den **Großen See** (*tai hu*), Chinas drittgrößten See. Dort ersetzen Kanäle nahezu vollständig die festen Wege, und kein Ort liegt mehr als 30 m vom Wasser entfernt. Aus dem grünen, ebenen Teppich der intensiv genutzten Reisfelder und dem Blätterdach der die Seidenraupen nährenden Maulbeerplantagen recken sich im Yangzi-Delta Inselberge empor, die Süd-Jiangsu seinen ungewöhnlichen Zauber verleihen. Dazwischen liegen malerisch etliche Süßwasser-Binnenseen – ehemalige, durch die Sedimentmassen des Yangzi abgeschnittene Meeresbuchten.

Links: Der 450 m hohe Greenland Square Zifeng Tower in Nanjing bietet eine Aussichtsplattform in 271 m Höhe.

Kaiserkanal

Zu den größten Bauleistungen des Alten Chinas wird seit jeher der **Kaiserkanal** (**Großer Kanal**, *dayun he*) gerechnet. Mit einer Gesamtlänge von mehr als 1800 km und einer durchschnittlichen Breite von 40 m gehört er neben der Großen Mauer und dem Kaiserpalast in Peking zu den bekanntesten Bauwerken der chinesischen Geschichte. Einzelne Abschnitte der Wasserstraße – die längste der Menschheitsgeschichte – entstanden schon am Ende der Frühlings- und Herbstperiode (770-476). Um den Transport von landwirtschaftlichen Produkten, v. a. Reis und Getreide, aber auch Soldaten, Waffen und Seide vom Süden nach Norden zu gewährleisten, wurde unter dem Sui-Kaiser Yangdi (604-618) mit dem Bau des langen Kanals begonnen, dessen südlichster Hafen Hangzhou war; mehrere Millionen Zwangsarbeiter waren hierfür im Einsatz. Über die Betriebsamkeit auf diesem Wasserweg berichtete im 9. Jh. der japanische Mönch Ennin,

» Karte S. 120-121, Info S. 138-139

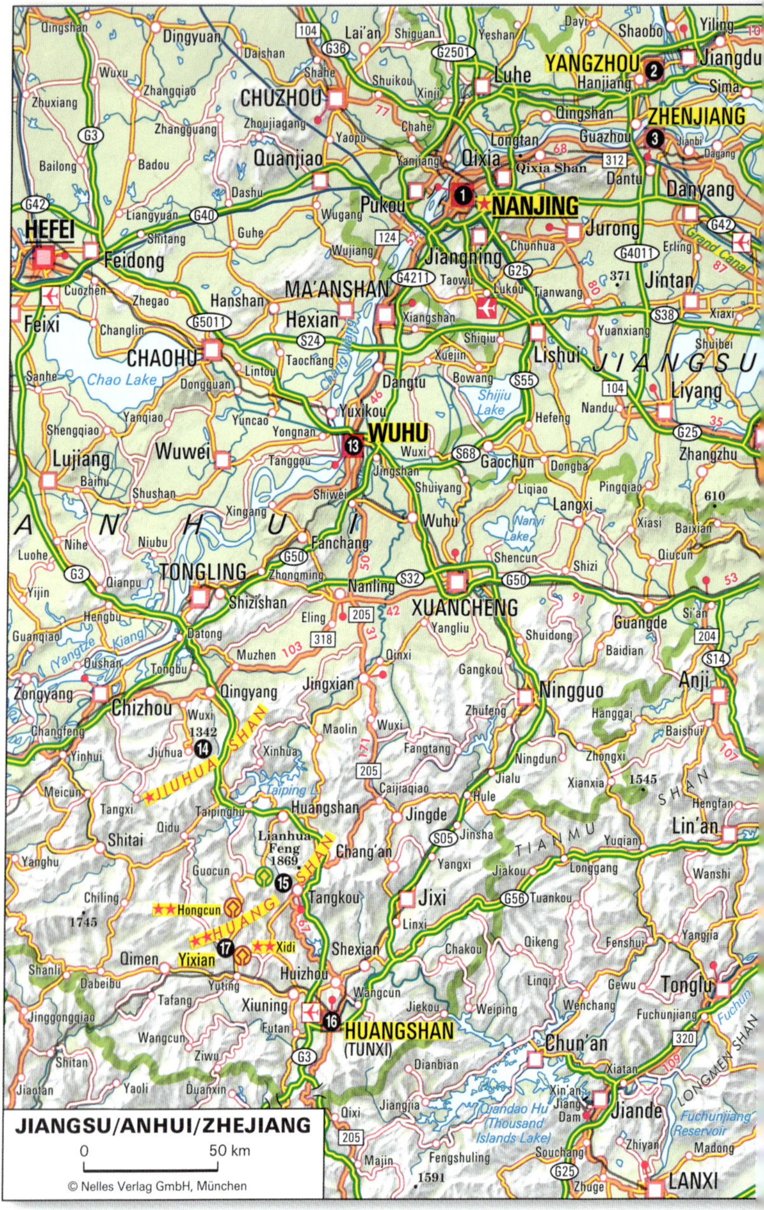
Qingshan
Dingyuan
Daishan
104
Lai'an
Shiguan
Yeshan
Dayi
Shaobo
Yiling
G36
G2501
YANGZHOU
2
Jiangdu
Wuxu
Shahe
Luhe
Hanjiang
Sima
Zhangqiao
CHUZHOU
Shuikou
Xinji
Zhuxiang
77
Qingshan
ZHENJIANG
Zhangguang
Zhoujiagang
Chahe
Guazhou
3
Jianbi
G3
Yaopu
Longtan
68
Dagang
Badou
Quanjiao
Yanjiang
Qixia
Qixia Shan
312
Dantu
Danyang
Bailong
Dashu
Pukou
1
NANJING
G42
Liangyuan
G40
Wugang
HEFEI
Shitang
Guhe
124
Jurong
G42
Feidong
Wujiang
Jiangning
Chunhua
G4011
Erling
Grand Canal
87
G4211
G25
371
Jintan
Cuozhen
Zhegao
Hanshan
MA'ANSHAN
Taowu
Lukou
Tianwang
80
Feixi
Changlin
G5011
Hexian
Xiangshan
S38
Xiaxi
Yuanxiang
Shuibei
S24
Shiqiu
CHAOHU
Taochang
Xuejin
Lishui
JIANGSU
Sanhe
Chao Lake
Lintou
Chang Jiang
Dangtu
Bowang
S55
104
Liyang
Dongguan
Shijiu Lake
Nandu
Shengqiao
Yanqiao
Yuncao
Yuxikou
46
Yongnan
WUHU
Hefeng
35
G25
13
Wuxi
S68
Zhangzhu
Lujiang
Wuwei
Tanggou
Gaochun
Dongba
Baihu
Jingshan
Shuiyang
Liqiao
Pingqiao
Shushan
Shiwei
610
Langxi
Xingang
Xiasi
ANHUI
Wuhu
Nanyi Lake
Baixian
Nihe
Niubu
Fanchang
Qiucun
Luohe
G50
50
Shencun
Shizi
53
TONGLING
Zhongming
G3
Qianpu
Nanling
S32
G50
Yijin
Shizishan
91
XUANCHENG
Si'an
Hengbu
Eling
205
42
Guangde
Yangliu
Datong
318
31
Shuidong
204
Guanqiao
Yangtze Kiang
Muzhen
103
Baidian
Qinxi
S14
Dushan
Tongbu
Gangkou
Zongyang
Chizhou
Qingyang
Jingxian
Ningguo
Anji
Wuxi
Zhufeng
Hanggai
1342
Changfeng
Maolin
Wuxi
Baishui
Jiuhua
14
JIUHUA SHAN
Yinhui
Xinhua
171
Fangtang
Ningdun
Zhongxi
107
205
Meicun
Taiping L.
Caijiaqiao
Jialu
Xianxia
1545
Tangxi
Huangshan
Hule
SHAN
Hengfan
Taipinghu
Jingde
Lin'an
Qidu
Lianhua Feng
1869
Jinsha
TIANMU
Shitai
Chang'an
S05
Yuqian
Yanghu
Yangxi
Jiakou
Longgang
Guocun
15
Wanshi
HUANG SHAN
Chiling
Tangkou
Jixi
G56
Tuankou
Hongcun
1745
Linxi
Yangjia
Qikeng
Fenshui
Chakou
Xidi
17
Shexian
Qimen
Yixian
Shanli
Linqi
Gewu
Tonglu
Dabeibu
Huizhou
Yuting
Wangcun
Wenchang
Tafang
Xiuning
Jiekou
Weiping
Fuchunjiang
Fuchun
Jinggongqiao
16
HUANGSHAN
(TUNXI)
Futan
Wangcun
Chun'an
320
Shitan
Ziwu
G3
Dianbian
Xiatan
109
LONGMEN SHAN
Yaoli
Duanxin
Jiaotan
Xin'an Jiang Dam
Qixi
Jiangjia
Qiandao Hu (Thousand Islands Lake)
Jiande
Fuchunjiang Reservoir
205
Zhiyan
Madong
Souchang
Majin
Fengshuling
1591
G25
Zhuge
LANXI
JIANGSU/ANHUI/ZHEJIANG
0
50 km
© Nelles Verlag GmbH, München

YELLOW SEA
(HUANG HAI)
Chuanyao B.
Hai'an
Yangkou
Jiangyan
Qutang
Hekou
Dongchen
Guba
Beiyu
Rugao
Matang
Rudong
Motou
Shigang
Dayu
Madian
Huangqiao
Baipu
Jishi
Taixing
Xieqiao
Tongzhou
Lüsigang
Pingchao
Jingjiang
Ferry
NANTONG
Baochan
Deji
Jinfeng
Sijia
Haifu
JIANGYIN
Xiaohai
Sanyang
Zhangjiagang
Nanyang
Haimen
Beixin
CHANGZHOU
Gangkou
Xupu
Qidong
CHONGMING
ISLAND
Dongping
Nat. Forest Park
Huishan
Luhe
Henglin
CHANGSHU
Chengqiao
Chongming
Dongtan Birds
Nature Reserve
WUXI
Baimao
Liuhe
Buzhen
Chenjia
Shaxi
Hongsheng
Caoqiao
Binhu
Mouth of
Chang Jiang
(Mouth of the
Yangtze Kiang)
Zhoutie
Wangting
Kunshan
JIADING
BAOSHAN
Changxing
YIXING
HENG I.
Tai
SUZHOU
Chefang
Anting
SHANGHAI
Mudu
XIDONGTING I.
Tongli
Xishan
QINGPU
PUDONG
Lake
Dongshan
Wujiang
Zhujiajiao
Pudong Intl. Airport
MINHANG
Changxing
Jinze
Huinan
SONGJIANG
HUZHOU
Shengze
Yexie
Wanxiang
Jiashan
Daji Bay
Tinglin
Nanxun
FENGXIAN
Nanhui New City
JIAXING
Caojing
Miaoxi
Wuzhen
DONG HAI
BRIDGE
Pinghu
JINSHAN
Grand Canal
SHENGSI I.
Xinshi
Tongxiang
Yangshan
Deepwater Port
DA YANG
SHAN I.
Zhapu
Chengguan
Haining
Huangze Bay
Deqing
YUHANG
Haiyan
Wangpan Bay
HANGZHOU BAY
BRIDGE
Chang'an
DAQU SHAN I.
Tongyuan
Gongshu
ZHOUSHAN
HANGZHOU
Daqu Bay
Andong
Xinwan
Daishan
DAI SHAN I.
Yuhang
CIXI
XIAOSHAN
Guancheng
Synia
Lihai
ISLANDS
ZHOUSHAN
Huibie
Bay
Ganlan
Longshan
ISLAND
Putuoshan
Fuyang
Doumen
YUYAO
Baoguo Si
ZHOUSHAN
SHAOXING
Cicheng
Dayuan
SHANGYU
Beilun
Putuo
Moichi
Shangpu
NINGBO
Guoju
ZHUJIA I.
Daqi
Fengqiao
Dalan
Yinzhou
Tiantong Monastery
TAOHUA I.
Sandu
Wangtan
XIAQI I.
SIMING SHAN
Jiaotou
ZHUJI
Datang
Gulai
Xianxiang
Xikou
Fenghua
LIUHENG I.
Huangze
SHENGZHOU
Chunhu
Xize
Huangshan
Xiangshan Bay
Changle
Ganlin
Xinchang
Xidian
Xizhou
Juexi
Pujiang
TIANTAI SHAN
Damu
Bay
Xiangshan
JIUSHAN
ISLANDS
Suxi
ZHEJIANG
Sizhoutou
Datong
Ninghai
YIWU
DONGYANG
Jianshan
Baihe
Shipu

dem während seiner neuntägigen Schiffsreise von Yangzhou bis Kaifeng unentwegt Boote mit Reis- und Salzladungen begegneten. Unter der mongolischen Yuan-Dynastie (1271-1368) wurde die Wasserstraße beträchtlich erweitert, um Salz und den „Tribut-Reis" aus den Südprovinzen in die nördliche Hauptstadt Peking (Khanbaliq alias Dadu) zu bringen.

Nachdem der Gelbe Fluss (*huang he*) sein Bett nach Süden verlagerte und der Kanal nicht mehr durchgehend schiffbar war, verfiel er über weite Strecken und verlor – wegen hoher Instandhaltungskosten und neuer Transportmöglichkeiten – seine ehemalige Bedeutung. In den Provinzen Jiangsu und Zhejiang wird er jedoch weiterhin als Bewässerungskanal sowie als Wasserweg zum Transport von Agrarprodukten und v. a. Baumaterialien genutzt.

Für den **Tourismus** ist insbesondere die Strecke zwischen **Suzhou** und **Hangzhou** interessant.

Die südchinesischen ★★Literatengärten

Im Gegensatz zu den weitläufigen, v. a. in Nordchina verbreiteten Kaiserlichen Gärten (Peking, Chengde) spielen in Südchina die privaten Gärten seit der Han-Dynastie (206 v. Chr. bis 220 n. Chr.) eine wichtige Rolle. In diesen so genannten **★★Literatengärten** verbindet sich die daoistische Naturphilosophie mit der Malerei, Dichtkunst, Kalligrafie und Gartenkunst zu einem einzigartigen Gesamtkunstwerk, meisterhaft in Suzhou verwirklicht. Charakteristisch für diese hinter hohen Umfassungsmauern verborgenen Refugien des Studiums sowie der Erholung und der inneren Einkehr fernab des Hofs und des Geschäfts – die Mehrzahl der Gärten wurde im Auftrag reicher Beamten- und Kaufmannsfamilien angelegt – ist eine raffinierte, meist kleinteilige Raumaufteilung. Brücken, Teiche, Inseln, Pavillons, Wandelgänge und bizarr geformte Felsen bilden die wichtigsten Elemente, ergänzt durch optische Effekte wie eine vermeintliche, mit Ausblicken durch kunstvoll gestaltete Fenster und Portale erzeugte Weitläufigkeit. Dem Bedürfnis nach Harmonie und Verhältnismäßigkeit trägt auch die Auswahl der Tiere und Pflanzen Rechnung: So sind z. B. Mandarin-Enten ein Symbol ehelicher Treue, Kraniche und Kiefern versinnbildlichen ein langes Leben, Orchideen die Aufrichtigkeit und Lotosblüten wiederum stehen für Reinheit und – im weiteren buddhistischen Kontext – für die Erleuchtung.

Rechts: Ein Zweig des Kaiserkanals in der Gartenstadt Suzhou.

★Nanjing (Nanking)

Am südlichen Ufer des Yangzi, wo der Strom zu seiner letzten weiten Kehre nach Osten ausholt, entstand während der „Frühling- und Herbst-Periode" (770-476) der späten Zhou-Dynastie eine strategisch wichtige Grenzstadt. Um ihren Besitz kämpften die drei Staaten Chu, Wu und Yue.

Im Gründungsjahr der Ming-Dynastie (1368) erwählte der „Bettlerkönig" Zhu Yuanzhang (Hong Wu), vom Rebell und Bettelmönch zum Ming-Kaiser aufgestiegen, den Ort zur Hauptstadt Chinas. Er baute eine neue Stadt, die der späteren Kaiserstadt Peking das Vorbild lieferte: **★Nanjing ❶** (Nanking). Bereits der dritte Ming-Kaiser, Yongle, verlegte indes die Reichshauptstadt wieder nach Norden. Er nannte sie *Bei-jing* (Peking), „Nördliche Hauptstadt", und unterschied sie so von *Nanjing* (Nanking), der „Südlichen Hauptstadt".

1842 diente Nanjing als Erprobungsfeld für das gewaltsame Eindringen der Europäer nach China: England erzwang in den *Ungleichen Verträgen von Nanjing* die Öffnung der Häfen und nahm die Insel Hongkong in Besitz. 1853-1864 befand sich in Nanjing der Sitz der Taiping-Regierung, die sich den Sturz der Mandschu-Herrscher (Qing-Dynastie)

» Karte S. 120-121, Info S. 138-139

Foto: Miao Long (iStockphoto)

auf ihr Banner geschrieben hatte.

Kaiserliche Truppen stürmten jedoch 1864 im Schulterschluss mit ausländischen Kolonialverbänden die „Rebellenstadt" und legten sie in Schutt und Asche. Nanjing welkte zur „Stadt mit dem vergangenen Glanz". Ein letztes Mal erblühte Nanjing im 20. Jh.: Hier wurden 1911 das Ende der chinesischen Kaiserzeit und die Republik China ausgerufen. 1927-1949 war Nanjing die erste Hauptstadt der Republik China.

Traurige Berühmtheit erlangte die Stadt durch das *Massaker von Nanjing*, bei dem japanische Besatzungstruppen im Dezember 1937 / Januar 1938 mehr als 300 000 chinesische Zivilisten auf brutalste Weise ermordeten.

Stadtbesichtigung

Nanjings heutige Stadtanlage entspricht weitgehend der Wohnstadt der Ming-Zeit, die eine über 30 km lange, 12 m hohe, unregelmäßig verlaufende **Stadtmauer** und ein breiter Wassergraben umgaben.

Von den Überresten dieser gewaltigen Festungsmauer beeindruckt vor allem das **Tor des Reichs der Mitte** (1) (*zhonghua men*), eines von ehemals 13 Stadttoren. Die südliche Torfestung besteht aus vier Torreihen und einer Bastion, in der einst Tausende von Soldaten untergebracht waren. Heute bietet sich von hier eine reizvolle ★ **Aussicht** über das historische Zentrum.

Von hier führt der Weg südwärts aus der Stadtmauer heraus zur **Regen-Blumen-Terrasse** (2) (*yuhua tai*). Auf dem Hügel befand sich im 6. Jh. ein buddhistisches Wallfahrtszentrum. Heute liegt hier eine Gedächtnisstätte für die im Jahr 1927 ermordeten Sozialisten und Kommunisten.

Knapp 1 km westlich des **Bailuzhou-Parks** (3) steht der kunstgeschichtlich unbedeutende **Konfuzius-Tempel** (4) (*fuzi miao*), wenige Schritte weiter das sehenswerte **Museum der Taiping-Rebellion** (5) (*taiping tianguo lishi bowuguan*), das mit Gegenständen, Bildern und historischen Dokumenten an dieses wichtige Ereignis (1850-1864) erinnert.

» Stadtplan S. 124-125, Info S. 138-139

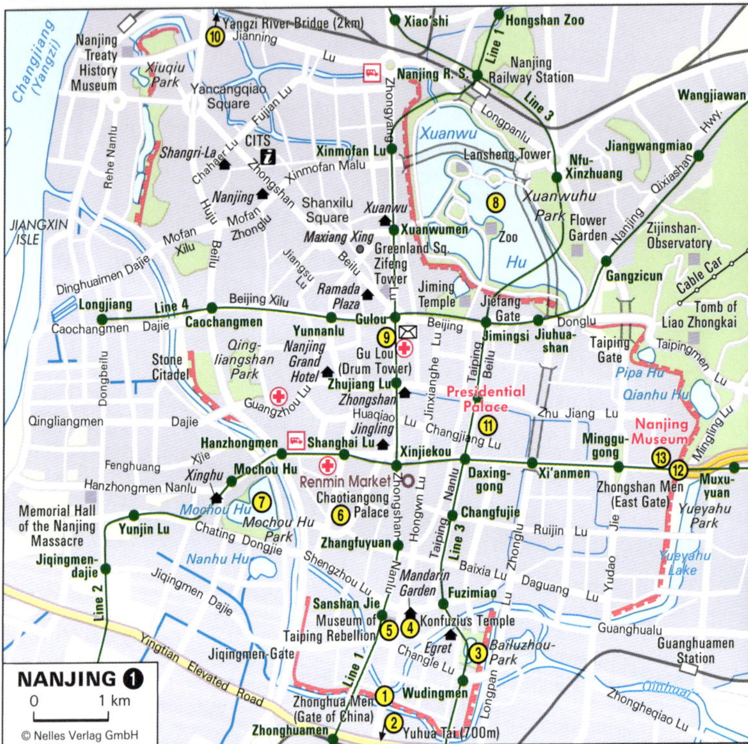

Die Gebäude selbst dienten während der Rebellion als Sitz eines der Taiping-Generäle und sind Teil des reizvollen **Gartens der Betrachtung** (*zhan yuan*), den der erste Ming-Kanzler Xu Da anlegen ließ. Nahebei liegt auch die stimmungsvoll „altchinesische" Szenerie am **Qin Huai**, einem Altstadtviertel.

Beim Shuiximen im Südwesten der Stadt, an der Jianye Lu, liegt der **Chaotiangong** 6, ein ming-zeitlicher Palast für kaiserliche Audienzen, der 1865 in einen Konfuzius-Tempel umgewandelt wurde und heute das kleine **Städtische Museum** beherbergt. Auf dem Gelände wird täglich ein ming-zeitliches **Hofzeremoniell** mit Tänzen dargeboten (tägl. 11.15-12.15 Uhr).

Von hier aus erreicht man außerhalb der Stadtmauer den schönen **Mochou-See** 7, der ebenso wie der **See des Schwarzen Drachens** 8 (*xuan wuhu*) im Nordosten der Stadt den Mittelpunkt einer bezaubernden Parkanlage bildet.

In der Stadtmitte westlich des Volksplatzes erhebt sich der 1382 vollendete **Trommelturm** 9 (*gu lou*). Nördlich davon ragt der neue, samt Spitze 450 m hohe **Greenland Square Zifeng Tower** auf, mit ★**Aussichtsplattform** in 271 m Höhe.

Die große, doppelstöckige **Yangzi-Brücke** 10 überspannt nordwestlich der Altstadt 6772 m weit den breiten Strom. Weil die sowjetischen Berater während der Kulturrevolution abgezogen waren,

» Stadtplan S. 124-125, Info S. 138-139

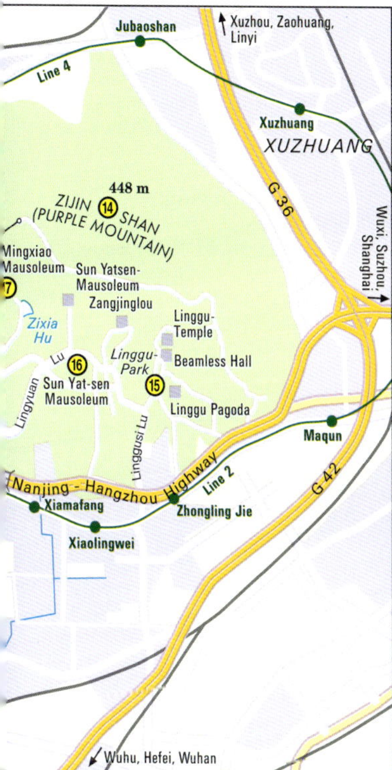

mussten die Chinesen die Brücke 1968 ohne russische Hilfe fertigstellen. Sie ermöglichte erstmals die direkte Bahnverbindung Peking – Shanghai.

Der ★**Präsidentenpalast** ⑪ *(zongtongfu)* im Zentrum diente in der Ming-Zeit als prinzliche Residenz, während der Qing-Dynastie residierten hier die Generalgouverneure von Jiangsu und Zhejiang und in der Republikzeit war der Komplex bis 1949 der Amtssitz der Nationalregierung. Neben der Gesamtanlage des Palasts ist auch der zum Palast gehörende **Xu-Garten** sehenswert.

Vom **Palast** des ersten Ming-Kaisers (s. u.), der sich am **Osttor** ⑫ (*zhongshan men*, „Sun-Yatsen-Tor") befand, blieben nur die Fünf-Drachen-Brücken aus Marmor, das ehemalige Südtor (*wu men* oder *niuchao men*) und die Säulenbasen der Palasthallen erhalten.

Nahebei liegt an der Zhongshan Donglu auch das ★**Nanjing-Museum** ⑬ (*nanjing bowuyuan*) im Baustil der Liao-Zeit (907-1125), eines der bedeutendsten archäologischen und kulturgeschichtlichen Museen des Landes mit Artefakten aus ganz China. Besonderes Interesse kommt neben der umfangreichen **Bronzesammlung** dem in Nord-Jiangsu gefundenen **Grabgewand** aus rechteckigen Jadeplättchen und Silberfäden zu, das man in die Zeit der Östlichen Han-Dynastie (25-220) datiert.

Östlich von Nanjings Altstadt erhebt sich der 448 m hohe **Purpurberg** ⑭ (*zijinshan*), der auch „**Sun-Yatsen-Berg**" (*zhong shan*) genannt wird.

An seinem südlichen Hang erstreckt sich der **Linggu-Park** ⑮ („Tal der Seelen") mit der modernen **Linggu-Pagode** (*linggu ta*) und dem **Linggu-Tempel** (*linggu si*). Die ursprüngliche Anlage mit der **Balkenlosen Halle** (*wuliang dian*) aus Ziegelstein stammt aus dem Liang-Reich des 6. Jh. Eine Gedächtnishalle ist Xuan Zang, dem berühmten Pilgermönch der Tang-Zeit, geweiht; sie enthält eine Miniatur-Holzpagode mit dem Schädel des Heiligen.

Unweit des Parks verkündet das große, dreibogige Tor den Leitgedanken Sun Yatsens, des Republikgründers: *bo ai* („universelle Liebe"). Von hier führt eine breite Allee zum Haupteingang des **Sun-Yatsen-Mausoleums** ⑯. Hier halten vier eingemeißelte Schriftzeichen sein Grundprinzip fest: *tian xia wei gong* („die Welt / China gehört allen"). Eine Treppenflucht strebt zur auf 158 m Höhe gelegenen Grablege des 1925 verstorbenen Sun Yatsen (Sun Zhongshan) empor. Weithin leuchtet das blau glasierte Ziegeldach des 323 m breiten und 73 m hohen Gebäudes. Darin hat man den „Vater der Nation" (*guo fu*) in weißem Marmor verewigt.

Als Erneuerer Chinas galt auch Zhu Yuanzhang (Hongwu), der 1368 der mongolischen Yuan-Dynastie ein Ende bereitete. Das **Grab des Ersten Ming-Kaisers** (17) (*mingxiao ling*) liegt am Westfuß des Zijinshan. Die zur Anlage führende **Seelenstraße** ist den Tang-Kaisergräbern nachempfunden und fand ihrerseits Nachahmung in den Ming-Gräbern bei Peking. Beiderseits der Straße harren aus Stein gehauene Löwen, Elefanten, Pferde, Kamele und mythische Fabeltiere. Diesen folgen die treuen Diener des Kaisers: Zivil- und Militärbeamte. Gewaltige Steinfiguren wachen auch am **Grab des Xu Da**, des ersten Kanzlers der Ming-Dynastie, am Nordwestfuß des Zijinshan.

Ausflüge von Nanjing

In Nanjing lässt sich eine lohnende Bootsfahrt auf dem inneren **Qinhuai-Fluss** unternehmen, dem 5 km langen Flussabschnitt zwischen Dongshuiguan Park und Xishuiguan Park (Shuixi City-Gate).

Die ältesten Zeugnisse der Stadt liegen etwa 20 km nordöstlich an den Hängen des **Qixia-Berges**, bei dem im 5. Jahrhundert ein buddhistisches Kloster gegründet wurde. Am **1000-Buddha-Fels** (*qianfo yan*) erinnern die rund 700 Buddha-Figuren, die in fast 300 Grotten gemeißelt wurden, an die großen Vorbilder von Yungang und Longmen.

Yangzhou

Nördlich der Kreuzung von Yangzi und Kaiserkanal liegt **Yangzhou** 2 mit 4,5 Mio. Einwohnern. Diese berühmte Festung der Sui- und Tang-Dynastie entwickelte sich ab dem 7. Jh. zu einem bedeutenden Wirtschaftszentrum am unteren Yangzi. Während der Qing-Dynastie war Yangzhou die Hochburg des Salzhandels. Ähnlich wie in Suzhou durchzieht ein dichtes Kanalnetz die Stadt. Im Nordwesten liegt am Ufer des malerischen **Shouxi-Sees** der **Fajing-Tempel** (*fajing si* oder *daming si*). In der Innenstadt entzücken die Landschaftsgärten **Geyuan** (im Nordosten) und **Heyuan** (im Südosten).

Zhenjiang

Von **Zhenjiang** 3, einst Gegenfestung von Yangzhou mit Seidenproduktion, gelangt man zu den Klöstern des **Jinshan** („Goldener Hügel") mit den Höhlentempeln Fahai, Bailong, Zhaoyang und Luohan sowie zu den Klöstern **Jiaoshan** und **Beigushan**.

Changzhou

Zwischen Zhenjiang und Wuxi liegt am Kaiserkanal die Kreisstadt **Changzhou** 4, ein Textilzentrum der Provinz Jiangsu. Hier herrscht geschäftiges Treiben auf den Kanälen der Innenstadt. Zwischen die Wasserstraßen fügt sich der idyllische **Pflaumenbaum-Park** (*hongmei gongyuan*) mit dem Yizhou-Pavillon. 2007 wurde die 13-stöckige, 154 m hohe **Tianning-Pagode** eingeweiht, die höchste Chinas.

Wuxi

Einst soll es am 2200 km² großen Taihu-See, einem der fünf größten Chinas, Zinnlager gegeben haben. Doch sie dürften bereits im 3. Jh. v. Chr. erschöpft gewesen sein – schließlich besteht hier seit der Han-Dynastie der Ort *Wu Xi* („Ohne Zinn"). **Wuxi** 5 stieg in den 1930er-Jahren zum wichtigsten Textilzentrum der Provinz auf und zeigt sich heute als hochmoderne, geschäftige, 1 Mio. Einwohner zählende Industriestadt am Kaiserkanal (4,5 Mio. im gesamten Verwaltungsgebiet).

Besuchern empfiehlt sich der Aufstieg zum 329 m hohen **Huishan** mit dem **Park des Zinns und der Gnade** (*xihui gongyuan*). Die **Drachenlicht-Pagode** (*longguang ta*) auf dem Gipfel

Rechts: Wandelgang im „Garten des bescheidenen Beamten" in Suzhou.

» Karte S. 120-121, Info S. 138-139

Foto: Jürgen Bergmann

gestattet einen Ausblick auf die ovale, vom Kanal vollständig umschlossene Altstadt. Bei der **Zweiten Quelle auf Erden** (*tianxia di'er quan*) verführt das gemütliche Teehaus zur Einkehr. Reizvolle Fotomotive sind die malerischen **Bogenbrücken**, die den **Kaiserkanal** überspannen.

An den Ufern des wenige Kilometer südlich gelegenen ★**Großen Sees**, des **Taihu**, erstreckt sich beim Taihu-Hotel der **Pflaumengarten** (*mei yuan*). Seine Pflaumen- und Kirschbäume verzaubern während der Frühlingsblüte die Landschaft. Ihm gegenüber liegt das Hubin- („Lakeside"-) Hotel mit dem **Li-Garten**. Von dort bietet sich ein Spaziergang auf die **Schildkrötenkopf-Halbinsel** (*yuantou zhou*) an. Prachtvolle Villen und Tempel erinnern an die Zeit, in der hier reiche Beamte und Kaufleute wohnten.

Eine Fahrt mit der Fähre zum **Park der Drei Berge** (*san shan*) erschließt die Schönheit des fischreichen Taihu. Traditionelle Fischerboote erhöhen den Reiz der Gewässerlandschaft.

★★Suzhou

Zu Chinas schönsten Städten zählte einst ★★**Suzhou** ❻, heute eine Megastadt mit knapp 8 Mio. Einwohnern im Großraum. Einige Kanäle schlängeln sich noch, überspannt von Brücken, durch das ehemalige „Venedig des Ostens". Sie dienen heute noch der Abwasserentsorgung, Bewässerung sowie dem Transport. Die Wasserstadt wurde im 6. Jh. v. Chr. als Residenz von He Lü, dem Herrscher von Wu, gegründet. Sein Grab soll auf dem Tigerhügel (s. S. 129) liegen.

Suzhous Aufstieg zu einem Zentrum der Binnenschifffahrt erfolgte mit dem Bau des **Kaiserkanals**. Seit dem 12. Jh. entwickelte sich Suzhou zum Zentrum der Seidenweberei Chinas und wurde wohlhabend. In der aufblühenden Stadt entstand auf einer Steinstele Chinas erster Stadtplan, und hier wurde die chinesische Gartenbaukunst (s. S. 122) geboren, die mit rd. 270 Gärten (!) während der Ming-Dynastie (1368-1644) ihre größte Blüte erlebte (davon sind

heute noch etwa ein Dutzend erhalten und restauriert). In den herrlichen ★★**Gartenanlagen**, die seit 1997 zum UNESCO-Weltkulturerbe zählen, wurde eine größtmögliche Anzahl von Landschaften dargestellt.

Vom Hauptbahnhof im Norden führt der Weg über den Außengraben zum **Museum für Seidenstickerei** (1) in der Altstadt. Es illustriert die Geschichte und die Technik der für die Stadt einst so bedeutenden Seidenherstellung.

Gegenüber begrüßt die 76 m hohe **Pagode des Nordtempels** (2) (*beisi ta*) den Besucher und erlaubt eine prachtvolle Aussicht. Das anmutige Bauwerk aus Holz und Ziegelstein wurde im 17. Jh. einer song-zeitlichen Pagode nachgebildet, die zum angrenzenden **Tempel der Gnade** (*bao'en si*) gehört.

Weiter östlich informiert das ★★**Suzhou-Museum** (3) anschaulich über die Geschichte der Stadt und den Kaiserkanal, über Seidenprodukte und Ausgrabungen in der Umgebung.

Der ★★**Garten des bescheidenen Beamten** (4) (*zhuozheng yuan*) zählt – neben den Gartenanlagen des Sommerpalastes in Peking, jenen der Mandschu-Residenz in Chengde und dem Liuyuan-Garten von Suzhou – zu den vier schönsten Gärten Chinas. Die dreiteilige Anlage scheint dem Pinsel eines Tuschemalers entsprungen. Im frühen 16. Jh. angelegt, gehörte sie einem zwangsversetzten Zensurbeamten. In der Gartenmitte hat man von der **Halle des Weiten Duftes** (*yuanxiang tang*)

 » Stadtplan S. 128, Info S. 138-139

aus einen umfassenden Ausblick über die mit Pavillons, Brücken und Steinen gestaltete Wasserlandschaft.

Südlich beginnt jenseits der Straße der ★**Löwenwald** (5) (*shizi lin*), den ein Mönch um 1350 anlegte; benannt nach den löwenartigen Formen einiger Felsen. Die vom Tai-See (*tai hu*) stammenden Karstfelsen und ihre Höhleneingänge muten labyrinthisch an.

Wie ein Freilichtmuseum mutet die 800 Jahre alte ★**Pingjiang Lu** an; gepflastert, mit niedrigen Häusern, am Pinjiang-Kanal, den Holzboote befahren und Brückchen überspannen. In dieser Fußgängerzone kann man gemütlich bummeln, Kaffee trinken und das fotogene Altstadtleben genießen.

Den **Garten der Harmonie** (6) (*yi yuan*) ließ erst im 19. Jh. ein Beamter aus Peking nach dem Vorbild anderer Suzhou-Gärten anlegen.

Im südöstlichen Viertel der Altstadt erheben sich die beiden 30 m hohen oktogonalen **Zwillingspagoden** (7) (*shuang ta*) aus dem 10. Jh.

Weiter südlich erquickt der ★**Garten des Meisters der Netze** (8) (*wangshi yuan*), mit 5000 m² Fläche Suzhous kleinste Grünanlage. Dieser Residenzgarten mit nahezu vollkommener Aufteilung der Flächen und Gebäude besteht aus drei Teilen. Die Villa des einstigen Besitzers findet sich im Osten, eine Halle im Westen.

Im Süden, in der Nähe der Hauptstraße Renmin Lu und gegenüber dem **Tempel des Konfuzius**, folgt der doppelt so große ★**Garten des Pavillons der Azurblauen Wellen** (9) (*canglang ting*). Er stammt aus dem 10. Jh. und stellt somit einen der ältesten erhaltenen privaten Parks dar. In Stil und Anlage einmalig, besticht er durch eine Atmosphäre schlichter Schönheit. Im stattlichsten Gebäude der einst fürstlichen Gartenresidenz, der **Halle des Klaren Weges** (*mingdao tang*), wurden in der Ming-Zeit akademische Vorträge gehalten.

Vom **Südlichen Stadttor** (10) (*nan men*) führt der Weg westwärts vorbei an der **Ruiguang-Pagode** (11) (10. Jh.) zum **Panmen** (12) und zur **Wumen-Brücke**. In die Wehranlage des Panmen, des besterhaltenen Stadttores, fügt sich die einbogige Wumen-Brücke harmonisch ein. Sie überspannt den Außengraben am Südwesteck der Altstadt.

Verlässt man die Altstadt beim ehemaligen Changmen im Nordwesten, so gelangt man westwärts zum ★★**Garten des Verweilens** (13) (*liu yuan*), den ein Beamter der Ming-Zeit gestalten ließ. In seinem zentralen Teil bezaubert die Komposition von Hügeln und Wasser. Von den östlich gelegenen Villen leiten Wandelgänge zu den anderen Landschaftsteilen im Norden und Westen. In ihnen sind rund 300 Steintafeln mit berühmten Kalligrafien unterschiedlicher Zeitepochen zu bewundern, während unterschiedlich geformte Fenster – „lebende Fenster" (*huo chuang*) – immer wieder neue Blicke auf die vielfältigen Landschaftsgärten der Anlage eröffnen. Ursprünglich war der Liuyuan mit dem weiter westlich gelegenen **Westgarten** (14) (*xi yuan*) verbunden. Ein späterer Besitzer des Liuyuan schenkte den Park buddhistischen Mönchen, die dort die berühmte **Halle der Luohan** (*luohan tang*) mit fast 600 vergoldeten Skulpturen buddhistischer Heiliger errichteten.

Die Gebeine des Stadtgründers He Lü aus dem 6. Jh. v. Chr. ruhen auf dem 36 m hohen **Tigerhügel** (15) (*huqiu shan*), der im Nordwesten der Stadt aus der Ebene ragt. Im 10. Jh. krönte man den vielgerühmten Hügel mit einer **Achteckigen Pagode**, die als „Schiefer Turm" zum Wahrzeichen von Suzhou wurde.

Ausflüge von Suzhou

5 km westlich von Suzhou, nahe der Schiffsanlegestelle des Kaiserkanals, trägt einer der berühmtesten Sakralbauten Chinas, der **Tempel des Kalten Berges** (*hanshan si*) aus dem 6. Jh., den Namen des Zen-Mönches und Dichters

Foto: George Clerk (iStockphoto)

Hanshan. Er und sein Freund Shide sind im Hauptgebäude auf Steinstelen abgebildet. Die Darstellungen erwecken den Eindruck, als seien beide dem irdischen Dasein weit entrückt.

12 km westlich gelangt man zum 182 m hohen **Berg der Wunderbaren Felsen** (*lingyanshan*), dessen Gipfel ein Tempel ziert. Unweit davon erhebt sich der **Tianping** (oder Baiyun-Hügel) mit faszinierenden Felsformationen und alten Ahornbäumen.

★Tongli

Zu den schönsten Beispielen der für das Untere Yangzi-Delta typischen Kanal- und Gartenstädte bzw. -dörfer zählt das pittoreske **★Tongli** ❼, etwa 25 km südlich von Suzhou. 29 Steinbrücken, darunter die harmonische **Sieben-Bogen-Brücke** aus der Südlichen Song-Dynastie (1127-1279), überspannen 15 für den Transport der Waren genutzte Wasserstraßen. Von hübschen Wohnhäusern der Ming- und Qing-Dynastie gesäumte Gassen, beispielsweise die **Nandai Lu**, laden zu beschaulichen Spaziergängen ein, zahlreiche **Teehäuser** zu längeren Pausen.

Oben: Wie ein Freilichtmuseum mutet die restaurierte, 800 Jahre alte Fußgängerstraße Pingjiang Lu an. Rechts: Der idyllische Westsee bei Hangzhou.

Tongli ist ein altes Handelsstädtchen, von dessen einstiger überregionaler Bedeutung etliche prächtige Kaufmannshäuser mit mehreren Innenhöfen und kunstvollen Schnitzereien zeugen, so das **Shangyitang-Haus** aus der Ming-Zeit mit Ahnentempel, Studierzimmer, Boot- und Blumenhalle. Nicht versäumen sollte man einen Besuch im **★Garten der Meditation** (*tuisi yuan*), einem Literatengarten (s. S. 122), den 1887 der Militärkommandant Ren Lansheng anlegen ließ.

Am Ortsrand von Tongli widmet sich mit rund 1200 Kunstobjekten das **China Sex Museum**, das erste Erotikmuseum des Landes, einem sonst von Museumskuratoren eher vernachlässigten Aspekt der Kulturgeschichte des Homo sapiens.

» Karte S. 120-121, Info S. 138-139

Foto: Peter Mukherjee (iStockphoto)

ZHEJIANG

Südlich an Jiangsu schließt sich die Provinz **Zhejiang** an, mit 101 800 km² eine der kleinsten, doch mit über 54 Mio. Menschen auch eine der dichtestbevölkerten Provinzen Chinas. Ihre Geschichte reicht bis ins 8. Jh. v. Chr. zurück. Nachdem Teile des Song-Kaiserhauses im 12. Jh. vor den im Norden einfallenden Völkern nach Süden flüchteten und im Gebiet der heutigen Provinz die Südliche Song-Dynastie (1127-1279) gründeten, bildete Zhejiang über mehrere Jahrhunderte ein kulturelles Zentrum des Reichs. Den in der Song-Zeit einsetzenden stetigen Aufschwung beendete die Taiping-Rebellion (1850-1864) jäh.

Nur der nördliche Teil, kaum ein Viertel Zhejiangs, liegt noch im fruchtbaren **Yangzi-Delta**. Den weit größeren Südteil prägen Berglandschaften wie der pittoreske Longmenshan und die zerklüftete Küste mit ihren annähernd 18 000 vorgelagerten Inseln, darunter das buddhistische Pilgerzentrum Putuoshan. Reis, Tee, Seide, Brokat und Satin zählen traditionell zu Zhejiangs Hauptprodukten.

★★Hangzhou

Shang you tian tang, xia you Su Hang („Oben ist das Paradies, aber auf Erden Suzhou und Hangzhou"), so lautet ein chinesisches Sprichwort. Marco Polo entzückten im 13. Jh. Hangzhous eindrucksvolle Paläste, prächtige Tempel, idyllische Parkanlagen und breite Alleen. Zwischen dem Unterlauf des **Qiantang-Flusses** (auch *zhe jiang* genannt) und dem **Westsee** (*xi hu*) gelegen, zieht **★★Hangzhou** ❽, Zhejiangs Provinzhauptstadt mit 8 Mio. Einwohnern im Großraum, seit Jahrhunderten Reisende aus aller Welt an.

Ersten wirtschaftlichen Aufschwung erlebte Hangzhou im 7. Jh. durch die Fertigstellung des **Kaiserkanals** (*dayun he*, „Großer Kanal"). Zur Blüte entfaltete sich die Stadt allerdings nach der Ankunft des Kaiserhauses der Südlichen Song (1127-1279), das Hangzhou zur

» Karte S. 120-121, Info S. 138-139

Residenz ausbaute. Die „Stadt der Seide und des Tees", die „Stadt der Künstler und Gelehrten" glänzte als urban-landschaftliches Juwel, bis der Taiping-Aufstand sie großenteils zerstörte.

Als Hangzhous Hauptsehenswürdigkeit gilt der nach seiner Lage im Westen der Stadt benannte ★★**Westsee** (*xi hu*), seit 2011 UNESCO-Welterbe. „Paradies auf Erden" priesen Dichter diese einzigartige, auf 5,6 km² mit Tempeln, Pagoden und Pavillons gestaltete See-Parklandschaft. Der durchschnittlich nur 1,50 m tiefe See schmiegt sich zu drei Seiten an die hoch aufragenden Berge. Seine vielfältigen Sehenswürdigkeiten halten ein Kaleidoskop von Eindrücken bereit.

Als Ausgangspunkt für eine Besichtigung des Westsees eignet sich die 45 m hohe **Baochu-Pagode** (1) (*baochu ta*) aus dem 10. Jh. im Nordwesten Hangzhous, die mehrmals zerstört, aber immer wieder neu aufgebaut wurde.

Die **Zerbrochene Brücke** (*duan qiao*) und der **Deich des Bai** (*bai di*) – benannt nach einem Dichters der Tang-Dynastie – verbinden die größte Insel des Westsees, den **Berg der Einsamkeit** (2) (*gu shan*) mit dem Festland. In dieser hinreißenden Landschaft begannen die Song-Herrscher mit dem Bau eines Palastes. Im **Pavillon des Herbstmondes auf Ruhigem See** (*pinghu qiuyue ge*), den eine Stele von Kaiser Qianlong

Rechts: Dächer im Kloster der Seelenzuflucht in Hangzhou.

» Stadtplan S. 132, Info S. 138-139

Foto: Thomas Stankiewicz

(1736-1795) ziert, genießen Liebespaare den Mondschein. Die Anlagen der früheren Kaiserresidenz schließen den heutigen **Zhongshan-Park** und die **Bibliothek der Provinz Zhejiang** ein.

Am Nordwestufer des Xihu erhebt sich der ★**Tempel des Generals Yue Fei** ③ (*yue miao*). Berater des Kaisers neideten General Yue (1103-1142) seine militärischen Erfolge bei der Rückeroberung der Gebiete im Norden und erreichten durch Intrigen seine Hinrichtung. Seit seiner Rehabilitierung 20 Jahre später ehren ihn die Chinesen als Vorbild für Hingabe und Treue.

Ein reizvoller Spaziergang über den mit Bogenbrücken verbundenen **Deich Sudi** leitet unmittelbar zum **Park der Blumenbucht** ④ (*hua gang*).

Dagegen sind die **Drei den Mond Spiegelnden Teiche** (*santan yinyue*) auf der **Insel im Kleinen Ozean** ⑤ (*xiaoying zhou*) nur mit dem Boot erreichbar.

Wenige Kilometer weiter westlich liegt das ★★**Kloster der Seelenzuflucht** ⑥ (*lingyin si*) am Fuß des **Herbeigeflogenen Gipfels** ⑦ (*feilai feng*). Der Weg zum Lingyin-Tempel führt an Hunderten aus dem Fels gehauenen buddhistischen Skulpturen vorbei. In einer Felsnische steckt das Schmunzeln eines song zeitlichen **Milefo** (Lachender Buddha der Zukunft) den Besucher an. Sein dicker Bauch quillt aus den Falten seines Gewandes, während er sich halb liegend lässig auf ein Kissen stützt. Mönche bauten im 10. Jh. die dahinter liegende Tempelanlage teilweise in die Felswand hinein. In der beeindruckenden, 33 m hohen **Kostbaren Halle des Großen Helden** (*daxiong baodian*) sitzt der Buddha Sakyamuni auf einem Losthron. Die Statue aus vergoldetem Kampferholz ragt 9 m auf. Einen schönen Ausblick auf den Xihu und seine Umgebung bietet der **Nördliche Gao-Gipfel** ⑧ (*beigao feng*). Eine in Stein geschlagene Treppe windet sich 300 Höhenmeter zu ihm hinauf. Erschöpfte Besucher trägt eine **Kabelbahn** auf die Bergspitze.

Der Kultur und Geschichte der Teepflanzung, -verarbeitung und -zubereitung widmet sich das informativ gestal-

Foto: Jürgen Bergmann

tete **Teemuseum** (9) in der Longjing Lu, das auch die Entwicklung des Teegeschirrs darstellt. Interessant sind insbesondere die originalgetreuen Nachbildungen verschiedener Teezimmer, u. a. aus Yunnan und Tibet.

Berühmtheit erlangte der **Drachenbrunnen** (10) (*longjing*) unweit des gleichnamigen Dorfes wegen des in seiner Umgebung angebauten qualitätvollen **Grüntees**, eine der besten Teesorten Chinas. Mehrere **Teehäuser** laden hier zu einer Pause ein.

Zwischen Qiantang-Fluss und Westsee entspringt dessen bekanntester Zufluss, die **Quelle des Laufenden Tigers** (11) (*hupao quan*). Die Oberflächenspannung des Wassers ist so hoch, dass Sie darauf Münzen schwimmen lassen können – bei einer Schale Drachenbrunnentee (*longjungcha*) ein beschaulicher Zeitvertreib.

Auf einem Hügel am Ufer des Qiantang-Flusses erhebt sich die achteckige, 60 m hohe **Pagode der Sechs Harmonien** (12) (*liuhe ta*) aus den Jahren 970-1121, die früher als Leuchtturm genutzt wurde. Interessant ist die Konstruktion, bei der an der äußeren Holzverkleidung 13 Stockwerke in Erscheinung treten, innen jedoch nur 7 Stockwerke zu besteigen sind.

Meisterwerke der in der Geschichte des Landes so bedeutenden Seidenweberei kann man im **China-Seidenmuseum** (13) nördlich des Yuhuang-Hügels bewundern, das auch die Herstellung des kostbaren Stoffes sehr gut erläutert.

Interessant ist das ★**Huqingyu-Tang-Museum der Chinesischen Medizin** (14). In den Räumen einer 1878 eröffneten Apotheke wird die Entstehung, Entwicklung und Anwendung der Kräutermedizin vermittelt; die Apotheke selbst ist noch immer in Betrieb. Sie liegt in der schön restaurierten **Altstadtzone**, zwischen den beiden Fußgängerstraßen ★**Hefang Jie** / und ★**Dajing Lu**, die ein Stück altes Hangzhou nachbilden.

Oben: Kunstvolle Seidenstickerei im China-Seidenmuseum in Hangzhou.

Shaoxing

Die Ursprünge von **Shaoxing** ❾ (67 km südöstlich von Hangzhou), einer der ältesten Städte Zhejiangs mit heute fast 435 000 Einwohnern, wurzeln vermutlich in der Xia-Dynastie (2200-1700). In vielen Gassen scheint die Zeit stehen geblieben zu sein. In der malerischen, von Kanälen durchzogenen Altstadt gewinnt man einen unverstellten Einblick in das Leben der Bewohner. Den Abend kann man bei einer Schale des nach jahrhundertealter Tradition gekelterten starken Reisweins **Shaoxing Jiu** ausklingen lassen.

In der Stadtmitte reckt sich die **Pagode des Tempels der Großen Güte** (*dashansi ta*) auf stolze 40 m Höhe. Die sechseckige, mehrfach zerstörte Ziegelsteinpagode aus dem 6. Jh. erhielt im 13. Jh. ihre jetzige Gestalt.

Der **Frühere Wohnsitz der Qiu Jin** (*qiu jin guju*) im Süden der Stadt war Elternhaus der Dichterin und Revolutionärin Qiu Jin (1875-1907). Sie trat für die Frauenemanzipation und den Sturz der Qing-Dynastie ein. Nach einem gescheiterten Aufstand wurde sie öffentlich hingerichtet.

Wenige Schritte weiter erinnern das **Geburtshaus von Lu Xun** und die **Lu-Xun-Ausstellungshalle** an den bedeutenden chinesischen Schriftsteller des 20. Jh. Lu Xun (Zhou Shuren, 1881-1936) geißelte die gesellschaftliche und politische (Un)Ordnung seiner Zeit, z. B. in der grotesk-ironischen Erzählung *A Q – Tagebuch eines Wahnsinnigen*.

Im Osten der Stadt überwölbt die **Baziqiao-Brücke** aus dem Jahr 1256 in Form des Schriftzeichens einer chinesischen Acht einen kleinen Kanal.

Ningbo

Auch **Ningbo** ❿, etwa 140 km von Shaoxing entfernt und schon im 7. Jh. Handels- und Warenumschlagplatz, musste sich nach Chinas Niederlage im 1. Opiumkrieg den ausländischen Mächten öffnen. Seine einstige Bedeutung hat Ningbo an Shanghai verloren, ist jedoch mit 2,2 Mio. Einwohnern und regem Geschäftstreiben wichtiger Handelsknotenpunkt geblieben.

Im Westen der Stadt beherbergt der 1561-1566 entstandene **Tianyi-Pavillon** (*tianyi ge*) Chinas älteste Privatbibliothek. Der Ming-Beamte Fan Qin bewahrte darin über 70 000 Bände auf.

Knapp 15 km weiter nördlich, am Lingshan, liegt der interessante **Tempel zum Schutz des Reichs** (*baoguo si*). Seine Haupthalle aus dem 11. Jh., die **Schatzhalle des Großen Helden** (*daxiong baodian*), gilt als ältestes Holzbauwerk südlich des Yangzi.

Tiantong-Kloster

Am Taibaishan, etwa 34 km östlich von Ningho, findet sich das im 3. Jh. gegründete, mehrfach zerstörte und wiederaufgebaute weitläufige ★**Tempelkloster der Kinder des Himmels** ⓫ (*tiantong si*). Im 13. Jh. studierte hier der japanische Mönch Dogen, einer der Väter des Zen-Buddhismus. Die Mehrzahl der heutigen Gebäude datiert in die Qing-Zeit (1644-1911).

★Putuoshan

Auf einer nur 12 km² messenden Insel im Ostchinesischen Meer, ungefähr 90 km Luftlinie von Ningbo, erhebt sich der ★**Putuoshan** ⓬ – neben dem Jiuhua, Emei und Wutai einer der vier heiligen buddhistischen Berge Chinas – mit dem 291 m hohen **Buddha-Gipfel** (*foding shan*). Die Chinesen nennen den Putuoshan seiner Schönheit und Idylle wegen auch das „Märchenhafte Land der Unsterblichen". Legenden zufolge soll **Guanyin**, die Göttin der Barmherzigkeit, hier einem Mönch erschienen sein; ihre gigantische, weithin sichtbare goldene Skulptur überblickt den gesamten Süden der Insel.

1080 gründeten Mönche das erste von einst über 200 Klöstern, das ★**Tem-**

Foto: elwynn1130 (iStockphoto)

pelkloster des Allgemeinen Heils (*puji si*), das ein lauschiger Kiefernwald vom Hafen im Süden des Eilands trennt. Seine größte Halle, die **Dayuan Tongdian**, fasst mehr als 1000 Gläubige und birgt eine monumentale Guanyin-Statue.

Im Norden gelangt man zum **Fayu-Kloster** (*fayu si*) aus dem 16. Jh.

Näher an den Gipfel und die Götter rückt, über Steintreppen und eine **Seilbahn** erreichbar, das **Huiji-Kloster** (*huiji si*).

Der müde Wanderer findet an den **Sandstränden** am Ostufer der Insel Erholung, z. B. am langen **10 000-Schritte-Sand** oder weiter nördlich unweit der **Alten-Buddha-Höhle**.

ANHUI

In der 139 800 km² großen Provinz **Anhui**, westlich von Jiangsu und Zhejiang, leben ca. 65 Mio. Einwohner, davon allein 5 Mio. im Großraum der Hauptstadt **Hefei**. Die Provinz durchfließen im Norden der Huai-Fluss (*huai he*) und im Süden auf 400 km Länge der Yangzi. Geografisch teilt sich Anhui in vier unterschiedliche Gebiete: die Ebenen nördlich des Huaihe mit relativ mageren Böden, auf denen v. a. Getreide und Baumwolle angebaut wird; die Hügelregion zwischen dem Huaihe und dem Yangzi; das fruchtbare Reisanbaugebiet am Mittel- und Unterlauf des Yangzi; sowie das Bergland im Süden, zu dem auch die wunderschönen und touristisch gut erschlossenen Bergketten des Jiuhushan und des Huangshan gehören.

Oben: Umsetzen von Reissetzlingen in der Provinz Anhui.

Wuhu

Wuhu ⓭ an der Mündung des Qingyi-Flusses (*qingyi jiang*) in den Yangzi (*chang jiang*) war während der gesamten chinesischen Geschichte ein wichtiges Handelszentrum, dessen wirtschaftliche Bedeutung – ergänzt durch zahlreiche Industriebetriebe im 20./21. Jh. – ungebrochen ist.

» Karte S. 120-121, Info S. 138-139

Die ca. 630 000 Einwohner zählende Stadt bietet den 20 ha großen **Spiegelsee** (*jinghu*) im Zentrum sowie den **Park des Rotbraunen Berges** (*zheshan gongyuan*) mit einer Pagode aus dem 16. Jh. am nordwestlichen Ortsrand als Sehenswürdigkeiten.

In der weiteren Umgebung bestimmen Teeplantagen und Holzwirtschaft das ländliche Leben.

★Jiuhuashan

Südlich des Yangzi liegt parallel zu ihm die majestätische Bergkette des ★**Jiuhuashan** ⓮, der **Neun-Blumen-Berge** (*jiuhua shan*) mit ihren nahezu 100, bis zu 1342 m hohen Gipfeln. Hier fühlte sich Li Bai, der berühmte Poet der Tang-Zeit (618 bis 907), zum Vergleich mit den Lotosblumen angeregt. Als einer der heiligen Berge des Buddhismus in China soll er einst über 300 Tempelklöster beherbergt haben. Ein Hauptanziehungspunkt für Wanderer (bzw. Treppensteiger) ist der **Huacheng-Klostertempel** (*huacheng si*) mit seiner Bibliothek aus dem 15. Jh.

★★Huangshan

Der ★★**Huangshan** ⓯, die **Gelben Berge** (*huang shan*), besteht aus einem Höhenzug mit 72 Gipfeln, der sich parallel zum Jiuhuashan erstreckt. Die für viele Chinesen schönste, weil bizarrste Gebirgsszenerie des Landes zählt seit 1990 zum Weltnaturerbe der UNESCO. Der **Lotosgipfel** (*lianhua feng*) überragt mit 1860 m Höhe weitere 30 über 1500 m hohe Bergspitzen. Seit der Tang-Kaiser Tian Biao im 8. Jh. dem Höhenzug seinen heutigen Namen verlieh, gilt der Huangshan als ein Ort, der traumschöne Naturerlebnisse verspricht. Besonders stimmungsvoll wirkt er, wenn tiefe Wolken unterhalb der Gipfel quellen und Schleier um die waghalsig auf schroffen Felsen wachsenden Bäume ziehen. Auch hier sang Li Bai schon das hohe Lied des Lotosgipfels. Allerdings erwartet den Besucher hier keine unberührte Natur. Unzählige Treppenstufen und ausgebaute Wege lenken die Völkerwanderung der Naturbewunderer; zudem fahren **Seilbahnen** hinauf. Beliebt ist der Huangshan bei frisch Verheirateten, die in Scharen hierher pilgern und dicke Schlösser – Symbol für eine dauerhafte Ehe – aufhängen.

Tunxi (Huangshan Shi)

Rund 75 km südlich der Gelben Berge liegt im „Land der Pfirsichblüte" am Xinan-Fluss **Tunxi** ⓰, auch **Huangshan Shi** (Huangshan-Stadt) genannt. Reizvoll ist ein Spaziergang durch die **Altstadt** (*lao jie*) mit zahlreichen noch erhaltenen traditionellen Häusern aus Lehm und Holz.

Die Holzverarbeitung bestimmt auch heute noch maßgeblich die Wirtschaft der umgebenden Berghänge, ergänzt durch den Anbau des Maofeng-Tees auf den ausgedehnten Plantagen.

★★Hongcun und ★★Xidi

Wenige Kilometer von **Yixian** ⓱ entfernt – als Tagesausflug von Tunxi bequem erreichbar – liegen ★★**Hongcun** und ★★**Xidi**. Da beide Dörfer die Verwüstungen der Kulturrevolution nahezu unversehrt überstanden, glaubt man sich bei einem Bummel mitten in die Ming-Zeit (1368-1644) zurückversetzt – so exzellent ist die alte Bausubstanz mit Lehm- und Holzhäusern zu beiden Seiten der gewundenen Gassen erhalten. Diesem außergewöhnlichen Zustand trug die UNESCO Rechnung, indem sie die beiden Orte in die Liste des Welterbes aufnahm. Besondere Beachtung verdienen das etwa 10 m hohe **Hu-Wenguang-Tor** in Xidi und die mit Steinmetzarbeiten – Darstellungen von Menschen, Blumen, Tieren und Landschaften – verzierten Fassaden der Herrenhäuser, beispielsweise die 2000 m^2 große **Chengzhi-Halle** eines reichen Salzhändlers in Hongcun.

» Karte S. 120-121, Info S. 138-139

JIANGSU

Nanjing (☎ 025)

CITS, 202 Zhongshan Beilu, Tel. 8353 8666, www.youshijie.com.

Nanjing hat einen **Internationalen Flughafen** und ist **Umschlagbahnhof** an der Strecke Peking – Shanghai sowie **Flusshafen** für die Yangzi-Schifffahrt.

Nanjing ist bekannt für Fischgerichte und Seekrabben (im Herbst). **Maxiang Xing**, unbedingt den Mandarin-Fisch probieren, 32 Yunnan Beilu nahe Zhongshan Beilu.

Museum der Taiping-Rebellion (*taiping tianguo lishi bowuguan*), tägl. 8-17.30 Uhr, Zhanyuan Lu, M 1: Sanshan Street. **Städtisches Museum** (*chaotiangong*), tägl. 9-18 Uhr, mingzeitliches Hofzeremoniell mit Tänzen tägl. 11.15-12.15 Uhr, Jianye Lu. **Trommelturm** (*gu lou*), tägl. 8-24 Uhr, an der Kreuzung der Zhongyang Lu bzw. Zhongshan Lu mit der Beijing Lu, U 1, 4 Gulou. **Nanjing-Museum** (*nanjing bowuyuan*), Mo 9-12, Einlass bis 11, Di-So 9-17, Einlass bis 16 Uhr, 321 Zhongshan Donglu, U 2: Minggugong. **Präsidentenpalast** *(zongtongfu)*, 292 Changjiang Lu, März-Okt. tgl. 7.30-18 Uhr, U 2, 3: Daxinggong.

Yangzhou (☎ 0514)

CITS, 8 Fengle Shangjie, Tel. 8582 7888.

YANGZHOU-/ HUAIYANG-KÜCHE: Typisch sind Maultaschen (*jiaozi* oder *baozi*) und Sojabohnennudeln (*dazhu gansi*).
Fuchun, stimmungsvolles Teehaus und Restaurant mit exzellenten *jiaozi*, 35 Dexingqiao, östlich der Guoqing Lu. Viele gute Restaurants mit Feuertopf, vegetar. Gerichten, Fleischspießen etc. befinden sich in der **Ximen Jie** und der **Ganquan Lu**.

Wuxi (☎ 0510)

CITS, 18 Zhongshan Lu, Tel. 8272 4077.

Wuxi liegt an der **Bahnlinie** Nanjing – Shanghai und hat einen Flusshafen am **Kaiserkanal**.

Beliebte **Spezialitäten** der Region, wie süße Schweinerippchen oder Silberfische (*yinyu*), die übrigens mit Kopf und Schwanz gegessen werden, schmecken sowohl in einfachen Garküchen als auch in gehobenen Hotelrestaurants bestens.
Wuxi Roast Duck, angenehme Atmosphäre, engl. Speisekarte, unweit der Kreuzung der Renmin Lu mit der Zhongshan Lu. **Wangxingji Wonton**, leckere Spareribs, zentral in der Zhongshan Lu / Ecke Xueqian Jie.

Suzhou (☎ 0512)

CITS, 18 Dajing Gang, Tel. 6515 8080, www.citssz.com.

Suzhou ist **Haltebahnhof** an der Linie von Nanjing nach Shanghai und auch Flusshafen am **Kaiserkanal**. Von der Anlegestelle gegenüber dem Bahnhof starten Touristenboote zu verschiedenen Zielen, z. B. zum Panmen im Süden der Stadt.

Spezialitäten der lokalen Küche sind neben Silberfischen (*yinyu*) rot gebackenes Schweinefleisch, Krabben, Pfannkuchen mit süßer Füllung (*kaobing*) und Suzhou-Mandelente.
Songhe Lou Caiguan, traditionsreiches Lokal, in dem angeblich schon Kaiser Qianlong tafelte, Schnellimbisse im Erdgeschoss, stimmungsvoller Speisesaal mit Bedienung im Obergeschoss, 141 Guanqian Jie, rund 200 m östlich der der Renmin Lu. **Qiantang Charen**, hübsches, mit Antiquitäten ausgestattetes Lokal und Teehaus mit guten Speisen, 311 Shiquan Jie. **Yonghe Doujiang Xiaochi**, gute Nudelsuppen und Maultaschen (*jiaozi*), in der Nähe des Eingangs zum Garten des Meisters der Netze (*wangshi yuan*).

Museum für Seidenstickerei, Mo-Fr 9-16.30 Uhr, Sa/So 9-17 Uhr, Renmin Lu 661, gegenüber der Pagode des Nordtempels. **Museum von Suzhou**, tägl. 8.15-16.15 Uhr, Dongbei Jie 204.

Eine der besten Möglichkeiten in Suzhou zum **Seiden-Einkauf**: **King Silk Store**, neben dem Museum für Seidenstickerei, breite Auswahl und gute Qualität.

Tongli (☎ 0512)

Minibusse nach Tongli verkehren regelmäßig vom Busbahnhof Wu Xianshi südlich des Stadtgrabens in Suzhou.

Garten der Meditation (*tuisi yuan*), tägl. 8-16.15 Uhr. **Shangyitang-Haus**, tägl. 9-16 Uhr.

ZHEJIANG

Hangzhou (☎ 0571)

Hangzhou Tourist Information, 10 Huaguang Xiang, Tel. 8780 9951, http://en.gotohz.com/discoverhangzhou.

Hangzhou, das Zentrum von Zhejiang, ist Teil eines weitgeknüpften Netzes von Verkehrsverbindungen, das bis Hongkong reicht. Die etwa 200 km lange Strecke nach Shanghai wird mehrmals täglich von Bahn und Bussen bedient. Wem es die Zeit gestattet, der sollte auf dem **Kaiserkanal** Richtung Suzhou schippern.

Huqingyu-Museum der Chinesischen Medizin, tgl. 8.30-17 Uhr, 95 Dajing Xiang, am Fuß des Wushan-Hügels. **China Seidenmuseum**, Di-So 8.45-16.30 Uhr, Mo 12-16.30 Uhr, 73 Yuhuangshan Lu. **Teemuseum**, tägl. 8.20-16.20 Uhr, Longjing Lu, Shuangfeng Cun. **Pagode der Sechs Harmonien** (*liuhe ta*), tägl. 6-18 Uhr, 16 Zhijiang Lu. **Kloster der Seelenzuflucht** (*lingyin si*), tgl. 7-18.15, Einlass bis 17.30 Uhr, Lingyin Lu. **Tempel des Generals Yue Fei** (*yue miao*), tägl. 7-18 Uhr, Beishan Lu. **Park der Blumenbucht** (*hua gang*), tägl. 6-18 Uhr.

Hangzhou ist bekannt für seine **Fischspezialitäten** und frischen **Gemüsegerichte**.
Louwailou, Spezialitäten diese Restaurants sind der süß-saure in Tee gekochte Fisch und die Lotos-Suppe, 20 Waixihu, auf der Insel Gushan.
Zhiweiguan, gepflegtes Restaurant mit klassischer europäischer Musik, empfehlenswert sind gebratene Maultaschen (*mao erduo*) und die Wonton-Suppe (*huntun tang*), Renhe Lu östlich des Westsees.
Kuiyuan Guan, auf Nudelgerichte spezialisiert, Jiefang Lu unweit der Zhongshan Zhong Lu, im 1. Stock.

Hangzhou ist bekannt für qualitätvolle Seide und Brokat. Eine **Seidendruckerei** findet man bei der Gongchen-Brücke, eine **Seidenweberei** in der Youdian Lu 200, die **Seidenstickerei** Shuimen Long in der Jiangcheng Lu; weitere Läden auf dem **Markt**, tägl. 8-18 Uhr, Xinhua Lu.
Reizvoll ist ein abendlicher Einkaufsbummel in der **Fußgängerzone Hefang Lu** mit hunderten Geschäften.

Shaoxing(☎ 0575)

Regionale **Spezialität** ist das Shaoxing-Huhn (*shaoxing ji*), das mit Reiswein zubereitet wird. Zahlreiche preisgünstige Restaurants reihen sich entlang der **Jiefang Lu** sowie der **Xiada Lu**.

Ningbo (☎ 0574)

CITS, 787 Baizhang Donglu, Tel. 8732 7555, www.gotoningbo.com.

Zahlreiche gute Restaurants gibt es im Bereich der **Jiefang Lu** und der **Kaiming Lu** in der Nähe der Bank of China.

Putuoshan (☎ 0580)

Schnellboote von Shanghai und Fähren von Ningbo, jeweils etwa 3-5 Stunden Fahrzeit.

Kloster des Allgemeinen Heils (*puji si*), tägl. 6-21 Uhr.
Fayu-Kloster (*fayu si*), tägl. 6.30-17.30 Uhr.
Huiji-Kloster (*huiji si*), mit vegetar. Restaurant, tägl. 6.30-17 Uhr.
Seilbahn zum Buddha-Gipfel (*foding shan*), tägl. 7-17 Uhr.

ANHUI

Huangshan (☎ 0559)

CITS, 1 Binjiang Xilu, Tel. 254 2110, www.huangshantour.com/english.

Youyi Kunstgalerie, Zhaixi (Landschaftsgebiet), Tel. 556 2663.

AUSRÜSTUNG: Für die Huangshan- Besteigung sind feste Wanderschuhe und warme, winddichte Kleidung nötig.

Foto: Jürgen Bergmann

ROTES BECKEN UND YANGZI-FAHRT

SICHUAN
CHONGQING
HUBEI

SICHUAN

Sichuan mit dem „**Roten Becken**" ist die geografische Mitte Chinas. Diese Ebene umkränzen im Norden, Osten und Süden Bergzüge, die zum Teil über 2000 m Höhe erreichen. Im Westen, zur tibetischen Grenze hin, schieben sich die Gebirgsketten zu einem massiven Block zusammen, dessen Gipfel in den „Großen Schneebergen" südlich von **Kangding** mit dem **Gongga Shan** (Minya Konka) bis 7556 m aufragen. Im Westen der Provinz liegt in etwa 4700 m Höhe **Litang**, die zweithöchste Stadt der Welt.

Die Diagonale der Sichuan-Senke zwischen den Außenpunkten Chengdu und Chongqing misst über 270 km, die durchschnittliche Höhe beträgt 300 m. Die roten Sandsteinhügel sind entweder – wie als Motiv für traditionelle Landschaftsmalerei bestellt – mit Kiefern bestanden oder von bewässerten Terrassenreisfeldern überzogen. Die alluvialen Schwemmlandgebiete entlang den nordsüdlich strebenden Flüssen, vor allem dem **Min-Strom** (*min jiang*) bei Chengdu, zählen zu Chinas kultiviertesten und fruchtbarsten Gebieten. All diese Flüsse wenden sich dem **Yangzi** zu, der bis **Yibin** schiffbar ist.

Sichuan gilt als „Reisschale" Chinas, zwei Ernten erbringen die bewässerten Felder jährlich. Raps liefert Speiseöl, Maulbeerbäume nähren die gefräßigen Seidenraupen, bei Chengdu wächst Tabak, Baumwolle bei Foling, in den Gärten gedeihen vielerlei Früchte und Gemüse. Der gebirgige, waldbestandene Westen spendet Baumhölzer und Bambus für das Gebrauchs- und Kunsthandwerk. Die Bambussprossen der westlichen Wälder ernähren den **Großen Panda**, das Symbol für bedrohte Tierarten.

Die Gattung Mensch ist im Siedlungsraum Sichuan und Chongqing nicht vom Aussterben bedroht: In den beiden Provinzen, die zusammen etwa so groß wie Frankreich sind, leben ca. 115 Mio. Menschen, davon allein etwa 30 Mio. im Umkreis der regierungsunmittelbaren Stadt Chongqing. Während die nationalen Minderheiten der Tibeter – Yi, Miao, Qiang und Hui – ihre eigenen Sprachen pflegen, spricht die große Mehrheit der Han-Chinesen die südwestchinesische Ausprägung des Mandarin (*guoyu*).

Sichuans Industrialisierung begann während des Anti-Japanischen Krieges, als man Fabriken in dieses Rückzugsgebiet der Guomindang verlagerte. Die überwiegend landwirtschaftlich geprägte Provinz war nach dem Sturz der „Viererbande" Erprobungsfeld für die Auflösung der Landkommunen, die Teilprivatisierung und Einrichtung freier

Links: Der Große Buddha von Leshan.

» Karte S. 142-143, Info S. 157

Märkte – wohl nicht ohne Grund, denn Deng Xiaoping erblickte 1904 in Guangan in der Provinz Sichuan das Licht der Welt und war dort bis 1952 führender Parteikader.

★Chengdu

Am Westrand des Roten Beckens liegt die im Großraum 14 Mio. Einwohner zählende Hauptstadt der dicht besiedelten Provinz Sichuan. Die Geschichte der Stadt reicht 2500 Jahre zurück. Sein blühendes Seidenbrokat-Handwerk trug ★**Chengdu** ❶ während der Östlichen Han-Dynastie (25-220) den Beinamen „Brokat-Stadt" ein. Ein 20 km langer Wallgraben umfasste die alte quadratische Stadtanlage, in deren genauem Mittelbereich sich im 14. Jh. der Palast des Vizekönigs erhob. Als Vorbild für Chengdu diente die Stadtanlage von Peking. Doch heute ist von der alten Stadt fast nichts mehr zu sehen, so radikal wurde Chengdu in den letzten Jahren modernisiert.

Der **Volkspark** (*renmin gongyuan*) am Südwesteck des alten Stadtquadrats bietet Unterhaltung und Erholungsmöglichkeiten, darunter einen Bonsai-Felspark und das berühmte **Teehaus** (*cha guan*) am See, in dem man sich in bequemen Bambussesseln bei einer Tasse Tee entspannen kann.

Nördlich vom Volkspark ist mit der malerischen **Kuan Xiangzi** und den

» Karte S. 142-143, Info S. 157

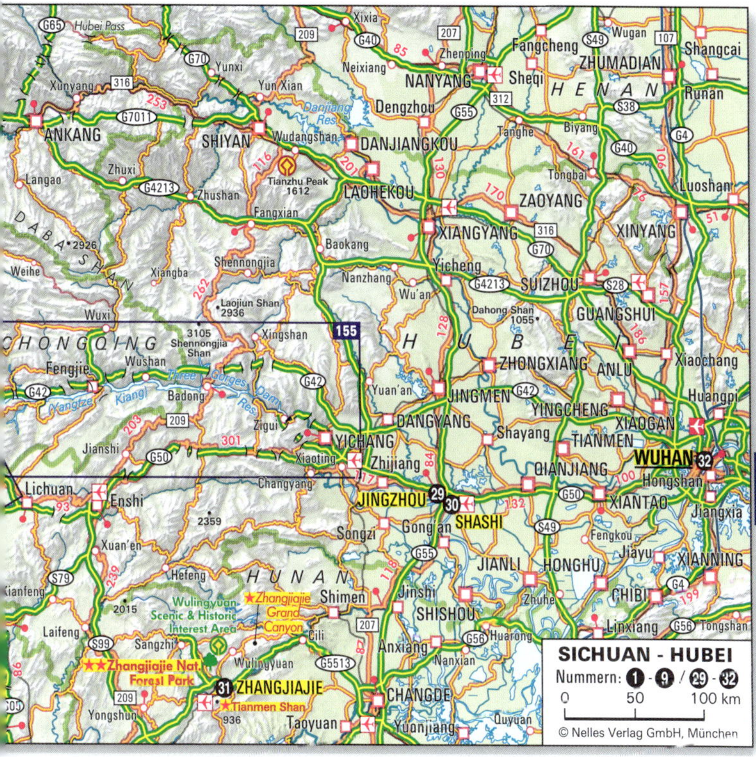

angrenzenden Gassen ein Stück qing-zeitliches Chengdu restaurlert worden.

Westlich des Volksparks ist der ★**Tempel der Grünen Ziegen** *(qingyang gong)* der größte daoistische Tempel Südchinas, mit gewaltigen Hallen, die sich über fünf Höfe hinziehen.

Zwei Kilometer weiter entpuppt sich die **Hütte des Du Fu** (*dufu caotang*) als ein anmutiges Reetdach-Cottage samt Museum zum Gedenken an den berühmten Poeten Du Fu (712-770).

Folgt man der Straße von hier weiter nach Westen, erreicht man das **Jinsha-Museum** *(jinsha yizhi bowuguan)*, das die Fundstätte einer der wichtigsten prähistorischen Siedlungen Westchinas birgt; zu sehen gibt es neben zahlreichen Opfergruben unzählige Kunstgegenstände aus der Shang-Dynastie (16.-11. Jh. v. Chr.).

Im Südwesten der Stadt befindet sich der ★**Tempel des Fürsten von Wu** (*wuhou si*) innerhalb des **Nanjiao-Parks** (*nanjiao gongyuan*) mit See und Pavillon. Er soll an den Fürsten von Wu (181-234 n. Chr.), einen großen Gelehrten und Militärstrategen aus der Zeit der Drei Reiche, erinnern.

Wer den Bambus, die sinnbildliche Pflanze des Fernen Ostens, schätzt, den wird es zum **Turmpavillon mit Flussblick** (*wangjiang lou*) ziehen. Er liegt südöstlich (nahe der Sichuan-Universität) in einem öffentlichen Park inmitten eines Hains von über 100 Bambusarten.

» Karte S. 142-143, Info S. 157

Foto: Jürgen Bergmann

Sehr erfolgreich ist seit einigen Jahren das ★**Panda Center** am östlichen Stadtrand von Chengdu. In der großzügig angelegten Parklandschaft und Aufzuchtstation lassen sich nicht nur die bekannten **Großen Pandabären** (*da xiongmao*), sondern auch die putzigen **Roten Pandas** (kleine Feuerschwanzbären; *xiao xiongmao*) bewundern.

Insgesamt fünf Holz- und Steintempel bilden den 5 ha großen Komplex des ★**Manjushri-Tempelklosters** (*wenshu yuan*) in der Jiefang Lu. Der ursprüngliche Bau aus dem 6. Jh. wurde 1691 beträchtlich erweitert. Er enthält buddhistische Devotionalien und dient der Ausbildung junger Mönche. Sein Flair verdankt er dem regen Leben in und vor seinen Toren. Dazu zählen **Teehaus** und Galerie ebenso wie Wahrsager und Verkäufer von Räucherstäbchen, Blumen und Feuerwerksraketen.

Im Süden der Stadt steht mit dem **New Century Global Centre** das größte Gebäude der Welt. Es ist nur 100 Meter hoch, dafür aber einen halben Kilometer lang und 400 Meter breit. Der Gigant beherbergt Hotels, Shoppingmeilen und einen Wasserpark.

Besuchenswert ist auch nordwestlich des Zentrums das **Grab des Wangjian** (*wangjian mu*), eines Kaisers von Shu (848-918). Die Ausstellung zeigt Jadeschmuck, kaiserliche Siegel, Skulpturen, Trauerbücher und vieles mehr.

Oben: Tänzer der Sichuan-Oper in Chengdu. Rechts: Im Panda Center in Chengdu.

Ausflüge von Chengdu

Ungefähr 20 km nördlich von Chengdu, bei Xindu, liegt das von Bambus malerisch eingehegte **Kloster des Erhabenen Lichtes** ❷ (*baoguang si*). Um die erste Jahrtausendwende soll es mehrere tausend Mönche beherbergt haben. Die in der Ming-Zeit abgebrannte Anlage – nur die Pagode (*sheli ta*) im vorderen Klosterhof überstand das Feuer – wurde im 17. Jh. wiederaufgebaut. Pilger, Mönche, Devotionalienhändler und Touristen füllen sie heute mit Leben.

Einer Revolution in der chinesischen Archäologie kam die Entdeckung der **Sanxingdui-Kultur** gleich: 1986 fand man in dem gleichnamigen Ort bei **Guanghan** ❸, rund 40 km nördlich von Chengdu, in zwei großen Opfergruben mehr als 1000 Artefakte, neben Jadeobjekten v. a. zahlreiche Bronzegefäße und eine 2,62 m hohe menschliche Figur in einem bis dahin völlig unbekannten Stil. Die an das Ende der Shang-Dynastie (16.-11. Jh.) zu datierenden Kostbarkeiten werden heute im eigens dafür errichteten ★**Museum Sanxingdui** in Guanghan verwahrt. Sie belegen, dass es außer dem Unteren Huanghe und dem Mittleren Jangzi noch weitere Zivilisationszentren als Wiege der chinesischen Kultur gab, die untereinander Techniken und Güter austauschten.

65 km nordwestlich von Chengdu liegt **Dujiangyan** ❹ (**Guanxian**) mit dem **Zwei-Königs-Tempel** (*erwang miao*). Er erinnert an Li Bing und seinen

» Karte S. 142-143, Info S. 157

Foto: Jürgen Bergmann

Sohn Li Erlang (3. Jh. v. Chr.), zwei Meister des klassischen chinesischen Wasserbaus, die das Bewässerungssystem des gesamten Sichuan-Beckens entwarfen. Zu Füßen des Tempels zähmt das ★**Dujiangyan-Bewässerungsprojekt** mit Dämmen und Ableitungssystemen den **Min-Fluss** (*min jiang*). Sein Wasser machte schon zur Han-Zeit über 100 000 ha Land fruchtbar. Das Bewässerungssystem zählt zusammen mit dem zerklüfteten Bergmassiv des 17 km entfernten ★**Qingchengshan**, einem der bedeutendsten daoistischen Pilgerzentren Chinas mit zahlreichen Sakralbauten, seit 2000 zum Weltkulturerbe der UNESCO.

★Wolong-Naturreservat

Im 130 km nordwestlich von Chengdu gelegenen ★**Wolong-Naturreservat** ❺ (UNESCO-Weltnaturerbe) können erfahrene Trekker mit guter Ausrüstung auf eigene Faust nach fast 70 Säugetier- und über 300 Vogelarten Ausschau halten. Das von majestätischen 5000- und 6000-ern des Qionglai-Gebirges (*qionglai shan*) umrahmte, rund 2000 km² große Schutzgebiet ist eines der wichtigsten Rückzugsgebiete der Großen Pandas und Stumpfnasenaffen, deren Gewohnheiten in einer eigenen Forschungs- und Aufzuchtstation erforscht werden. Im Frühjahr, zur Paarungszeit der Pandas, ist das Reservat geschlossen.

★★Huanglong-Naturpark

Nordöstlich von **Songpan** (ungefähr 305 km von Chengdu) breitet sich im Mingshan-Gebirge der ★★**Huanglong-Naturpark** ❻ aus. Highlight des seit 1992 zum UNESCO-Naturerbe zählenden Parks sind die terrassenförmig ansteigenden **Seen** mit wechselnden, durch verschiedene Algenarten hervorgerufenen Farben.

★★Jiuzhaigou-Naturpark

Rund 110 km nördlich von Huanglong liegt der ★★**Jiuzhaigou-Natur-**

» Karte S. 142-143, Info S. 157

Foto: Jürgen Bergmann

park ❼. In der hochgelegenen, ebenfalls zum UNESCO-Welterbe zählenden **„Schlucht der neun Dörfer"** entfaltet sich eine Wirklichkeit gewordene Traumszenerie von Gletschern, mehr als 100 kristallklaren Seen, tiefen Wäldern mit enormer Tier- und Pflanzenvielfalt, malerischen tibetischen Dörfern und buddhistischen Gebetsmühlen.

★Großer Buddha von Leshan

140 km südlich von Chengdu liegt die Drei-Flüsse-Stadt **Leshan** ❽ mit 3,5 Mio. Einwohnern. In den **Lingyun-Berg** (*lingyun shan*), der den Zusammenfluss der drei Ströme Min, Dadu und Qingyi dominiert, meißelten buddhistische Mönche im 8. Jh. in über 90-jähriger Arbeit den ★**Großen Buddha** (*da fo*, Bild S. 140; UNESCO-Welterbe). Dieser sitzende Maitreya (Buddha der Zukunft), ist 71 m hoch, seine Ohren sind 7 m, die Nägel der großen Zehen 1,6 m lang. Dank eines inneren Drainagesystems ist dieser weltgrößte Fels-Buddha relativ gut erhalten. Die Schiffer der drei Flüsse schützte er durch seine spirituelle Kraft und – ganz praktisch – durch die Entschärfung der gefährlichen Strömung mittels des eingebrachten Steinmetzabfalls. Den Großen Buddha kann man auch von einem der Ausflugsboote vom Wasser aus bestaunen.

Sehenswert sind auch die in der Tang-Dynastie gegründeten Klöster ★**Wuyou** (*wuyou si*) und **Wulong** (*wulong si*) samt einem **Kalligrafie- und Gemäldemuseum** sowie einer Halle mit 1000 Terrakotta-Mönchen, von denen keiner dem anderen gleicht. Auf dem Weg zum Wuyou-Kloster passiert man kurz vor der wunderschönen **Brücke** mehrere **Felsgräber** der Östlichen Han-Dynastie (25-220), die u. a. mit mythologischen Szenen dekorierte Sarkophage, Gefäße und an der Wand eines Vorraums das älteste Buddha-Bildnis Chinas beinhalten.

Oben: Harmonisch gestaltete Brücke auf dem Weg zum Wuyou-Kloster in Leshan. Rechts: In der Altstadt von Chongqing.

Foto: Jürgen Bergmann

★★Emeishan

Der ★★**Berg Emei** ❾ (*emei shan*) gehört zu den heiligen buddhistischen Bergen Chinas und mit dem Großen Buddha von Leshan (s. o.) zum UNESCO-Welterbe. Vom Ort **Emei**, etwa 150 km südlich von Chengdu, fahren Busse nach **Baoguo** am Fuß des Berges in 550 m Höhe. Hier kann man den altehrwürdigen Pilgerpfad zum **Gipfel der 1000 Buddhas** (*wanfo ding*) auf 3099 m Höhe beschreiten. Oder man nimmt den Bus bis auf 2540 m Höhe und schwebt von dort mit der Seilbahn zum **Goldenen Gipfel** (*jin ding;* 3075 m). Für den Aufstieg sollte man sich mit Wanderschuhen, Regenschutz und Pullover wappnen. Vorsicht vor wildlebenden Affen, die durch Fütterung zutraulich und z. T. sehr aggressiv geworden sind!

Seit Beginn unserer Zeitrechnung entstanden am Berg buddhistische und daoistische Sakralstätten. Im Verlauf der Zeit sollen hier an die 150 Tempelklöster gebaut worden sein, von denen die meisten aber wieder verfielen. Doch bleibt immer noch genügend zu bewundern. So birgt am Fuß des Berges der **Baoguo-Klostertempel** (*baogu si*) aus dem 16. Jh. u. a. eine Sutren-Bibliothek sowie einen riesigen Porzellan-Buddha. Darüber versteckt sich im Wald das **Kloster zum Bezwingen des Tigers** (*fuhu si*) mit seiner 7 m hohen, gravierten Kupferpagode. Es bietet 400 Besuchern Herberge.

Noch höher bergan liegt der **Tempel der 10 000 Jahre** (*wannian si*), das älteste erhaltene Kloster, dem Schutzherrn des Berges, Puxian, geweiht, dessen Statue aus Kupfer und Bronze mehr als 62 t wiegen soll.

Der **Pavillon des reinen Klanges** (*qingyin ge*) ziert eine Insel inmitten eines Flusses, der schweißgebadeten Bergwanderern Erfrischung spendet.

Das Kloster am **Badesee der Elefanten** (*xixiang chi*) liegt auf 2070 m Höhe hinter der Zusammenführung der unteren Wegspangen und ist deshalb meist überfüllt. Dreiste Affen verlangen hier Naturalzoll. Als letzte Stationen folgen die **Einsiedelei Wolkenbett** (*woyun*

» Karte S. 142-143, Info S. 157

an) und die **Gipfelklöster**. Einmal den **Sonnenuntergang** auf dem Gipfel des Emei zu erleben bleibt unvergesslich.

Chongqing

Chongqing ⑩ bietet besondere Eigenheiten: Im Winter ist es die Stadt des Smogs aus den vielen Industrieanlagen und des Nebels der Yangzi-Flusslandschaft. Im Sommer erschwert die Verbindung von Hitze und Feuchtigkeit das Atmen.

Groß-Chonqing ist durch die Eingemeindungen – seit es 1997 zu einer direkt der Regierung unterstellten Stadt wurde – mit rund 30 Millionen Einwohnern die größte Gemeinde in China. De facto besteht Chongqing aber hauptsächlich aus ländlichen Gebieten, während die auf steilen Hügeln erbaute Kernstadt „nur" 5 Mio. Menschen zählt.

Die schnell gewachsene Industriestadt beherbergt im **Altstadtkern** ungefähr 2 Millionen Einwohner. Dieser Bereich mit seinen schmalen Gassen, steilen Treppen und der „Schwalbennest"-Bauweise verströmt noch altchinesische Atmosphäre – jedoch sind die Betonblocks bereits auf dem Vormarsch. Vom Gipfel des 280 m hohen **Mispel-Hügels** (*pipashan*) genießt man – bei entsprechender Witterung – eine schöne **Aussicht**.

Einen Besuch lohnt das **Drei-Schluchten-Museum** *(zhongguo sanxia bowuguan)*. Gezeigt wird, wie sich früher das Leben am Yangzi abspielte, und die Geschichte des Staudammbaus.

Zu Chongqings wenigen Sehenswürdigkeiten zählt der **Luohan-Tempel** (*luohan si*). Um das Jahr 1000 erbaut, birgt er 500 *luohan*, einen großen goldenen Buddha und ein Wandgemälde in indischem Stil, das Prinz Siddharta beim Haareschneiden (Sinnbild der Weltentsagung) zeigt. Zur Anlage gehört auch eine vegetarische Gaststätte.

Im Westen Chongqings liegt das **Dorf der roten Klippen** (*hongyan cun*). Hier lebte u. a. Zhou Enlai als Vertreter der Kommunisten während der Allianz mit der Guomindang im Kampf gegen die Japaner – die Stadt war von 1939 - 1945 der Sitz der Guomindang-Regierung.

Im Südosten der Stadt steht das prachtvolle, 1759 errichtete **Huguang-Zunfthaus** *(huguang huiguan)*, das 200 Jahre den Kaufleuten aus Hubei, Hunan, Guangdong und Guangxi als Geschäfts- und Kulturzentrum diente.

4 km westlich des Stadtzentrums breiten sich die Gassen des alten Städtchens ★**Ciqikou** („Porzellanhafen") aus. Über 100 Jahre alte Straßenzüge, Tempel und windschiefe Gebäude, die kleine Souvenir-Geschäfte, Teehäuser und Restaurants bergen, entführen Besucher in das alte China.

★Dazu

Rund 90 km westlich von Chongqing liegen bei ★**Dazu** ⑪ die – neben Dunhuang, Luoyang und Yungang – bedeutendsten und schönsten buddhistischen **Höhlenskulpturen** Chinas, Weltkulturerbe der UNESCO seit 1999.

Vor religiöser Verfolgung flohen Buddhisten von der Seidenstraße in das damals halbautonome Königreich Shu und schlugen seit der ausgehenden Tang-Zeit bis zur Jin-Dynastie (Ende des 9. Jh. bis Mitte des 13. Jh.) Bildnisse in knapp 40 Berge und Felsüberhänge. Annähernd 50 000 bemalte Skulpturen sowie Hoch- und Flachreliefs von außerordentlicher Qualität zeugen von der Zusammenführung buddhistischer und konfuzianischer Motive, mit der die verfolgten Buddhisten wohl einen *Kotau* vor der konfuzianischen Staatsmacht vollzogen. Die beiden Berge mit der größten Ansammlung von Skulpturen sind für Besucher gut erschlossen.

Allein den ★**Nordberg** (*bei shan*) – 2 km nördlich von Dazu – schmücken Tausende religiöser Figuren und Kalligrafien in insgesamt 264 Nischen

Rechts: Besonders ergreifend sind die Szenen des Jüngsten Gerichts am Schatzkammerberg in Dazu.

» Karte S. 150-151, Info S. 157

Foto: Jürgen Bergmann

entlang eines 500 m langen und durchschnittlich 7 m hohen Felsens. Nähere Betrachtung verdienen v. a. die mit feinen geschwungenen Faltenwürfen geschaffene Plastik der **Avalokiteshvara**, der Göttin der Barmherzigkeit, und die Darstellungen der **Bodhisattwas Samantabhadra und Manjushri**, den Symbolen des Sieges über das Böse.

15 km nordöstlich von Dazu macht der ★★**Schatzkammerberg** (*baoding shan*) seinem Namen Ehre: Er hütet eines der größten buddhistischen Panoptiken mit rd. 10 000 teils überlebensgroßen **Skulpturen** (s. Bild S. 24). Außer seiner unglaublichen zahlen- und größenmäßigen Dimension – so besitzt eine **Guanyin** mehr als 1000 Arme und der **Schlafende Buddha** misst über 31 m Länge – zeichnet das Gesamtkunstwerk Baodingshan die wohlbedachte Planung unter Einbeziehung natürlicher Gegebenheiten, wie z. B. einer Quelle in der **Höhle der Vollkommenen Erleuchtung** (Nr. 29), aus. Unter den zahlreichen Szenen ist auch eine Darstellung des **Jüngsten Gerichts**.

YANGZI – DER „LANGE STROM"

Das Einzugsgebiet des **Yangzi**, den die Chinesen am Oberlauf **Jinshajiang** („Goldsandstrom") und am Unterlauf **Changjiang** („Langer Strom") nennen, erstreckt sich auf rund 2 Mio. Quadratkilometer über ein Gebiet, dessen Klima kalte, trockene Winter und feuchtheiße Sommer mit reichlichen Niederschlägen prägen.

Die Quellflüsse des Yangzi nähren sich aus den 5000 m hoch gelegenen Gletschern des **Tanggula** im Nordosten des tibetischen Hochlandes.

Wo im Herzen Chinas der **Min-Fluss** (*min jiang*) – einst als Oberlauf des Yangzi angenommen – bei Yibin am Südrand des Roten Beckens einmündet, beginnt der Mittellauf des Stromes. Dieser durchbricht zwischen Fengjie und Yichang in den faszinierenden ★★**Drei Schluchten** (*san xia*; siehe Seite 146) das mittelchinesische Bergland, wo 400 Millionen Jahre alte Kalkschichten ihre höchste Erhebung erreicht haben. Anstehender Fels, Bergsturzmassen

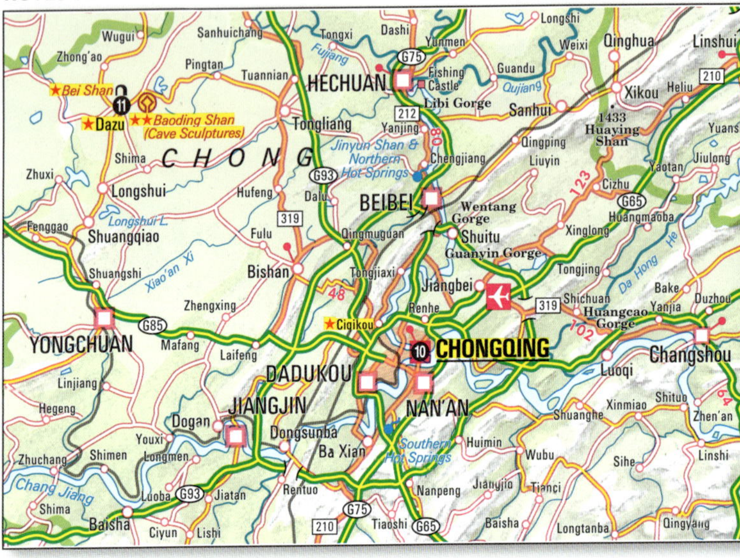

und die Schuttfächer der Nebenflüsse bildeten in der winterlichen Niedrigwasserzeit einst schwierige Hindernisse, während die sommerlichen Hochwasser einen reißenden Strom mit gefährlichen Strudeln erzeugten. Erst die Dampfschifffahrt, die Sprengung von Felsen im Flussbett und Einrichtung einer Signalfeueranlage schufen einen sichereren Verkehrswasserweg.

Das Highlight des Yangzi-Tourismus, die Drei Schluchten, wird erstmals im „Kommentar des Buches der Gewässer" (*shuijing shu*) von Li Daoyuan aus dem 6. Jh. beschrieben: „Im Allgemeinen hört man von den tosenden Wassern der Schlucht, vor deren Gefahren die schriftlichen und mündlichen Überlieferungen warnen. Diese berichten jedoch nichts über die Schönheit der Landschaft. Es lässt sich mit Worten nur schwer beschreiben, wie sich die Bergketten mit ihren schönen Gipfeln und seltsamen Formen gegenseitig überragen und in welcher Fülle die Bäume und Wälder in der Nebelstufe auftreten."

Am Staudamm von Gezhouba bei Yichang beginnt der Unterlauf des Flusses, der sich als breiter Dammuferstrom in weiten Schleifen durch die Alluvialebene des östlichen China windet. Dabei passiert er u. a. die Großstädte Wuhan, Wuhu und Nanjing, um dann nach 6300 km in einem rund 200 km breiten Mündungstrichter nördlich von Shanghai zum Ostchinesischen Meer zu finden.

★★Yangzi-Fahrt

Die Fahrt auf dem Yangzi von **Chongqing** flussabwärts zur 700 km entfernten Stadt **Yichang** (Hubei) – oder umgekehrt – zählt zu den Höhepunkten einer China-Reise. Die Jahrtausende alte Schifffahrtstraße wurde im 19. Jh. von den Europäern gewaltsam für den internationalen Handel geöffnet, der Strom wissenschaftlich erforscht und die schwer zugängliche Provinz Sichuan an die Außenwelt angeschlossen. Bis dahin benötigte die gefährliche Treidel-Schifffahrt allein von der Provinzgrenze Hubei bis Chongqing

» Karte S. 150-151, Info S. 157

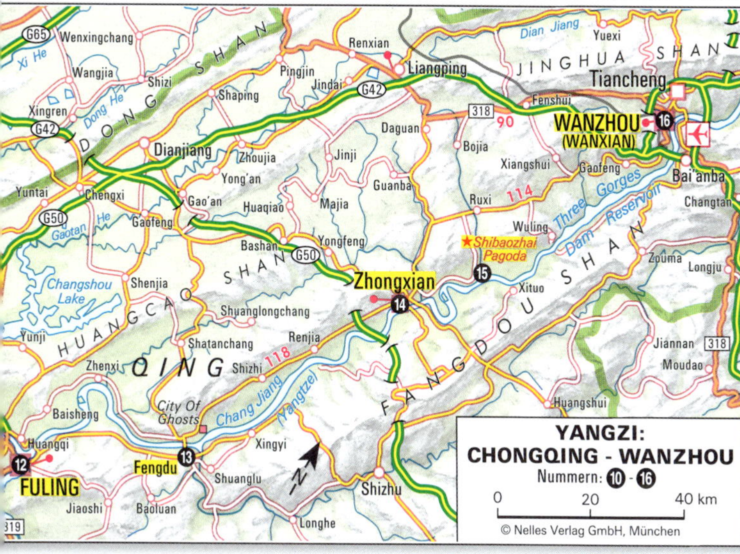

über 30 Tage. Ab 1922 bewältigte die Dampfschifffahrt in wenigen Wochen die von Shanghai ins Herz Chinas führende Strecke. Der Autobahnbau hat in den letzten Jahren jedoch dazu geführt, dass die Personenschifffahrt von Yichang Richtung Shanghai eingestellt wurde. Die Luxusschiffe der Yangzi-Schifffahrtsgesellschaft und westlicher Hotelgruppen befahren in einem drei- bis viertägigen Programm die Strecke Chongqing – Yichang und umgekehrt

Von Chongqing nach Yunyang

Die erste Sehenswürdigkeit flussabwärts von **Chongqing** (⑩, s. S. 148) liegt bei **Fuling** ⑫, wo der aus dem Karstgebiet von Guizhou kommende **Wu-Fluss** (*wu jiang*) einmündet. In der Strommitte ruht hier der **Steinfisch** (*shi yu*), eine seit über 2000 Jahren bekannte Wassermarke.

Weiter unterhalb, am linken Ufer, ist die Stadt **Fengdu** ⑬ seit der Han-Zeit als „Eingang zum Hades" berüchtigt. Nach zwei berühmten Beamten (Yin und Wang) hatte man den Ort als *Yin-Wang* bezeichnet, ein Beiname, der zugleich „König der Unterwelt" bedeutet. So entstand schließlich ein Wallfahrtsort, den man insbesondere ab dem 7. Jh. mit etlichen Tempeln ausstattete. Zu ihnen führt ein lang gezogener Bergweg, der an den hoch gelegenen **Hallen** mit Darstellungen des *Königs der Unterwelt*, des *Jüngsten Gerichts*, des buddhistischen *Fegefeuers* (*Hölle*) und am **Pavillon des Himmelssohnes** (*tianzi dian*) endet.

Etwa 20 km nach **Zhongxian** ⑭ ragt, von einer Betonumfriedung vor dem durch den Staudammbau gestiegenen Wasserpegel geschützt, ein 40 m hohes Plateau aus dem Strom auf. An der Flanke des Felsens errichtete man im 18. Jh. eine 56 m hohe, 12-stöckige Pagode als Refugium eines Klosters, das man wegen der besonderen Form der Anhöhe **Jadesiegelberg**, oder auch ★**Steinschatzfestung** ⑮ (*shibao zhai*) nannte. Denn einer Legende zufolge fiel aus einem kleinen Loch im Fels täglich Reis, von dem sich die Mönche ernähren konnten, doch nachdem sie das Loch vergrößerten, hörte der Reisfluss auf.

Dann verengt sich der Strom und fließt schnurgerade weiter in Richtung **Wanxian** ⓰ (Wanzhou). Die alte Stadt ging 2009 vollständig unter und musste völlig neu erbaut werden; 1,2 Millionen Menschen wurden dafür umgesiedelt. Seit jeher war Wanxian Hauptumschlagplatz für die Schiffsfracht aus den Tiefebenen Ostchinas und das Tor zu den „Drei Schluchten" (*san xia*).

Nun wendet sich der Strom der nächstgrößeren Stadt **Yunyang** ⓱ zu und schlägt – gegen die Ausrichtung der mittelchinesischen Bergketten – West-Ost-Richtung ein. Wo sich das Flussbett wieder verengt, erinnert ein **Tempel** mit einer Vielzahl interessanter **Steininschriften** aus der Han- bis Qing-Zeit an General Zhang Fei (3. Jh.), den die Yangzi-Fischer als Schutzpatron verehren.

★★Drei Schluchten

Bei der Einfahrt zu den berühmten ★★**Drei Schluchten** bildete **Fengjie** ⓲ zur Zeit der Streitenden Reiche (3. Jh. v. Chr.) das westliche Bollwerk des Yangzi-Staates Chu. Im 1. Jh. n. Chr. lag hier, am nördlichen Mündungsufer des Tongxi-Flusses, die Residenz des *Weißen Kaisers* (*gong sunshu*), der als chinesischer „Gegenkaiser" von Chengdu aus ein eigenes Reich zu gründen suchte. Am Eingang zu den Schluchten ließ er aus strategischen Gründen auf einem **Berg** eine Festung errichten, die im 3. Jh. eine wichtige Rolle bei der Verteidigung des Staates Shu gegen den Staat Wu spielen sollte.

Trotz des gestiegenen Wasserpegels kann man den auffälligen Berg besteigen und den **Tempel der Stadt des Weißen Kaisers** (*baidi cheng*) sowie das **Museum** zum Gedenken an den Shu-König Liu Bei und seinen treuen Premier Zhuge Liang bewundern. Steintafeln berichten von der sagenumwobenen Zeit der Drei Reiche.

Rechts: Touristenspaß – Treidelfahrt in einem Seitenarm der Shennong-Schlucht.

Durch das **Kui-Tor** strömt der Yangzi in die knapp 8 km lange ★★**Blasebalg-Schlucht** ⓳ (*qutang xia*). Hier verengt er sich auf rund 100 m. Unter den über 1000 m hohen Bergen scheinen die Schiffe „unter der Erde" zu fahren. Der Blick fängt sich in der „Windschatten-Höhle" oder an der „Wand des Weißen Salzes", wo die in den Fels gehauenen Mengliang-Stufen den alten Treidelweg andeuten.

Bei **Wushan** ⓴ mündet der nahezu 200 km lange **Daninghe** in den Yangzi. Der Unterlauf dieses Flusses schuf die wohl noch eindrucksvolleren **Drei Kleinen Schluchten** (*xiao sanxia*) mit ihren bizarren Felswänden. Seit das Wasser im Drei-Schluchten-Damm auf 136 m Höhe angestiegen ist, kann mit großen Passagierschiffen die Strecke durch die **Drachentorschlucht** (*longmen xia*), **Nebelschlucht** (*bawu xia*) und **Smaragdschlucht** (*dizui xia*) bewältigt werden.

Unterhalb der Daning-Einmündung strömt der Yangzi durch die 40 km lange ★★**Hexenschlucht** ㉑ (*wu xia*), die nach dem zwölfgipfligen **Zauberberg** benannt ist. Schon bei der Einfahrt erkennt man die Spitze des **Feengipfels** (*shennü feng*), der an eine in die Ferne blickende schlanke Frau erinnert und wegen vieler Schiffsunglücke auch als „Lorelei von China" bekannt ist. Alten Schriften zufolge lag an dieser Stelle auch ein Aussichtsplatz, an dem Yao Ji, die Tochter des sagenumwobenen Roten Kaisers, in ein Glückskraut – oder eine Steinsäule – verwandelt worden sein soll. Ein Herrscher von Chu (Gao Yang) soll sich hier – wo Wolken (*yun*) und Regen (*yu*) den Berg häufig verhüllen – in Yao Ji verliebt haben. Der Begriff *yun yu* gilt daher bis heute als Synonym für heimliche Liebe.

Am Ufer lässt sich noch eine in den Felsen gemeißelte Steintafel – die **Stele des Zhuge Liang** (*kongming bei*) – erkennen, auf der Zhuge Liang seine An-

» Karte S. 154-155, Info S. 157

Foto: Jürgen Bergmann

sicht über die Vereinigung der Staaten Shu und Wu festgehalten haben soll.

Bei **Guandukou** ㉒ weitet sich das Flusstal, bis am Südufer die geschäftige Stadt **Badong** ㉓ mit dem Herbstwind-Pavillon (*qiufeng si*) auftaucht.

Etwa 30 km weiter östlich mündet bei **Xiangxi** ㉔ der Shennong (Xiangxi) in den Yangzi. Infolge des seit ein paar Jahren erhöhten Wasserspiegels kann man nun die üppig mit Bambus begrünte, rund 60 m breite ★★**Shennong-Schlucht** mit kleinen Booten flussaufwärts fahren und erblickt dabei Höhlen, Affen und Hängesärge an der Felswand. Seit Jahrhunderten treideln (ziehen) Männer der hier lebenden Tujia-Minderheit flache Holzkähne durch die Seitenarme der Schlucht, die heute weniger mit Gütern, sondern zunehmend mit Touristen beladen werden.

Bei Zigui und gegenüber der Einmündung des Shennong in den Yangzi steht der **Qu-Yuan-Tempel.** Er kennzeichnet den Eingang der 75 km langen und wegen der vielen Untiefen immer noch gefährlichen ★★**Westgraben-Schlucht** ㉕ (*xiling xia*). Sie besteht aus einer Reihe von Felsengen, darunter die **Schlucht des Schwertes und Militärbuches** (*bingshu baoqian xia*) mit der Grünen Sandbank, die gefahrvolle **Neue Bank** (*xin tun*) und die **Büffelleber-Pferdelungen-Schlucht** (*niugan mafei xia*) mit der Kongling-Sandbank. In der **Schlucht des Gelben Ochsen** (*huangniu xia*) ist ein Tempel dem Gelben Kaiser gewidmet. An der gegenüberliegenden linken Felswand folgen die **Höhlen der drei Reisenden** (*sanyou dong*), die an Schutz suchende Gelehrte des 9. Jh. erinnern.

Bei **Zigui** ㉖ entstanden im 9. Jh. v. Chr. die ersten chinesischen Gemeinden am Yangzi, Gui und Danyang, aus denen später der Yangzi-Staat Chu hervorging. Nach Zigui wurde Qu Yuan verbannt, ein treuer, durch Verleumdung in Ungnade gefallener Minister im Staate Chu (4.-3. Jh. v. Chr.). Trotz schwesterlichen Trostes (*zi gui*: „die Schwester kehrt zurück") nahm er sich im Dongting-See das Leben – eine Begebenheit, an die das Drachenbootfest im Mai erinnert.

★★Drei-Schluchten-Damm

Etliche Sehenswürdigkeiten mussten versetzt werden, nachdem 2009 bei **Sandouping** der ★★**Drei-Schluchten-Damm** ㉗ (*san xiaba*), eine der größten Talsperren der Welt, fertiggestellt wurde. Das Mega-Projekt, nach der Großen Mauer und dem Kaiserkanal das gigantischste in Chinas Geschichte, hat die wilde Flusslandschaft der Drei Schluchten in eine Seenlandschaft verwandelt. Kaum kalkulierbar sind die ökologischen und sozialen Folgen, beeindruckend jedoch die Ausmaße des Drei-Schluchten-Damms, den man vom **Tanziling-Hügel** überblickt – Länge der Staumauer: 1983 m; Länge des ganzen Absperrbauwerks mit Schiffshebewerk und Schleuse: 2335 m; Höhe: 185 m; Breite an der Basis und am Kamm: 130 bzw. 18 m; Bauvolumen: über 19 Mio. m3 Beton und 196 000 t Stahl; gleichzeitig beschäftigte Arbeiter: 20 000; Kosten: anfangs auf 12 Mrd. US-$ geschätzt, inoffiziellbis zu 60 Mrd. US-$; mögliche Leistung: 85 Mrd. Kw Strom pro Jahr durch 26 Kraftwerkseinheiten mit je 450 t schweren Turbinen aus deutscher Produktion, die ein Zehntel des Stromverbrauchs Chinas decken können und der Leistung von 18 AKW oder der Verbrennung von 40-50 Mio. t Kohle entsprechen. Der final über 620 km lange Stausee hat bereits 13 Großstädte, über 1000 Dörfer, 4000 Krankenhäuser, 1600 Fabriken sowie etwa 1300 archäologische Stätten, Klöster und Tempel verschlungen – von letzteren wurden nur die bedeutendsten abgetragen und an höher gelegenen Stellen wieder aufgebaut. Etwa zwei Millionen Menschen mussten umgesiedelt werden.

Yichang

Hinter dem **Nanjin-Pass** tritt der Yangzi in die Ebenen Mittelchinas ein und erreicht weiter flussabwärts die 4-Mio.-Stadt **Yichang** ㉘, den Endpunkt der meisten Yangzi-Fahrten. Hier entstand 1986 das bis dahin größte Stauwerk am Yangzi, der **Gezhou-Staudamm** (*gezhou ba*) mit 70 m Höhe und

» Karte S. 154-155, Info S. 157

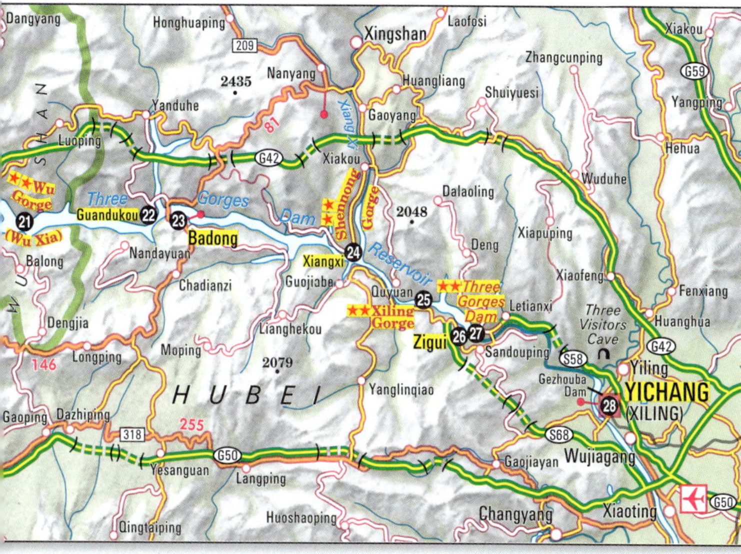

2561 m Länge. In drei Kanälen strömen hier pro Sekunde 14 000 m3 Wasser, die 21 Generatoren antreiben. Das historische Yichang wurde schon im 6. Jh. v. Chr. als Militärfestung auf einer Flussinsel im Yangzi gegründet, die heute als Sockel für den Gezhouba-Staudamm dient. Heute lebt die Stadt sichtbar von den Kreuzfahrttouristen.

Jingzhou

Jingzhou ㉙ wurde im 3. Jh. v. Chr. auf einer Insel im Yangzi als Wasserschloss gegründet und 600 Jahre später mit einer Stadtmauer befestigt. Den reizvollen Altstadtbereich umgibt eine gut erhaltene, 10 500 m lange, 8 m hohe **Stadtmauer** aus der Qing-Zeit. Interessant ist das **Jingzhou Museum** (Han-Mumie; Funde aus Chu-Gräbern). Beim Westtor berichten im daoistischen **Kaiyuan-Tempel** (*kaiyuan si*) Fundstücke vom antiken Jiangling. Außerhalb der Stadtmauer im Nordwesten wurde der **Taihui-Tempel** (*taihui si*) im 14. Jh. als Luxusresidenz eines Herrschers erbaut.

Shashi

An der Stelle einer alten Yangzi-Furt entstand die Stadt **Shashi** ㉚ („Sandstadt"), bekannt für Kunsthandwerk und Thermoskannen. Wahrzeichen ist die weithin sichtbare oktogonale **Schatzpagode des Langen Lebens** (*wanshou baota*) aus dem 16. Jh., die ziegelgebrannte Motive von Landschaften und Genreszenen zieren. In der Nähe erheben sich die **Pagode zum Betrachten des Stromes** (*wangjiang ta*) und der zum Gedenken an Guan Yu erbaute **Frühling- und Herbst-Pavillon** (*chunqiu ge*) im **Sun-Yatsen-Park**.

★★Zhangjiajie-Nationalpark

Wegen seiner Sandstein-Felspfeiler und seiner Wälder zählt ★★**Zhangjiajie National Forest Park** zum UNESCO-Welterbe. 60 km nordöstlich der Stadt **Zhangjiajie** ㉛ lockt die spektakuläre, 430 m lange ★**Zhangjiajie Grand Canyon Glass Bridge** und südlich der Stadt der schwindelerregende, 60 m lange

Foto: unge255_photostock (Shutterstock.com)

Glassteg ★**Skywalk** an der Steilwand des ★**Tianmen Shan**, erreichbar mit einer 7,5 km langen **Seilbahn**.

Wuhan

An der Mündung des **Hanjiang** in den Yangzi entstanden vom 3. Jh. an Siedlungen, aus denen die Städte Hankou, Hanyang und Wuchang hervorgingen. Sie wurden zur Metropole **Wuhan** ㉜ zusammengefasst, Hauptstadt der Provinz Hubei mit 9 Mio. Einwohnern. Zwischen der Industriestadt **Hanyang** und der Verwaltungsstadt **Wuchang** entstand 1957 die erste **Brücke** (*changjiang daqiao*) über den Yangzi mit 1700 m Länge. Sie führt vom **Schlangenberg** (*she shan*) am rechten Ufer, wo als Wahrzeichen die 51 m hohe ★**Gelber-Kranich-Pagode** (*huanghe lou*) aufragt, zum **Schildkrötenberg** (*gui shan*) am linken Ufer von Hanyang. An dessen Fuß ist der **Tempel der Wiedererlangten Vollkommenheit** (*guishan si*) aus der Qing-Zeit (1644-1911) ein Pilgerziel; dieses Zen-Kloster besitzt eine Halle mit 500 vergoldeten *luohan* (Buddhaschülerfiguren), einen Guanyin-Bodhisattva und einen 105 t wiegenden Buddha. Wuchang war im 19. Jh. ein Zentrum der Kolonialindustrie und spielte bei der *Xinhai-Revolution* von 1911 eine Schlüsselrolle: Hier brach der Aufstand los, in dessen Verlauf die Qing-Dynastie gestürzt und die republikanische Regierung in Nanjing etabliert wurde. Vornehm wirkt der Kern der ehemaligen Handelsstadt **Hankou** mit gut erhaltenen Häusern aus der Kolonialzeit (u.a. **Deutsches Konsulat** von 1905), wo einst Europäer, Amerikaner und Japaner lebten. Sehenswert sind die im traditionellen Stil errichteten Gebäude der **Universität von Wuhan** am Ufer des 33 km^2 großen **Ostsees** (*dong hu*). Unweit davon zeigt das **Museum der Provinz Hubei** eine einmalige Sammlung antiker Musikinstrumente, darunter ein **Bianzhong** genanntes Ensemble von 65 unterschiedlich großen Glocken aus der Zhou-Zeit (1100-221 v. Chr.).

Oben: Zhangjiajie Grand Canyon Glass Bridge.

SICHUAN

Chengdu (☎ 028)

Chengdu Travel Center, Xinnanmen-Busbahnhof, Tel. 028 85482323, www.cdta.gov.cn.

SICHUAN-KÜCHE: „Mutters pockennarbiger Doufu", süße oder pikante Teigtaschen, gedünstete Rindfleischstreifen oder ein scharfer Feuertopf sind beliebte lokale Spezialitäten, z. B. im **Chengdu**, 134 Shandong Dajie (westliche Verlängerung der Dong Dajie). Chengdu ist auch für seine stimmungsvollen **Teehäuser** bekannt, die man keinesfalls auslassen sollte: z. B. im Volkspark (*renmin gongyuan*) und im Manjushri-Tempelkloster (*wenshu yuan*).

SICHUAN-OPER: Unvergesslich ist ein Abend mit einer Sichuan-Oper, die Elemente der Peking-Oper mit lokalen, volkstümlichen Formen verbindet. Publikumsliebling bei westlichen Touristen: der Tänzer, der in Sekundenschnelle seine Masken tauscht! Empfehlenswert: das **Jinjiang-Theater** in der Xinglong Jie.

Panda Center, tägl. 7.30-18 Uhr, beste Besichtigungszeit vor 9 Uhr zur Fütterung. **Manjushri-Tempelkloster** (*wenshu yuan*), tägl. 6-20.30 Uhr, Wenshu Yuan Jie, kl. Seitengasse östlich der Renmin Zhong Lu.

Guanghan (☎ 0838)

Museum Sanxingdui, tgl. 8.30-18 Uhr im Winter, tgl. 8-18.30 im Sommer, Einlass bis 17 Uhr, beim Sanxingdui-Ausgrabungsgelände.

Emeishan (☎ 0833)

Emeishan CITS, Hongzhushan-Hotel, Tel. 552 3788.

Einfache und gute Verpflegung gibt es in Garküchen, zudem bieten die Klöster vegetarische Verpflegung an.

Chongqing (☎ 023)

Lokale Spezialität ist der **Feuertopf** (*huoguo*). Die **Wuyi Lu** heißt im Volksmund „Feuertopfstraße" (*huoguo jie*) – ein Schlaraffenland für Anhänger dieses Gerichtes. Empfehlenswert ist auch das **Lao Shu Huoguo** in der Bayi Lu.

SCHIFFFAHRT AUF DEM YANGZI: Neben den staatlichen Linienschiffen hat sich in den letzten Jahren die Zahl der sog. **Luxusschiffe** ständig erhöht. Vom Schiff mit einfacher Ausstattung bis zum 5-Sterne-Schiff, alles kann gebucht werden. Die Schiffe bieten: Außen-, Einzel- und Doppelkabinen, Vollpension, TV, Schwimmbecken (oft ohne Wasser!), Bar, Friseur, Wäscherei, Massage, begleitender Arzt, Restaurants, Geldwechsel, Kioske, Tai-Chi-Kurse, Demonstrationen traditionellen Kunsthandwerks sowie gut trainiertes Personal.
Ein drei- bis viertägiges **Programm** (abhängig von der Fahrt flussaufwärts oder -abwärts) mit einer Durchquerung des Schleusensystems des Drei-Schluchten-Damms sowie der Drei Schluchten selbst als Hauptattraktion schließt verschiedene **Landausflüge und Sonderfahrten** ein, beispielsweise die Steinschatzfestung (Jadesiegelberg; *shibao zhai*) und die Shennong-Schlucht.

AUSFLUG NACH DAZU: Die Fahrt zu den weltberühmten Felsreliefs dauert knapp 2 Stunden (überwiegend Autobahn). Etwa ein Dutzend Restaurants und zahlreiche Souvenirshops neben dem Parkplatz.

HUBEI

Wuhan (☎ 027)

CITS, Xiangyi Hotel, 6 Baofeng Lu, Tel. 5151 9954.

Shuijiao, empfehlenswert sind die leckeren *jiaozi* (Maultaschen), Guan, Liji Lu. **Yeweixiang**, auf Wildgerichte spezialisiertes Restaurant, in Hanyang in der Yingwu Dadao. **Wuhan Tiandi**, Hippes Restaurant- und Kneipenviertel mit Cafés, Restaurants und Kneipen in der Lugouqiao Lu, an der Brücke Nr. 2 (Changjiang-2-Qiao) in Hankou, www.wuhantiandi.com, U 1 Huangpu Rd.

Turm des Gelben Kranichs (*huanghe lou*), auf dem Schlangenberg (*she shan*) in Wuchang. **Museum der Provinz Hubei**, Di-So 9-17, Einlass bis 16 Uhr, 188 Donghu Lu, Wuchang, U 4 Dongting und 20 Min. Fußweg.

Foto: KingWu (iStockphoto)

SÜDCHINA

YUNNAN

Die Provinz **Yunnan** bildet den äußersten Südwesten Chinas. *Yunnan* bedeutet etwa „Südland unter den Wolken" – ein Name, der auf die Abgeschiedenheit und Ferne dieser Provinz vom „Himmelsthron" in Peking hindeutet. Bis zum Ende des 19. Jh. war es ein sagenumwobenes Gebiet, von dem kaum die Europäer Genaues wussten.

Ihren Reiz verdankt die Provinz vor allem der landschaftlichen Schönheit. Üppige Tropenwälder, steile Berge und fruchtbare Täler, durch die mächtige Flüsse wie der ca. 4500 km lange **Lancang** (*lancang jiang* alias **Mekong**) fließen, bestimmen das Bild. Keine andere Provinz Chinas entfaltet eine solch weitgefächerte Landschaftspalette: Im Norden steigen die Berge langsam zum tibetischen Hochland an. Im Süden hält vielerorts dichter tropischer Regenwald Eindringlinge ab. Die Flora und Fauna ist reich an vielen verschiedenen und zum Teil vom Aussterben bedrohten Arten.

Die Nähe zu Südostasien sorgt für vielfältige kulturelle Einwirkungen und Wechselbeziehungen. Myanmar (Burma), Laos und Vietnam liegen jenseits der Grenze. Durch diese Nachbarschaft gilt das Gebiet bei der Pekinger Führung als politisch brisante Region.

24 ethnische Minderheiten leben in Yunnan. Zu den vergleichsweise großen Völkern der Bai, Hani und Yao, die jeweils über 1 Mio. Angehörige zählen, kommen hier auch die nahezu vergessenen Volksgruppen der Achang, Nu, Jinuo, Bulang, Dulong und andere mehr, deren Stärke meist unter 50 000 Mitglieder gesunken ist.

So unterschiedlich ihre Herkunft auch sein mag, eines haben alle Völker gemeinsam: Die politischen Ländergrenzen der Region bestehen für sie lediglich auf dem Papier – in ihren Köpfen und Herzen sind diese willkürlichen Trennlinien nicht vorhanden.

★Kunming

„Stadt des Ewigen Frühlings" – zu diesem Namen verhalf **★Kunming** ❶, der bereits über 7 Mio. Einwohner zählenden, schnell wachsenden Hauptstadt der Provinz Yunnan, ihre Lage auf einem knapp 1900 m hohen Plateau. Denn bei einer durchschnittlichen Jahrestemperatur von 15-18 °C herrscht hier – nach Meinung vieler Chinesen – das beste Klima der Volksrepublik.

Die zahlreichen gepflegten **Parks** der Stadt, deren Geschichte bis in die Qin-Zeit zurückreicht, scheinen das ganze Jahr über in Blüte zu stehen.

Links: Karstberge am Li-Fluss zwischen Guilin und Yangshuo (Provinz Guangxi).

Mengzi
Daxue Shan Pass 4327
Yading Nature Reserve
6062 (The last Shangri La)
Wulaxi
Mianning
4148
Suijiang
Shuifu
Xunchang
Gao Xian
Gong Xian
Yongshan
Junlian
Yanjin
Eyatong
Muli
4393
Zhaojue
XICHANG
Shangri-La
15
Zuosuo
14
Lugu Lake
SICHUAN
Daguan
Weixin
Yiliang
Luoji Shan 4358
Dengchang
Zhenxiong
Yanyuan
Dechang
ZHAOTONG
Hezhang
MIANMIAN SHAN
Jinsha Jiang
Yalong Jiang
Jinsha Jiang (Yangtze)
LUNAN SHAN
Ludian
214
Daju
5596
Ninglang
Ertan National Forest Res.
108
Ningnan
Qiaojia
Shigu
Lijiang
Guangmao Shan 4023
Yumen
Miyi
G85
Weining
Yanbian
Yongsheng
Huili
213
326
Heqing
PANZHIHUA
LIUPANSHUI
Jianchuan
Cheng Lake
Renhe
3550
Huize
255
XUANWEI
Jinsha Jiang (Yangtze)
BAICAO LING
610
Jiaopingdu
405
Dongchuan
Eryuan
Jizu Shan 3248
Yongren
G56
Er Lake
Binchuan
Dayao
Yuanmou
Zhanyi
Pu'an
Yangbi
Dali
108
Fuyuan
Shengjing Pass
G5
Luquan
Xundian
XIAGUAN
Xiangyun
Yao'an
QUJING
Songming
Malong
Mouding
Midu
320
Fumin
G78
168
Guangtong
Lufeng
Xi Shan
1
KUNMING
Weishan
Nanhua
340
Luliang
Xingyi
Nanjian
Chuxiong
G56
Anning
3
Yiliang
Shizong
300
Luoping
214
2
Lancang Jiang
YUNNAN
Dian Lake
4
Stone Forest
Shilin
324
Shuangbai
Yimen
Jinning
Chengjiang Fossil Site
Fengqing
Jingdong
Luxi
Nanpan Jiang
Gaoliang
Aliao Mts. Nat. Res.
Fuxian Lake
Yun Xian
WULIANG SHAN
Mile
2822
Yuxi
Jiangchuan
3166
AILAO SHAN
Eshan
Huaning
Qiubei
Dachaoshan Dam
475
450
Tonghai
G80
Guangnan
Anban
Xinping
425
Lincang
Pingyuanjie
Shiping
G8511
Jianshui
KAIYUAN
323
Yanshan
Yuanjiang
Jijie
Shuangjiang
323
Jinggu
Mojiang
213
Xichou
Honghe
GEJIU
Mengzi
Wenshan
Weiyuan River Nature Res.
Yuanyang
Xinjie
Malipo
326
Cultural Landscape of Honghe Hani Rice Terraces
2073
Ning'er
Pingbian
Lüchun
Laomeng
Maguan
Lancang Jiang (Mekong)
Pu'er (Simao)
Jinping
Yuan Jiang
G8011
Hà Giang
Nayou
Lancang
Jiangcheng
HEKOU
Lào Cai
195
Sanchahe Nature Res.
Lantouy
CHINA
LAOS
Mu'ò'ng Tè
Fan Si Peak 3143
1934
VIETNAM
LAOS
Sông Hông
Bảo Hà
214
XISHUANGBANNA
Lai Châu
Jinghong
16
19
Menglun
LAOS
Sông Đà
VIETNAM
Menghai
17
Mengxing
(Red River)
Phôngsali
Daluo
Dameng long
18
Xiaojie
Tuần Giáo
Yên Bái

Chishui
Tutai
Zheng'an
Wuchuan
Yanhe
Huayuan
Guzhang
Laolin Top
1802
Xingwen
Xishui
Xiushan
Jishou
Yuanling
Xuyong
Tongzi
Dejiang
Songtao
Luxi
Gulin
Loushan Pass
Fenggang
Yinjiang
Fenghuang
Chenxi
SICHUAN
Renhuai
Suiyang
Sinan
Mayang
Chishui He
ZUNYI
Meitan
Jiangkou
Tongren
HUAIHUA
Wu Jiang
1551
Bijie
Jinsha
Shiqian
Xinhuang
Zhongfang
Zhijiang
GUIZHOU
Yuqing
Dafang
Xifeng
Weng'an
Shibing
Zhenyuan
Cengong
Yuan Jiang
Hongjiang
Qianxi
Kaiyang
Huangping
Sansui
Tianzhu
Huitong
Xiuwen
Nayong
Fuquan
Jianhe
Jinping
GUIYANG
Guiding
KAILI
Taijiang
Zhijin
Qingzhen
Suining
Jingzhou
Pingba
Majiang
Leishan
Huaxi
Qingyan
Gaotun
Chengbu
Puding
Liuzhi
ANSHUN
Huishui
DUYUN
Danzhai
Liping
1451
Tongdao
Zhenning
Longgong Caves
Changshun
Sandu
Huangguoshu Falls
Pingtang
Gengding Shan
1663
Rongjiang
Chenyang
Longsheng
Guanling
Qinglong
Dushan
Sanjiang
Ping An
Congjiang
Ziyun
Yuanbao Shan
2081
Qingshitan Res.
Xingren
Luodian
Libo
JIUWAN DASHAN
GUILIN
Zhenfeng
Lihua
Rong Jiang
Wangmo
South China Karst (Libo Karst)
Rong'an
Anlong
Hongshui He
Tian'e
Zhujiang
Nandan
Rongshui
Yongfu
Ceheng
Gaolou Ling
1419
Huanjiang
Luocheng
Li Jiang
Longlin
Licheng
Yangshuo
Fengshan
HECHI
Luzhai
Donglan
Yizhou
Lipu
Lingyun
GUANGXI
LIUZHOU
Dayao Shan
Bama
1451
National Forest Park
Xincheng
Dou'an
Bose
Heshan
Xiangzhou
Tianyang
Funing
Mashan
Laibin
Dahua
Tiandong
Wuxuan
Pingnan
Napo
Debao
Pingguo
Daming Shan
1760
Shanglin
Dragon Pool Nat. Forest Park
Guiping
CHINA
VIETNAM
Liming
Long'an
Wuming
Binyang
Jingxi
Tiandeng
Tantang
GUIGANG
1083
NANNING
Daxin
Gâm
Longhu Shan Nature Res.
1978
Cao Bằng
Fusui
Yongning
Heng Xian
Yu Jiang
Xingye
YULIN
Longzhou
Chongzuo
Bà Bể Lake Nat. Park
Thất Khê
Lingshan
Pubei
Bobai
Ningming
VIETNAM
Shangsi
Ping-xiang
Đồng Đăng
Tuyên Quang
Lạng Sơn
SHIWAN DASHAN
THÁI NGUYÊN
Đông Mỏ
Đình Lập
Malu
YUNNAN/GUIZHOU/GUANGXI
Nummern: 1 - 4 / 14 - 28
0 50 100 km
© Nelles Verlag GmbH, München

8
Südchina

Chinesische Blumenliebhaber schätzen Kunming v. a. wegen seiner Magnolien, Rhododendren, Primeln und Kamelien sowie der schon Anfang März einsetzenden Obstbaumblüte.

Für die Farbenpracht der Stadt sorgen nicht allein die Natur mit ihrem ausgeglichenen, milden Klima, sondern auch die bunten Trachten der verschiedenen Volksgruppen, die in der Umgebung von Kunming leben.

Von der **Jinbi Lu** führt, nahe dem **Jinbi-Platz** (1) mit seinen drei neuen **Prunktoren**, die Dongsi Jie südwärts zum ehemaligen Westtempel und Osttempel des 9. Jh. Die Tempel sind zwar längst verschwunden, überlebt haben aber zwei Pagoden aus der Tang-Zeit: die 13-stöckige **Westtempel-Pagode** (2) (*xisi ta*) und die nach einem Erdbebenschaden im 19. Jh. wiederaufgebaute **Osttempel-Pagode** (3) (*dongsi ta*).

Das **Yunnan-Provinzmuseum** (4) (*yunnan sheng bowuguan*) besitzt ungefähr 50 000 Ausstellungsstücke zu den Bereichen Archäologie, Geschichte, Revolution, Nationalitäten und Kunsthandwerk. Beachtenswert sind insbesondere die so genannten **Dian-Bronzen**, kunstvolle Objekte aus der Zeit der Streitenden Reiche (475-221 v. Chr.), die Stiere, Tierkämpfe und kultische Szenen darstellen.

Ein angenehmer Spaziergang folgt im Norden der Stadt im Park entlang des ★**Smaragd-See** (5) (*cui hu*), ein beliebtes Ausflugsziel der Stadtbewohner. Die Anlage mit ihren zahlreichen

 » Stadtplan S. 162, Info S. 188-189

Pavillons und kleinen Seen am Fuß des Wuhuashan wurde während der letzten Jahre der Yuan-Dynastie, in der Mitte des 14. Jh., angelegt.

Etwa 600 m nordöstlich liegt der schönste Sakralbau Kunmings. Der ★**Tempel der Vollkommenheit und des Erfolgs** (6) (*yuantong si*) stammt aus der Tang-Dynastie und wurde in der Vergangenheit mehrmals restauriert. Im Mittelpunkt ruht, umrahmt von einem Teich, ein achteckiger Pavillon.

Weiter nördlich breitet sich der weitläufige **Yuantong-Park** aus, in dem der **Zoo** (7) zu einem Spaziergang einlädt. Er spiegelt den Artenreichtum des chinesischen Südens wider, auch **Pandabären** gibt es hier.

Wer mehr über die Volksstämme des Gebietes erfahren möchte, sollte das **Institut für Nationale Minderheiten** (8) (*minzu xueyuan*) im Norden der Stadt aufsuchen.

Eine Kunming-Erkundung beendet man am besten mit einer Tasse röstfrischem Yunnan-Kaffee und Baguette an der **Wenlin Jie** (9) im **Coffee Break** (*bo rui ke kafei shi*), eines von zahlreichen guten Cafés hier, die die Kaffeehaus-Tradition, für die Kunming seit alters bekannt ist, aufrechterhalten.

Ausflüge von Kunming

Zwei Sehenswürdigkeiten verleiten zu einem Abstecher in Kunmings Norden: Der **Goldene Tempel** (*jin dian*), 7 km vom Stadtzentrum , wurde im Jahr 1602 erbaut, später aber nach Dali verbracht. Das heutige Gebäude stammt aus der Qing-Zeit und besteht nicht, wie sein Name Glauben macht, aus Gold, sondern aus Bronze und Marmor. Der Schönheit des Bauwerkes tut dies keinen Abbruch. Die Kamelienbäume im Tempelhof sollen 600 Jahre alt sein.

4 km weiter nördlich liegt der **Teich des Schwarzen Drachens** (*heilong tan*) am Fuß des **Wulao-Berges** (*wulao shan*). Ihn umgeben daoistische Pavillons und alte Bäume. In der Nähe befindet sich auch der **Botanische Garten** von Kunming.

Der **Bambustempel** (*qiongzhu si*), 12 km nordwestlich von Kunming, ist für seine 500 *Luohan*-Tonfiguren bekannt. Die meisten schuf der Künstler Li Guangxiu Ende des 19. Jh. in einer bunten Stilmischung.

★Dian-See und ★Westberge

In Richtung Süden lockt bei der Stadt der ★**Dian-See** ❷ (*dian chi;* auch *Kunming-See* genannt). Chinas sechstgrößten See speisen 20 Flüsse aus den Bergen des Yunnan-Plateaus. Die Einheimischen entspannen hier gern bei einer Schiffsrundfahrt. Am nördlichen Ausläufer des 340 km^2 großen Sees befindet sich der **Park zur Schönen Aussicht** (*daguan gongyuan*), gegründet während der Qing-Dynastie 1690 und 1866 neu gestaltet. Als Wahrzeichen gilt der **Daguan-Turm** (*daguan lou*) auf einer kleinen Insel, die man nach Durchschreiten des Jinhuapu-Pavillons erreicht. Vom Turm genießt man eine schöne **Aussicht** auf den See und die nahen Westberge.

Die ★**Westberge** (*xi shan*) ziehen sich auf einer Länge von 40 km hin und sind bis 2500 m hoch. Ihre Beinamen, „Buddha-Hügel" und „Hügel der schlafenden Schönheit", verdanken sie ihrer Gestalt, die von weitem tatsächlich an einen schlafenden Buddha oder – wie andere meinen – eine liegende Frau denken lässt.

Ein Ausflugsziel in den Westbergen ist das **Drachentor** (*long men*). Es wurde, wie der Großteil der zugehörigen daoistischen Tempel, in den Fels des **Luohan-Berges** (*luohan shan*) gehauen. Dort schweift auf einer Höhe von rund 470 m der Blick weit über den See. Beim Anstieg erreicht man zunächst den **Huating-Tempel** (*huating si*), dessen Ursprünge im 11. Jh. wurzeln. Anschließend folgen der **Taihua-Tempel** (*taihua si*) im Schatten des gleichnamigen, 2375 m hohen Berges (*taihua*

» Stadtplan S. 162, Karte S. 160-161, Info S. 188-189

Foto: Kai-Ulrich Müller

shan) und der daoistische **Pavillon der drei Reinen** (*sanqing ge*) mit mehreren Hallen. Dann trennen Sie nur noch die engen Gänge, durch die man sich in gebückter Haltung zwängen muss und die einst von daoistischen Mönchen in die Felswände getrieben wurden, vom Drachentor – und der Erkenntnis, dass sich der Aufstieg gelohnt hat.

Anning

Wer sich beim Ausflug in die Westberge einen Muskelkater zugezogen hat, kann ihn in den warmen Quellen von **Anning** ❸ kurieren. Der ming-zeitliche Dichter Yang Shengan lobte die 42-45 °C heißen, stark **mineralhaltigen Quellen** bereits vor über 500 Jahren als die „erquickendsten Quellen unter dem weiten Himmel". In der Nähe befinden sich auch der **Caoxi-Tempel** (*caoxi si*) und die **Perlen-Quelle**.

Oben: Der Tempel der Vollkommenheit und des Erfolgs in Kunming. Rechts: Bizarre Felsformen im Steinwald (Shilin).

★Steinwald (Shilin)

In der Region östlich von Kunming stellt der berühmte ★**Steinwald** (*shi lin*) bei **Shilin** ❹ Yunnans herausragende touristische Attraktion dar. Die rund 80 km lange Strecke in das **Autonome Gebiet der Yi-Nationalität** im Kreis Lunan lässt sich mit einem der zahlreichen täglich verkehrenden Busse mühelos zurücklegen.

Die Entstehungsgeschichte des „Steinwalds" setzte vor 280 Mio. Jahren ein, als infolge der Hebung des Himalayas die Erosion jene bizarren Felsen aus dem Kalkplateau schuf. Weitere Bodenerhebungen verursachten tiefe Gesteinsspalten, die durch Regenwasser ausgewaschen wurden. Heute recken sich auf einem Gebiet von ungefähr 26 000 ha zahllose Felsnadeln bis zu 30 m in die Höhe. Das Herz des Areals bildet ein 100 ha großer Bereich, wo man eine Anhäufung besonders bizarrer Felsen findet.

Auch in Shilin haben die Chinesen bei der Benennung der Felsen ihre

» Karte S. 160-161, Info S. 188-189

Foto: Kai-Ulrich Müller

Fantasie spielen lassen: Die rund 5 km langen, gut markierten Wanderwege führen an Steingebilden vorbei, die „Lotoshügel", „Mutter und Kind", „Mondsüchtiges Nashorn", „Unsterblicher Pilz", „Elefantenbaby" oder „Bambus" heißen. Der **Wangfeng-Pavillon** gewährt einen bezaubernden Blick über die Gegend.

★Er-See

Liebliche Landschaften wie das mit Kiefern bewaldete **Cangshan-Gebirge**, reizvolle Altstädte sowie abwechslungsreiche Märkte machen den Reiz der Umgebung des 7 km breiten, rund 40 km langen und 250 km² großen ★**Er-Sees** ❺ (*er hai*) aus.

Diese Stimmung verstärken die Patina der chinesischen Geschichte und das Kolorit der ethnischen Minderheiten Yunnans. Dieses Erlebnis belohnt den – von Kunming ungefähr 350 km langen – Weg in den Westen Yunnans nach Dali, Xizhou und Shaping reichlich. Dort schlummert noch immer das alte, scheinbar zeitlose China.

★Dali

Das alte ★**Dali** ❻, das touristische Zentrum am Er-See (*er hai*), erreicht man von Kunming (350 km) nach einer fünfstündigen Busfahrt über die Autobahn oder mit der Bahn, die 8 Stunden unterwegs ist – noch, denn die neue Hochgeschwindigkeitsstrecke wird die Fahrtzeit auf 2 Std. verkürzen. Als „Neu-Dali" wird die Stadt Xiaguan bezeichnet.

Dali ist die Anfahrt wert: Es gibt in ganz China nur wenige Orte, wo man als Einzelreisender wirklich relaxen kann: Yangshuo, Lijiang und Dali. Hier kann man in Cafés sitzen, die herrliche Landschaft genießen, Dali-Bier (Carlsberg) trinken und den chinesischen Alltag erleben. Vielen Backpackern gilt Dali als idealer Ort für einen längeren Aufenthalt. Allerdings hat sich das Gepräge der Stadt durch ihre Beliebtheit bei Rucksackreisenden sowie chinesischen und ausländischen Touristengruppen nachhaltig verändert.

Dali liegt in einer Höhe von 1974 m. Es kann auf eine lange Geschichte zu-

» Karte S. 160-161 u. S. 168, Info S. 188-189

rückblicken: Ca. 738-902 war der Ort unter dem Namen Taihe Hauptstadt des Reichs Nanzhao (Nan Chao) des Bai-Volkes und später – zeitgleich mit der Song-Dynastie (960-1279) – des Dali-Reichs, das die Mongolen 1253 zerstörten. Bis zur Invasion durch chinesische Truppen der Ming-Dynastie 1382 siedelten sich zahlreiche Muslime an.

Heute ruht sich die Stadt im Schatten des mächtigen, 4122 m aufragenden ★**Cangshan** von ihrer historisch bedeutsamen Vergangenheit aus. Am bewaldeten Osthang des Gebirges liegt mehrere hundert Meter über dem Niveau des Er-Sees die **Zhonghe-Pagode**. Man erreicht sie über einen **Wanderweg** (ca. 2 Stunden) oder mit einer ★**Sesselliftfahrt** (1), bei der man eine fantastische Aussicht über die Stadt und den gesamten Er-See hat.

Man betritt die **Altstadt** durch drei mächtige Tore in der v. a. im westlichen und südlichen Abschnitt restaurierten **Stadtmauer**. Sowohl das **Südtor** (2) wie das rund 1800 m entfernte Nordtor kann man besteigen; von beiden Türmen genießt man einen wunderbaren Blick auf die Ziegeldächer und die Gassen der Stadt.

Zahllose Läden für Silberschmuck, CDs, Textilien etc. reihen sich entlang der sehr touristischen **Wenxian Lu**, in denen die Bonsai- und Blumenverkäufer einen besonders fotogenen Akzent setzten. Hier liegt linker Hand auch das **Dali-Museum** (3), eine kleine Sammlung, die wegen der schönen Terrakotta-Figuren aus der Ming-Zeit einen Besuch wert ist.

Trotz des Einflusses der muslimischen Hui-Minderheit, der im Stadtbild unter anderem in der **Moschee** (4) und einigen Restaurants sichtbar wird, bestimmen die Angehörigen der Bai-Minderheit die Szenerie.

Vorbei am **Wuhua-Torturm** (5) führt der Weg über die **Fuxing Lu** zum **Yu'er-Park** (6), in dem man sich vom Trubel der Menschenmenge erholen kann. In den Gassen zwischen der Grünanlage

Rechts: Die drei Pagoden von Dali vor dem 4122 m hohen Berg Cangshan.

» Stadtplan S. 166, Info S. 188-189

Foto: Songquan Deng (Shutterstock.com)

und dem **Markt** (7) unweit des **Nordtores** (8) konnte sich der alte, stimmungsvolle Charakter Dalis noch gut erhalten.

Gerühmt wird Dali landesweit für seinen weißen Marmor von exzellenter Qualität. Eine **Marmorfabrik** ist vor dem **Westtor** (9) angesiedelt.

Die seit alters kunstvolle Verwendung des Dali-Marmors lässt sich in der Stadt bei den ★**Drei Pagoden** (10) (*santa si*), dem malerischen Wahrzeichen des Ortes, bewundern. Sie ragen zwischen 42 und 69 m auf und zählen - im 9. Jh. während der Tang-Dynastie errichtet – zu den ältesten Bauwerken im Südwesten Chinas. Die eleganten Bauwerke gehörten ursprünglich zum Kloster **Chongsheng**, einem bedeutenden Zentrum des Buddhismus in Yunnan.

Allen Erdbeben trotzte auch die **Eine Pagode** (11) (*hongsheng si*) südwestlich der Altstadt. Auch ihre Konstruktion aus Marmor ist bemerkenswert, da sich ansonsten die Pagoden des Bai-Volkes durch ihre weiße Bemalung auszeichnen (*bai* bedeutet „weiß").

Die zumeist farbenprächtig gekleideten Bai bewohnen auch zahlreiche Dörfer am Ufer des ★**Er-Sees** (12) (*er hai*), der sich etwa 3,5 km von Dali entfernt erstreckt. Der Spaziergang zum See bezaubert v. a. morgens und abends. Dann fahren zahlreiche Kormoran-Fischer mit ihren schmalen Booten hinaus. Abgerichtete Kormorane tauchen für sie nach den Fischen; die Vögel können ihre Beute jedoch nicht hinunterwürgen, da man ihnen eine verengende Schlinge um den Hals gelegt hat.

Ausflüge von Dali

Rund 7 km südlich von Dali liegen in der Nähe des Dorfes **Guanyin** ❼ mehrere Sakralbauten, so der **Guanyin-Tempel** (*guanyin tang*), eine vor wenigen Jahren restaurierte Anlage zu Ehren der Göttin der Barmherzigkeit. Sehenswert ist zudem der **Guantong-Tempel** (*guantong si*) 3 km weiter südwestlich im Cangshan-Gebirge. Von einem der einst prächtigsten Klöster am Er-See kann man heute noch zwei restaurierte Gebäude besichtigen.

» Stadtplan S. 166, Karte S. 168, Info S. 188-189

Bei **Xizhou ❽**, rund 25 km nördlich von Dali, sprudeln die **Schmetterlingsquellen** (*hudie quan*). Der Legende nach soll sich einst ein verfolgtes Liebespaar verzweifelt in die unergründliche Tiefe des Quellbeckens gestürzt haben – um ihm als Schmetterlinge wieder zu entsteigen. In den vielfältigen Faltern, die durch die Sommerlüfte taumeln, erblickt man die Nachkommen dieses Liebespaares.

Reizvoll ist ein Spaziergang durch das bislang noch wenig touristische Dorf ★**Zhoucheng ❾**, dessen Gassen und Häuser – z. T. aus ungebrannten Lehmziegeln errichtet – sich den Hang hinaufziehen.

Man sollte die Strecke entlang des Er-See möglichst einmal am Montag befahren, um den reizvollen ★**Markt** in **Shaping ❿** aufzusuchen. Dann nämlich setzt eine wahre Völkerwanderung der Bai zu dem Marktflecken ein, der etwa 50 km von Dali entfernt liegt. Auch aus den tiefen Tälern der Umgebung ziehen lange Karawanen von Händlern und Käufern hügelan. Auf dem Markt hat der Holzhändler seinen Stand neben jenem des Barfuß-Zahnarztes aufgeschlagen, hat der Seiler den Friseur zum Nachbarn. Korbmacher, Näherinnen, Netzknüpfer und Reusenverkäufer – sie alle warten auf Kunden. Das Angebot der Bauern reicht von frischem Gemüse bis zum quiekenden Jungschwein. Zwischen den zusammengeschusterten Ständen drängen sich Tausende von Käufern und Neugierigen, deren bunte Trachten Farbtupfer setzen. Erst am Nachmittag kehrt wieder Ruhe ein.

★Lijiang

Etwa 170 km nördlich von Dali breitet sich in einer 2600 m hoch gelegenen Talebene ★**Lijiang ⓫** aus, einer der Touristenmagneten in der Provinz Yunnan. Denn obwohl der Ort mit nur wenigen großen Sehenswürdigkeiten aufwarten kann, lohnt die landschaftliche Schönheit der Umgebung mit dem

» Karte S. 168, Info S. 188-189

vergletscherten **Jadedrachen-Schneegebirge** (*yulong xueshan*) und mehr noch das 800 Jahre alte historische Zentrum (Weltkulturerbe der UNESCO) einen längeren Aufenthalt.

Lijiang war 1288-1730 die Hauptstadt des Naxi-Königreichs Mu, und noch heute ist der Ort das kulturelle Zentrum dieser zur tibeto-burmanischen Sprachfamilie gehörenden Volksgruppe. Charakteristisch für matriarchalische Kultur der **Naxi** ist eine schamanistische Religion (*dongba*) mit tibetischen, animistischen und daoistischen Elementen sowie eine aus Piktogrammen (Bildzeichen) bestehende **Schrift** – die Naxi sind eine der ganz wenigen nationalen Minderheiten Chinas mit einem eigenen Schriftsystem.

In der **Altstadt**, 1996 durch ein Erdbeben großenteils zerstört und danach original wieder aufgebaut, wohnen auf 1,4 km² Fläche etwa 4000 Einwohner – die Zahl der Touristen ist jedoch um ein Vielfaches höher! Von morgens bis spät in die Nacht herrscht reges Leben in den geschäftigen Läden und gemütlichen Restaurants und Cafés, v. a. entlang der Dong Dajie und der Xinghua Jie zwischen dem großen **Wasserrad** (1), dem Eingang zur Altstadt, und dem zentralen Platz, dem **Sifang** (2). Hier kann man bisweilen Gesangsdarbietungen der Naxis und Mosus hören.

An der Dong Dajie liegt auch die **Dongba-Konzerthalle** (3) (**Dongba Palace**), in der jeden Abend Tanzvorstellungen mit traditionellen Musikinstrumenten gegeben werden.

Nicht versäumen sollte man einen beschaulichen Spaziergang – vorbei an malerischen Brücken, schmalen Kanälen und den zweistöckigen Naxi-Häusern mit großen verzierten Holztoren – durch das labyrinthartige Gassengewirr, beispielsweise zur östlich gelegenen **Kirche** (4), zum im Süden befindlichen **Zhongyi-Markt** (5) für Obst und Gemüse oder zur ★**Mu-Residenz** (6). Rund 470 Jahre, von der Yuan- bis zur Qing-

Oben: Der Teich des Schwarzen Drachen in Lijiang mit dem Jadedrachen-Schneegebirge im Hintergrund.

» Karte S. 168, Stadtplan S. 170, Info S. 188-189

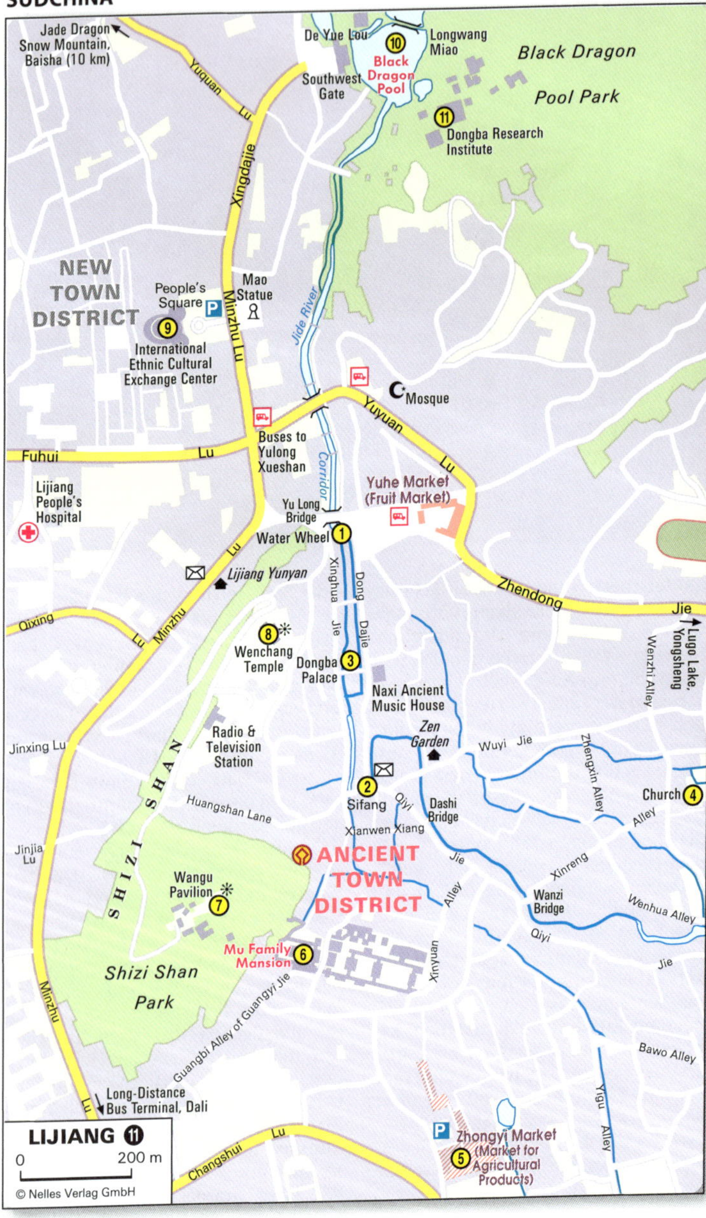
Jade Dragon Snow Mountain, Baisha (10 km)
Yuquan Lu
De Yue Lou
10 Black Dragon Pool
Longwang Miao
Black Dragon Pool Park
Southwest Gate
11 Dongba Research Institute
Xingdajie
NEW TOWN DISTRICT
People's Square
Mao Statue
Minzhu Lu
9 International Ethnic Cultural Exchange Center
Jide River
Mosque
Yuyuan Lu
Fuhui Lu
Buses to Yulong Xueshan
Corridor
Yuhe Market (Fruit Market)
Lijiang People's Hospital
Yu Long Bridge
1 Water Wheel
Lijiang Yunyan
Xinghua Jie
Dong Dajie
Zhendong Jie
Qixing Lu
Minzhu Lu
8 Wenchang Temple
3 Dongba Palace
Naxi Ancient Music House
Lugo Lake, Yongsheng
Wenzhi Alley
Radio & Television Station
Zen Garden
Wuyi Jie
Zhengxin Alley
Jinxing Lu
SHIZI SHAN
2 Sifang
Qiyi
Dashi Bridge
Church 4
Huangshan Lane
Xianwen Xiang
Jie
Alley
Jinjia Lu
ANCIENT TOWN DISTRICT
Xinreng Alley
Wangu Pavilion 7
Wanzi Bridge
Wenhua Alley
Qiyi Jie
Mu Family Mansion 6
Xinyuan
Shizi Shan Park
Guangbi Alley of Guangyi Jie
Minzhu Lu
Bawo Alley
Long-Distance Bus Terminal, Dali
Yigu Alley
LIJIANG 11
0 200 m
© Nelles Verlag GmbH
Changshui Lu
Zhongyi Market (Market for Agricultural Products) 5

Dynastie, bestimmte der mächtige Mu-Klan die Geschicke der Stadt und ließ sich in dem gewaltigen Komplex – von Zeitgenossen die „Verbotene Stadt Lijiangs" genannt – Bibliotheken, Tempel und weitere Gebäude errichten. Diese werden heute als Ausstellungsräume für die Geschichte Lijiangs und die traditionelle Naxi-Kultur genutzt.

Eine exzellente ★**Aussicht** auf die sich scheinbar endlos hinziehenden Ziegeldächer bieten der 22 m hohe **Wangu-Pavillon** ⑦ sowie der **Wenchang-Tempel** ⑧ auf dem **Löwenberg** (*shizi shan*) im Westen der Altstadt.

In der Neustadt liegt am **Volksplatz** das **International Ethnic Cultural Exchange Center** ⑨, ein Kulturinstitut, in dem regelmäßig Abendveranstaltungen stattfinden. Hier werden Tänze und Musik der Naxi, verbunden mit Choreografie à la *Lido* und *Moulin Rouge*, aufwändig in Szene gesetzt.

Klassisch chinesisch dagegen ist der wunderschöne Park beim ★**Teich des Schwarzen Drachens** ⑩ (*heilong tan*), ein Musterbeispiel traditioneller Gartenkunst. Hier steht der 1737 eingeweihte **Tempel des Drachenkönigs** (*longwang miao*), von dem eine fünfbogige Brücke zu einer Insel mit dem **Pavillon zur Verehrung des Mondes** (*de yue lou*) führt. Eine Augenweide ist der Blick über den See und die harmonischen Gebäude hinweg zu dem vergletscherten, bis zu 5598 m hohen ★**Jadedrachen-Schneegebirge** (*yulong xueshan*), auf den drei **Seilbahnen** bis auf eine Höhe von 4400 m ü. M. fahren.

Unweit des Teichs des Schwarzen Drachens liegt das **Forschungsinstitut für die Dongba-Kultur** ⑪ (*dongba wenhua yanjiushi*). Schamanen (*dongbas*) widmen sich hier dem Übersetzten tausender Naxi-Schriften ins Chinesische, um sie der Nachwelt zu erhalten.

Ausflüge von Lijiang

Die nähere Umgebung von Lijiang eignet sich sehr gut für die Erkundung mit dem Fahrrad (Vermietung u. a. in Hotels). Ein beliebtes Ziel ist das Kloster **Puji Si**, zwar nicht bedeutend und während der Kulturrevolution zerstört, doch landschaftlich schön am Berghang gelegen (5 km).

Reizvoll ist auch ein Besuch des für seine traditionelle Architektur bekannten Naxi-Dorfes **Baisha** mit schmalen Gassen, Souvenirshops und angenehmen Cafés (10 km). Der Ort war bis zur Eroberung Yunnans durch Kublai Khan (1260-1294) Hauptstadt des Naxi-Königreichs.

Rund 15 km von Lijiang entfernt ist das Dorf **Yufeng**, von dem man in etwa 30 Min. zum **Jadegipfel-Tempel** (*yufeng si*) aufsteigen kann. Hauptattraktion ist ein zur Gruppe der Teesträucher gehörender uralter Kamelienbaum, Symbol ehelicher Harmonie in China.

Shigu

70 km westlich von Lijiang liegt die für Chinesen symbolträchtige Kleinstadt **Shigu** ⓬ („Steintrommel"). Denn hier beschreibt der vom tibetischen Hochland kommende **Goldsandstrom** (*jinsha jiang*) alias **Yangzi** seine erste scharfe Kurve und fließt von nun an beständig gen Osten bis in das Südchinesische Meer – ohne diese Biegung hätte die chinesische Kulturentwicklung einen anderen Verlauf genommen. Zudem durchbrachen hier im April 1936 während des Langen Marsches die kommunistischen Truppen unter dem Kommando von General He Long die nationalistische Front Chiang Kaisheks – ein entscheidender Sieg im chinesischen Bürgerkrieg.

★Tigersprungschlucht

Besonders reizvoll ist eine Fahrt von Lijiang zur 16 km langen ★**Tigersprungschlucht** ⓭ (*hutiao xia*), durch die der Yangzi, hier noch **Goldsand-Strom** (*jinsha jiang*) genannt, fließt. Spektakulär ragen die Felswände bis

» Stadtplan S. 170, Karte S. 168, Info S. 188-189

Foto: Jürgen Bergmann

zu 3800 m auf, an der engsten Stelle ist die Schlucht nur 30 m breit, so dass sie gleichsam von einem Tiger auf der Flucht übersprungen werden konnte – so eine Legende. Der Cañon, einer der tiefsten der Welt, kann in zwei Tagen von Hutiaoxia nach Daju durchwandert werden – ein unvergessliches Erlebnis! In beiden Dörfern sowie in der Schlucht selbst gibt es einfache Übernachtungsmöglichkeiten.

★Lugu-See

Landschaftlich atemberaubend ist die Fahrt zum 200 km nordöstlich von Lijiang gelegenen ★**Lugu-See** ⓮ (*lugu hu*) am Fuß des Löwenberges (*shizi shan*). Er ist mit 2685 m ü. d. M. einer der höchstgelegenen Seen Chinas, an der Grenze zwischen Yunnan und Sichuan. Malerisch ragen aus dem glasklaren Wasser fünf kleine Inseln, einige mit einem kleinen Tempel, heraus.

Am Seeufer und in den umliegenden Tälern sind Pumi, Han-Chinesen, Tibeter und Mosu zu Hause. Die Mosu sind eine Untergruppe der Naxi, und ihre matriarchale Lebensweise beschäftigt nicht nur die Forschung, sondern beeindruckt auch die Besucher.

Shangri-La

An der Yunnan-Tibet-Straße befindet sich das von James Hilton 1933 in seinem Roman *Lost Horizon* („Der Verlorene Horizont") beschriebene – fiktive – *Shangri-La*. In dieser Landschaft mit zotteligen Yaks, schneebedeckten Bergen, tiefen Schluchten und kargen Grassteppen liegt **Shangri-La** ⓯, das umgetaufte ehemalige Zhongdian.

Kulturinteressierte zieht es zum ★**Jietang-Songlin-Kloster** des Gelbmützen-Ordens, nördlich des Stadtzentrums. In den 1960er-Jahren von den Roten Garden zerstört, leben in dem restaurierten buddhistischen Komplex heute wieder mehr als 400 tibetische Mönche.

Oben: In der Altstadt von Lijiang. Rechts: Die hohe Kunst der Kalligrafie (Lijiang).

» Karte S. 168 u. S. 160-161, Info S. 188-189

Foto: Jürgen Bergmann

XISHUANGBANNA

Im **Autonomen Bezirk Xishuangbanna**, im äußersten Süden der Provinz Yunnan an der Grenze zu Myanmar (Burma) und Laos, herrscht subtropisches, feucht-schwüles Klima mit ganzjährigen Temperaturen von durchschnittlich 21 °C. Während der Regenzeit von Anfang Juni bis Ende August gießt es oft tagelang in Strömen. Die Vegetation gedeiht üppig, dichter Regenwald verwehrt vielerorts das Vorankommen. Der Boden ist sehr fruchtbar; exotische Früchte aller gedeihen hier den Tisch und stapeln sich auf den Wochenmärkten. Xishuangbanna besteht aus 12 Verwaltungsgebieten, die eine Gemeinsamkeit besitzen: die Dai-„Minderheit", die tatsächlich die Mehrheit der insgesamt etwa 650 000 Einwohner des autonomen Bezirks stellt.

Jinghong

Die abgelegene Verwaltungshauptstadt **Jinghong** ⓰ liegt im äußersten Südwesten Yunnans. Zu den touristischen Glanzlichtern zählt das Dai-Dorf **Manjing** als südlicher Ausläufer der Stadt. Dort kann man in traditionellem Ambiente auch übernachten. Im Stadtzentrum sind einige kleinere Tempel zu entdecken. Einen Einblick in die heimische Flora erhält man im **Forschungsinstitut für Tropenpflanzen** (*redai zhiwu yanjiusuo*) rechter Hand an der Ausfallstraße nach Menghai.

Spannend ist ein Streifzug über den **Kunst- und Handwerksmarkt**, auf dem überwiegend **Burmesen** Edelsteine, Jade, bunte Kuriositäten und schwere, aus Holz geschnitzte Elefanten verkaufen.

Wasser spielt im Leben der Dai eine besondere Rolle. **Bootsfahrten** auf dem **Lancang**, der weiter südlich seinen bekannteren Namen **Mekong** annimmt, werden das ganze Jahr über angeboten.

Das ★★**Wasserfest der Dai** findet jährlich vom 13. bis 16. April statt. Wasserscheu sollten die Besucher dieses Festes allerdings nicht sein. Denn in

Foto: Shaowen1994 (Dreamstime.com)

der Freude über das Ende der Trockenzeit bespritzen die Feiernden einander ausgelassen mit Wasser und setzen damit zugleich ein gutes Omen für die kommende Regenzeit, die dem Land Fruchtbarkeit und Wohlstand sichert. Außerdem werden **Drachenbootrennen** veranstaltet. Bis zu 50 m lange Boote mit manchmal 50 in Zweierreihen sitzenden Stechpaddlern treten zum Wettkampf an. Die Rennen folgen einer alten Tradition und ziehen das Publikum in Scharen an.

Obwohl man in Jinghong nur wenige Tempel findet, wird das Leben im Bezirk Xishuangbanna stark vom Buddhismus, und zwar vom Pali-Buddhismus geprägt. Die Mönche in ihren ockerfarbenen Gewändern gehören daher zum alltäglichen Bild.

Oben: An den Huangguoshu-Wasserfällen. Rechts: Eine Frau der Bouyei-(Buyi-) Minderheit in Huangguoshu (Guizhou).

Menghai

Auch im Westen sind Pagoden zu bewundern, so in **Menghai** ⓱, das mit seinem **Sonntagsmarkt** überregionale Bedeutung besitzt. Der Ort war einst das kulturelle Zentrum der Hani (Aini), ehe sie von den Dai verdrängt wurden und sich in die schwer zugänglichen Berge zurückzogen.

Damenglong

Zu den bedeutendsten Sakralbauten in Xishuangbanna zählt die ★**Weiße Pagode** (*bai ta*) von **Damenglong** ⓲, 60 km südlich von Jinghong nahe der burmesischen Grenze. Unter dem auf das Jahr 1204 zurückgehenden Bau, den viele einheimische Pilger aufsuchen, ruhen die Füße Buddhas – so will es zumindest die Legende.

An Sonntagen lohnt ein Streifzug über den **Markt**, auf dem die Händler aus der weiten Umgebung ihr appetitliches tropisches Obst und Gemüse zum Kauf anbieten.

Menglun

Einzige bedeutende Sehenswürdigkeit des Dorfes **Menglun** ⓳ ist der 1959 eröffnete **Botanische Tropengarten** (*redai zhiwuyuan*), in dem man herrlich zwischen Palmen, für medizinische Zwecke genutzten Drachenblutbäumen, Würgefeigen, Bromelien und vielen anderen exotischen Pflanzen relaxen kann.

GUIZHOU UND GUANGXI

Wo wächst der Reis in den Himmel, und wo gibt es (angeblich) keinen Flecken ebener Erde? In den Provinzen **Guizhou** und **Guangxi**. Eine weitere Frage müsste lauten: Welche Provinzen gehören zu den unterentwickeltsten Regionen der Volksrepublik China? Auch hier heißt die Antwort: Guizhou und Guangxi. Und damit ist das Hauptprob-

 » Karte S. 160-161, Info S. 188-189

lem der 39 Mio. bzw. 49 Mio. Einwohner zählenden Provinzen angeschnitten. Hier erlebt man an vielen Orten noch chinesisches Landleben in unbelassenem – sprich: ärmlichem – Zustand. Es mangelt an Transport- sowie Kommunikationsmöglichkeiten und ausreichender Versorgung in wichtigen Bereichen. Daher haben diese Regionen ihren vorwiegend ländlichen Charakter bewahrt.

Wie der gesamte Südwesten Chinas sind auch die Provinzen Guizhou und Guangxi Siedlungsgebiet zahlreicher ethnischer Minderheiten. Die Miao, Yi und Dong sind hier ebenso ansässig wie die Hui, Bai und Zhuang. 51 % der Bevölkerung Guizhous rechnen sich nicht zu den Han-Chinesen.

Guiyang

Bahnreisende kennen die Hauptstadt **Guiyang** ⑳ als Umsteigebahnhof auf dem Weg zwischen Guilin und dem nördlich gelegenen Chongqing am Yangzi. Das 4,4 Mio. Einwohner zählende Guiyang ist eine typische chinesische Provinzstadt mit gläsernen Hochhäusern und einem modernen Erscheinungsbild, das kaum etwas von der Armut im Hinterland ahnen lässt. Deshalb zieht es Touristen eher an den Stadtrand. Dort lassen sich einige Höhlen erforschen, unter anderem im **Huaxi-Park** (*huaxi gongyuan*), der zudem mit Seen und Tempeln lockt. Oder man schöpft im **Park des Qianling-Berges** (*qianlingshan gongyuan*) mit dem **Hongfu-Kloster** (*hongfu si*) aus dem Ende der Ming Zeit Atem.

Lohnend ist auch der Besuch der alten Garnisonsstadt **Qingyan** im Süden Guiyangs: In den engen, gepflasterten Straßen sieht man noch viele alte Tempel, Wohnhäuser und Zunfthäuser.

★Longgong-Höhlen und ★Huangguoshu-Wasserfälle

Manche der touristischen Sehenswürdigkeiten sind über die Provinzgrenzen hinaus bekannt, so die **Longgong-Höhlen** und die Huangguoshu-Wasserfälle, die man von Guiyang via Anshun erreicht (etwa 110 km bzw. 150 km entfernt). Bei der ★**Höhle des Drachenpalastes** ㉑ (*longgong dong*) handelt es sich um ein riesiges Höhlenlabyrinth, das man mit Booten auf einem Fluss zu einem kleinen Teil durchfährt (Fahrzeit ca. 1 Stunde).

Foto: Kai-Ulrich Müller

Die ★**Huangguoshu-Wasserfälle** ㉒ (*huangguoshu dapubu*) gelten mit 81 Metern Fließbreite und 74 Metern Sturzhöhe als Chinas mächtigste Wasserfälle. Sie sind eine von insgesamt neun Kaskaden, die der Baishui-Fluss (*baishui he*) auf zwei Kilometern Länge überwindet. Die Umgebung der Fälle ist ein beliebtes Wandergebiet.

Beide Naturschauspiele liegen im Gebiet der **Bouyei** (**Buyi**), einer nationale Minderheit, die für ihre schönen Batiken als auch für ihren starken Reisschnaps – „Kochendes Wasser“ (*kai shui*) – bekannt ist.

» Karte S. 160-161, Info S. 188-189

Kaili

Auf der Bahnstrecke nach Osten, in Richtung Hunan, erreicht man nach etwa 190 km die in malerischer Landschaft von **Miao-Dörfern** umgebene Stadt **Kaili** ㉓. Die bunten Trachten der Miao prägen das Treiben auf dem **Sonntagsmarkt**, der sich vom Busbahnhof nach Westen ausdehnt.

Zhenyuan

Von Kaili führt die Bahn rund 100 km nordöstlich nach **Zhenyuan** ㉔ am Wuyang-Fluss (*wuyang he*) weiter. Der Ort erlangte während der Ming-Dynastie als Wachposten am Handelsweg von Südchina nach Zentralasien größere Bedeutung. Sehenswert ist die hübsche **Altstadt** mit pittoresken Brücken und restaurieren Häusern aus der Qing-Zeit, zudem der fast 500 Jahre alte daoistische **Tianhou-Gong-Tempel** auf einem hohen Felsen über dem historischen Zentrum. Eine sehr schöne **Aussicht** auf Zhenyuan genießt man auch vom **Qinlong-Dong-Tempel** aus dem 16. Jh., ein Sakralbau für verschiedene buddhistische, daoistische und konfuzianische Gottheiten.

★★Karstberge zwischen Guilin und Yangshuo

Es ist die zauberhafte Landschaft zwischen **Guilin** und **Yangshuo**, die als Sinnbild für die Schönheit des Reichs der Mitte wohl in der Vorstellung keines Reisenden fehlt (s. Bild S. 158). Kaum eine andere Gegend gilt als derart „typisch chinesisch" wie die ★★**Karstberge**, die zu den berühmtesten Naturwundern der Welt zählen und selbst im Stadtgebiet von Guilin und Yangshuo aufragen.

Vor rund 300 Mio. Jahren schuf die Natur die Grundlage für den touristischen Reiz Guilins. Das Gebiet war damals noch vom Meer bedeckt. Nach dem Absinken des Wasserspiegels trat eine Kalktafellandschaft zutage, die im Lauf von Jahrmillionen durch Erosion abgetragen wurde. Zurück blieben jene bizarren Karstkegel, die heute neben den Metropolen Peking, Shanghai und Hongkong sowie der Terrakotta-Armee in Xi'an zu Chinas meistbesuchten Sehenswürdigkeiten gehören.

Folgende Warnungen sollen Ihre Vorfreude keineswegs trüben: Zum einen ist schlechtes Monsunwetter mit tagelangen Regenschauern und tiefhängenden Wolken im subtropischen Guilin keine Seltenheit – schließlich ist die bizarre Landschaft ein Ergebnis der hohen Niederschläge! Mag dieses Wetter die Erkundung auch erschweren, so taucht es die Karstkegel doch in jene eigenartige Stimmung, die den Betrachter an eine chinesische Tuschezeichnung erinnert. Zum anderen stößt man hier auch auf negative Begleiterscheinungen des Massentourismus. Trotzdem lassen sich in den weiten Reisfeldern der Umgebung, die man am besten mit einem Fahrrad erkundet, immer wieder stille Orte finden.

★★Guilin

Das 150 m ü. d. M. gelegene und heute auf 800 000 Einwohner angewachsene ★★**Guilin** ㉕ wurde 214 v. Chr. während der Qin-Dynastie gegründet. Wie in vielen anderen chinesischen Städten lenkte auch hier Kaiser Qin Shihuangdi die Geschicke der Stadt in eine entscheidende Richtung. In Guilin sorgte der Bau des **Ling-Kanals** (*ling qu*) für wirtschaftlichen Aufschwung. Der Ort stieg durch ihn zu einem wichtigen Warenumschlagplatz und zu einer Drehscheibe der Transportwege zwischen Süd-China und dem Zentrum des Landes auf; die künstliche Wasserstraße knüpfte die Verbindung zwischen dem Yangzi im Norden und dem Perlfluss im Süden. 1647 erkoren die Ming-Kaiser die Stadt zur Schutzfestung gegen die Mandschu. Während des 2. Weltkriegs strömten über 300 000 Chinesen auf

 » Karte S. 160-161, Info S. 188-189

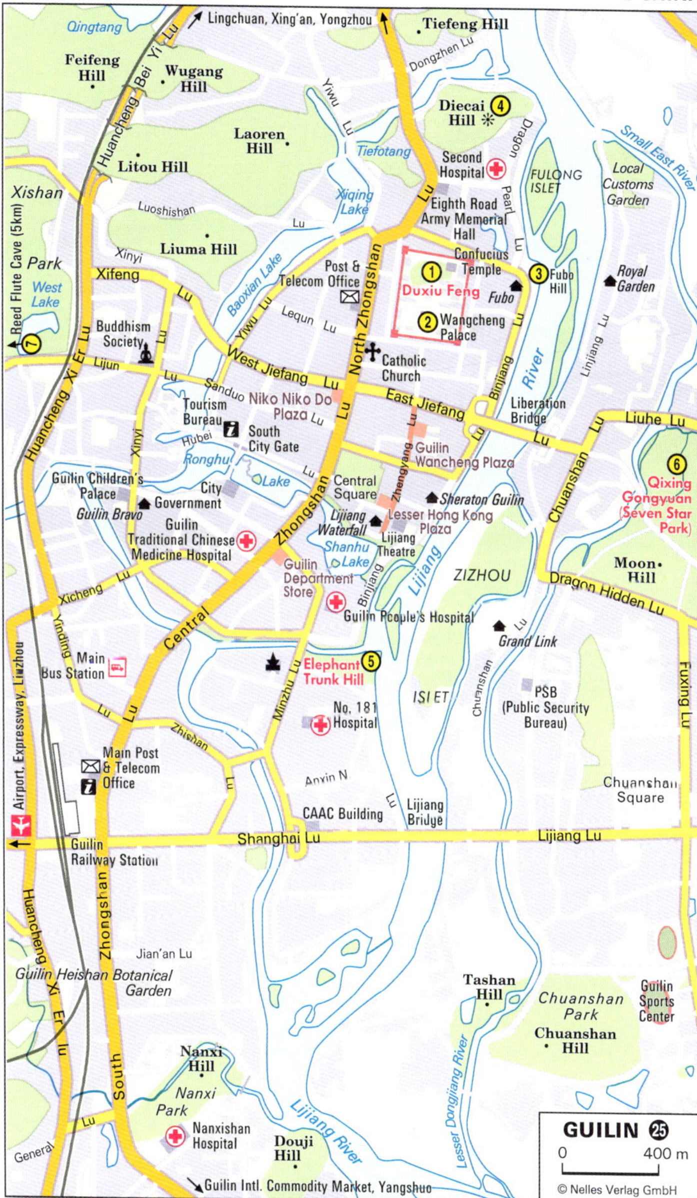

Lingchuan, Xing'an, Yongzhou
Qingtang
Tiefeng Hill
Feifeng Hill
Wugang Hill
Huancheng Bei Yi Lu
Dongzhen Lu
Yiwu Lu
Diecai Hill
Laoren Hill
Litou Hill
Tiefotang
Dragon
Second Hospital
Small East River
Local Customs Garden
FULONG ISLET
Xishan Park
Luoshishan
Xiqing Lake
Eighth Road Army Memorial Hall
Pearl
Lu
Liuma Hill
Xinyi
Reed Flute Cave (5km)
West Lake
Baoxian Lake
Post & Telecom Office
Confucius Temple
Fubo Hill
Royal Garden
Xifeng Lu
Duxiu Feng
Fubo
Lequn Lu
Wangcheng Palace
Linjiang Lu
Buddhism Society
Huancheng Xi Er Lu
North Zhongshan Lu
Catholic Church
Lijun Lu
West Jiefang Lu
River
Sanduo
Niko Niko Do Plaza
East Jiefang Lu
Binjiang Lu
Liberation Bridge
Tourism Bureau
South City Gate
Liuhe Lu
Hubei
Ronghu Lake
Guilin Wancheng Plaza
Zhengyang Lu
Chuanshan Lu
Guilin Children's Palace
City Government
Central Square
Sheraton Guilin
Qixing Gongyuan (Seven Star Park)
Guilin Bravo
Lijiang Waterfall
Lesser Hong Kong Plaza
Guilin Traditional Chinese Medicine Hospital
Lijiang Theatre
Shanhu Lake
Moon Hill
Zhongshan
Guilin Department Store
Lijiang
ZIZHOU
Dragon Hidden Lu
Xicheng Lu
Guilin People's Hospital
Grand Link
Yinding
Central
Main Bus Station
Elephant Trunk Hill
Minzhu Lu
ISLET
PSB (Public Security Bureau)
Fuxing Lu
Airport, Expressway, Liuzhou
No. 181 Hospital
Zhishan
Main Post & Telecom Office
Anxin N
CAAC Building
Lijiang Bridge
Chuanshan Square
Guilin Railway Station
Shanghai Lu
Lijiang Lu
Huancheng Xi Er Lu
Zhongshan
Jian'an Lu
Guilin Heishan Botanical Garden
Tashan Hill
Chuanshan Park
Guilin Sports Center
Chuanshan Hill
Nanxi Hill
Nanxi Park
South
Lesser Dongjiang River
Lijiang River
Nanxishan Hospital
Douji Hill
General
Guilin Intl. Commodity Market, Yangshuo
GUILIN 25
0 400 m
© Nelles Verlag GmbH

8
Südchina

Foto: Jürgen Bergmann

der Flucht vor japanischen Soldaten aus *Mandschuguo* nach Guilin.

Heute kommen die Gäste nur mehr aus erfreulichen Gründen nach Guilin. Wer wenig Zeit hat, wählt den Flug – z. B. von Kanton, Xi'an oder Hangzhou aus – und damit die schönste Anreise, denn sie bietet beim Anflug einen atemberaubenden Blick auf die steilhügelige Karstlandschaft.

Bereits im Stadtzentrum erheben sich einige **Karstberge**, die sich zum Teil besteigen lassen. Auf den ★**Gipfel der Einmaligen Schönheit** ① (*duxiu feng*) etwa führen über 300 Stufen.

Nach dem Abstieg lohnt ein Bummel durch den ehemaligen **Palast des Jingjiang-Prinzen** ② (*wang cheng*), in dem die Ming-zeitlichen Herrscher über Guilin 1372-1650 residierten. Auf dem Gelände befindet sich auch der sehenswerte **Konfuziustempel** (*wen miao*), der einst als Schule für die Vorbereitungen auf die Provinzprüfungen diente. Anschließend kann man sich zum **Fubo-Berg** ③ (*fubo shan*) am Ufer des Lijiang begeben. Beim Aufstieg fallen eine 2,5 t wiegende **Glocke** einer ehemaligen Tempelanlage sowie ein riesiger **Kochtopf**, mit dem sich über 1000 Menschen verköstigen lassen, auf; die beiden ungewöhnlichen Relikte stammen aus der Qing-Zeit. Eine weitere Sehenswürdigkeit ist die **Höhle der Zurückgewonnenen Perle** (*huanzhu dong*) am Südfuß des Berges. In ihr soll während der Han-Zeit ein General sein Schwert gegen die Angreifer der Stadt Guilin geschärft haben. Eine Legende umrankt den Namen der Höhle: Hier hauste einst ein Drache, dem eine Perle in seiner Höhle Licht spendete. Ein Fischer raubte ihm sie – um sie wenig später reumütig zurückzubringen. An der Ostseite zieren den **Felsen der 1000 Buddhas** (*qianfo yan*), anders als sein Name verheißt, nur 300 Skulpturen.

Nahe des Zentrums lohnt außerdem der **Berg der Bunten Schichten** ④ (*die-*

Oben: Besonders eindrucksvoll erlebt man die Dörfer und Karstberge in der Umgebung Yangshuos bei einer Fahrradtour. Rechts: Kormoranfischer am Li-Fluss.

» Stadtplan S. 177, Info S. 188-189

Foto: Ke Yu (iStockphoto)

cai shan) einen Aufstieg. Seine höchste Erhebung, der **Mingyuefeng**, ragt 223 m empor und eröffnet von Norden eine schöne **Aussicht** auf Guilin.

Im Süden der Stadt lässt sich der ★**Elefantenrüssel-Berg** ⑤ (*xiangbi shan*) erklimmen, dessen Gestalt am Ufer des Li-Flusses einem trinkenden Elefanten ähnelt.

Einige Parks bestechen durch die vollkommene Harmonie der Landschaft von Bergen und Seen. Dem ★**Park der Sieben Sterne** ⑥ (*qixing gongyuan*) am östlichen und stilleren Ufer des Lijiang trugen sieben Hügel seinen Namen ein, deren Anordnung an das Sternzeichen des Großen Bären erinnert. Einige Tempel und Höhlen, unter ihnen die **Sieben-Sterne-Höhle** (*qixing yan*), zählen zu seinen Reizen.

Auch Guilins Unterwelt lockt: Zahllose Tropfsteinhöhlen sind für Besucher geöffnet. Vor allem die 5 km nordwestlich des Stadtzentrums gelegene **Höhle der Schilfrohrflöten** ⑦ (*ludi yan*), die sich bunt beleuchtet tief in den Berg frisst, ist eine Erkundung wert.

★★Bootsfahrt auf dem Li-Fluss

Kaum ein Besucher verzichtet während eines Guilin-Aufenthaltes auf eine ★★**Bootsfahrt** auf dem **Li-Fluss** (*li jiang*). Die Fähren legen vom großen Fähranleger im 22 km südlich gelegenen **Zhujiang** ab. Ziel aller Touren ist das 65 km entfernte **Yangshuo** (s. u.). Die Fahrt dorthin führt an rund 50 Karstbergen vorbei. Sie schmücken sich mit blumigen Bezeichnungen wie „Vater-Sohn-Fels", „Fünf Tiger krallen ein Schaf", „Kletternde Schildkröte" oder „Wolkenkratzerberg". Mit ein wenig Fantasie erkennt man, weshalb die Hügel diese Namen tragen.

Am Flussufer zu Füßen der Berge spielt sich chinesischer Alltag ab. Frauen waschen, Kinder spielen im Fluss, schmale Fähren aus Bambusrohr, beladen mit Passagieren, Fahrrädern und vollen Gemüsekörben, setzen gemächlich über den Lijiang.

Nach ungefähr 5 Stunden erreicht man Yangshuo, das zweite Touristenzentrum am Li-Fluss.

» Stadtplan S. 177, Info S. 188-189

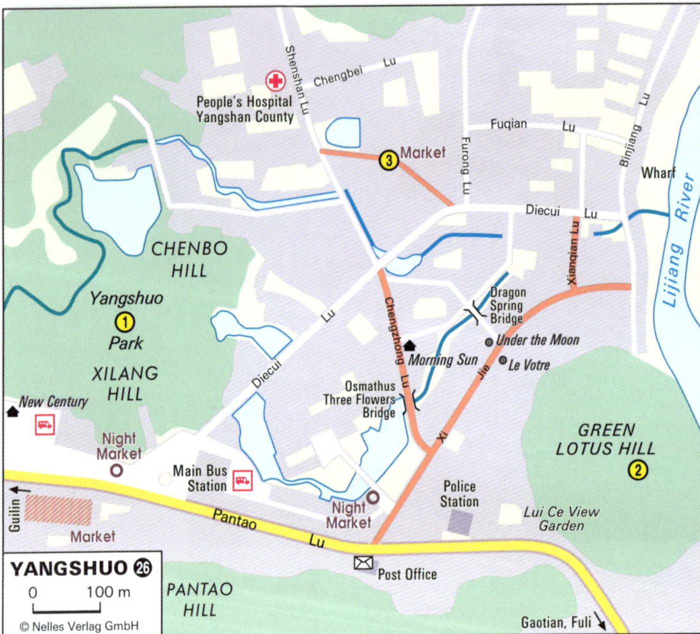
Shenshan Lu
Chengbei Lu
People's Hospital
Yangshan County
Market
Furong Lu
Fuqian Lu
Binjiang Lu
Wharf
Lijiang River
Diecui Lu
Xianqian Lu
CHENBO
HILL
Yangshuo
Park
XILANG
HILL
Diecui Lu
Dragon
Spring
Bridge
Under the Moon
Morning Sun
Le Votre
Chengzhong Lu
Osmathus
Three Flowers
Bridge
Xi Jie
New Century
GREEN
LOTUS HILL
Night
Market
Main Bus
Station
Police
Station
Night
Market
Lui Ce View
Garden
Guilin
Market
Pantao Lu
Post Office
YANGSHUO 26
0 100 m
© Nelles Verlag GmbH
PANTAO
HILL
Gaotian, Fuli

Guilin
Xiaping
GONGCHENG
Li Jiang
LINGUI
Putao
Tuling
Xingping
Dragon Tail
Tray Royal
Temple
Fengmuzhai
G65
321
Daping
Luosi
Hill
Ferry
Gupizhai
Xishan
Dazhu
Shuiluo
Longwei
Shangri-La
Qiaotoupu
Xincuen
YANGSHUO
Shuenmei
Baoan
Guban
Donglang
Hill
Dahuitian
Maan
Yulong
Tongxin
Baisha
Yangmeiping
Zhonghe
Dragon
Bridge
Jiangcuan
Yangshuodong
Reservoir
Lilong
Xiacuen
Jinbao
Xiangui
Bridge
Fuli
305
Fenglin
Shazi
South Peak
Temple
Daqiao
YANGSHUO
Mushan
Dutou
Laowa
Qingniao
Butterfly
Spring
Xiezhong
Changle
Aishan
Liugong
Longtang
Fenglou
Moon Hill
Dragon Cave and
Stone Palace
Minan
Muqiao
Li Jiang
Shangpen
Gaotian
Black
Buddha Cave
Yongchuen
Mengcuen
Water
Cave
Gule
Fuxing
Jiangzuo
LIPU
321
Puyi
G65
PINGLE
Shangyou
YANGSHUO /
UMGEBUNG
0 5 km
© Nelles Verlag GmbH
Lipu
Dishi
Pingle

★Yangshuo

Seit in den 1980er-Jahren Backpacker ★**Yangshuo** ㉖ als preisgünstige Alternative zu Guilin entdeckt haben, ist die einst kleine Stadt auf knapp 200 000 Einwohner angewachsen. Doch trotz des Massentourismus – vor allem an Wochenenden kommen zahllose Ausflügler, um Party zu feiern – konnte sich der Ort seine entspannte kleinstädtische Atmosphäre zum großen Teil bewahren. Yangshuo bietet keine kulturellen Sehenswürdigkeiten, lädt aber mit vielen guten Restaurants, Geschäften sowie **Kursangeboten** – v. a. für Massage, Akupunktur, Kampfsport, chinesische Malerei und Küche – zu einem längeren Aufenthalt ein. Zudem ist die Stadt idealer Ausgangspunkt für Touren in die Umgebung und daher dem großstädtischen Guilin vorzuziehen.

Die beiden wichtigsten Straßen sind die **Diecui Jie** und die parallel verlaufende **Xi Jie**, die beide von der stark befahrenen Pantao Lu zum Li-Fluss führen. Im Westen laden die Gärten und Pavillons des **Yangshuo-Park** ① zu einer Rast ein, am Flussufer erhebt sich der **Grüne Lotosgipfel** ②, von dem man die schönste **Aussicht** auf die Stadt hat. Mit Obst kann man sich auf dem lebhaften **Markt** ③ eindecken, auf dem es Interessantes zu entdecken gibt, so etwa verschiedene Pilzarten und Frösche.

Ausflüge von Yangshuo

Zu den Höhepunkten einer China-Reise gehört die Erkundung der Berge, Höhlen und Dörfer bei Yangshuo zu Fuß, mit der Motor-Rikscha oder am besten mit dem **Fahrrad** (mehrere Vermieter entlang der Xi Jie oder im Hotel). Als Ziel bietet sich beispielsweise die Besteigung des ★**Mondberges** ④ an – erkenntlich an seinem großen halbmondförmigen Loch unterhalb des Gipfels –, etwa 9 km südlich von Yangshuo rechts neben der Hauptstraße. Nach rund 30 Minuten Anstieg erblickt man die Reis- und Gemüsefelder einmal von oben.

Oder man besucht – bzw. durchwatet im Sommer – die ★**Höhle des Schwarzen Drachens** ⑤ und die ★**Höhle des Schwarzen Buddhas** ⑥, für deren Erkundung sich Führer anbieten.

Geruhsam gestalten sich ★**Radtouren**; empfehlenswert sind z. B. die Strecken Yangshuo – Mushan – Dotou – Liugong – Muqiao – Aishan – Yangshuo (ca. 22 km) und Yangshuo – Baisha – Guban –Xingping – Fuli – Yangshuo (ca. 46 km).

Wenn die Sonne hinter den Karstbergen versunken ist und man sich im Hotel gestärkt hat, warten Touristenboote, um die ★**Kormoranfischer** am Abend mit ihren schmalen Booten und den zum Tauchfang abgerichteten Vögeln über die stillen Wasser des Lijiang zu begleiten.

★★Reisterrassen bei Longsheng

97 km nördlich von Guilin liegt beim Berg Longji die Stadt **Longsheng** ㉗. Bei den Einheimischen beliebt sind die **Heißen Quellen** (*longsheng wenquan*). Die Hauptattraktion sind die **Reisterrassen** in den von Yao und Zhuang bewohnten Tälern der Umgebung.

Die eindrucksvollsten liegen 32 km südöstlich der Stadt bei dem Dorf **Ping'an**. Von 300-850 m ü. d. M. klettern hier die schier endlosen ★★**Drachen-Wirbelsäulen-Terrassen** (*longji titian*) den Hang hinauf, atemberaubend schön – ein Beispiel für intensive Nutzung selbst unwirtlichster Gegenden durch jahrhundertelange Handarbeit. Vom Dorf (mit Hotels) führen schmale Wege durch die Terrassen zu **Aussichtspunkten**. Weiter unten im Dorf **Huangluo** zeigen Frauen der **Yao** in einer Show ihre spektakulär langen Haare.

Sanjiang

Umgeben von dichten Wäldern spielt sich in dieser abgelegenen Region noch recht ungestört das Leben der ethni-

8 Südchina

schen Minderheiten ab. In **Sanjiang** ㉘ sind die Dong, in anderen Dörfern die Zhuang, Yao oder Miao in ihrer ursprünglichen Umgebung und auch noch in ihren traditionellen Trachten anzutreffen.

In einem fruchtbaren Tal ca. 20 km nördlich von Sanjiang lohnt der Besuch der ★**Wind-und-Regen-Brücke** (*fengyu qiao*) von Chengyang. Als perfektes Beispiel großartiger Handwerkskunst der Dong geht die 78 m lange, aus fünf mit Korridoren verbundenen Pavillons bestehende Brücke auf das Jahr 1916 zurück, als sie nach 12-jähriger Bauzeit fertig gestellt wurde.

FUJIAN

Der Gegensatz von Bergen und Meer prägt die Provinz **Fujian**. Ihre wichtigsten Städte reihen sich entlang der zerklüfteten Küste aneinander. Hier erscheint Fujian als ein grünes Paradies. Doch über 90 % seiner Fläche von 120 000 km^2 sind bergig und karg. Die Lage an Chinas Südostküste, gegenüber der Insel Taiwan, förderte den Handel und die wirtschaftliche Bedeutung der Provinz. Sie bescherte Fujian im 11. Jahrhundert eine schwunghafte Entwicklung. In Zeiten des durch Überbevölkerung und Launen des Monsunklimas bedingten Niedergangs aber nahmen hier in den letzten Jahrhunderten viele von ihrer Heimat Abschied. Statistiken zufolge stammen etwa drei Achtel aller Auslandschinesen aus Fujian. Heute leben hier ungefähr 37 Mio. Menschen.

★Wuyishan

Im äußersten Nordwesten der Provinz erheben sich bei **Chong'an** ㉙ die ★**Wuyi-Berge** (*wuyi shan*). Seltene Pflanzen blühen, Amphibien und Reptilien leben in diesem Naturschutzgebiet. In der zum UNESCO-Weltnaturerbe erklärten Region bieten 36 Gipfel traumhafte ★**Aussichten**.

Eine Floßfahrt auf dem **Fluss der Neun Windungen** (*jiuqu xi*) vermittelt das Gefühl, in einem Märchenland zu sein. Ein Spaziergang durch den **Botanischen Garten** gibt Auskunft über Flora und Fauna sowie über den berühmten halbfermentierten Oolong-Tee (*wulong cha*), der auch als „Fettkiller" gilt.

Fuzhou

„Stadt der Banyanbäume", so nennen die Chinesen **Fuzhou** ㉚, Fujians Provinzhauptstadt mit 7 Mio. Einwohnern. Die Schatten spendenden Bäume gediehen hier schon während der Song-Dynastie. Im 10. Jh. war Fuzhou Residenz des Königreichs Min und blieb seither Provinzzentrum. Seine Lage am Delta des schiffbaren **Min-Flusses** (*min jiang*) ließ Fuzhou zur bedeutenden Hafenstadt wachsen, die 1842 unter ausländischem Druck ebenfalls zum „offenen Hafen" erklärt wurde.

Zu den Sehenswürdigkeiten im Zentrum zählt der **Yu-Berg** (*yu shan*), von dessen 58 m hohen Gipfel man die Stadt überblicken kann. Das Gegenstück zur 41 m hohen, aus Ziegeln im 16. Jahrhundert wiederaufgebauten **Weißen Pagode** (*bai ta*) am Westfuß des **Yushan** schmiegt sich an den Ostfuß des 86 m aufragenden **Wushan**: die ältere, aber nur 35 m hohe **Schwarze Pagode** (*wu ta*). Nördlich der Pagode befindet sich mit den **Drei Sträßchen und Sieben Gassen** *(san fang qi xiang)* das malerische Altstadtviertel.

Den **Westsee** (*xi hu*) im Nordwesten der Stadt legten die tributpflichtigen Bauern schon im 3. Jh. als Ausgleichsbecken zur Bewässerung der Felder an. Er gilt als kleinerer Zwilling des Westsees in Hangzhou. Ebenfalls in nördlicher Richtung kann man das **Grab des Lin Zexu**, eines Generals der Qing-Dynastie, besichtigen. General Lin (1785-1850) versuchte, den Opiumhandel der Eng-

Rechts: Die fantastischen Drachen-Wirbelsäulen-Terrassen bei Longsheng.

» Karte S. 160-161 u. S. 185, Info S. 188-189

Foto: Jürgen Bergmann

länder zu unterbinden, wurde jedoch im 1. Opiumkrieg deren Opfer.

Einem riesigen flachen Stein auf seinem Gipfel, der bei Regen trommelähnliche Töne von sich gibt, verdankt der etwa 15 km östlich gelegene, 669 m hohe **Trommelberg** (*gu shan*) seinen Namen. Zahlreiche Terrassen, Quellen, Höhlen, Pavillons und Tempel, darunter auch der bekannte **Tempel der Sprudelnden Quelle** (*yongquan si*) aus dem 10. Jh., säumen seine Hänge. Die meisten Besucher zieht der **liegende Buddha** aus weißer Jade an.

Quanzhou

Quanzhou ㉛, etwa 200 km südlich von Fuzhou entfernt, wirkt heute trotz seiner 1,4 Mio. Einwohner beschaulich, war jedoch ab dem 7. Jh. einer der weltgrößten Handelshäfen. Quanzhous Niedergang begann im 15. Jh., als die Ming-Dynastie (1368-1644) nach einem expansiven Zwischenspiel den Handel mit dem Ausland wieder einstellte.

Nur wenige Baudenkmäler rufen die Größe und den Glanz vergangener Tage wach. Der im 7. Jh. gegründete, bis zum 14. Jh. auf 70 000 m^2 erweiterte ★**Tempel des Beginns des Neuen Zeitalters** (*kaiyuan si*) im Nordwesten Quanzhous verblieb als einer der größten Tempelkomplexe Chinas. Die Haupthallen **Tianwangdian** und **Daxiong Baodian** (mit fünf Buddha- und 18 Luohan-Figuren), die **Terrasse für die Mönchsweihe** (*ganlu jietan*) und der **Pavillon der Heiligen Bücher** (*cangjing ge*) bilden die Mittelachse. Das Tempelgelände birgt auch das Wahrzeichen der Stadt, die **Doppelpagode** (*shuang ta*). Im Jahr 865 wurde die östliche, 48 m hohe **Zhenguo-Pagode**, 917 die 44 m hohe **Pagode der Güte und des Langen Lebens** (*renshou ta*) erbaut.

Anhai

Die über 2 km lange **Friedensbrücke** (*anping qiao*) verbindet **Anhai ㉜** (30 km südlich von Quanzhou) mit **Shuitou**. Sie wurde im 12. Jh. aus 7 bis 10 m langen, bis zu 25 t wiegenden Steinblöcken auf über 300 Pfeilern zusammengefügt. Als Außenhandelshafen war Anhai eine florierende Stadt während der Song- und Yuan-Dynastie.

★Xiamen (Amoy)

Die strategisch günstige Insellage von **★Xiamen** ㊸ (im Fujian-Dialekt Amoy genannt) erkannten bereits die Song-Herrscher. Weitere vorgelagerte Inseln sichern den weiträumigen Naturhafen. Die schon im 14. Jh. befestigte Stadt musste sich wie andere Hafenstädte Chinas den Kolonialmächten nach Ende des 1. Opiumkriegs öffnen. Erst seit Mitte des 19. Jh. verbinden Dämme die Insel mit dem Festland. Die Einkünfte aus ihrem wirtschaftlichen Erfolg hat die Stadt gut investiert: 2002 erhielt sie den UNO LivCom Award als lebenswerteste Stadt Chinas, und bis heute ist Xiamen für sein Flair berühmt.

Das Stadtbild wird von gläsernen Hochhäusern geprägt, die die alten verwinkelten Gassen verdrängt haben.

Westlich des Zentrums bringt eine Fähre Besucher auf die kleine, viel besuchte **Insel Gulangyu**. Ein nahezu italienisch anmutendes, autofreies Städtchen lädt dort zum Bummeln ein; hier bauten im 19. Jh. die europäischen Kolonialherren ihre Villen. Die höchste Erhebung der Insel trägt den treffenden Namen **Sonnenlicht-Felsen** (*riguang yan*). Die Mühe des Aufstiegs, vorbei am **Lotos-Kloster** (*linhua an*) für Nonnen und der **General-Koxinga-Gedenkhalle**, belohnt der **Gipfelrundblick** reichlich. Südlich davon bieten der **Shuzhuang-Park** und ein langer **Sandstrand** Erholung.

Etwas außerhalb der Stadt, in südöstlicher Richtung, errichteten Mönche vor 1000 Jahren am **Berg der Fünf Alten Männer** (*wulao shan*) den **★Tempel des Südlichen Putuo** (*nanputuo si*). Er ist nach einem der heiligen buddhistischen Berge, dem Putuoshan in der Provinz Zhejiang, benannt. Am Eingang der **ersten Halle** lächelt verschmitzt der Buddha der Zukunft. Die **Haupthalle** birgt Skulpturen der Buddhas der Vergangenheit, der Gegenwart und der Zukunft sowie eine Holzplastik der 1000-händigen *Bodhisattva Guanyin*.

Im Xiamens Nordosten erstreckt sich am **Löwenberg** (*shi shan*) der üppig grüne **Park der 10 000 Felsen** (*wanshiyan gongyuan*) mit bizarren Felsen, in dem auch der **Botanische Garten** angesiedelt ist.

Die Tulou von ★Tianlukeng und ★Yongding

Zwei bzw. drei Stunden Autofahrt westlich von Xiamen kann man die berühmten runden **Festungshäuser** der Hakka besuchen: Die **Tulou** (UNESCO-Welterbe). Besonders viele dieser gewaltigen Bauwerke, in denen bis zu 800 Menschen leben können, gibt es im Landkreis Nanjing im Dorf **★Tianlukeng**. Berühmt sind auch einzelne Anlagen wie das **★Zhengcheng Lou** und **★Chengqi Lou** bei Hukeng, nahe der Stadt **Yongding**.

★HAINAN

Die internationalen Touristenströme wurden lange Zeit an der 9 Mio. Einwohner zählenden Insel **★Hainan** vorbeigeleitet. Heute genießen Heerscharen von Chinesen und zunehmend auch ausländische Pauschalurlauber auf der einstigen „Insel der Verbannten" ihren Badeurlaub. Früher wollte kein Chinese hier freiwillig seine Zeit verbringen. Nun hat sich das Bild gewandelt, und selbst führende Parteigenossen gehen auf der Insel Badefreuden nach. Hainan, erst 1988 zur eigenständigen Provinz ernannt, verdankt seine späte touristische Erschließung vor allem seiner geografischen und militärstrategischen Lage: Vietnam liegt zum Greifen nahe im Westen, die Philippinen rücken im Osten und Taiwan im Nordosten heran.

Dennoch ist die 33 900 km² große Inselprovinz mit ihren **★Stränden**, die

 » Karte S. 185 u. S. 186, Info S. 188-189

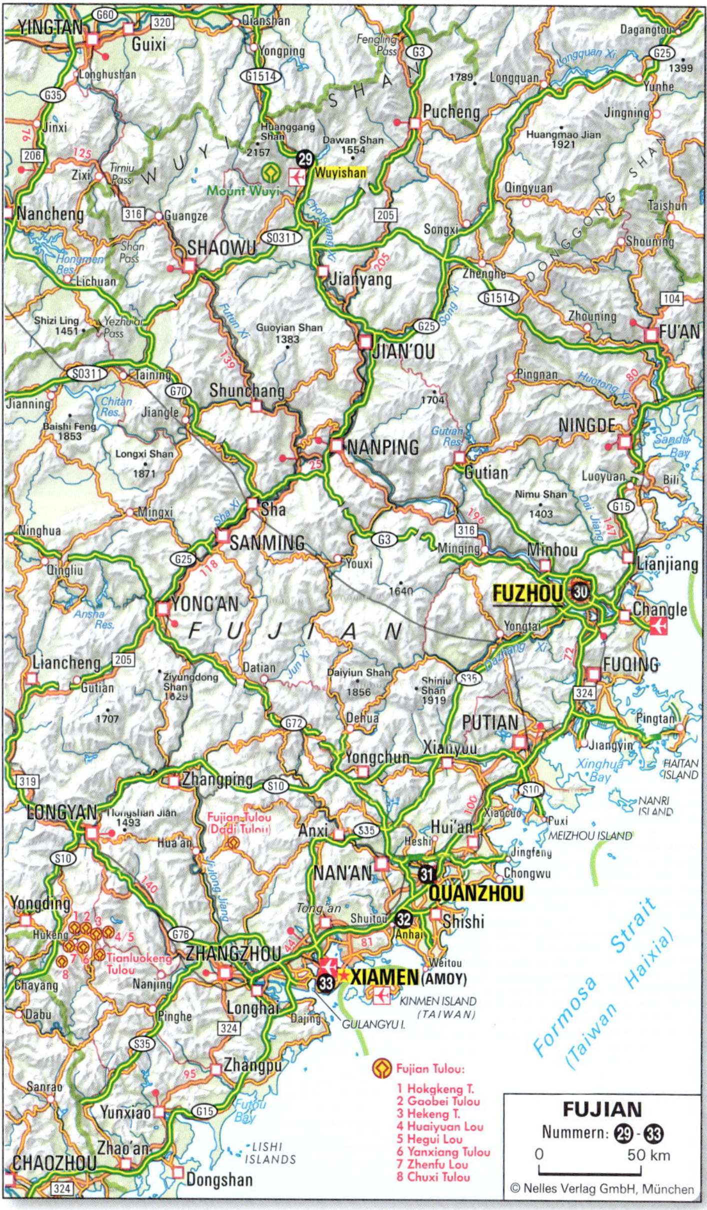
YINGTAN
Guixi
Qianshan
Yongping
Longhushan
Jinxi
Zixi
Tirniu Pass
WUYI SHAN
Huanggang Shan 2157
Dawan Shan 1554
Mount Wuyi
Wuyishan
Fengling Pass
Pucheng
1789
Longquan
Dagangtou
Longquan Xi
Yunhe
1399
Jingning
Huangmao Jian 1921
Qingyuan
Taishun
DONGGONG SHAN
Shouning
Songxi
Zhenghe
Nancheng
Guangze
SHAOWU
Shan Pass
Hongmen Res.
Lichuan
Chongyang Xi
Jianyang
Futun Xi
Guoyian Shan 1383
JIAN'OU
Song Xi
Zhouning
FU'AN
Shizi Ling 1451
Yezhu Pass
Taining
Jianning
Chitan Res.
Jiangle
Shunchang
Baishi Feng 1853
Longxi Shan 1871
1704
Pingnan
Huotong Xi
NINGDE
Sandu Bay
NANPING
Gutian Res.
Gutian
Luoyuan
Bili
Nimu Shan 1403
Dai Jiang
Mingxi
Ninghua
Sha Xi
Sha
SANMING
Youxi
Minqing
Minhou
Lianjiang
Qingliu
YONG'AN
1640
FUZHOU
Changle
Ansha Res.
FUJIAN
Yongtai
Dazhang Xi
Liancheng
Gutian
Ziyungdong Shan 1629
Datian
Jun Xi
Daiyiun Shan 1856
Shiniu Shan 1919
FUQING
1707
Dehua
PUTIAN
Pingtan
Jiangyin
Xinghua Bay
HAITAN ISLAND
Yongchun
Xianyou
Zhangping
NANRI ISLAND
LONGYAN
Longshan Jian 1493
Fujian Tulou (Dadi Tulou)
Anxi
Xiaocuo
Puxi
MEIZHOU ISLAND
Hua'an
Hui'an
Heshi
Jingfeng
NAN'AN
Chongwu
QUANZHOU
Yongding
Jiulong Jiang
Tong'an
Shuitou
Shishi
Anhai
Hukeng
Tianluokeng Tulou
ZHANGZHOU
Weitou
Chayang
Nanjing
XIAMEN (AMOY)
Formosa Strait (Taiwan Haixia)
Dabu
Pinghe
Longhai
Dajing
KINMEN ISLAND (TAIWAN)
GULANGYU I.
Zhangpu
Sanrao
Yunxiao
Futou Bay
LISHI ISLANDS
Zhao'an
CHAOZHOU
Dongshan
Fujian Tulou:
1 Hokgkeng T.
2 Gaobei Tulou
3 Hekeng T.
4 Huaiyuan Lou
5 Hegui Lou
6 Yanxiang Tulou
7 Zhenfu Lou
8 Chuxi Tulou
FUJIAN
Nummern: 29 - 33
0 50 km
© Nelles Verlag GmbH, München

8 Südchina

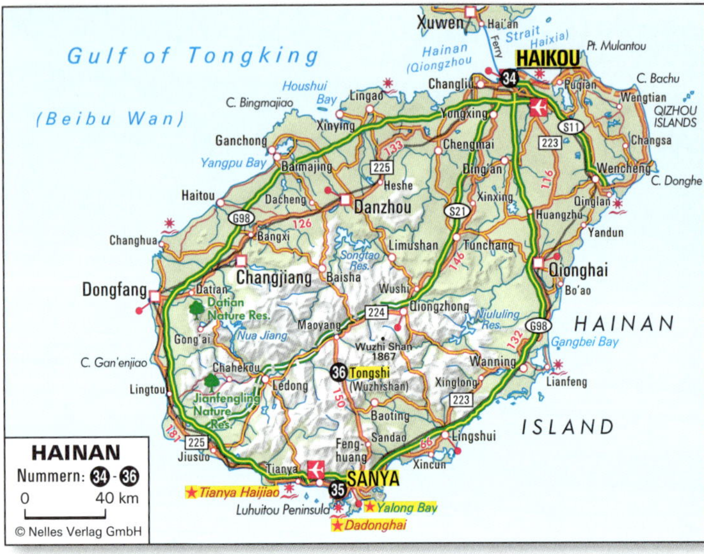

sich so gar nicht in das vertraute China-Bild der meisten Besucher fügen, mit dem Flugzeug von Kanton, Hongkong und Shanghai gut erreichbar.

Haikou

Im Norden Hainans liegt die Hafenstadt **Haikou** 34. Die moderne Inselhauptstadt (2 Mio. Einwohner) bietet nur wenige Sehenswürdigkeiten. Aufschlussreich ist aber ein Besuch des **Tempels der fünf Würdenträger** *(wugong ci)*, eine Reminiszenz an hohe Würdenträger, die vom 7. bis 13. Jh. nach Hainan verbannt worden waren.

Ein Spaziergang rund um die **Jiefang Xilu** und **Xinhua Nanlu** führt durch den lebhaftesten Teil des Stadtzentrums. Auch lohnt ein Abstecher zum **Hafen**, in dem zahlreiche chinesische Dschunken vor Anker liegen und Fischer ihren Fang anlanden.

Rechts: Ideal zum Relaxen und Baden – der Dadonghai Beach bei Sanya.

Sanya

In **Sanya** 35 wird gebadet und gefeiert. Es erstreckt sich auf einer 3 km langen Halbinsel, die im Westen von der Bucht Beibu und im Osten vom Fluss Sanya begrenzt wird. Die Stadt ist eine endlose Abfolge aus Hotels, Restaurants, Karaoke-Bars und Shops. Denn die Hauptattraktionen des Südens – Chinas schönste **Strände** – liegen in der Umgebung von Sanya. Touristisch am besten erschlossen ist ★**Dadonghai**, wo junge Chinesinnen die neueste Bademode aus Shanghai oder Wuhan vorführen und in der seichten Brandung ein Bad nehmen. Dieser „Strand am großen, östlichen Meer" zieht sich bis zu den Regenwäldern in den Bergen am Horizont hin. 10 km östlich beginnt die ★**Yalong-Bucht** *(yalong wan)* mit ihrem herrlichen langen, weißen **Sandstrand**.

Eine andere Szenerie bietet sich westlich von Sanya am ★**Tianya Haijiao**. Su Dongpo (1036-1101), der bedeutendste Dichter der Song-Zeit, ersann den Namen des Strandes: „Wo der Finger der

» Karte S. 186, Info S. 188-189

Foto: JBE (PhotoPress)

Erde den Himmel berührt." Diese Taufe fand 1097 statt – aber auch heute noch scheinen unzählige Chinesen hier den Himmel auf Erden zu wähnen. Die von den Wellen glatt geschliffenen Felsen des Strandes bilden ein typisches Hainan-Fotomotiv.

Der dritte empfehlenswerte Strand liegt auf der **Luhuitou-Halbinsel**. Dichte Palmenwälder und Hotelburgen rücken bis an den Sandstreifen. Abends werden die Tische und Stühle der Freiluft-Restaurants unmittelbar am Strand aufgestellt. Serviert werden unter anderem frische, süßsauer zubereitete Garnelen oder Hummer in Knoblauchsauce, als Beilage frische Bambussprossen. Bis in die frühen Morgenstunden herrscht am Strand reges Treiben.

Ausflüge von Sanya

Ein Großteil der Bevölkerung Hainans gehört den ethnischen Minderheiten des Li- und des Miao-Stammes an. Sie leben vor allem im Inselinneren und haben **Tongshi** 36 zur Hauptstadt ihres Autonomen Bezirkes bestimmt. Mit 1867 m Höhe überragt der **Fünf-Finger-Berg** (*wuzhi shan*) die Landschaft. Nach jeder engen Serpentine fällt der Blick aufs neue in grüne Täler. Abgelegene Dörfer schmiegen sich an fruchtbare, sattgrüne Reisfelder. Wegen seiner schönen Lage und des angenehm kühlen Klimas zieht es wohlhabende Chinesen zunehmend nach Tongshi. Auf dem **Markt** von Tongshi türmen sich Mangos, Papayas, Wassermelonen, Äpfel und Apfelsinen – Beweise der Fruchtbarkeit dieser üppigen, aus Feldern, Dschungel sowie weiten Kautschuk- und Teeplantagen bestehenden Landschaft. Kautschuk, das „weiße Gold", begründete einen der wichtigsten Erwerbszweige Hainans. Als kulinarisches Markenzeichen des „südlichen Meeres" (*hai nan*) gilt der hier gewonnene Grüne Tee. Die Angehörigen der **Li-Minderheit** schmückten sich traditionell mit Tätowierungen, die man heute noch an alten Frauen dieses Jäger- und Sammlerstamms sieht. Die Tracht der **Miao** zeichnet sich durch Farbenpracht und Paillettenstickerei aus.

» Karte S. 186, Info S. 188-189

YUNNAN

Kunming (☎ 0871)

CITS, 1118 Huancheng Nanlu, Tel. 6356 6932, www.gokunming.com.

Ajisen Ramen, japanische Nudelshopkette, preiswerte Nudel- u. Reisgerichten aller Art, Sanshi Jie, im Baida Xintiandi.
Cuihu 1923, gemütl. Mischung aus Teehaus u. Restaurant, Yunnan-Küche, 3 Cuihu Beilu.
East Lake Restaurant *(donghu jiujia)*, verschiedene regionale Küchen, Cuihu Nanlu, 5-8 Cuili Dongyuan (Cuihu East Garden).
Coffee Break *(bo rui ke kafei shi)*, nette Umgebung, leckerer Kaffee und gute Sandwiches, 40 Wenlin Jie.
1910 La Gare du Sud *(huoche nanzhan)*, traditionelle Küche aus Kunming serviert in der alten französischen kolonialen Bahnstation mit herrlichem grünen Hof und Terrasse, 8 Houxin Jie.

Yunnan-Provinzmuseum (*yunnan sheng bowuguan*), Di-So 8-17.30, Einlass bis 16.30 Uhr, Dongfeng Xilu. **Smaragdsee-Park** (*cui hu*), tägl. von Sonnenauf- bis Sonnenuntergang, Bus Nr. 5 vom Yunnan-Provinzmuseum. **Tempel der Vollkommenheit und des Erfolgs** (*yuantong si*) und **Zoo** (*dongwu yuan*), tägl. 8-17 Uhr, Bus Nr. 4.

Dali (☎ 0872)

Zahlreiche Restaurants und Coffee Shops in der **Altstadt** verköstigen mit einem umfangreichen, bunt gemischten Angebot ihre Gäste. Das urgemütliche **Lazy Book** (lanren shuba) ist Bar, Café, Bibliothek und Restaurant in einem, 15 Huguo Lu.

Dali-Museum, Di-So 9-17 Uhr, Wenxian Lu.

Zwischen dem 15. und 21. Tag des dritten Monats im Mondkalender (meist im April) feiert man auf Dalis Straßen das bunte **Fest des Dritten Mondes** (*sanyue jie*), das auf buddhistische Traditionen zurückblickt. Das Jahr wartet mit zahlreichen weiteren Festen zu wechselnden Zeitpunkten auf.

Lijiang (☎ 0888)

CITS, Xiangelila Dadao 4, Tel. 516 0370.

Die Spezialität von Lijiang sind *baba*, mit Gemüse oder Fleisch gefüllte, frittierte Teigtaschen.
In der gesamten **Altstadt** gibt es zahlreiche Restaurants mit chinesischer und internationaler Küche, teilweise mit Tischen im Freien. Preiswerter speist man in der **Neustadt**, z. B. in den einfachen, aber guten Lokalen entlang der **Xin Dajie**.

Dongba-Konzerthalle (**Dongba Palace**), allabendlich um 20 Uhr traditionelles Musik- und Tanzprogramm mit alten Instrumenten, Dong Dajie. **Nationality Culture Exchange Center Theatre**, regelmäßige Abendvorstellungen, am Volksplatz an der Xing Dajie, Tel. 5105001 / 5103765, yn-ljxsyst@hotmail.com.

Zhongdian (☎ 0887)

Mehrere Restaurants in der Altstadt. Das **Tibet Café**, Changzheng Lu, bietet herzhaftes Frühstück und ist gleichzeitig Infobörse und Fahrradvermietung.

XISHUANGBANNA

Jinghong (☎ 0691)

Nach dem Kalender des nationalen Minderheitenvolkes der Dai findet das **Wasserfest** am 24. Tag des 6. Monats statt und fällt damit meist in den April. Den Touristen zuliebe feiert man es jetzt immer zwischen dem 15. und 19. April. Wer es einrichten kann, sollte seinen Ausflug zu dieser Zeit unternehmen, sich aber frühzeitig um An- und Abreise kümmern.

GUIZHOU

Guiyang (☎ 0851)

CITS, Xinhua Lu, Guo'en Bldg., Tel. 8552 0799.

Die Spezialität von Guiyang ist neben Hundefleisch der auch bei westlichen Touristen beliebte **Feuertopf**, den man gut und nach Sichuan-Art zubereitet im etwa im **Nantianmen**, Xihu Lu / Ecke Huancheng Lu, bekommt.

GUANGXI

Guilin (☎ 0773)

Guilin bietet eine vielfältige Auswahl an Restaurants aller chinesischer aber auch vieler westlicher Küchen.
Die größte Auswahl hat man auf der Fußgängerstraße **Zhengyang Jie**, die parallel zur Zhongshan Lu verläuft. Hier gibt es auch viele Cafés und Bars.

THEATER: Auf mehreren Bühnen (beispielsweise im **Lijiang-Theater** in der Binjiang Lu) kommt allabendlich ein Programm *Tanz und Gesang der nationalen Minderheiten* zur Vorführung. Dabei kann Ihnen eine kleine Kugel zugeworfen werden. Die Frauen der Zhuang-Minderheit besticken diese Kugeln sorgfältig und werfen sie beim Frühlingsfest ihrem Auserwählten zu. Wird dieses „Zeichen der Liebe" angenommen, steht dem Eheglück nichts mehr entgegen.

Yangshuo (☎ 0773)

Im Travellerzentrum Yangshuo findet man viele Restaurants jeder Preiskategorie mit ostasiatischer und europäischer Küche, daneben etliche Cafés und Bars, v. a. in der **Xi Jie** und der **Chengzhong Lu**.
Empfehlenswert sind z. B.: **Le Votre**, hier serviert man exzellente französische Küche in einem schönen Haus aus der Ming-Zeit, Xi Jie.
Luna, fantastisches Dachrestaurant in Sichtweite des Mondberges. Bei italienischer Küche genießt man vor allem am Abend den herrlichen Blick auf die Karstberge – mit Glück im Mondlicht. 26 Moonhill Village.

Longsheng (☎ 0773)

„Drachen-Wirbelsäulen-Terrassen" (*longji titian*), einfache Unterkunft. Verpflegung und auf Wunsch auch einheimische Führer für mehrstündige Wanderungen gibt es bei mehreren Familien im Zhuang-Dorf **Ping An** inmitten der herrlichen Reisterrassenfelder, etwa 1 Stunde mit dem Bus von Longsheng entfernt.

FUJIAN

Als zweckmäßigste Anreise bietet sich ein Flug bis **Fuzhou** an; von dort aus lassen sich mit Bus oder Schiff nahezu alle Küstenorte anfahren. Fuzhou und **Xiamen** besitzen auch Schiffsverbindungen mit Hongkong.

Fuzhou (☎ 0591)

CTS, 171 Hudong Lu, Tel. 968 877, 8755 4215, www.ctsfj.com.

Die Restaurants der Küstenregion servieren **Meeresfrüchte**. Als besondere Delikatesse von Fuzhou gilt der Jasmin-Tee.

Xiamen (☎ 0592)

Infos über das Reisen, Leben und Arbeiten in Xiamen gibt es unter www.whatsonxiamen.com.

Entlang der **Zhongshan Lu** (Sun-Yatsen-Straße) haben sich viele Restaurants auf **Meeresfrüchte** spezialisiert. Manche Speisegaststätten in Xiamen lassen die Gäste ihre Wahl anhand einer lebenden Speisenkarte, einem Aquarium, treffen.

HAINAN

Sanya (☎ 0899)

Sanya Tourism Information Hotline, Infos z.T. auch auf Deutsch, Tel. 8888 0000, www.whatsonsanya.com.

ANREISE: Nicht nur per Fähre, Bus oder Superexpress ist die Insel zu erreichen, sondern auch per Flugzeug über Haikou oder Sanya. Von beiden Flughäfen aus gibt es auch Verbindungen nach Hongkong.

AUSFLÜGE: In den Hotels wird eine Reihe von Ausflugsmöglichkeiten angeboten, z. B. zu einem Dorf der **ethnischen Minderheiten**, auf eine **Rhesusaffen-Insel**, in einen **Ozean-Park** oder **Botanischen Garten**.
Zum **Tauchen** laden die vorgelagerten Inseln bei Yalongwan ein. Golfler kommen auf einem Dutzend Golfplätzen auf ihre Kosten.

Foto: Jürgen Effner (Fotolia)

IM PERLFLUSS-DELTA

HONGKONG
MACAU
KANTON (GUANGZHOU)

Das Perlfluss-Delta

Der Perlfluss (*zhu jiang*) ist mit etwa 2200 km nach dem Yangzi und dem Huanghe der drittlängste Strom Chinas und bildet vor seiner Mündung in das Südchinesische Meer ein 12 000 km^2 großes Delta. Mit den – heute großenteils zusammengewachsenen – Städten Kanton (Guangzhou), Foshan, Zhongshan, Zhuhai, Macau, Hongkong, Shenzhen und Dongguan ist es die wirtschaftlich bedeutendste Region Chinas. Dank der portugiesischen Kolonialarchitektur und Kasinos in Macau, der erstklassigen chinesischen Küche in Kanton und der pulsierenden Shopping-Metropole Hongkong zählt das Perlfluss-Delta auch zu den touristisch interessantesten Gebieten des Landes.

★★HONGKONG

Der 1. Juli 1997 markierte die Rückgabe der britischen Kronkolonie ★★**Hongkong** ❶ an China – aus chinesischer Sicht das Ende der Kolonialherrschaft fremder Mächte über China. Auch die Bevölkerung Hongkongs hatte dem Regierungs- und Machtwechsel bis zum Tiananmen-Massaker von 1989 neutral bis freudig entgegengesehen, schließlich wohnten diesseits und jenseits der Grenze Chinesen. Erst nach diesem tragischen Ereignis kamen die Ängste, wie die rigide Regierung in Peking auf den freien Unternehmergeist der Hongkonger reagieren würde. Die Furcht erwies sich als unbegründet, und die Stadt prosperiert wie eh und je.

Die koloniale Geschichte Hongkongs begann mit den zwei Opiumkriegen von 1842 und 1856. Sie brachten dem Britischen Weltreich erst die Insel Hongkong und dann Kowloon, die Südspitze des Festlandes, ein. Diese Kriegsbeute wurde den Briten „auf ewig" zugeschrieben. 1898 pachteten sie für 99 Jahre weitere Gebiete dazu: die so genannten New Territories und 235 Inseln. Nur diese Gebiete hätten die Briten 1997 zurückgeben müssen, aber sie entschieden sich zur Rückgabe der gesamten Kronkolonie. Deswegen verpflichtete sich die chinesische Regierung im Übernahmevertrag von 1984, dass der Status Hongkongs – als Sonderverwaltungszone Chinas – auf 50 Jahre nicht angetastet werden sollte.

Beibehalten wurden u. a. der Linksverkehr sowie das Bildungs- und Währungssystem. Auch die Grenze existiert weiterhin; so benötigen Bürger Chinas nach wie vor eine Sondergenehmigung zum Besuch Hongkongs. Für die vielen Kurzurlauber besteht der Hongkong-Trip vor allem aus Einkaufen und Nacht-

Links: Blick vom Peak auf Central, das Finanzzentrum Hongkongs.

» Karte S. 192, Info S. 214-217

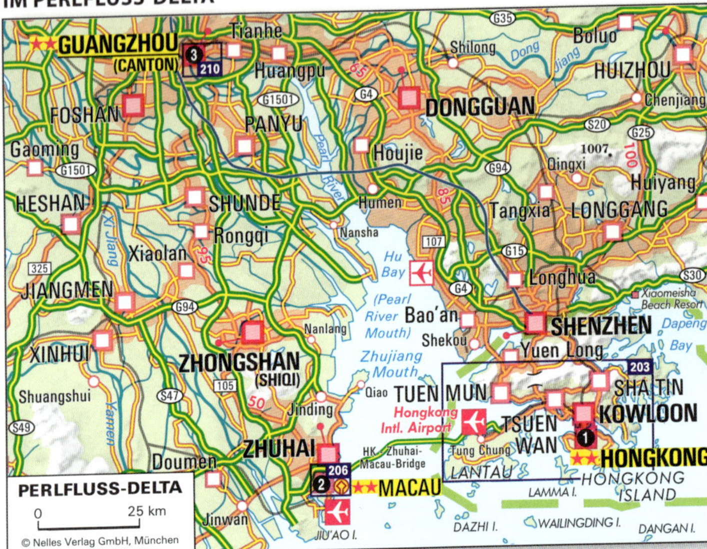

leben. Hongkong hat jedoch mehr zu bieten: Besucher mit etwas Zeit und Gespür finden sich in einem aufregenden Spannungsfeld von High Tech, Big Business, tiefer Gläubigkeit, Ahnenkult und Aberglauben. Im Schatten verspiegelter Wolkenkratzer entdeckt man bunte chinesische Märkte, weihrauchduftende Tempel sowie erstklassige Museen. Außerhalb des Stadtzentrums locken Wanderwege, ruhige Sandstrände, alte südchinesische Kultur und viel Natur.

★★Hong Kong Island

Central District und Peak

Die Briten tauften diesen Teil der Insel *Victoria City* und bauten hier ihre Hauptstadt. Heute ist der ★★**Central** genannte Bezirk Regierungssitz und Bankenviertel.

Unübersehbar erhebt sich neben der ★**Star Ferry**, mit dem **Hong Kong Maritime Museum** zur Geschichte der chinesischen Seefahrt, das 88-stöckige **Two International Finance Centre** (1) (**2 IFC**) von 2003, mit 415 m Höhe der zweithöchste Wolkenkratzer der Stadt. Eine gigantische Einkaufspassage, die **IFC Mall**, verbindet das Finanzzentrum mit dem kleineren Turm des **1 IFC**.

Daneben stehen die beiden 188 m hohen Gebäude des **Exchange Square** (2), der Hongkonger Börse.

Als Kulturzentrum von Central dient die **City Hall** (3), in der neben den Büros der Stadtverwaltung regelmäßig Ausstellungen, Theatervorstellungen und Konzerte gegeben werden.

Mitten in der Grünfläche des **Statue Square** (4) erkennt man die Statue eines Bankdirektors aus dem 19. Jh. Von hier schweift der Blick über eine grandiose Mischung unterschiedlicher Baustile.

Für die 179 m hohe ★**Hong Kong and Shanghai Bank** (5) lieferte der englischen Star-Architekt Sir Norman Foster die Pläne. Sie gilt als eines der modernsten Gebäude weltweit und – mit einer Bausumme von 1,2 Mrd. US-$ – auch

Rechts: Vom Victoria Peak Tower bietet sich eine fantastische Aussicht auf Hongkong.

 » Stadtplan S. 194-195, Info S. 214-217

Foto: Thomas Stankiewicz

als eines der teuersten. Es ist völlig aus Stahl und Glas errichtet und demontierbar. Auf dem Dach wurde ein Hubschrauberlandeplatz für Großkunden angelegt. Auf der Südseite befindet sich eine Sonnenschaufel, die mit Hilfe eines Computersystems das Sonnenlicht in das Atrium der Bank spiegelt, so dass weniger Energie für Lampen benötigt wird.

An den Statue Square schließt ein viktorianischer Kuppelbau an: das **Legislative Council** (6), das Parlament.

Weiter südöstlich ragt der silbrig schimmernde, scharfkantige Wolkenkratzer ★ **Bank of China Tower** (7) auf. Das 70-stöckige Gebäude des Architekten Ieoh Ming Pei (bekannt durch die gläserne Eingangspyramide des Louvre in Paris) war mit 368 m bis 1992 das höchste in Asien. Anders als Sir Norman Foster hielt sich Pei nicht an die in Hongkong so wichtigen Regeln der Geomantie (*fengshui*), und so hatte es die Bank of China jahrelang schwer, Kunden zu finden und die Büroräume zu vermieten.

Die grüne Lunge von Central ist der 10 ha große, 1991 angelegte **Hong Kong Park** (8). Die Attraktion ist eine als tropischer Regenwald gestaltete, begehbare Voliere mit mehr als 150 Vogelarten. **Flagstaff House**, in der Nordecke des Parks, wurde 1846 als Residenz der Militärkommandeure errichtet. Heute befindet sich darin das aufschlussreiche **Museum of Teaware**, das die Geschichte und Kultur des Teetrinkens in China dokumentiert.

Das Flagstaff House wird von den Doppeltürmen des **Lippo Centre** (9) (1987) überragt. An Bäumen hochkletternde Koalabären inspirierten den australischen Architekten Paul Rudolph zu seinem ungewöhnlichen Entwurf.

Die neugotische, 1849 geweihte **St. John's Cathedral** (10) an der Garden Road ist die älteste anglikanische Kirche in Ostasien. Nachdem japanische Truppen während des 2. Weltkriegs das Gebäude als Offiziersclub genutzt hatten, musste man das schlicht gehaltene Kircheninnere grundlegend renovieren.

An der Garden Road liegt auch die

» Stadtplan S. 194-195, Info S. 214-217

Talstation der **Peak Tram** ⑪. Sie ruckelt in zehn Minuten steil zum **Peak Tower** ⑫ empor, der 379 m hoch gelegenen Bergstation mit einem **Madame-Tussaud-Wachsfigurenkabinett**. Die Zahnradbahn wurde 1888 errichtet, bis dahin hatten sich die Reichen nach oben tragen lassen. Wenn man – vorbei an hübschen Wasserspielen – durch das Einkaufszentrum **Peak Galleria** ⑬ bis zur Aussichtsterrasse hinaufgeht, wird man mit einer überwältigenden ★**Aussicht** auf Central und Kowloon belohnt. Abends ist es märchenhaft: Die Fenster und Spiegelfassaden der Hochhäuser funkeln wie Millionen Diamanten, unvergesslich bei einem Dinner im **Café Deco** neben dem Peak Tower (unbedingt reservieren! Tel. 28495111).

Sehr schön, weil relativ einsam, ist der leicht zu gehende einstündige Spaziergang auf dem ★**Peak Trail** ⑭, der die 552 m hohe Bergspitze einmal umrundet. Von hier kann man einen Blick auf die einzelnen Milliardärsvillen erhaschen, die geschützt im Grünen liegen.

Sheung Wan, ★SoHo und Mid Levels

In diesem Bezirk wohnten in der Anfangszeit der englischen Kolonie die chinesischen Arbeiter; wer heutzutage aus der MTR-Station **Sheung Wan** steigt, findet noch Relikte aus dieser Ära. An der Kreuzung Connaught Road / Morrison Street steht der **Western Market** ⑮, eine 1906 erbaute Markthalle für Fisch und Fleisch. 1991 restauriert und unter Denkmalschutz gestellt, beherbergt sie jetzt Geschäfte für chinesische Handwerkskunst und Textilien.

Die Morrison Street führt weiter hinauf zur breiten **Hollywood Road** ⑯ und deren Seitenstraßen, wo **Antiquitätenhändler** auf Kunden warten.

An der Kreuzung Hollywood Road / Ladder Street findet man den sehenswerten ★**Man Mo Temple** ⑰. In diesem typisch daoistischen Tempel werden zwei Götter verehrt: der zivile Gott der

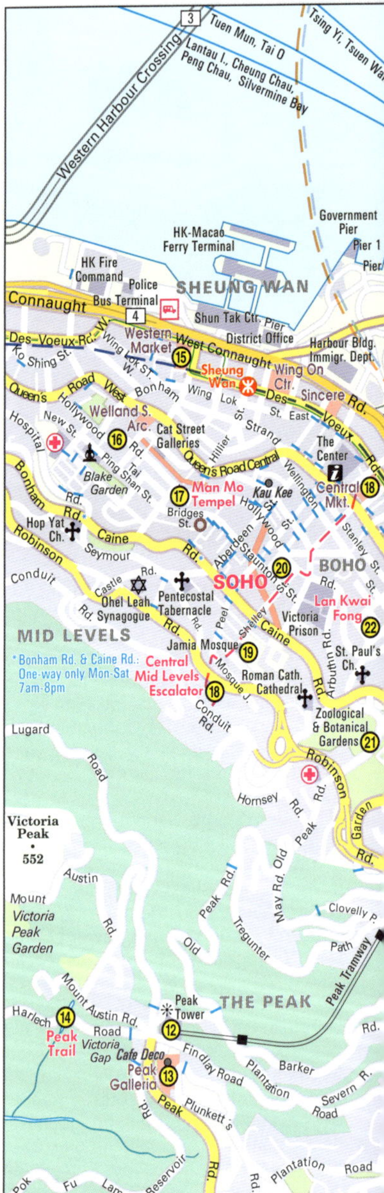

» Stadtplan S. 194-195, Info S. 214-217

Ocean Terminal
Star House
Peninsula
East Tsim Sha Tsui MTR
Salisbury Rd.
HKTourism Board
Bus Terminal
HK Cultural Centre
Arts Library
HK Space Museum
Star Ferry Piers
Clock Tower
Kowloon Public Pier
HK Museum of Art
Ave. of Stars
Tsim Sha Tsui East Ferry Pier
Victoria
Harbour
Ferry
Ferry
Ferry
Pier 3
Pier 4
Pier 5
Pier 6
Star Ferry Pier
Hongkong Maritime Museum
Hung Hom Ferry Pier
Man Kwong St.
Man Po St.
Bus Terminal
Central Pier
Pier 9
Pier 10
Finance St.
Man Yiu St.
One IFC
IFC Mall
1 Two IFC
Hong Kong
CENTRAL
HK Tourist Harbour
HK Convention & Exhibition Center
26
Expo Dr.
Expo Drive East
Exchange Square (Canada, Japan)
2
Jardine House
Edinburgh Place
Urban Council Chamber
3 City Hall
Prince of Wales Building
ADMIRALTY
Lung Wo Rd.
Tamar Park
Wan Chai Star Ferry Pier
Renaissance Harbour View
Bus Terminal
Mandarin
Central
Chater
Statue
4
Sq.
6
Rd.
Land-mark
Queen's Rd.
S.C.
5
Legislative Council
Harcourt
Central Government Offices
Citic Tower
Convention
Grand Hyatt
Fenwick Pier St.
HK Arts Centre
HK Red Cross
HK Academy for Performing Arts
24
Revenue Tower
Harbour Rd.
25
Central Plaza
HK Exhib. Ctr.
Causeway Ctr.
HK and Shanghai Bank
Queensway
7
Rd.
Lippo Ctr.
Drake
9
Admiralty Ctr.
Admiralty
Gloucester Rd.
4
WAN CHAI
Fleming Rd.
Stewart Rd.
Government House
10 St. John's Cath.
Bank of China Tower
Queensway Plz.
Harcourt Garden
Police Head-quarters
Jaffe Rd.
Fenwick St.
Wharney
Lockhart Rd.
Wan Chai
Mkt. & F.C.
USA
City Bank Plaza
Museum of Tea Ware (Flagstaff Hs.)
Queensway
Asian Hs.
Metropark
23
Hennessy Rd.
27 (ca. 300 m)
Causeway Bay
Drive
Rd.
8
Pacific Place
Justice D.
Southern Ctr.
Tai Yau Arc.
Cathay Th.
Imp. Th.
Cotton Tree
Hong Kong Park
Aviary
Island Shangri-La
Conrad
Queen's Road East
Johnston Rd.
Lee Tung St.
Star St.
11
Peak Tram
Kennedy Rd.
United Kingdom
Tai Wong Temple
Cross St.
Chai Rd.
Wan Chai Park
Union Ch.
Macdonnell Road
Police
Kennedy
Rd.
St. Francis Canossian Coll.
Kennedy
Hopewell Ctr.
Wan Mkt.
Meth. Ch.
Wan Chai Polyclinic
Bowen Rd.
Bowen
Borrett Rd.
Bowen Rd.
D-ive
Bowen Rd.
Magazine Gap Rd.
May Rd.
Kennedy Rd.
St. James' Settlement
Shiu Fai Ter.
Rd.
Bowen
Magazine Gap Road
Road
Barker Path
Lloyd Path
Peak Road
Coombe Road
Gap
Chai
Wan
Pollock's Path
Road
Severn
Mount Gough 479
Peak Road
Magazine Gap
Wan Chai Gap
Police Museum
Stubbs
HONGKONG / CENTRAL
Nummern: 1 - 27
0 250 m
© Nelles Verlag GmbH, München

Foto: Jürgen Bergmann

Beamten und Literaten Man Cheong, erkennbar am Pinsel in der Hand, und der Kriegsgott Kwan Kung, der ein Schwert trägt. Sowohl Literaten als auch Polizisten und Ganoven verbrennen hier Weihrauch und erbitten Hilfe von den Schutzgöttern.

Der ★**Central Mid Levels Escalator** (**Hillside Escalator**) (18), eine Aneinanderreihung zahlreicher **Rolltreppen** mit einer Gesamtlänge von 800 m, beginnt beim **Central Market** und führt hinauf zur Conduit Road (6-10 Uhr abwärts, 10.20-0 Uhr aufwärts). Seit 1993 befördert dieses „Verkehrsmittel" täglich ca. 35 000 Passagiere. Während der 20-minütigen Fahrt hat man einen guten Ausblick auf quirliges Alltagsleben und auf die **Jamia Mosque** (19) von 1915.

Mit der Rolltreppe überquert man das Szeneviertel ★**SoHo** (20) („South of Hollywood Road") im Bereich der Shelley Street und Staunton Street. Die vielen **Restaurants** und **Bars**, in denen erst gegen Abend so richtig was los ist, erstrecken sich bis **BoHo** („Below Hollywood Road") in der Stanley Street.

Oben: Unter Haien – Aquarium im Ocean Park auf Hongkong Island.

Über die Caine Road erreicht man nach wenigen Minuten in östlicher Richtung die **Zoological and Botanical Gardens** (21) in der Upper Albert Road – eine willkommene Oase der Ruhe.

Nachtschwärmer sowie Gourmets kommen in ★**Lan Kwai Fong** (22) und den umliegenden Seitenstraßen (insbesondere D'Aguilar Street, Ice House Street und Lower Albert Road) auf ihre Kosten. Hier befinden sich etliche **Lokale**, **Galerien**, **Diskos** und **Pubs**.

Wan Chai

Wan Chai (23) ist das ehemalige Amüsier- und Rotlichtviertel der Stadt. Auch heute noch gibt es etliche **Nachtclubs**, besonders in der Lockhardt Road, Luard Road und Fenwick Street.

Nördlich der Gloucester Road liegt das **Hong Kong Arts Centre** (24), eine weitere Bildungsstätte mit Galerien und breit gefächertem Kulturprogramm.

Daneben reckt das 78-stöckige, 374 m hohe **Central Plaza** (25) seine Antenne in den Himmel. Vom 46. Stock genießt man die ★**Aussicht** auf Kowloon und Hongkong Island (Eintritt frei).

Ein spektakulärer, ca. 1 Mrd. US-$ teurer Megabau in Wan Chai ist das **Hong Kong Convention and Exhibition Centre** (26) – ein Blickfang in der Skyline mit der riesigen Glasfront und den geschwungenen, an eine fliegende Möwe erinnernden Dächern. In dem 40 000 m^2 großen Komplex, für dessen Neubau ein Teil des Hafenbeckens zugeschüttet werden musste, befinden sich zwei Luxushotels, Messe- und Ausstellungshallen, Büros und Shoppingpassagen. Hier übergab man am 1. Juli 1997 die Schlüssel der Stadt an die Chinesen.

Östlich an Wan Chai schließt sich das Viertel **Causeway Bay** (27) an, bekannt durch die vielen Restaurants und riesige **Kaufhäuser** wie z. B. *Seibu*, *Sogo* und *Times Square*.

» Stadtplan S. 194-195, Info S. 214-217

Der Süden von Hongkong Island

Der **Aberdeen Tunnel** führt zur Südseite der Insel. Im geschützten alten Fischerhafen **Aberdeen** (28) bauten die Chinesen früher Schiffe aus wohlriechendem Kampferholz, deshalb erhielt dieser Küstenstrich den Namen *Hongkong*, was soviel wie „duftender Hafen" bedeutet. In der taifungeschützten **Bucht** ankern Fischkutter, auf denen nur noch wenige Familien wohnen.

Die mehrstöckigen Restaurantschiffe **Floating Restaurants** sind zwar Publikumsmagneten, aber oft ist der Service mäßig, das chinesische Essen teuer und etwas lieblos zubereitet. In wenigen Jahren wird die Rundfahrt in den *Sampan*-Booten durch die schwimmende Dschunkenstadt der Vergangenheit angehören, denn in dieser Bucht will sich der Yachtclub weiter ausbreiten.

Auf einer Landzunge östlich des Aberdeen Channel liegt der riesige Vergnügungskomplex ★**Ocean Park** (29), ein Besuchermagnet, in dem man spielend einen ganzen Tag verbringen kann. Eine Attraktion ist das **Grand Aquarium**, das die Besucher in die Tiefen des Ozeans führt. 5000 Fische schwimmen durch diese atemberaubende Meereswelt.

In **Deepwater Bay** (30) kann man an einem der schönsten **Strände** der Insel relaxen. Ein idyllischer Weg verläuft entlang der bisweilen stark abfallenden Küste nach **Repulse Bay** (31). Diese beliebte Bucht lockt mit einem langen **Sandstrand**, zahlreichen Restaurants und Bars – leider ist das Wasser in diesem Küstenabschnitt manchmal arg verschmutzt. Im Meer sieht man eine Reihe von Bojen, die Hai-Schutznetze markieren. Hier steht außer einem **Tin Hau Temple** auch das bekannte **Appartementhaus „mit dem Loch"**, das Feng-Shui-Experten zufolge als „Drachendurchflugschneise" unbedingt gebraucht wird.

Das alte Fischerdorf **Stanley** (32) hat sich mittlerweile zu einem großen

Markt mit unzähligen Läden entwickelt, die Überhangware v. a. aus Textilfabriken und auch Kunsthandwerk anbieten. Etwas abseits der turbulenten Händlergassen steht ein **Tin Hau Temple** von 1767, in dessen Seitenstraßen noch das ursprüngliche Hongkonger Leben stattfindet (Bus Nr. 6, 6X, 66 oder 260 ab Exchange Square).

★Kowloon

Tsim Sha Tsui

Die Hauptachse der Halbinsel ★**Kowloon**, wo viele Hotels liegen, ist die breite ★**Nathan Road** (33), die den Puls der Kauffreudigen schneller schlagen und das Portemonnaie leerer werden lässt. Hier und in den Seitenstraßen gibt es in tausenden Geschäften alles zu kaufen, was das Herz begehrt.

Neben der Anlegestelle der ★**Star Ferry** sieht man den 44 m hohen **Clock Tower** (34) (1916), das einzige Überbleibsel des alten Bahnhofs.

Die Hauptattraktion Kowloons ist,

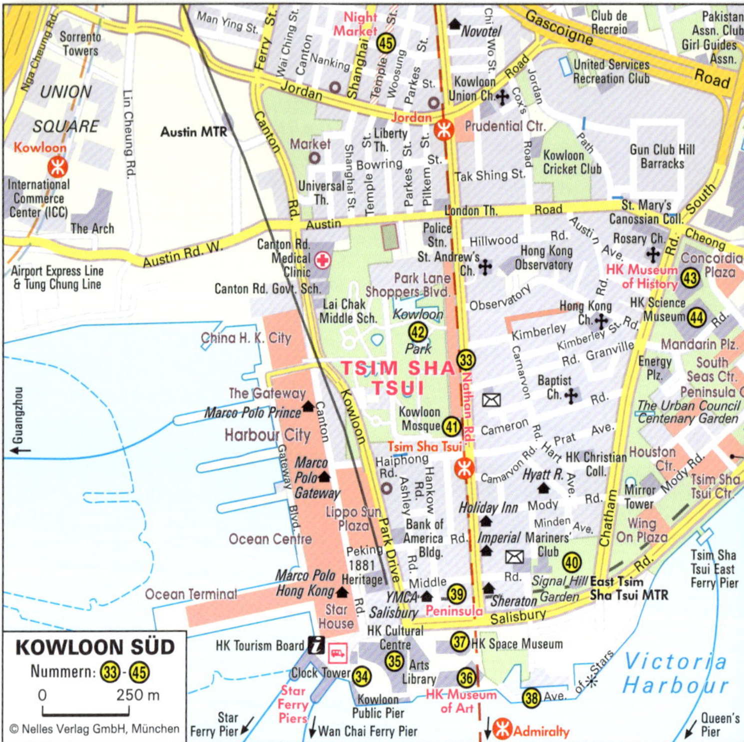

an der Südspitze des Viertels ★**Tsim Sha Tsui**, der mit beigen Kacheln verkleidete, 1991 fertig gestellte **Cultural Complex**, dessen schlichte, fast fensterlose Architektur äußerst umstritten ist. Auf der **Promenade** am Kulturzentrum treffen sich die Hongkonger zum Feierabend, hier Kontakte zu knüpfen ist leicht.

Im **Cultural Centre** (35) sind ein Theater, Ausstellungsräume sowie eine Konzerthalle untergebracht. Regelmäßig gibt hier das renommierte *Hong Kong Philharmonic Orchestra* Meisterkonzerte mit Gastmusikern.

Das ★**Hong Kong Museum of Art** (36) wird 2019 als Neubau wiedereröffnet. Neben Sonderausstellungen zeigt es klassische und zeitgenössische chinesische Kunst, insbesondere Malerei, Kalligrafien, Jade- und Goldobjekte, Bronzen sowie Keramiken.

Gegenüber liegt das **Hong Kong Space Museum** (37) mit zugehörigem **Planetarium**, einem der größten und modernsten der Welt. Kurzfilme, Modelle und Simulatoren, z. B. der *Moon Walk*, stellen spannend die Geschichte der Raumfahrt dar.

An den Museumskomplex schließt die **Avenue of Stars** (38) an (2018 neu gestaltet): Entlang des **Victoria Harbour** sind im Pflaster Stars des Hongkong-Kinos wie Jackie Chan und Bruce Lee verewigt. Von hier bietet sich eine erstklassige Aussicht auf die **Skyline**

 » Stadtplan S. 198-199, Info S. 214-217

von Central und die täglich von 20-20.15 Uhr stattfindende **Sound- und Laser-Show**.

Nordwärts auf der anderen Seite der Salisbury Road steht das ★**Peninsula Hotel** (39) von 1928. Wer in der stimmungsvollen **Lobby** im Art-déco-Stil Kaffee oder Tee trinken möchte, sollte den *dress code* beachten: es herrscht zwar kein Krawattenzwang, aber Socken sind Pflicht! **Felix**, das Restaurant mit Nachtclub im 29. Stock des Hotels, wurde von Stardesigner Philippe Starck futuristisch eingerichtet und zieht internationale Jetset-Traveller an. Schon die grandiose ★**Aussicht** auf Central lohnt den Besuch.

Über die Middle Road erreicht man den **Signal Hill Garden** (40) mit dem **Signal Tower** von 1884, in dem früher um 13 Uhr eine Kupferkugel fallen gelassen wurde, um den Kapitänen im Hafen die Zeit zu vermitteln. Seit 1933 erledigt dies ein elektrisches Signal.

Weiter nordwärts die Nathan Road hinauf steht links die 1984 eingeweihte **Kowloon Mosque** (41). Das aus weißem Marmor errichtete Gebäude dient als Hauptmoschee für die etwa 80 000 Mitglieder der islamischen Gemeinde.

Der angrenzende, über 14 ha große **Kowloon Park** (42) bietet Entspannung mit chinesischem Garten, modernen Skulpturen, Aviarium und Schwimmbad.

Im Osten Tsim Sha Tsuis warten zwei weitere erstklassige Museen: Im ★**Hong Kong Museum of History** (43) ist anschaulich die Entwicklung Hongkongs von den geologischen Ursprüngen über die prähistorische und klassische chinesische Zeit sowie die Opiumkriege bis zum Ende der ehemaligen britischen Kronkolonie dokumentiert. Zu den realistischen Kulissen passende Toneffekte machen den Besuch zu einem besonderen kurzweiligen Erlebnis. Bemerkenswert ist die Kopie des **Lei Cheng Uk Tomb**, des ältesten historischen Denkmals Hongkongs aus der Han-Dynastie mit reichen Grabbeigaben (das Original kann im Norden Kowloons in 41 Tongkin St. besichtigt werden).

Anfassen und ausprobieren ist im **Hong Kong Science Museum** (44) nicht nur erlaubt, sondern erwünscht: Auf drei Etagen garantieren rund 600 Apparate, Monitore mit interaktiven Programmen, begehbare Modelle sowie vom Personal durchgeführte chemische und physikalische Experimente fröhliche Wissenschaft, nicht nur für Kinder!

Yau Ma Tei und Mong Kok

Nördlich von Tsim Sha Tsui schließen sich die lebhaften Bezirke **Yau Ma Tei** und **Mong Kok** mit ihren Spezialitätenläden und traditionellen Märkten an. Zu

Foto: Volkmar E. Janicke

den bekanntesten zählt in der Temple Street der ★**Night Market** (45). Ab 19 Uhr ist hier kaum noch durchzukommen – auf engstem Raum drängen sich Verkäufer von Bekleidung, Kitsch, raubkopierten Uhren und Elektronik, Garküchen, Wahrsager sowie Straßenartisten.

Auf dem ★**Jade Market** (46) wird der zu Anhängern und Figuren verarbeitete Schmuckstein in vielen Schattierungen von milchigem Weiß bis Dunkelgrün an zahlreichen Ständen angeboten.

Wenige Schritte ostwärts stößt man auf den ★**Tin Hau Temple** (47), ein Vier-Tempel-Heiligtum, das nicht nur Tin Hau, der Schutzpatronin der Seefahrer, sondern weiteren daoistischen und buddhistischen Gottheiten geweiht ist.

Entlang der **Shanghai Street** (48) finden sich traditionelle Geschäfte, die Heilkräuter, Weihrauch, Heiligenfiguren und Haushaltsutensilien verkaufen.

In der Tung Choi Street, östlich der Nathan Road, wird täglich von 12-22 Uhr der **Ladies' Market** (49) abgehalten, mit einem enormen Angebot an billigen T-Shirts, Handtaschen, Schmuck, Uhren, Schuhen und Bekleidung – nicht nur für Frauen!

Der ★**Bird Market** (50) für exotische Käfigvögel findet neben einem kleinen Park in der von der Prince Edward Road abgehenden Yuen Po Street statt (tagsüber bis 18 Uhr).

Nahebei lockt der ★**Flower Market** (51) mit bunten Blumen aus aller Welt (Flower Market Road).

★Wong Tai Sin

Was die Zukunft bringt, enthüllen Wahrsager im großen, viel besuchten ★**Wong Tai Sin Temple** (52) nahe der gleichnamigen MRT-Station im äußersten Norden Kowloons. Der daoistische Gott wird als Heiler bei Krankheiten angerufen, gilt jedoch auch als Glücksbringer bei den **Pferderennen**, die im Sha Tin Race Course in den New Territories und im Happy Valley auf Hongkong Island stattfinden.

Oben: Die Nathan Road in Kowloon, Hongkongs quirlige Shopping-Meile.

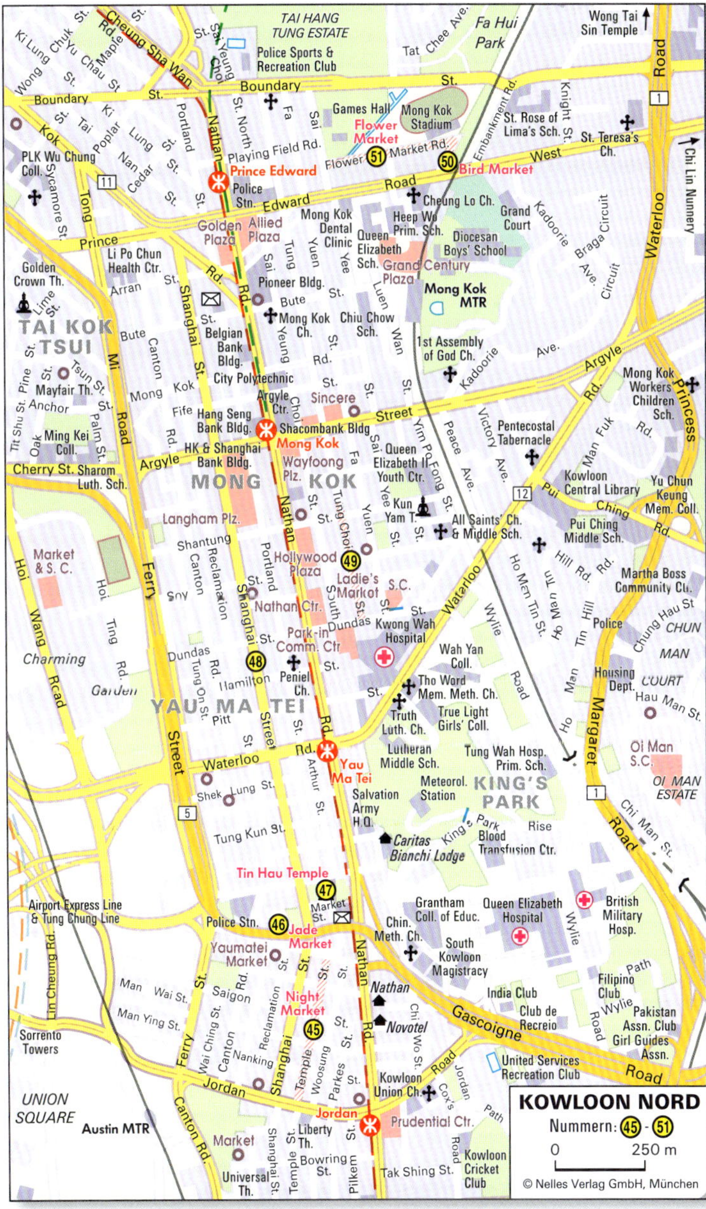

9 Im Perlfluss-Delta

Chi Lin Nunnery

Nahe der MTR-Station Diamond Hill ist das 1934 gegründete buddhistische Nonnenkloster **Chi Lin** (53) einen Besuch wert. Es wurde in den 1990ern aus 95000 Holzteilen gemäß Fengshui-Regeln im Stil der Tang-Zeit neu errichtet. Zum Kloster gehört der malerische **Nan Lian Garden**, im Stil eines klassischen chinesischen Gartens.

New Territories

Von der MTR-Station Sha Tin ist das **Monastery of the Ten Thousand Buddhas** (54) zu Fuß zu erreichen. Das Kloster wurde um 1950 von einem buddhistischen Abt gegründet, der nach seinem Tod nicht verweste. Deshalb wurde sein Körper einbalsamiert, mit Blattgold überzogen und in einem Glasschrein präsentiert. Im Kloster gibt es mehr als 13 000 Buddha-Figuren.

Unterhalb, in der **Bo Fook Ancestral Worship Hall**, können sich Gläubige eine kleine Nische in der Wand mieten oder kaufen, in die später ihre Urne hineingestellt wird. Noch etwas tiefer am Hang steht ein thailändisch inspirierter Schrein mit dem **Four Faced Buddha**, der das Leid der Welt in allen vier Himmelsrichtungen erkennt.

Im 10. Jh. siedelte der Tang-Clan in den New Territories und wurde so zahlreich, dass er fünf Jahrhunderte später schon sechs zusammenliegende Dörfer bewohnte. Gegen Tiger und Piraten wusste er sich durch hohe Mauern zu schützen, und so entstanden die **Walled Villages** (Wehrsiedlungen).

Das größte dieser ummauerten Dörfer, **Kat Hing Wai** (55) (auch **Kam Tin** genannt), ist ein Besuchermagnet, die Dorfbewohner verkaufen Eintrittskarten und Souvenirs. Auch das Fotografieren der Frauen mit ihren typischen schwarzen, breitkrempigen Hüten kostet extra. Dennoch sind die mächtigen Mauern, Gräben und Türme eindrucksvoll, und auch die Häuser und Straßen vermitteln ein Gefühl für das alte Leben in dieser einst reichen Gemeinde. (Anfahrt mit der Bahn MTR bis Yuen Long, weiter mit dem Bus).

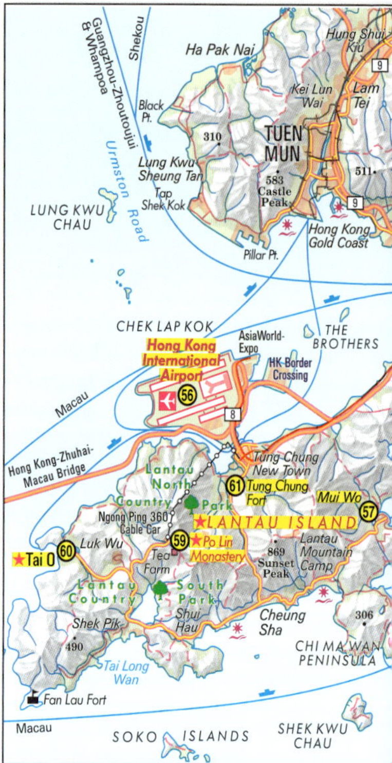

★Lantau

★**Lantau** („Großer Inselberg") ist die größte Insel der ehemaligen Kronkolonie und bisher nur spärlich besiedelt. Seit der Eröffnung des **Hongkong International Airport** (56) sind jedoch große Veränderungen in Gang gekommen. Die Fahrt mit der Seilbahn **Ngong Ping 360°** von der MTR-Station Tung Chung führt 5,7 km weit über die Berge hoch zum Po-Lin-Kloster und gibt atemberaubende Ausblicke auf die fast unbe-

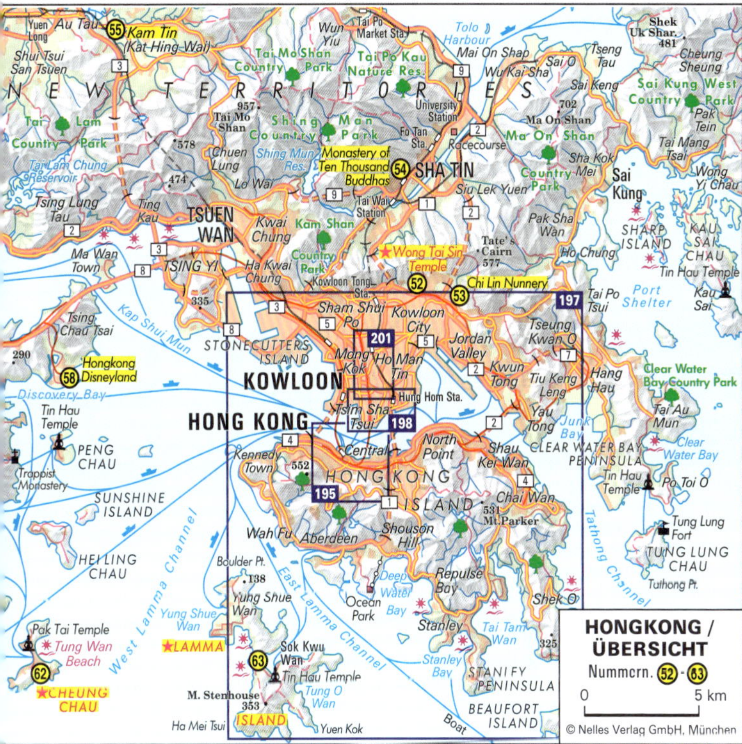

rührte Natur frei, die auch der 70 km lange Wanderweg **Lantau Trail** durchzieht. Zu allen Sehenswürdigkeiten fahren Busse vom Anleger **Mui Wo** (57) in Silvermine Bay, deren Fahrpläne sich nach den Fähren aus Central richten (Pier 6; Fahrzeit 60 Minuten). Südwestlich von Mui Wo lockt der längste Strand **Cheung Sha**.

Das **Hong Kong Disneyland** (58) ist einer der ersten großen Vergnügungsparks Chinas. Das bewährte Disney-Konzept mit vielen Fahrgeschäften und Shows löst vor allem an Wochenenden wahre Besucheranstürme aus.

Das 1921 erbaute ★**Po Lin Monastery** (59) („Kloster des kostbaren Lotos") auf dem 450 ü. d. M. gelegenen Plateau von Ngong Ping ist der meistbesuchte Ort der Insel. Die 50-minütige Busfahrt zum Kloster (Seilbahn: 25 Min.) führt durch oft in Nebel gehüllte Berglandschaft. Der mit 26 m Höhe und 202 t Gewicht größte sitzende ★**Bronze-Buddha** der Welt, auf einem Hügel außerhalb des Klosters, ist schon von weitem zu sehen. Der Sockel der 1993 geweihten Figur beherbergt eine Ausstellung über den Lebensweg Buddhas. In der Haupthalle des **Klosters** stehen drei Buddha-Figuren, die Buddhas zeitliche Existenz in Vergangenheit, Gegenwart und Zukunft versinnbildlichen. Geht man die große Eingangstreppe des Klosters hinab, sieht man direkt davor eine Nachbildung des **Himmelsaltars**

Foto: Volkmar E. Janicke

in Peking. Bemerkenswert daran ist ein akustisches Phänomen: Wer sich in die Mitte der obersten Plattform stellt und laut spricht, erfährt eine unglaubliche Stimmverstärkung. Der Besuch des Klosters ist meist mit einem ausgezeichneten vegetarischen Essen in einem großen **Speisesaal** verbunden.

★**Tai O** (60) (6500 Einwohner) ist eine Fischersiedlung der Tanka-Volksgruppe, die sich als Nachfolger der ersten prähistorischen Siedler der Insel sieht. Bekannt ist die Siedlung durch die **Stilt Houses** (Pfahlbauten), von denen noch mehrere im Zentrum erhalten sind.

Das **Tung Chung Fort** (61) außerhalb des gleichnamigen Orts wurde 1817 als Schutz vor Feinden errichtet. Einige alte Geschütze sind noch zu sehen.

Oben: Das Po-Lin-Kloster auf Lantau überragt ein riesiger Bronze-Buddha. Rechts: 261 m hoch ist das markante Grand Lisboa in Macau – Spielcasino und Hotel zugleich.

★Cheung Chau

In der schmalen Mitte von ★**Cheung Chau** (62) („Lange Insel"; Fähren ab Central, Pier 5; Fahrzeit 30-60 Minuten) liegt das gleichnamige, autofreie Städtchen mit seinen engen Gassen. Nur in der westlichen, taifungeschützten Bucht ankern Schiffe. An der Hafenpromenade **Praya** locken **Fischrestaurants**. Wer durch den Ort bummelt, kann traditionellem chinesischem Alltagsleben nachspüren. Auf der Ostseite von Cheung Chau lädt der beliebte feinsandige **Tung Wan Beach** zum Baden ein. Am nördlichen Ortsende steht der daoistische **Pak Tai Temple** von 1783 (1989 renoviert), erbaut für den höchsten daoistischen Gott, den himmlischen Jadekaiser. Im Frühjahr findet hier das **Bun Festival** statt, das an die Opfer eines Piratenmassakers erinnert. Der daoistische **Kwan Kung Pavillion** in der Peak Road ist dem Kriegsgott geweiht.

Auf der Südseite der Insel, unweit des *Warwick Hotels*, sind prähistorische **Felsbilder** erhalten. Weiter südlich ist

» Stadtplan S. 202-203, Info S. 214-217

die Höhle des Seeräubers **Cheung Po Tsai** zu besichtigen.

★Lamma

Auf der Insel ★**Lamma** (63) locken an der Westküste die **Strände** von **Lo So Shing** und **Hung Shing Ye**. Hier kann man sonnenbaden und schwimmen. Bei Anbruch der Dämmerung zieht man zu den ausgezeichneten Restaurants am Hafen **Sok Kwu Wan**. Diese sind auf Pfählen erbaut und bieten vorzügliche Meeresfrüchte an. Sich danach von der Fähre an der traumhaft erleuchteten Skyline von Aberdeen zurück nach Central (Pier 4; Fahrzeit 30-50 Minuten) schippern zu lassen ist ein Erlebnis.

★★MACAU

★★**Macau** ❷, die frühere portugiesische Kolonie (1557-1999), strotzt vor Dynamik. Ein Symbol dafür ist die neue, 50 km lange **Transozean-Brücke**, die Macau mit Hongkong verbindet.

Die meisten asiatischen Besucher zieht es in die riesigen Kasinos, doch hat Macau mehr zu bieten als Glücksspiel rund um die Uhr. Die Altstadt mit ihren wunderschön restaurierten portugiesischen Kirchen zählt zum Welterbe der UNESCO; etwa 2 % der 500 000 Einwohner sind portugiesisch-chinesischer Abstammung und sprechen auch ein eigenes Idiom, das *Patuá* oder *Macaista*. Zahlungsmittel sind *Macau-Pataca*, HK-Dollar und Renminbi Yuan.

Kaum zu übersehen ist unweit des **Ferry Terminal**, an der Rua de Luís Gonzaga Gomes, das **Centro de Actividades Turísticas (CAT)** (1), ein Kulturzentrum mit Bibliothek und Konferenzsälen. Freunde des Rennsports können hier das **Macau Grand Prix Museum** besuchen; beim wichtigsten Event Macaus rasen seit 1954 im November Rennwagen und Motorräder auf dem 6,2 km langen *Guia Circuit* durch die Straßen, etliche Original-Formel-3-Rennwagen und Oldies sind hier ausgestellt. Daneben informiert das **Museu do Vinho** über portugiesische Weine – mit **Weinprobe**.

(57 m)
Ilha Verde
Est. Marginal da Ilha Verde
Portas do Cerco (500 m)
Est. Marginal Hipódromo
Av. da Concórdia
Estrada Castelo Branco
Av. General
Canídromo
Templo de Lin Fong
Lin Zexu Museum
(62 m)
Mong-Ha Hill
Estrada da Areia Preta
Av. de
Av. do Almirante Lacerda
Avenida do
Xavier Pereira
Red Market
Templo de Kun Iam Tong
Av. Marginal do Lam Mau
Rua da Ribeira do Patane
Rua Tomé Pires
Av.
Est. de Coelho do Amaral
Avenida
R. de Francisco
Coronel Mesquita
Night Market
Est.
Rua Mendes Pinto
Fernão
do Ouvidor
Costa Cabral
Almeida
Arriaga
Rua da Barca
Est. A.
de Horta e Costa
de
Inner
ZHUHAI SHI
Rua Palmeira
Camões Grotto & Garden
Rua da Erva
Rua Entre Campos
Rua Sacadura
Lou Lim Ieoc Garden
Loureiro
Ferreira
Flora Garden
Cemitério Protestante
Rua Coelho do Amaral
dc Repouso
Rua do Almirante Cabral
Cemitério São Miguel
Cable Car
Guia Tunnel
Santo António
Rua Tomás Vieira
Avenida de Demetrio Cinatti
Rua Visconde Paço de Arcos
Rua de Cinco
Conselheiro
F. do Amaral
Vitória
WANZAI
Rua Horta da Companhia
Est. do Cemiterio
Ruinas de São Paulo
Monte Fort (Macau Museum)
Est. da
Farol da Guia, Fortress, Chapel
Harbour
East Asia
Rua das Estalagens
Rua da Madeira
Av. do
Rua
Estrada de Cacilhas
Rua da Felicidade
Av. Almeida Ribeiro
Rua Mercadores
São Domingos
Senado Square
Av. do Campo
Rua Nova a Guia
Rua das Lorchas
Ole London
Rua Cules
Main P.O.
Sé Cathedral
St. Francisco Garden
Estrada de São Francisco
R. de Luís Gonzaga Gomes
São Agostinho
Largo São Agostinho
Rua Central
Av. da Praia Grande
Comendador Ho Yin Garden
Rua do Dr. Lourenço Marques
St.Joseph Seminary
Av. Infante D. Henrique
Military Club
Amizade
Teatro Don Pedro V
Av. do
Presidente
UNESCO Centre
Rua do Almirante Sérgio
Rua da Praia do Manduco
António
São Lourenço
Padre
Av. Dr. Mário Soares
Grand Lisboa
Arts Garden
Ada. Dr. C.
Avenida de
Casino Lisboa
Rua Cidade de Sintra
Av. Sir Anders Ljungsted
Dr.Carlos d'Assumpção Park
d'Assumpção
Rua da Praia
Monumento a Ferreira do Amaral
Calçada da Barra
Colina da Penha
Rua Boa Vista
Cybernetic Fountain
Museu Marítimo
Penha Hill
Templo de A-Ma
Nam Van Lake
Avenida Dr. Stanley Ho
Avenida
Mandarin Oriental
Kun Iam Statue
Rua S. Tiago da Barra
da República
Ponte Governador Nobre de Carvalho
Macau-Taipa Bridge
Av. Dr. Sun Yat Sen
Barra Hill
(74 m)
Sai Van Lake
Pousada de São Tiago
Avenida
Sai Van Bridge
MACAU 2
0
250
500 m
Convention & Entertainment Centre
Macau Tower
Taipa,
The Venetian Macao,
Coloane
© Nelles Verlag GmbH, München

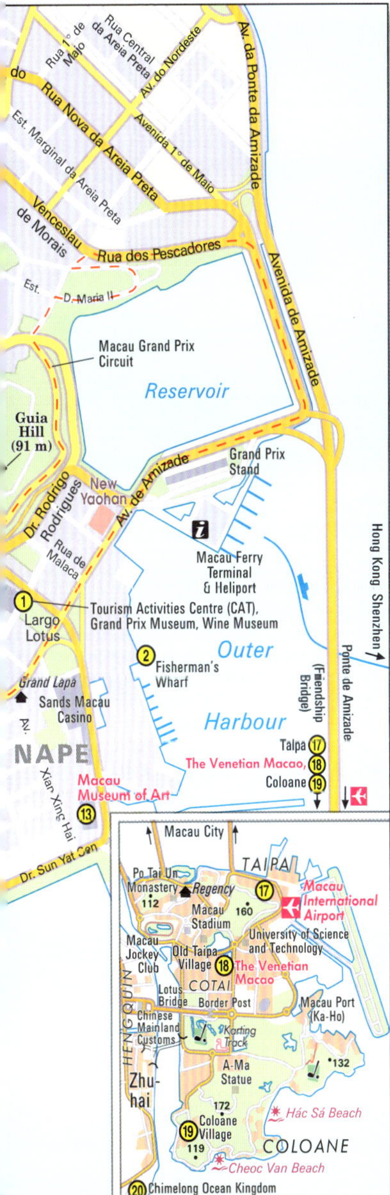

Direkt am Äußeren Hafen, an der Doca dos Pescadores de Macau, breitet sich die **Macau Fisherman's Wharf** (2) aus, ein großer Freizeitpark mit Kasino, Hotel, Geschäften, Restaurants, **Stadtansichten** von Amsterdam, Venedig und Kapstadt sowie einer Kopie des **Kolosseums** in Rom. In der **Dynasty Wharf** wird mit Kunsthandwerk chinesische Kultur lebendig; **Aladdin's Fort** versetzt Kinder in die Welt von 1001 Nacht. Jeden Abend speit ein 45 m hoher künstlicher **Vulkan**, in dessen Innerem eine **Achterbahn** Nervenkitzel garantiert.

Eine tolle ★**Aussicht** genießt, wer die Serpentinen am 91 m hohen **Colina da Guia**, dem größten Hügel der Altstadt, erklimmt. Alternativ führt von der Westseite, vom hübschen **Jardim de Flora**, eine **Seilbahn** nach oben. Dort erhebt sich neben einer **Kapelle**, inmitten der **Fortaleza da Guia** aus dem 17. Jahrhundert, der **Farol da Guia** (3), der erste Leuchtturm Macaus.

Eine Oase für die Sinne ist der ★**Jardim Lou Lim Ieoc** (4) (Estrada de Adolfo de Loureiro), einer der schönsten Gärten ganz Süd-Chinas, wo man die Hektik der Großstadt vergessen kann.

In der Nähe vermittelt das **Macao Tea Culture House** allerlei Wissenswertes zum Thema „Tee".

Der interessanteste Sakralbau ist der Göttin der Barmherzigkeit geweiht; Blickfang dieses ★**Templo de Kun Iam Tong** (5) (Avenida do Coronel Mesquita) aus dem 17. Jh. ist die von zwei Steinlöwen flankierte Freitreppe. Bevor man das Innere mit den Statuen der **Drei Buddhas** und dem **Standbild der Göttin** besucht, sollte man seine Aufmerksamkeit aufs Dach richten: Dort zeigen bunt glasierte **Porzellanfiguren** höfische Szenen.Interessant im angrenzenden **Garten** sind die **Bonsai**, von denen manche die Form chinesischer Schriftzeichen (u. a. für „langes Leben") haben.

Im Westen der Altstadt liegt an der Praça de Luís de Camões der gepflegte ★**Jardim e Gruta Luís de Camões** (6).

Foto: Jürgen Bergmann

Fotogen breiten sich rings um einen Hügel die Blumenbeete, Bambuswäldchen und Hecken aus, kunstvolle Mosaiken zieren so manchen Gehweg. Einheimische suchen die Pavillons und Bänke gern zum Musizieren auf, Spaziergänger lauschen dann den harmonischen, beruhigend wirkenden Klängen von Pipa, Erhu und anderen traditionellen chinesischen Instrumenten. Benannt ist der Park nach dem Dichter Luís Vaz de Camões (16. Jh.), der Teile des portugiesischen Nationalepos *Os Lusíadas* hier in Macau verfasst haben soll.

Das Wahrzeichen Macaus sind die ★★**Ruinas de São Paulo** (7) (Rua de São Paulo), die imposante **Fassade** der Paulus-Kirche. Touristen drängen sich auf der breiten **Freitreppe** davor, um vor dem Rest des im Jahr 1835 abgebrannten Gotteshauses fotografiert zu werden. Bei seinem Bau waren italienische Stuckateure beteiligt, doch lassen sich auch chinesische Elemente erkennen. In einer Art Krypta stellt das **Museu de Arte Sacra** religiöse Kunstwerke aus.

Bei St. Paul führt eine Treppe zur mächtigen **Fortaleza do Monte** (8) (Praceta do Museu de Macau), die Jesuiten im 17. Jh. gegen Angriffe der Holländer errichten ließen. Spaziert man an der Brüstung entlang, vorbei an kleinen Gärten, genießt man eine schöne **Aussicht** auf die Altstadt. Die Festung beherbergt das moderne **Museu de Macau** zur Stadtgeschichte.

Den alten Glanz der früheren portugiesischen Kolonie lässt der ★**Largo do Senado** (9) im Zentrum noch erahnen. An diesem herrlich von Arkaden und stattlichen, schön restaurierten Häusern gerahmten Hauptplatz treffen sich Jung und Alt auf Bänken, zum Plaudern, Leute beobachten oder zum Eisessen. Nach Lissabonner Art zieren den Boden Schwarz-Weiß-Mosaike, am Nordende kündet die gelbe Fassade der **Igreja de São Domingos** von der einstigen Macht der Dominikaner. Daneben

Oben: Die portugiesische Igreja de São Domingos am Largo do Senado in Macau vermittelt lässt noch das einstige Flair der jahrhundertelang lusitanischen Kolonialstadt erahnen.

» Stadtplan S. 206-207, Info S. 214-217

führt eine Treppe zum kleinen **Museu de Arte Sacra de São Domingos** mit Monstranzen und Heiligenfiguren.

Etwas abseits, am **Largo da Sé**, steht die **Sé Catedral** (10) von 1850, die wichtigste Kirche der Stadt, architektonisch jedoch nicht sonderlich beeindruckend.

Neben dem ★**Casino Lisboa** (11) des **Hotel Lisboa**, das mit seinen bunten Neonlichtern ab 1970 der wichtigste Spieltempel im historischen Zentrum war, ragt das spektakuläre **Grand Lisboa Casino** (12) (Avenida de Lisboa) auf. Schon von fern erkennt man den 261 m hohen **Hotelturm** mit 44 Etagen in Form einer Lotosblüte – dem Symbol für Reinheit und Glück, sie ziert auch die Flagge Macaus. Glück bringt der 400 Mio. US-$ teure Megabau aber wohl in erster Linie seinem Inhaber Stanley Ho, der das viergeschossige **Kasino** mit einer marmorverkleideten Lobby und viel Blattgold versehen ließ.

Das ★**Museu de Arte de Macau** (13) (Avenida Xian Xing Hai) zeigt neben modernen Werken und Fotografien traditionelle Kunst der Ming- und Qing-Dynastie. Es gehört zum **Centro Cultural de Macau**, einem Kongresszentrum mit Garten und Restaurants.

Wenige Schritte von den Docks am Inneren Hafen steht der ★**Templo de A Ma** (14) (Rua de São Tiago da Barra), vor 500 Jahren stufenförmig am Penha-Hügel erbaut. Dicke Rauchschwaden von Räucherstäbchen ziehen durch die Hallen – das zeigt, dass der Tempel der Göttin der Seefahrer (in Hongkong als Tin Hau bekannt), der älteste Sakralbau Macaus, äußerst beliebt bei chinesischen Pilgern ist. Das ehrwürdige Heiligtum gab der Stadt ihren Namen, denn als die Portugiesen Anfang des 16. Jh. hier landeten und sich nach dem Namen der Siedlung, damals nur ein Fischerdorf, erkundigten, sollen ihnen die Bewohner *a ma gau* („Bucht der A Ma“) zugerufen haben – doch die Fremden verstanden nur *ma cao*.

Die zentrale Rolle Macaus im Seehandel Ostasiens zeigt sehr ansprechend das **Museu Marítimo** (15) (Largo do Pagode da Barra) mit zugehörigem kleinem **Aquarium** neben dem A-Ma-Tempel. Herausragend sind die vielen ★**Schiffsmodelle**.

Wagemutige können am 338 m hohen ★**Macau Tower** (16) (Largo da Torre de Macau), beim *Skywalk* nur mit einem Seil gesichert, um den 57. Stock über dem Abgrund spazieren, beim *Mast Climb* zur Spitze hoch steigen oder sich beim *Bungy Jump* aus 233 m in die Tiefe stürzen. Eine tolle ★**Aussicht** auf das Perlfluss-Delta ist vom **Restaurant** und der **Besucherterrasse** garantiert.

Drei große Brücken verbinden die Altstadt Macaus mit der Insel **Taipa** (17), die mit dem **Macau International Airport** und Sportstätten in den letzten Jahren ihr Gesicht stark verändert hat. Beschaulich ist dennoch die **Rua do Cunha** in **Taipa Village** geblieben, die **Food Street** mit guten Restaurants und Dim-Sum-Lokalen.

Taipa ist durch die fast 5 km^2 große Landaufschüttung **Cotai Strip** mit Coloane (s. u.) verbunden. Inmitten von supermodernen Hotels und Shopping-Malls ragt hier eines der mit rund 2,5 Mrd. US-$ Baukosten teuersten Gebäude der Welt heraus: ★**The Venetian Macao** (18), das mit 30 Restaurants, 350 Geschäften und 3000 Hotelzimmern größte **Kasino** der Welt.

Ganz im Süden liegt der Stadtteil **Coloane** (19) (Lo Wan), mit dem alten Fischerdorf **Coloane Village**, viel Natur sowie zwei Sandstränden: dem langen, dunklen **Hác Sá Beach** und dem **Cheoc Van Beach**. In der Badesaison von Mai bis Oktober wachen hier Rettungsschwimmer über die Badenden.

Auf der Nachbarinsel **Hengquin** (zur Stadt Zhuhai/ China gehörig) lockt das ★★ **Chimelong Ocean Kingdom** (20), ein neuer Freizeitpark mit acht Meeresthemenbereichen, dem weltgrößten **Aquarium** (mit Walhaien) und dem größten Unterwasserdom.

9 Im Perlfluss-Delta

» Stadtplan S. 206-207, Info S. 214-217

★★KANTON (GUANGZHOU)

Guangzhou am Perlfluss, einst unter dem Kolonialnamen ★★**Kanton** ❸ bekannt, verkörpert das China des 21. Jh. mit seinem enormen Wirtschaftswachstum. Die Hauptstadt der dichtestbesiedelten chinesischen Provinz Guangdong ist seit dem 7. Jh. nach Übersee orientiert. Ihre Weltoffenheit machte sie zur Brutstätte neuer Ideen. Die Kantonesen sind geborene Händler und verwandelten das Perlfluss-Delta ab den 1980er-Jahren in die „Werkbank Chinas". So findet in der 13-Millionen-Metropole zweimal jährlich die weltgrößte Handelsmesse *Chinese Export Commodities Fair* (*Canton Fair*) statt.

Auf der Shamian-Insel spürt man noch koloniales Flair, und im Zentrum der Altstadt finden sich einige schöne alte Sakralbauten, überragt von ultramodernen Wolkenkratzern. Wie eingestreut wirken dazwischen die Gärten und Parks, Oasen der Ruhe im Verkehrstrubel. Ganz anders die gigantischen Malls, in denen man sich locker einen ganzen Tag aufhalten könnte, oder die umtriebigen Märkte und Einkaufsstraßen – Kanton ist ein Shopping-Eldorado und billiger als Hongkong. Kaum Wünsche lässt das Nachtleben mit Discos, Karaoke und Bars offen. Unzählige Lokale locken mit kantonesischer Küche. Die größte Stadt Südchinas ist ein bedeutendes Kulturzentrum

» Karte S. 192, Stadtplan S. 210-211, Info S. 214-217

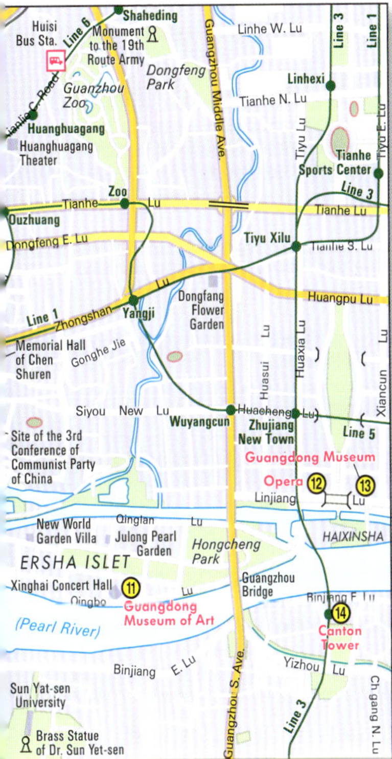

mit der renommierten Sun-Yatsen-Universität und jahrhundertealter Theatertradition. Kanton blickt selbstbewusst in die Zukunft, wie der 2010 eröffnete *Canton Tower* beweist, der damals mit 600 m höchste Fernsehturm der Welt. Die *Asian Games* 2010 sorgten für einen weiteren Entwicklungsschub.

Am besten beginnt man die Kanton-Erkundung mit einem Bummel über die nur 1000 m lange, verkehrsberuhigte, von der Bauwut verschont gebliebene ★**Shamian-Insel** (1) (*shamian dao*). Hier im Perlfluss unterhielten die Briten ihre Kontore, in denen sie die 20 000 Kisten indisches Opium lagerten, die Kaiser Daoguang 1839 vernichten ließ, was den 1. Opiumkrieg auslöste. Dieser ging 1842 mit dem Knebelvertrag von Nanjing zu Ende, in dem sich die Briten die Öffnung von fünf Häfen sicherten. Nun errichteten auch andere europäische Mächte wie Frankreich auf Shamian Konsulate, Banken, Clubs, Theater, Schulen, Kirchen, Hotels und **Villen**; Chinesen durften die Insel nur mit Genehmigung betreten. Spaziert man heute vom modernisierten, einst britischen Nobelhotel **White Swan** (mit künstlichem Wasserfall) im Westen bis zur französischen Kirche **Our Lady of Lourdes** im Osten, vorbei am gepflegten **Shamian-Park**, guten Restaurants und denkmalgeschützten Kolonialgebäuden, wandelt man unter hohen alten Bäumen auf den Spuren der europäischen Handelsherren.

Eine der größten Touristenattraktionen ist der ★**Qingping-Markt** (2) (*qingping shichang*) nördlich des Kanals, der die Shamian-Insel vom Festland trennt. Kleine Läden bieten alle möglichen Mittelchen der **traditionellen chinesischen Medizin** an, darunter Seepferdchen, Eidechsen, Tiergenitalien, Pilze, riesige Asseln, gebündelte Tausendfüßler, Skorpione – manche stehen auf der Roten Liste der gefährdeten Arten.

Schlendert man die **Qingping Lu** weiter, offenbart sich die exotische, für westliche Besucher eher befremdliche Seite der kantonesischen Küche: Denn hier, zwischen Bonsai-, Obst- und Gemüseständen, zwischen Aquarien mit Goldfischen und Koi, harren **lebende Tiere** wie Katzen, Schildkröten, Schlangen, Hunde und Frösche ihres Schicksals, dass direkt in den Wok führt: *weikouhao!* – „guten Appetit!"

Die Seele Kantons ist der **Perlfluss**, mit rund 2200 km der drittlängste Strom Chinas. Wenigstens ein paar hundert Meter sollte man an der ★**Uferpromenade Yanjiang Xilu** (3) entlangbummeln. Sehr schön lässt sich dabei das An- und Ablegen der Boote und das Treiben am anderen Flussufer beobachten. Ein guter Ausgangspunkt ist die **Renmin-Brücke** bei der Shamian-Insel.

9 Im Perlfluss-Delta

Hier erhebt sich auch das **Denkmal für die Märtyrer des Shaji-Massakers**. Es erinnert an 52 chinesische Arbeiter, niedergemetzelt von französischen und britischen Soldaten am 23. Juni 1925 während eines Streiks.

Aus einer anderen Perspektive erlebt man Kanton bei einer **Perlfluss-Fahrt**. Die Ausflugsschiffe fahren bis zur Guangzhou-Brücke. Am schönsten ist die Fahrt abends mit Dinner an Bord.

Der sehenswerteste Sakralbau Kantons ist der ★**Ahnentempel der Familie Chen** ④ (*chenjia ci*) von 1894 in der Enlongli Lu. Er diente den Zusammenkünften des Chen-Clans und der Verehrung der Vorfahren. Einige Hallen sind der schmucke Rahmen für das **Museum für Kunsthandwerk** (*minjian gongyi bowuguan*) mit Jadeobjekten und geschnitzten **Elfenbeinen**. Hauptattraktion sind die kunstvollen **Holzschnitzereien** und die bunt glasierten **Tonfiguren** auf den Dachfirsten, die Mythologisches und Episoden aus der klassischen chinesischen Literatur sehr anschaulich erzählen.

Der ★**Tempel der Sechs Banyan-Bäume** ⑤ (*liurong si*) in der Liurong Lu, 537 gegründet, ist einer der ältesten der Stadt, *Sitz der Buddhistischen Vereinigung* von Kanton. Sehenswert sind die drei je über 10 t schweren vergoldeten **Buddha-Statuen** in der **Halle des Sechsten Patriarchen** (*liuzu tang*), Meisterwerke der Qing-Zeit von 1663. Blickfang des Tempelareals ist die 57 m hohe **Blumenpagode** (*hua ta*) aus dem 11. Jh.; von oben genießt man eine herrliche **Rundumsicht** auf Kanton.

Eines der ältesten muslimischen Gotteshäuser Chinas steht im Zentrum der Altstadt (Guangta Lu): die **Moschee zum Andenken an den Weisen** ⑥ (*huaisheng si*). Der Legende nach soll sie 627 ein Onkel Mohammeds errichtet haben. Arabisch-islamische Händler lebten – wie auch Christen und Juden – bereits im 7. Jh. im weltoffenen Kanton. Die große **Gebetshalle** ist heute das religiöse Zentrum der ca. 5000 Muslime von Guangzhou. Das 36 m hohe ★**Minarett** diente zugleich als Leuchtturm für den nahen Hafen.

Rechts: Der Canton Tower, das neue Wahrzeichen Kantons, ist ein 600 m hoher Fernseh- und Aussichtsturm.

An der geschäftigen Fußgängerzone **Beijing Lu** ⑦ finden sich von der Zhongshan Lu im Norden bis hinab zum Ufer des Perlflusses im Süden zwischen Restaurants, Buchhandlungen und Cafés noble Department Stores (z. B. *Guang Bai* und *Giordano*) und schicke Boutiquen.

Eine archäologische Sensation ersten Ranges war 1983 die Entdeckung des ★**Königsgrabes von Nanyue** ⑧ (*xihan nanyue wangmu bowuguan*). Bei Ausschachtungsarbeiten unter dem Elefantenhügel bei der Jiefang Beilu kam die letzte Ruhestätte von König Zhao Mo (137-122 v. Chr.), des zweiten Herrschers der Dynastie, mit über 1000 Beigaben zutage. Staunend steht man vor den bronzenen Räuchergefäßen und Krügen, den goldenen Siegeln und Gürtelhaken, Silberdosen und kunstvoll verzierten Spiegeln. Highlight ist das **Totengewand** aus 2291 kleinen Jadeplättchen, die mit Seidenfäden verbunden sind. Jade gilt den Chinesen als das wertvollste Material überhaupt und soll vor Verwesung schützen.

Ein Tipp für Blumenfreunde ist der herrliche **Orchideengarten** ⑨ (*lan yuan*), 600 m nördlich des Königsgrabs. Faszinierend ist die Vielfalt der Formen und Farben, stimmungsvoll der **Teepavillon** zwischen Farnen und Palmen.

Weitläufig ist der ★**Yuexiu-Park** ⑩ (*yuexiu gongyuan*), die grüne Lunge der Stadt östlich der Jiefang Beilu. Vom Eingang bis zum **Yuexiu-Berg** wechseln sich Rasen, Wasserspiele, Blumenbeete, Teiche, Sportstätten, Restaurants, Wäldchen mit alten Bäumen und ein Freiluftkino ab – ein beliebtes Naherholungsziel der Einheimischen. Zur Attraktivität des Parks tragen moderne Plastiken und historische Gebäude bei:

» Stadtplan S. 210-211, Info S. 214-217

Foto: Alakoo (Dreamstime.com)

So erinnert die **Skulptur der fünf Ziegenböcke**, ein Wahrzeichen Kantons von 1959, an den Gründungsmythos der Stadt: Einst ritten fünf himmlische Schutzgötter auf fünf Ziegenböcken zur Erde, um den Bewohnern fünf Ähren zu überbringen, damit die Stadt niemals Hunger leide – Kanton wird daher auch als „Stadt der Ziegen" (*yangcheng*) bezeichnet. Ein Rest der alten Stadtmauer aus der Ming-Dynastie (1380) ist **Das die See überblickende Gebäude** (*zhenhai lou*). Auch wenn man heute vom obersten Stock nicht mehr bis zum Meer sehen kann, lohnt doch die **Aussicht** auf das Stadtzentrum. In dem 28 m hohen Bauwerk zeigt das **Guangzhou-Museum** Exponate vom Neolithikum bis ins 20. Jh. Konzerte und Kulturveranstaltungen finden in der nahen großen **Gedenkhalle für Dr. Sun Yat-sen** (1866-1925) statt. Den achteckigen Bau mit blauglasiertem Dach und roten Säulen errichteten Auslandschinesen 1925 zu Ehren des Gründers des modernen China.

Auf der Insel Er Sha im Osten zeigt das ultramoderne ★**Guangdong Museum of Art** (11) (*guangdong meishuguan*) als größtes Kunstmuseum Chinas v. a. zeitgenössische Kunst (aktuelle Sonderausstellungen: www.gdmoa.org).

Für die 2010 mit Turandot eröffnete, avantgardistische neue ★**Oper** (12) (*guangzhou dajuyuan*) hat sich Stararchitektin Zaha Hadid von Flusssteinen inspirieren lassen: Die beiden Häuser sollen wie riesige, vom Perlfluss angeschliffene Kiesel wirken.

Ganz in der Nähe steht das neue, architektonisch faszinierende ★**Guangdong Museum** (13) (*guangdong bowuguan*), dessen Fassade eine alte Keramik mit wie Risse wirkenden Netzmustern modern interpretiert – entworfen von Rocco (Hongkong). Die 160 000 Exponate zeigen einen Querschnitt von Artefakten wie Keramik und Holzschnitzarbeiten aus der Provinz.

Schräg gegenüber, am Perlflusssüdufer, ragt einer der höchsten Fernsehtürme der Welt auf: der 600 m hohe ★**Canton Tower** (14), mit einer **Aussichtsplattform** in 459 m Höhe.

» Stadtplan S. 210-211, Info S. 214-217

Hongkong (☎ 00852)

Hongkong Tourism Board (HKTB), The Peak Piazza (zwischen Peak Tower und Peak Galleria), tägl. 11-20 Uhr, Star Ferry Anleger Kowloon, tgl. 8-20 Uhr, am Flughafen und in Lowu (nur ankommende Besucher), Hotline: 2508 1234, tgl. 9-18 Uhr.

WÄHRUNG: Die Währung ist der Hongkong-Dollar (HK-$), der in einem festen Verhältnis von 7,8 : 1 gegenüber dem US-$ steht. Bei den Banknoten sind drei verschiedene Serien in Umlauf – mit gleicher Größe, jedoch unterschiedlichen Motiven.

EINREISE: Zur Einreise (kein Visumzwang) ist ein Reisepass nötig, der noch mind. ein Jahr gültig ist.
Flugzeuge landen auf dem **Hongkong International Airport**. Die Airport-Express-Züge verkehren alle 8 Min. nach Central über Tsing Yi und Kowloon (Fahrzeit 23 Min.). Weiterhin fahren Shuttlebusse nach Tung Chung, von dort aus gelangt man mit dem Zug nach Central. Die Fahrt dauert jeweils etwa 1 Std.
Wer aus China mit der **Fähre** oder dem **Zug** ankommt, ist bereits mitten in Kowloon.

VERKEHRSMITTEL: Generell fahren die öffentlichen Verkehrsmittel von 6 Uhr morgens bis Mitternacht, danach helfen Taxis weiter. Achtung beim Überqueren der Straßen, Hongkong hat **Linksverkehr**!
U-BAHN MTR: Fahrpläne der MTR (*Mass Transit Railway*) und Preisgestaltung an den Ticketautomaten sind leicht verständlich. Die Fahrkarten sind so groß wie Scheckkarten, werden bei den Drehkreuzen in einen Schlitz geschoben und kommen auf der anderen Seite wieder heraus.
STRASSENBAHN: Eine 13 km lange Strecke führt im Norden von Hongkong Island von Kennedy Town nach Shau Kei Wan. Man steigt hinten ein und wirft kurz vor dem Aussteigen vorne beim Fahrer das abgezählte Geld in eine Glasbox.
PEAK TRAM: **Bus 15C** fährt zur Ground Station in der Garden Road, dann zuckelt die Tram (tägl. 7-24 Uhr.) in 10 Minuten zum Peak hinauf; www.thepeak.com.hk.
BUSSE: Große Busbahnhöfe befinden sich an den Anlegestellen der Star Ferry. Die einzelnen Linien sind leicht verständlich ausgeschildert, der passende Fahrpreis wird beim Einsteigen entrichtet (kein Wechselgeld!).
TAXIS: Taxis können nur dort angehalten werden, wo keine doppelte gelbe Linie die Straße säumt. Es ist ratsam, sich vom Hotel den Zielort auf Chinesisch aufschreiben zu lassen. Der Taxameter wird sofort eingeschaltet, allerdings erscheinen die Gebühren für die Tunnel zwischen Festland und Insel nicht darauf, diese 20 HK$ müssen extra bezahlt werden.
STAR FERRY: Seit 1898 schippern die preisgünstigen Fähren von Kowloon in kurzen Abständen nach Central und Wan Chai.
FÄHREN: Alle Fähren zu den **Inseln** verkehren ab dem großen Pier direkt an der *Star Ferry* in Central. Die Schiffe legen etwa stündlich ab. Die Fähre nach **Lamma** legt in Aberdeen, die Turbojets (Katamarane) nach **Macau** vom Shun Tak Centre (MTR Station Sheung Wan) und vom China Ferry Terminal in Kowloon ab (7-etwa 24 Uhr); von letzterem starten auch die Fähren nach **Kanton**.
STADT- UND HAFENRUNDFAHRT: Das HKTB an der Star Ferry bietet diverse Tages-, Halbtages- und Abendtouren an.

Hongkong ist ein wahres Paradies für Gourmets und weist von allen Metropolen weltweit die größte Restaurantdichte auf (einige tausend Restaurants und Garküchen!). Es ist üblich, am Eingang auf einen Angestellten zu warten, der zu den Tischen führt. Die Hongkonger Spezialität ist – wie in Kanton – **Dim Sum**: in runden Bambuskörbchen gedünstete Teigtaschen mit unterschiedlichen Füllungen (i. d. R. nur morgens).
KANTONESISCH: **Kau Kee**, preiswerter Nudelshop mit leckeren Nudel- und Reisgerichten, aber auch typischen Hongkonger Spezialitäten wie Beef Brisket. Mo-Sa 12.30-22.30 Uhr, 21 Gough Street.
CHINESISCH: **Peking Garden**, jeden Abend Anschauungsunterricht im Nudelherstellen, mit Filialen, das Ur-Restaurant liegt im Alexandra House, Chater Road, Central. **Yü**, auf der einen Seite das Hafenpanorama, auf der anderen ein raumhohes Aquarium, exklusive Gerichte und Preise, im Regent Hotel, Salisbury Road, Tsim Sha Tsui.
ASIATISCH: **Beirut**, mittelasiatische und libanesische Köstlichkeiten in einem Restaurant aus 1001

Nacht, D'Aguillar Street, Central. **Al Pasha**, hier kommen Spezialitäten der Uiguren, Kasachen und Kirgisen auf den Tisch, K11 Bldg., 18 Hanoi Rd., Tsim Sha Tsui.

EUROPÄISCH: **Gaddhis**, das französische Restaurant im Luxushotel Peninsula gilt als eines der besten in Asien; Salisbury Rd., Tsim Sha Tsui.

NIGHTLIFE: Hongkong ist für sein Nachtleben bekannt, das sich auf verschiedene Viertel bzw. Straßen in **CENTRAL** verteilt: Ein lustiger Abend zwischen Luard Road und Fenwick Street in **Wan Chai**, das früher als düsteres Rotlichtviertel von sich Reden machte, kann bedeuten, dass am nächsten Tag kein Geld mehr zum Shoppen übrig ist. Die heißeste Adresse an jedem Abend und besonders am Wochenende ist **Lan Kwai Fong** mit den umliegenden Seitenstraßen Ice House Street, Lower Albert Road und D'Aguilar Street. Dritter Schwerpunkt ist das in den letzten Jahren entstandene **SoHo** („South of Hollywood Road") zu beiden Seiten des Central Mid Levels Escalator.

Für eine Sause bietet **KOWLOON** weniger Möglichkeiten, doch finden sich auch in der Prat Ave. und Hart Ave. im Süden **Tsim Sha Tsuis** mehrere Bars und Nachtclubs.

THEATER & KONZERTE: Die wichtigsten Kulturzentren Hongkongs mit einem breitgefächerten Programm für Konzerte und Theater sind: **Cultural Centre**, 10 Salisbury Road, Tsim Sha Tsui, Kowloon, Tel. 27342009 / 27342010. **City Hall**, Edinburgh Place, Central, Tel. 29212840. **Arts Centre**, 2 Harbour Road, Tel. 25820200, mit angeschlossenem **Goethe-Institut**.

SHOPPING: Hongkong ist grundsätzlich zollfrei – der Name der Kette *Duty Free Shoppers* ist nur als Name zu verstehen. Bis auf wenige Ausnahmen (noble Bekleidungsgeschäfte) ist Handeln erste Pflicht!

EINKAUFSZENTREN: **Harbour City**, der größte zusammenhängende Komplex der Stadt bietet auf drei Ebenen und zwei Fluren internationale Edelmarken zu entsprechenden Preisen, Canton Road. Mit exklusiven und teuren Boutiquen lockt die gigantische **IFC Mall** neben dem 1 IFC und dem Star Ferry-Anleger in Central. Auch das **Pacific Place**, Queen's Road, Central, bedient Kunden mit ausgewähltem Geschmack in einem prachtvollen Kauftempel. Die vierte Adresse für feines Einkaufen ist **Times Square**, Causeway Bay. **Japanische Kaufhäuser** bieten vielfältige internationale Mode an, z. B. **Sogo**, 555 Hennessy Road, Causeway Bay.

KLEIDUNG: Es gibt ein riesiges, preisgünstiges Angebot in den Läden von Tsim Sha Tsui und Causeway Bay. In der **Granville Road** lohnt das Wühlen, denn hier hängen die Überproduktionen und B-Qualitäten der Edelmarken, erkennbar an den halb herausgeschnittenen Etiketten.

LEDERWAREN, KOFFER UND TASCHEN: Geschäfte in Tsim Sha Tsui und Causeway Bay bieten eine Wahnsinnsauswahl an Schuhen, Handtaschen oder Koffern.

ANTIQUITÄTEN: In der **Hollywood Road** und der **Wyndham Street** auf Hongkong Island sind viele Händler konzentriert.

UHREN UND SCHMUCK: Der Goldpreis ist weltweit gleich, doch die Verarbeitung ist in Hongkong billiger, deshalb lohnt der Besuch der Juweliere in Tsim Sha Tsui und Causeway Bay oder in der Temple Street.

MUSIK: Das größte Angebot (auch Jazz und Klassik): **HMV**, Shop UG 06, iSquare, 63 Nathan Road, Tsim Sha Tsui.

FOTO UND ELEKTRONIK: Wer die heimischen Preise für Kameras, Computer und CD-Player nicht kennt, sollte sehr vorsichtig sein. Außerdem muss man darauf achten, dass eine echte Weltgarantie zertifiziert wird.

Hong Kong Museum of Art, tägl außer Do 10-18 Uhr, 10 Salisbury Road, Tsim Sha Tsui, Kowloon, http://hk.art.museum. **Hong Kong Space Museum**, Mo und Mi-Fr 13-21 Uhr, Sa/So und Fei 10-21 Uhr, 10 Salisbury Road, Tsim Sha Tsui, Kowloon, http://hk.space.museum.

Hong Kong Museum of History, Mo und Mi-Fr 10-18 Uhr, Sa/So und Fei 10-19 Uhr, 100 Chatham Road South, Tsim Sha Tsui, Kowloon, http://hk.history.museum.

Hong Kong Science Museum, Mo-Mi und Fr 10-19 Uhr, Sa/So und Fei 10-21 Uhr, 2 Science Museum Road, Tsim Sha Tsui, Kowloon, http://hk.science.museum.

Museum of Teaware, Mi-Mo 10-18 Uhr, Flagstaff House im Hong Kong Park, MTR Station Admiralty.

PARKS: **Hong Kong Park**, 7-23 Uhr, Central.
Zoological and Botanical Gardens, 6-18 Uhr, Upper Albert Road, Central.
Kowloon Park, 6-24 Uhr, Nathan Road, Tsim Sha Tsui.
Ocean Park, tägl. 10 bis 18 Uhr, nach Möglichkeit das Wochenende meiden, Ocean Park Road, Aberdeen, Hong Kong Island, www.oceanpark.com.hk.

FEIERTAGE: Die chinesischen Feiertage sind am Mondkalender ausgerichtet, deshalb können genaue Daten nach dem westlichen Sonnenkalender nur schwer angegeben werden. Genaue Termine erhält man beim HKTB. **Anfang Februar**: Chinesisches Neujahr. 15 Tage später Laternenfest. **Anfang April**: Geburtstag der Schutzgöttin Tin Hau. **8. Mai**: Geburtstag des Wettergottes Tam Kung und Buddhas. **5. Juni**: Drachenbootfest zu Ehren des Dichters Qu Yuan. **15. August**: Yue Lan Fest. **15. September**: Das wichtigste Datum im Jahr mit dem Mondfest – der Septembermond ist nach traditioneller Vorstellung der einzig runde Mond. **9. Oktober**: Ahnenfest.

POLIZEI: Polizisten, deren Nummer auf der Schulterklappe rot unterlegt ist, sprechen Englisch.
Notruf: 2527 7177.
Geldbußen: Wer in der U-Bahn raucht, trinkt, isst oder spuckt, zahlt bis zu 5000 HK$.

Feuer, **Krankenwagen**, **Überfall**: 999 (ohne Münzen). **Kostenloser Notarzt** Kowloon: 2713 5555; Hongkong Island: 257 6655; **Notaufnahme** Kowloon: **Queen Elizabeth Hospital**, 30 Gascoigne Road, Tel. 2710 2111; Hongkong Island: **Queen Mary Hospital**, Pokfulam Road, Tel. 2855 4111. Die wichtigsten **Medikamente** gibt es in den *Watson*-Filialen, z. B. auf der Nathan Road.

TELEFONIEREN: **Vorwahl** nach Deutschland: 00149; Österreich: 00143; Schweiz: 00141. Telefonieren kann man in Hotels oder in Seven-Eleven-Läden (24 Std.), außerdem – etwas umständlich mit Computeransage und PIN-Nr. – mit Telefonkarten von öffentlichen Telefonen.

Hauptpost Kowloon: 405 Nathan Rd., Mo-Fr 9.30-18 Uhr, Sa 9.30-13 Uhr.
Hauptpost Central: Star Ferry Concourse, Mo-Fr 8-18 Uhr, Sa 8-14 Uhr.

TAI-CHI-ÜBUNGEN: Kostenlosen Tai-Chi-Unterricht geben William Ng und Pandora Wu an der Waterfront von Tsim Sha Tsui (Kowloon) von 8-9 Uhr. Infos beim HKTB und www.discoverhongkong.com.

WANDERN IN NATURE RESERVES: Die Inseln Lantau, Lamma und Cheung Chau, der größte Teil der New Territories sowie Hongkong Islands sind bis heute ländlich und daher ein ideales Wandergebiet abseits der Großstadthektik. Beim HKTB ist die informative Broschüre *Hong Kong Walks* erhältlich, in der mehrere Wanderungen aufgeführt sind.

BOTSCHAFTEN: **Deutschland**: 21/F United Centre, 95 Queensway, Central, Tel. 2529 8855 / 2105 8788, Mo-Fr 9-12 Uhr.
Österreich: 22/F, 34-37 Connaught Road, Central, Tel. 2522 8086, Mo-Fr 9-12 Uhr.
Schweiz: 6206-07 Central Plaza, 18 Harbour Road, Tel. 2522 7147, Mo-Fr 9-12 Uhr.

Macau (☎ 00853)

Macau Government Tourist Office: Largo do Senado, Edif. Ritz, Tel. 8397 1120, www.macau-info.de, sowie am Macau Ferry Terminal (Anlegestelle der Katamarane von Hongkong).

Das Visum (90 Tage) wird bei der Einreise erteilt, Reisepass nötig.
Vom **International Airport Macau** gelangt man in 15 Minuten über die Macau-Taipa-Brücke zur Stadtmitte. Von Hongkong verkehren in 30-minütigem Turnus **Turbojets** (Katamarane; Fahrzeit ca. 1 Stunde).

WÄHRUNG: Die **Pataca** (Ptcs.) entspricht etwa 1:1 dem Hongkong-Dollar. HK-$ werden in Macau problemlos akzeptiert, nicht jedoch Ptcs. in Hongkong. Die Preise sind in Macau etwas niedriger als in Hongkong.

Portugiesische Gerichte, pikante Delikatessen nach „Macau-Art", chinesische Kräuterspeisen, kantonesisches *dim sum* oder würzige indische Curries sind gut und preiswert, auch die süffigen Weine – die günstigsten der Region. Eine Spezialität Macaus sind **Süßigkeiten**, die im historischen Zentrum angeboten werden.

FEUERWERK: Im Sept./Okt. findet für 4 Wochen das **Macau International Fireworks Display Contest** statt, bei dem jeden Sa zwei Teams für jeweils etwa 20 Minuten konkurrieren. Infos unter www.macau-info.de.

Nicht die neuesten High-Tech-Geräte, sondern **Gold**, **Schmuck** (Av. Almeida Ribeiro) und **Antiquitäten** (Rua das Estalagens, Rua Sao Paolo) sind neben Kräutern oder Süßigkeiten empfehlenswerte Souvenirs aus Macau. Strickwaren und Kleidung kann man in der Nähe des Marktes von São Domingos und in der Rua da Plaha kaufen.

Kanton (Guangzhou, ☎ 020)

CITS, 618 Jiefang Beilu, Tel. 400 600 8888, www.citstour.com.cn.
Aether Square Tourist Information Center, 1/F, Aether Square (yitai guangchang), 986 Jiefang Beilu, Tel. 8666 2325, U 2: Yuexiu Park, Ausgang A, B1.
www.gz.gov.cn: Website der Stadtverwaltung zu allen Aspekten der Stadt.
24-Std.-Hotline, Tel. 8666 6666: Hier kann man sich auf Englisch informieren, beschweren oder Hilfe bei Problemen erbitten.

VERKEHRSMITTEL: Das effektivste Verkehrsmittel außer dem Taxi ist die **Metro**, die mit acht Linien das weitläufige Stadtgebiet nord-südlich bzw. ost-westlich erschließt. **Stadtbusse** sind sehr billig, jedoch ist das Verkehrsnetz schwer durchschaubar.
Der **Guangzhou Baiyun International Airport** liegt 28 km nördlich des Stadtzentrums. Die U 3 (Umsteigemöglichkeiten in U 1, 2, 5, 8) fährt in die Stadt.
Fähren nach Hongkong legen in Nanhai (Pingzhou), etwa auf halber Strecke nach Foshan, im Südwesten der Stadt ab.
Der **Hauptbahnhof** liegt am Nordende der Renmin Beilu. Expresszüge nach Hongkong und Shenzhen fahren ab **Ostbahnhof** (U 1, 3). Die Ausreiseformalitäten werden 45 Min. vor Abfahrt am Ostbahnhof erledigt. Vom **Südbahnhof** (U 2) fahren Superexpresszüge in alle Teile Chinas. Tickets bis 60 Tage vorab buchbar, an den Schaltern oder den meisten Hotels (dort gegen Gebühr).

Restaurants gibt es an jeder Ecke. Tipp: Einmal in den frühen Morgenstunden die leckeren *dim sum* probieren!
Xing Feng, erstklassiges Restaurant gehobener Preislage, schon der Blick in die Speisekarte mit 156 abgebildeten Gerichten ist ein Genuss, Shamian Nan Jie, unweit des Hotels White Swan auf der Shamian-Insel. Daneben liegt das **Xin Lizhi Wan**, eines der besten auf Meeresfrüchte spezialisierten Restaurants in Kanton. **Beiyuan**, eines der ältesten, sehr schön in einem Garten gelegenes Restaurant, wesentlich atmosphärischer als im Neubau speist man im alten Teil, 202 Xiao Beilu. **Caigenxiang**, eine Oase nicht nur für Vegetarier, 167 Liu Lu. **Guangzhou**, bekanntestes, für seine Kanton-Küche gerühmtes Restaurant, 2 Wenchang Lu. **Panxi**, stimmungsvoll in einer Parklandschaft mit See gelegen, gute Adresse für *dim sum*, 151 Longjin Xilu.

Königsgrab von Nanyue, tgl. 9-17.30 Uhr, Jiefang Beilu. **Sun Yatsen-Gedenkhalle**, tägl. 8-18 Uhr. **Guangzhou-Museum** (Zhenhai Lou), tgl. 9-17.30 Uhr, Yuexiu-Park.
Ahnentempel der Familie Chen, tägl. 8.30-17.30 Uhr.
Orchideengarten, tägl. 8-17 Uhr.
Nationales Institut der Bauernbewegung, tägl. 8.15-11.30 und 14-17 Uhr, 42 Zhongshan-4-Lu.
Oper (guangzhou dajuyuan), 1 Zhujiang Xilu, www.gjdzy.org, Di-So 10-16.30 Uhr, Ticketverkauf bis 16 Uhr, Führungen auf Englisch gegen Gebühr, U APM-Line: Opera House. **Guangdong Museum**, 2 Zhujiang Donglu, Di–So 9–17 Uhr, U 3, 5 Zhujiang New Town,

Qingping-Markt: Sehenswerter Markt, zwischen der Insel Shamian und der Xiajiu Lu, mit exot. Lebensmitteln, Heilpflanzen und Tierteilen.

Foto: Jürgen Bergmann

TIBET

LHASA
YARLUNG-ZANGBO-TAL
GYANTSE
SHIGATSE

TIBET

Das **Autonome Gebiet Tibet** (chines. *Xi Zang*) umfasst 1,2 Mio. km². Es ist nur halb so groß wie das einst selbstständige Tibet. Auf der größtenteils unwirtlichen, aber landschaftlich reizvollen Hochebene, deren durchschnittliche Höhe bei 4500 m liegt, leben rd. 2,7 Mio. Tibeter, vermutlich 700 000 Han-Chinesen sowie Angehörige von nationalen Minderheiten wie Kham, Mongolen oder Yi. Das „Dach der Welt" wird von den Gebirgen Himalaya, Kunlun und Tanggula eingerahmt. Seit dem Einmarsch der chinesischen Roten Armee 1950 und der Annexion Tibets 1951 werden die Tibeter politisch wie kulturell unterdrückt oder zwangssinisiert.

Die Wiege der tibetischen Kultur stand im Tal des Yarlung Zangbo (Brahmaputra). Die belegbare Geschichte beginnt mit König Songtsen Gampo (608-649). Er dehnte sein Reich bis nach Nordindien und Yunnan aus. Eheschließungen mit einer nepalischen und einer chinesischen Prinzessin sicherten den Frieden mit den Nachbarländern; die Ehe mit der Chinesin Wen Cheng wird heute oft bemüht, um die frühe Anbindung Tibets an China zu betonen.

Sowohl Wen Cheng als auch die nepalesische Prinzessin Bhrikuti brachten den Buddhismus nach Tibet, der die Schamanenreligion (*bön*) allerdings noch nicht verdrängen konnte. Für die Verbreitung des Buddhismus sorgte erst der indische Lehrer Padmasambhava, der im 8. Jh. in Tibet gewirkt haben soll. Ihm gelang die Verschmelzung von Bön und Buddhismus, aus der sich im Lauf der Jahrhunderte jene typisch tibetische Form des Buddhismus, das Vajrayana („Diamant-Fahrzeug"), herausbildete, die im Westen Lamaismus (von *lama* = „Lehrer") genannt wurde.

Religiös tonangebend ist seit dem 15. Jh. der Gelbmützen-Orden, den der Reformator Tsongkhapa (1357-1419) gründete. Aus diesem Orden erwuchsen die großen Klöster des 15. Jh. und auch der Aufbau Tibets als theokratischer Staat, über den der Dalai Lama und der Pantschen Lama herrschten. Die Würde eines Dalai Lama („Ozean der Weisheit") wurde 1578 vom Mongolen-Khan Altan dem Führer des Gelbmützen-Ordens verliehen. Der Titel Pantschen Lama („Erleuchtetes Juwel") kam 1636 auf, als der 5. Dalai Lama seinen Lehrer damit ehrte. Die beiden höchsten Lamas wurden als wichtige Inkarnationen verehrt und regierten das Land als weltliche und geistliche Gottkönige. Doch mit ihrer Macht war es 1723 vorbei: Der Qing-Kaiser Kangxi verleibte Tibet China als Protektorat ein. Dies änderte sich erst

Links: Junge Mönche des Gelbmützen-Ordens im Tashilhunpo-Kloster in Shigatse.

» Karte S. 220, Info S. 227

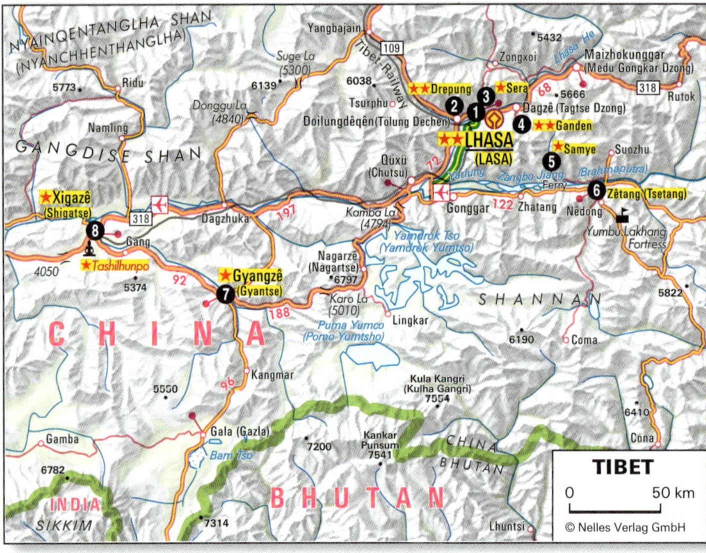

1911, als der Dalai Lama den Sturz der Qing-Dynastie nutzte, um Tibets Unabhängigkeit zu erklären. 40 Jahre später trampelten chinesische Soldaten diese von China nie anerkannte Selbstständigkeit nieder; Aufstände gegen die Besatzer wurden blutig unterdrückt.

1959 sah sich der 14. Dalai Lama gezwungen, ins Exil nach Indien auszuweichen. Der Pantschen Lama fiel in die Hände der Chinesen, die ihn in das „Vorbereitungskomitee zur Errichtung einer Autonomen Region Tibet" steckten. Die Autonomie proklamierte man offiziell 1965. Autonomie? Im Vandalismus der Kulturrevolution (1966-1976) ging der größte Teil des tibetischen Kulturguts unter – von den 2700 Klöstern standen 1976 nur noch 13. Fast alle sind jedoch mittlerweile aus Ruinen wieder auferstanden und heute wieder aktiv. Allerdings werden die Auswirkungen der von den Chinesen eingeleiteten Modernisierungsmaßnahmen auf die tibetische Identität kritisch beurteilt. So auch die spektakuläre, 2006 eröffnete, 3,3 Mrd. € teure ★**Qinghai-Tibet-Bahn** bei – ein Projekt der Superlative, das einen ungeahnten Touristenandrang auslöste. Der Zug bewältigt die 1142 km von **Golmud** (2800 m ü. M.; Provinz Qinghai) nach **Lhasa** in nur 12 Stunden (Peking - Lhasa: 48 Stunden, 4064 km) und passiert dabei – neben Tunnels im Permafrostboden – auch **Tanggula**, die mit 5068 m höchste Eisenbahnstation der Welt. Die Strecke wurde bis **Shigatse** (s. S. 226) verlängert; die nach Bayi in Osttibet ist in Bau.

Rechts: Der Jokhang-Tempel in Lhasa.

★★Lhasa

Der politische, wirtschaftliche und vor allem religiöse Nabel Tibets ist ★★**Lhasa** ❶. Songtsen Gampo, der 629-649 als erster König über Tibet herrschte, verlegte seine Residenz vom Tal des Yarlung Zangbo (Bramaputra) in das Hochtal des Kyichu („Glücksfluss") und gründete hier in 3685 m Höhe die „Stadt der Götter". Lhasa konnte in den vergangenen Jahrhunderten erfolg-

» Karte S. 220, Info S. 227

Foto: Volkmar E. Janicke

reich seine Vorrangstellung gegenüber der Erzrivalin Shigatse verteidigen. Die heute weitgehend sinisierte Hauptstadt umfasst etwa 30 km² und zählt 280 000 Einwohner, nur noch ein Fünftel davon sind Tibeter.

Stadtbesichtigung

Das Zentrum markiert seit dem 7. Jh. der ★★**Jokhang Tempel** (1), häufig auch **Tsuglagkhang** („Kathedrale") genannt. Das „Haus des Jowo" ist das bedeutendste Heiligtum des tibetischen Buddhismus und damit Ziel zahlloser Pilger aus dem gesamten Hochland. Die Anlage gruppiert sich um die **Große Halle**. Deren Allerheiligstes ist der Jowo (Jobo), eine überaus reich mit Edelsteinen geschmückte, wertvolle ★**Skulptur des Buddha Shakyamuni**, den die chinesische Frau Songtsen Gampos nach Tibet mitgebracht hatte. Die heute sichtbare Figur stammt jedoch aus späterer Zeit (12./13. Jh. ?). In den **Seitenkapellen** befinden sich Skulpturen bedeutender tibetischer Persönlichkeiten, die größtenteils während der Kulturrevolution zerstört wurden und jetzt durch Repliken ersetzt sind. Man erkennt u. a. das Bildnis des Reformators Tsongkhapa, des Königs Songtsen Gampo sowie der Bodhishattvas Avalokiteshvara und Maitreya, zu deren Verehrung stets unzählige Yakbutter-Lämpchen brennen. Die Gründungslegende des Jokhangs erzählen gut erhaltene **Wandmalereien** im umlaufenden Gang an der Außenseite der Großen Halle. Nicht versäumen sollte man die ★**Aussicht** vom Dach des Tempels: über die vielen Pilger und Stände auf dem großen **Barkhor-Platz** bis hin zum Potala in der Ferne.

Von frühmorgens bis abends drängen sich die Menschen auf dem den Jokhang umlaufenden, rund 800 m langen **Pilgerweg**, der von zahlreichen Ständen eines Pilgermarktes gesäumt wird.

Der ★**Ramoche-Tempel** (2) liegt in der Ramoche Lu im Norden der Altstadt. Er ist Lhasas zweitwichtigster Tempel und wurde ebenfalls im 7. Jh. gebaut, um jene Buddha-Statue aufzunehmen,

10 Tibet

» Stadtplan S. 222, Info S. 227

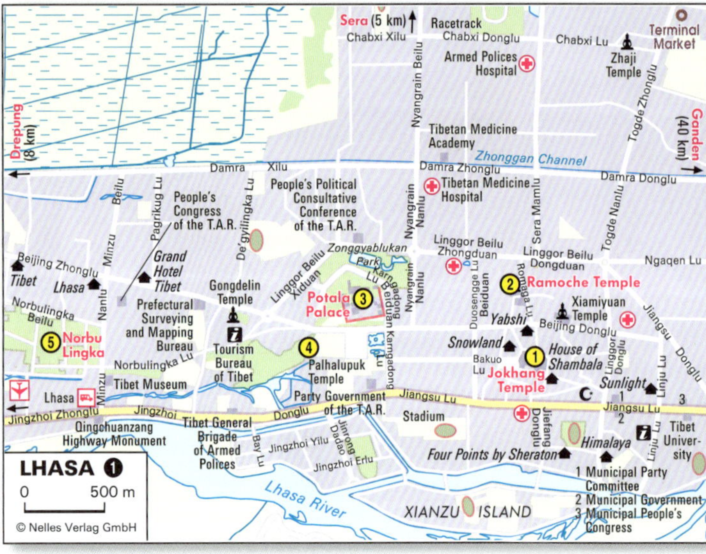

die die nepalesische Prinzessin Songtsen Gampo als Mitgift überreicht hatte und die heute im Jokhang verwahrt wird (s. o.). Pilgerziel ist jetzt ein **Bildnis des Buddha Akshobhya**, des achtjährigen Shakyamuni.

Unbeschreiblich ist der Anblick des ★★**Potala** (3) mit seinen goldenen Dächern und hunderten von Fenstern an den vor- und zurückspringenden Trakten – zu Recht eines der berühmtesten Bauwerke der Menschheit, das die UNESCO 1994 zum Welterbe ernannte. Jahrhundertelang religiöses und politisches Zentrum Tibets, hat es jedoch seit der Flucht des 14. Dalai Lama 1959 nur noch musealen Charakter.

Beeindruckend sind schon die enormen **Ausmaße**: 350 m lang, beherbergt die ca. 110 m hohe Palastfestung auf 13 Stockwerken mehr als 1000 Räume mit einer Gesamtfläche von nicht weniger als 130 000 m^2! Klar unterscheiden sich der Rote und der Weiße Palast voneinander. Der **Weiße Palast** entstand 1645-1648 unter dem 5. Dalai Lama und diente vorwiegend weltlichen Zwecken (Lager, Verwaltungsräume). Außerdem enthielt er die Privaträume des Gottkönigs. Darüber erhebt sich der 1694 vollendete **Rote Palast**, dessen Mittelpunkt die **Große Westhalle** (Inthronisations- und Audienzsaal) ist. Aus der Vielzahl der überaus reich mit Wandmalereien und Mobiliar ausgestatteten und z. T. sehr verschachtelten Räume seien noch hervorgehoben: die **Halle des 5. Dalai Lama** mit fünf vergoldeten Bronzestupas höchster Lamas, u. a. der des 5. Dalai Lama (1617-1682); die **Maitreya-Kapelle** mit wunderschönen Skulpturen; die **Meditationshöhle des Dharma-Königs**, einer von zwei Räumen, die noch auf die Zeit Songtsen Gampos zurückgehen.

Der **Palhalupuk-Tempel** (4) am Fuß des Chakpori-Hügels wurde im 7. Jh. gegründet. In der **Felsengrotte** (tibetisch: *puk*) findet man Darstellungen der Schutzgöttin von Lhasa, der furchterregend-dämonisch aussehenden **Pelden**

Rechts: Blick durch bunte buddhistische Gebetsfahnen auf den Potala in Lhasa.

Foto: Volkmar E. Janicke

Lhamo. Den ★**Norbulingka** (5) („Edelsteingarten") genannten Sommerpalast entwarf der 7. Dalai Lama im 18. Jh. Das heute wichtigste Gebäude ist der von 1954-1956 für den 14. Dalai Lama erbaute **Neue Sommerpalast**. In ihm sind v. a. zwei Räume sehenswert: der **Audienzsaal** mit Wandbildern, die die Geschichte Tibets illustrieren, und der **Thronsaal** mit Motiven aus dem Leben des historischen Buddha.

★★Drepung

Das Kloster ★★**Drepung** ❷, 8 km westlich von Lhasa, 1416 von einem Schüler des Reformators Tsongkhapa gegründet, bildete mit den Klöstern Ganden im Osten und Sera im Norden von Lhasa die Basis des theokratischen Staats und war bis zum Bau des Potala Sitz des Dalai Lama. In der weitläufigen Klosterstadt des Gelbmützen-Ordens (Gelupka) wohnten früher bis zu 4000 Mönche. Die **Hauptversammlungshalle** des Klosters mit 130 Säulen birgt eindrucksvolle **Wandmalereien** sowie die heiligste Figur des Klosters: einen 15 m hohen, vergoldeten **Maitreya-Buddha**. Zudem verehrt man hier die **Grabstupas** des 2., 3., und 4. Dalai Lama.

★Sera

Das Kloster ★**Sera** ❸, 5 km nördlich von Lhasa, um das Jahr 1419 von einem Schüler Tsongkhapas gegründet, erlangte als tantrisches Zentrum Bedeutung. Die Mönche Seras waren für ihre Scharfsinnigkeit berühmt, als Mönchssoldaten gefürchtet und für manche Regierungskrise verantwortlich. Noch heute haben Demonstrationen für die Unabhängigkeit Tibets hier ihren Ausgangspunkt. Interessant ist der Debattiergarten im Kolleg **Sera Ngag-pa**, in dem man die von heftigem Klatschen begleiteten sophistischen **Diskussionen** der Mönche beobachten kann. Eine herrliche Aussicht auf Lhasa hat man vom **Hamdong Khangtsen**, dem Wohnquartier der Mönche. Hinter dem Kloster gibt es einen Platz für Himmelsbestattungen.

» Stadtplan S. 222, Karte S. 220, Info S. 227

Foto: Volkmar E. Janicke

★★Ganden

Kloster ★★**Ganden** ❹, ungefähr 40 km östlich von Lhasa, wurde im Jahr 1409 von dem berühmten buddhistischen Reformator Tsongkhapa persönlich gegründet, der hier auch 10 Jahre später starb. Es liegt auf 4300 m und beherbergte in seinen 108 Bauten bis 1959 mehr als 5000 Mönche. In der Proletarischen Kulturrevolution wurde die Anlage geschleift; die Hauptheiligtümer und zahlreiche Wohnanlagen stehen inzwischen wieder. Drei Hallen sind besonders wichtig: **Tsongkhapas Goldenes Grab**, der **Goldene Thronsaal** und die **Residenz des Ganden-Tripa**.

Bei schönem Wetter lohnt eine Wanderung auf dem **Umwandlungspfad** rund um den Berg hinter der Klosterstadt mit einem herrlichen Blick über das Kyichu-Tal.

Oben: Blick vom Dzong in Gyantse auf die Klosterstadt Pelkhor Chöde. Rechts: Buddha-Statuen im Kloster Pelkhor Chöde.

★Samye

Im Tal des Bramaputra (tibet.: Yarlung Zangbo) liegen Samye und Tsetang. ★**Samye** ❺, 775 gegründet, ist das älteste **Kloster** Tibets. Der Bau gleicht einem Architektur gewordenen Mandala. Innerhalb des kreisrunden Grundstücks erhebt sich in einem Quadrat die zentrale **Haupthalle**, die den mystischen Mittelpunkt des Kosmos versinnbildlicht; sie ist dem historischen Buddha geweiht. Ferner interessant: die **Kapelle des Avalokiteshvara** (links vom Eingang der Haupthalle), an deren Rückwand sich die mehrere Meter hohe Relieffigur des Bodhisattvas in der elfköpfigen, tausendarmigen Form befindet.

Tsetang (Zedang)

Die Gegend um **Tsetang** ❻ (chinesisch: **Zedang**) gilt als das tibetische Ur-Königreich, denn südlich der Stadt thront die Festung **Yumbu Lakhang** auf einem spitzen Bergkegel, das älteste Gebäude Tibets, gegründet bereits

» Karte S. 220, Info S. 227

Foto: Jürgen Bergmann

lange vor König Songtsen Gampo (608-649). Im Obergeschoss illustriert ein Wandbild die historische Entwicklung Tibets, von der Dachterrasse bietet sich eine herrliche Aussicht über das fruchtbare Tal. Auf dem Weg zur Burg lohnt der **Tandruk-Tempel** einen Besuch.

★Gyantse (Gyangze)

★**Gyantse** ❼ (chin. **Gyangze**), ehemals bedeutendes Kloster und Handelszentrum, liegt 175 km westlich von Lhasa am Schnittpunkt alter Karawanenwege.

Auf dem Weg dorthin überwindet man den 4794 m hohen **Kamba-Pass**, hinter dem sich der lichtblaue **Yamdrok-See** auffächert. Bei **Nagartse** verlässt man den See und kommt durch zauberhafte Gebirgslandschaften sowie über den 5010 m hohen **Karo-Pass** nach Gyantse.

Der rund 30 000 Einwohner zählende Ort Gyantse gliedert sich in drei Teile: Burg, Wohnviertel und Klosterstadt. Die knapp 200 m über der Stadt aufragende ★**Festung** (*dzong*) der Regionalfürsten geht bis in das 14. Jh. zurück und wurde wegen ihres prächtigen Erscheinungsbildes früher *gyankhartse* („Höchste Königsfestung") genannt, wovon sich verkürzt der Stadtname herleitet. Während einer Expedition nach Zentraltibet erstürmten die Briten 1904 den Dzong, von dessen Spitze man eine fantastische ★**Aussicht** auf die gesamte Stadt genießt.

Stimmungsvoll ist ein Bummel durch die Gassen der **Altstadt**, die noch immer zum Malerischsten gehört, was Tibet zu bieten hat.

Die 1418 gegründete ★**Klosterstadt Pelkhor Chöde** erlitt in der Kulturrevolution stärkste Verwüstungen, doch sind die wichtigsten Bauten mittlerweile restauriert. Dominierend erscheint die Hauptversammlungshalle **Tsuglagkhang**, deren Hauptkapelle eine sehr sehenswerte **Buddha-Trias** enthält. Als Meisterwerk der Architektur und Kunst Tibets gilt der daneben aufragende 32 m hohe ★**Kumbum-Tschörten**. Er wurde 1440 nach den Plänen eines

Foto: Jürgen Bergmann

nepalesischen Baumeisters auf dem Grundriss eines **Mandalas**, eines kosmischen Diagramms, ausgeführt. Über dem quadratischen Grundriss erheben sich fünf sich verjüngende Stockwerke, worauf der eigentliche Stupa – auf einer runden Trommelbasis – ruht. Insgesamt gibt es am Kumbum-Tschörten 108 Kapellen, die sämtlich ausgemalt sind. Ähnlich den monumentalen Stupas in Nepal erkennt man an den vier Seiten die „Alles sehenden Augen Buddhas".

★Shigatse (Xigaze)

★**Shigatse** ❽ (chin.: **Xigaze**), die mit 85 000 Einwohnern zweitgrößte Stadt Tibets mit überwiegend moderner Prägung, liegt etwa 250 km westlich von Lhasa auf 3900 m Höhe. Shigatse war seit Mitte des 17. Jahrhunderts Sitz des Pantschen Lama, der von seinem Kloster Tashilhunpo aus die Provinz weltlich und religiös regierte.

Oben: Zottelige Yaks sind nahezu allgegenwärtig bei einer Fahrt über das Tibetische Hochland.

Das weitläufige ★**Kloster Tashilhunpo** („Segensberg") am Fuß des Drolma-Gebirges wurde 1447 von einem Schüler des Tsongkhapa gegründet und im 16. und 17. Jh. mehrmals erweitert. Die Hauptgebäude liegen auf einer West-Ost-Achse, und Besichtigungen beginnen deshalb meist im Westen bei der 1914/15 im Auftrag des 9. Pantschen Lama fertig gestellten **Maitreya-Kapelle** (**Jamkhang Chenmo**), die einen 26 m hohen **Buddha der Zukunft** aus Gold, Kupfer und Messing umgibt. Nach Osten schließt sich die 1994 eingeweihte **Grablege des 10. Pantschen Lama** an, die einen kolossalen Stupa mit dessen einbalsamierten Körper birgt, gefolgt von der **Residenz des Pantschen Lama**. Das **Grabmal des 4. Pantschen Lama** von 1662 enthält einen großen Silberstupa und eine Statuengruppe der Triade der Langlebigkeit. Den Ostteil Tashilhunpos nimmt der **Kelsang-Tempel** mit einer Versammlungshalle aus dem 15. Jh. ein. Reizvoll ist die Umrundung der Klosterstadt auf dem fast 3 km langen **Pilgerweg** (*kora*).

» Karte S. 220

Lhasa (☎ 0891)

Tibet Highland Tours, 1 Zangyiyuan Lu, im Shambala Hotel, Tel. 634 8144, tibethighlandtours.com. Der erfahrene Veranstalter organisiert seit vielen Jahren Reisen für Individualtouristen und kann auch Verlängerungen des Tibet-Permits ermöglichen, wenn man bei ihm Folgetouren bucht.

EINREISE: Neben dem Chinavisum benötigt man ein Tibet-Permit, das die Reisebüros beantragen. Tibetreisen (auch Einzelreisen) müssen über ein Reisebüro gebucht werden!
FLUGZEUG: Auf dem Luftweg von vielen chinesischen Flughäfen oder von Kathmandu (Nepal) Der **Flughafen Gongkar** liegt ca. 60 km von Lhasa entfernt im Tal des Yarlung Zangbo.
QINGHAI-TIBET-BAHN: Viele Reiseveranstalter haben die wunderschöne Bahnfahrt im Programm, entweder komplett von Peking (48 Std.) oder ab Golmud (12 Std.). Da etliche Streckenabschnitte über 5000 m ü. M. liegen, sind die Züge mit speziellen Sauerstoff-Versorgungssystemen ausgestattet.

GESUNDHEIT / HÖHENKRANKHEIT: Nach Ankunft sollte man zur Gewöhnung an die große Höhe 1-2 Tage körperliche Anstrengung, überreiches Essen und Alkohol meiden sowie viel trinken. Bei Erschöpfung und Schlaflosigkeit hilft Sauerstoff, den es in zahlreichen Hotels in den Zimmern sowie in den offiziellen Reisebussen in einem Sack mit Ventil gibt. Bei schweren Symptomen von Höhenkrankheit wie Atemnot, Erbrechen und starken Kopfschmerzen hilft notfalls eine sofortige Behandlung im Krankenhaus, am besten aber der Flug in tiefere Regionen, nach Chengdu / Sichuan (500 m ü. M.) oder Kathmandu / Nepal (1300 m ü. M.).

Tibetische Medizinschule, Renmin Lu, Barkhor-Platz vor dem Jokhang-Tempel. **People's Hospital**, Jianshe Lu.

Außer den **Restaurants** in den Hotels **Lhasa**, **Grand Hotel Tibet** und dem sehr touristischen **Snowland** in der Mentsikhang Lu sind für Ausländer zu empfehlen: **Dharkey**, Sichuan-Küche, Lingkhor Lu in der Nähe des *Hotels Banakshöl*. **Tasty**, chinesische Küche, Xingfu Donglu. Außerdem verschiedene **Teehäuser** rund um den Barkhor-Platz und der **Xingfu Donglu**.

Jokhang (**Tsuglagkhang**), tgl. 8.30-18.30 Uhr. Eintritt von 8.30-11 Uhr nur bei Voranmeldung an der Kasse am Vortag; an der Ostseite des Barkhor-Platzes. **Ramoche-Tempel**, Mi-Mo 9-17 Uhr, Ramoche Lu. **Potala**, tgl. 8.30-17.30 Uhr (Anmeldung des Besuchs am Vortag!), gegenüber dem Volkspark an der Beijing Donglu. **Norbulingka**, tgl. 9-17.30 Uhr, am westlichen Ende der Yuan Linlu. **Kloster Drepung**, tägl. außer So 9-17 Uhr, ca. 8 km westlich von Lhasa. **Kloster Sera**, tgl. 9-16.30 Uhr, Diskussionen der Mönche im Klostergarten Mo-Fr 15-16.30 Uhr, 5 km nördlich von Lhasa. **Kloster Ganden**, tgl. 9-16 Uhr, ca. 40 km östlich von Lhasa.

SOUVENIRS: Typische Mitbringsel aus Lhasa sind neben **Gebetsmühlen** und traditionellen **Textilien** v. a. **Silberschmuck** mit eingelegten **Türkisen** und **Ketten**. In Lhasa kann man in mehreren Läden in der Beijing Gonglu und der Mentsikhang Lu sehr preisgünstig **Outdoor-Kleidung** kaufen.

FOTOGRAFIEREN: Im Potala und in fast allen Klöstern in Lhasa und Umgebung so wie in Shigatse und Gyantse ist das Fotografieren innerhalb der Klosterhallen verboten. Innenhöfe und Außenanlagen dürfen fotografiert werden.

Gyantse / Gyangze (☎ 0892)

Tashi, hervorragendes Restaurant an der zentralen Kreuzung mit typisch tibetischer und nepalesischer Küche, sehr beliebt bei Touristen.

Shigatse / Xigaze (☎ 0892)

Gong Kar Tibetan, angenehme Atmosphäre, eines der besten Restaurants der Stadt mit bodenständiger ebenso wie experimentierfreudiger Küche, Tsendu Lu.

Sehr gute Gelegenheiten für den Kauf landestypischer Souvenirs bietet der **Antiquitätenmarkt** gegenüber dem *Hotel Tenzin* in der Tomzigang Lu, doch ist hier geduldiges Handeln wegen der zunächst astronomischen Preise oberstes Gebot!

Foto: Kai-Ulrich Müller

DIE SEIDENSTRASSE

XINJIANG (SINKIANG)
GANSU
QINGHAI
NINGXIA

XINJIANG (SINKIANG)

Auch China besitzt einen „Wilden Westen". Dort aber heißt er „Ferner Westen" (*yuan xi*) und meint die Autonome Uigurische Provinz **Xinjiang** (*xinjiang uigur zizhiqu*). Mit 1,7 Mio. km² Fläche, einem Sechstel der Gesamtfläche Chinas, ist Xinjiang (Sinkiang) die größte Provinz. Die landschaftlichen Extreme zwischen Wüste und Hochgebirgsgletschern beeindrucken. Die Mischung von turkvölkischen muslimischen Uiguren, Han-Chinesen und zahlreichen anderen Nationalitäten machen Xinjiang zu einer spannungsreichen Region, in der die Chinesen die einheimischen Uiguren zunehmend dominieren.

Die west-östlich verlaufenden Hochgebirgsketten des **Tianshan** („Himmelsgebirge") – ein Bergland in der Größenordnung der europäischen Alpen mit dem 6995 m hohen **Hantengri Feng** – teilen die Provinz in zwei Hälften: Im Norden liegt das **Dsungarische Becken** mit der **Gurbantünggüt-Wüste**, im Süden das **Tarim-Becken** mit der **Taklamakan-Wüste**. Quer durch den Tianshan zieht sich die Grenze zu den Republiken Kasachstan und Kirgistan und folgt dann zur afghanischen Grenze hin dem Verlauf des **Pamir**, des Gebirgsknotens Innerasiens, der als naturgewachsene Mauer große Kulturen trennt. Das Gebirgsmassiv setzt sich in ausladendem Bogen weiter südlich im **Karakorum** fort, dessen Schmelzwasser im Südwesten nach Pakistan und Indien zum Ozean, im Nordwesten aber in das abflusslose Tarim-Becken fließen. Die Gebirgsketten des **Kunlun**, die zum tibetischen Hochland überleiten, folgen dem Südrand des Beckens und entsenden ihre Gewässer meist nach Norden in die Taklamakan. Das Gegenstück zum Kunlun bildet der an Bodenschätzen reiche **Altai**, der in Xinjiangs Nordosten die Grenze zwischen Mongolei und Dsungarei formt.

Links: Muslimischer Hui in Urumqi.

Die Seidenstraße

Über viele Jahrhunderte stellte die **Seidenstraße** den wichtigsten Verbindungsweg zwischen China, Zentral- und Vorderasien und bis hin nach Europa dar. Von ihrem Ausgangsort, der Reichshauptstadt **Chang'an** (Xi'an), lief sie auf **Lanzhou** zu. Dort wurden die langen Karawanen mit den gerühmten baktrischen Kamelen zusammengestellt, beladen mit teurer Seide und schwerem Brokat. Diese folgten im **Gansu-Korridor** dem Verlauf des **Qilianshan** zwischen dem tibetischen Randgebirge und der mongolischen Wüste, Gebirgsmauer und Großer Mauer. Bei **Anxi** zweigte ein Weg nach Nordwesten ab,

» Karte S. 230-231, Info S. 243

der über **Hami** nach Urumqi, Yining und weiter nach Zentralasien zum „Land der Fliegenden Pferde" führte. Von Hami aus bestand eine Verbindung zur **Oase Turfan** (Turpan), von der der Hauptweg entlang dem Südrand des Tianshan nach **Kashgar** (Kaxgar) führte. Diesen Nordzweig der Seidenstraße erreichte auch eine Verbindung von Dunhuang über die versunkene Stadt **Loulan** (am Lop Nur) nach Korla. In der Oase Loulan, die heute verwüstet und zu einem trostlosen Atomtestgelände verkommen ist, endete der letzte Vorposten der **Großen Mauer** aus der Han-Zeit. Hier berührte der Horizont des chinesischen Weltkreises den Boden. Von **Dunhuang** zog sich über den viel beschriebenen **Yangguan** („Südpass") ein Zweig der Seidenstraße entlang dem Südrand des Tarim-Beckens über die Jadestadt **Khotan** (Hotan) und **Shache** (Yarkant) nach Kashgar. Sowohl von Shache als auch von Kashgar aus überwanden Passwege den Pamir nach Zentralasien und Pakistan. Über sie gelangten nicht nur fremde Waren wie Glas, Weintrauben, Pfirsiche und Goldmünzen, sondern auch fremde Weltanschauungen (v. a. der Buddhismus) ins Land, die die chinesische Kultur befruchteten.

Erschliessung des fernen Westens

Die Geschichtschronik der Westlichen Han-Dynastie (206-25 v. Chr.)

 » Karte S. 230-231, Info S. 243

beschreibt 40 Oasen – kleine Königreiche, die ihre Anbauprodukte gegen tierische Produkte wie Fleisch, Felle, Leder und Milch der nomadisierenden Xiongnu (Hunnen) tauschten. Diese Nomaden bedeuteten jedoch für die Oasenbauern eher Fluch als Segen und eine Gefahr für das chinesische Reichsgebiet. Daher ließ der Han-Kaiser Wudi (140-86 v. Chr.) die von seinen Vorgängern in Angriff genommene **Große Mauer** bis Dunhuang und an den Lop Nur verlängern. Diese „10 000 Li lange Mauer" (*wanli changcheng*) erstreckte sich Tausende von Kilometern entlang der Naturgrenze zwischen Steppe und Ackerland – von der Bohai-Bucht am Gelben Meer bis zur Taklamakan. Der Erobererkaiser Han Wudi dehnte das geeinte China nach allen Himmelsrichtungen aus und machte in mehreren Militärexpeditionen gegen die Hunnen den chinesischen Einfluss bis zu den Gebirgsmauern des Pamir geltend. Die dabei zu Militärstationen ausgebauten Gebirgsrandoasen entwickelten sich zu bedeutenden Handelszentren am Weg von China nach Indien und Persien. Über diesen Weg erreichte China im 1. Jh. der Buddhismus, der zur Zeit der Nord-Süd-Dynastien seine erste große Blüte erlebte.

Mit dem Niedergang der Tang-Dynastie im 10. Jh. gingen Chinas westliche Außengebiete wieder verloren. Das Vakuum füllten Tibeter aus dem Hochland, vor allem aber Uiguren, Nachfahren der Ost-Türken.

Anfang des 20. Jh. war Xinjiang unter uigurisch-muslimischer Dominanz relativ selbstständig und konnte sich deshalb Russland zuwenden. Chinas Machtstellung wurde erst 1949 wieder gestärkt und erhielt mit der Gründung der Autonomen Uigurischen Provinz 1955 ihre rechtliche Form.

Urumqi

Hauptstadt des Uiguren-Staates ist **Urumqi** ❶ (chines.: **Wulumuqi**). Hier begrüßt man den Fremden nicht mit dem chinesischen *ni hao*, sondern heißt ihn türkisch mit *yakshimshes* und *yakshi dosdum* („Guter Freund") willkommen. In der über 2,3 Mio. Einwohner zählenden Stadt finden sich noch heimelige Ecken, in denen der Bäcker seine duftenden Fladenbrote anbietet oder ein Gastwirt zum belebenden Tee einlädt.

Während der Tang-Dynastie zogen mongolische Nomaden auf der Suche nach neuen Weidegebieten hierher und nannten die Gegend westlich des **Bogdashan-Massives** (5445 m) Urumqi („Fruchtbare Weiden"). Der Ort Urumqi entwickelte sich erst, als im 18. Jh. eine Burg erbaut und zum Siedlungskern der Stadt wurde. Heute ist er Sammelort

» Karte S. 230-231, Info S. 243

Foto: Zhan Tian (iStockphoto)

vieler Völker: Uiguren, Han-Chinesen, Hui (muslimische Chinesen), Daur, Kasachen, Kirgisen, Mongolen, Russen, Tadschiken, Usbeken, Tataren, Xibo. Neben dem Hochchinesischen wird die uigurische Sprache (Ost-Türkisch) gepflegt, die man außer in lateinischen Buchstaben zunehmend auch mit arabischen Zeichen schreibt.

Die chinesische Allgegenwart, heute mehr denn je als Besatzung empfunden, zeigt sich nicht nur in Militär und Verwaltung, sondern auch in Baustil und kultureller Überformung. So wurden viele Moscheen im Stil chinesischer Tempel und Pagoden gestaltet, der den Formen der persischen und zentralasiatischen Architektur widerspricht. Der Bau moderner Wohnsilos im sozialistischen Einheitsstil und breiter Straßen und Alleen verdrängt allmählich die traditionellen Lehmhäuser, die bis in jüngste Zeit dem Ort seinen Reiz verliehen. Die Ausdehnung der Stadt ist vorwiegend nach Norden gerichtet und Folge der planmäßigen Ansiedlung von Han-Chinesen. Mit diesen hat sich die Stadt zum Industriezentrum entwickelt, das die günstige Lage zu den reichen Kohlevorkommen entlang des Tianshan-Nordhanges nutzt. Im Norden der Altstadt erhebt sich der **Kyzil Dag** (*hong shan*, „Roter Berg") mit dem Wahrzeichen der **Schatzpagode** (*bao ta*). Von dort reicht der **Panoramablick** über die 70 km² bedeckende Stadt bis zum Gipfel des Bogda Feng (s. u.).

Oben: Garküche in Urumqi. Rechts: Blick in einen der unterirdischen Karez-Kanäle, die die Oase Turfan mit Wasser versorgen.

Gegenüber, am anderen Ufer des Urumqi-Flusses, liegt der **Volkspark**. Von ihm aus gelangen Sie nördlich in die ehemalige Mandschu-Stadt. Dort birgt das **Xinjiang-Provinzmuseum** (*xinjiang bowuguan*) eine interessante Ausstellung zur Seidenstraße, darunter 124 Repliken buddhistischer Wandmalereien aus den Oasen Kizil, Kumtura, Kizilhar, Simsim und Beziklik.

Südöstlich des Volksparkes finden Sie die **Altstadt** und die einstige kaiserliche Stadt, die im Osten der moderne

» Karte S. 230-231, Info S. 243

Bau des **Volkstheaters** in stalinistisch-pseudoislamischem Stil beherrscht.

Südlich davon erreicht man den **Zoo** und das ehemalige **Hauptquartier** der „Achten Marscharmee", das Zentrum der Roten Armee, die unter jenem Namen im 2. Weltkrieg mit der Kuomintang-Armee gegen Japan kooperierte.

Bogda Feng

Ein Tagesausflug führt von Urumqi nach Osten, die Nordhänge des östlichen Tianshan entlang zum Massiv des 100 km entfernten **Bogda Feng** ❷. Auf halbem Weg zum Bogda-Gebirge liegen die Sommerweiden von **Baiyanggou** mit den Jurten und Herden der Kasachen, die Schafe, Pferde, Kamele und Rinder halten.

Auf 1950 m Höhe schimmert am Fuß des schneebedeckten, 5445 m hohen Bogda Feng kristallblau der liebliche ★**Himmelssee** (*tian chi*). 105 m tief, schmiegt er sich in eine alpine Landschaft, die ein grünes Kleid aus Kiefern und Fichten trägt. Als „Edler Jadesee", so erzählt die Legende, diente der Himmelssee der Xi Wang Mu als Spiegel. Xi Wang Mu gilt als Urmutter der im Tianshan lebenden Nomaden.

★Turfan

Von Urumqi führt eine Autobahn nach Süden zur Oase ★**Turfan** ❸ (**Turpan**, „Feuerland"). Von dort erreicht man Chinas tiefste Stelle, den im Zentrum der Turfansenke – 154 m unter dem Meeresspiegel – ruhenden **Ayding Kol**. Durchschnittlich nur 16 mm Niederschlag pro Jahr sowie extrem hohe Verdunstung (3000 mm/Jahr) ließen den See zu einem Salzsumpf schrumpfen.

Turfan verdankt seine blühende Oase einem aus Persien stammenden wassertechnischen System. Die wasserbautechnisch begabten Chinesen führten es vor über 2000 Jahren zur Erschließung der Randoasen ein. In einem Schachtbrunnen-Kanalsystem leiten

Foto: Satish Arikkath (iStockphoto)

rund 1300 ★**Karez-Kanäle** mit einer Gesamtlänge von nahezu 3000 km die klaren Schmelzwasser des Tianshan unterirdisch in das Zentrum der Oase. Bis zu 30 m tief sind die Schächte und ungefähr 40 km lang die Kanäle, die sich mit dem Hang der Gebirgsfußfläche abwärts neigen. Ihr unterirdischer Verlauf ist an den Schachträndern erkennbar, die sich wie große Maulwurfhügel aneinander reihen. Die so gewährleistete kontinuierliche Wasserzuführung erhält – inmitten lebensfeindlicher Wüste – das Grün der Pappeln und Maulbeerbäume und speist die zuckersüßen, kernlosen **Trauben** Turfans (Traubenfest im August), Aprikosen, wertvolle Baumwollkulturen und saftige Melonen.

Turfan bietet das charakteristische Bild einer orientalisch-zentralasiatischen Stadt. Den Mittelpunkt bildet die **Imim-Moschee** mit dem bezaubernden ★**Turm des Onkel Su** (*sugong ta*). Das 44 m hohe Minarett, dessen gleichfarbige Ziegelsteine zu kunstvollen geometrischen Dekors gesetzt sind, wurde 1779 von Su (Suleiman) zu Ehren

» Karte S. 230-231, Info S. 243

Foto: Alan Tobey (iStockphoto)

Oben: Minarett der Imim-Moschee in Turfan. Rechts: Ruinenstadt Yarchoto/Jiaohe bei Turfan.

seines Vaters Imam Goja und der Qing-Dynastie errichtet.

Ausflüge von Turfan

Die Wüstenausdehnung hat Turfans Vorläufer zu Ruinen werden lassen. Ungefähr 10 km westlich der heutigen Oase erreicht man auf einer von zwei Flüssen eingefassten Lössinsel die geometrisch angelegte Stadt ★**Yarchoto** („Kliffstadt"; chines.: **Jiaohe**, „Stadt an der Flusskreuzung"). Heere des Eroberkaisers Han Wudi errichteten sie im 2. Jh. v. Chr. als strategischen Stützpunkt an der Seidenstraße. Nach der Zerstörung durch die Mongolen im 14. Jh. lag sie verlassen, Sand und Staub der Wüstenstürme bedeckten ihre Paläste, Tempel, Kasernen und Wohnviertel.

Rund 45 km östlich von Turfan ruhen vor der Kulisse des in allen Farben leuchtenden **Feuerberges** (*huoyan shan*) die beeindruckenden Ruinen von **Ydyqutsahri** (chines. **Gaochang**), dessen 5 km lange und 11 m hohe Stadtmauern aus Lehmziegeln wie eine gewaltige Hollywood-Kulisse anmuten. Während der Tang-Zeit wurde die Hauptstadt des Fernen Westens von Yarchoto nach Ydyqutsahri verlegt, das in eine Innen- und Außenstadt sowie eine Residenzstadt gegliedert war und dem Stadtbild der Reichshauptstadt Chang'an glich.

In der Nähe fand man in den rund 500 Gräbern von **Astana** (*asitana gumuqu*) aus der Zeit des 3.-8. Jh. wertvolle Mumien, Bücher und Privatdokumente, Seide und Leinen, Buntkeramik sowie Seiden- und Wandmalereien.

Weiter nördlich führt eine Straße in den Huoyanshan, zu den Höhlen von **Beziklik**, den weitläufigen ★**Tausend-Buddha-Höhlen** (*qianfo dong*), deren **Wandmalereien** – v.a. die Gesichter – von Muslimen beschädigt wurden.

Vom 2.-14. Jh. waren die Gebirgsrandoasen entlang der Seidenstraße lebendige Stätten des buddhistischen Glaubens, in denen Künstler hochwertige Malereien und Skulpturen schufen. Erst das Erstarken des seit dem 8. Jh. eindringenden Islams löste das zwischen den Völkern Zentralasiens geknüpfte Band des Buddhismus und ersetzte es durch ein neues. Gründlich geplündert wurden die buddhistischen Denkmäler dann im 19. und 20. Jh., als europäische Archäologen für sich und ihre Heimatmuseen in Berlin, London, Paris, St. Petersburg und Tokio um die Wette sammelten. In Beziklik verkündet an einer Höhlenwand die Bleistiftnotiz des Technikers und Konservators der Le Coq-Expedition: „Bartus aus Berlin am 16.10.1906 diesen Bau hir Ausgeräumt." Die Bombardierung Berlins im 2. Weltkrieg vernichtete einen Teil der wertvollsten Funde von der Seidenstraße.

★Bagrax-See

Auf der ehemaligen Seidenstraße gelangt man westwärts über die Stadt

» Karte S. 230-231, Info S. 243

Foto: dwatanabe (iStockphoto.com)

Toksun zum ★**Bagrax-See** ❹ (*bosten hu*; auch *xihai*, „West-Meer", genannt), dem mit mehr als 1000 km² Fläche größten Süßwassersee Xinjiangs. Im klaren Wasser des von paradiesischer Landschaft gesäumten Sees spiegeln sich die Schneegipfel des Tianshan.

Bei **Yanqi**, im autonomen Kreis der Hui, können Sie die buddhistischen Höhlen von **Chorchuq** erkunden.

Korla

Hinter dem historisch bedeutenden **Pass des Eisentores** (*tiemen guan*) liegt am Westende des Sees die in den 1950er-Jahren mit chinesischer Hilfe ausgebaute Oase **Korla** ❺. Den in diesem jungen Erschließungsgebiet von Soldaten und Häftlingen ausgeführten Wasserwirtschafts- und Kultivierungsmaßnahmen mangelte es zum Teil an Planung. Sie leiten das Wasser des **Konqi-Flusses** und des 2180 km langen Wüstenflusses **Tarim** bei Yüli in leicht versandende Kanalsysteme. Während kurzfristig die Anbauflächen zwischen Bagrax-See und Tarim-Fluss vergrößert wurden, verwandelte sich das Gebiet um den **Lop Nur** ❻ zur trostlosen Wüste. Lop Nur (mongol.: „Der See, in den viele Wasser fließen") war während der Han-Dynastie eine Drehscheibe des Karawanenverkehrs der Seidenstraße. Sven Hedin, auf der Suche nach den Schätzen der untergegangenen Stadt Loulan, beschrieb den „wandernden See", dessen Wasserfläche in den vorangegangenen 50 Jahren auf nur mehr 3000 km² geschrumpft war. Seit 1975 ist der See zum Salzsumpf geworden und heute fast ausgetrocknet.

★Kuqa

In Richtung Westen führt die einstige Seidenstraße über **Bügür** (Luntai) zur Oase ★**Kuqa** ❼ (**Kucha**). Hier lag die antike chinesische Militäroase Kuizi, deren einheimische Bevölkerung aus indogermanischen Tocharern bestand. Während der Tang-Dynastie, als Musiker aus Kuqa am Kaiserhof zu Chang'an spielten, war Kuqa ein chinesisches Pro-

» Karte S. 230-231, Info S. 243

tektorat, das von Tibetern aus dem Süden und Turkvölkern aus dem Norden bedroht wurde.

Ausflüge von Kuqa

Knapp 10 km westlich von Kuqa gilt ein 15 m hoher **Wachturm** aus der Han-Zeit als ältester, besterhaltener Feuerturm an der nördlichen Seidenstraße.

23 km östlich von Kuqa entdecken Sie die buddhistische Tempel- und Klosterstadt **Subashi** (5. Jh.), die der Kuqa-Fluss in zwei Teile trennt.

Kultureller Höhepunkt in der näheren Umgebung von Kuqa sind die **Tausend-Buddha-Höhlen von Kizil** (*qian fo dong*). Dieses einst bedeutendste buddhistische Zentrum im Fernen Westen besteht aus 236 Grotten, die vom Ende der Han-Dynastie bis zur Tang-Dynastie angelegt wurden. Diese größten Höhlen am Südfuß des Tianshan wurden in den steilen Felsen am Nordufer des **Muzat-Flusses** getrieben. Ihn speisen die Gletscher des **Hantengri** (6995 m). Seine Wasser werden unterhalb von **Toksu** (Xinhe) auf neu erschlossene Staatsfarmen geleitet und erreichen heute nicht mehr den Tarim-Fluss. Nur noch 74 Höhlen schmücken geringe Reste der erlesenen Wandmalereien. Den Großteil der Kunstwerke plünderten westliche Expeditionen in der ersten Hälfte des 20. Jahrhunderts.

Weiter flussaufwärts erreicht man die **Quellen der Tausend Tränen** (*qianlei quan*), einen der schönsten Wasserfälle Chinas. Von hohen Felsen herabstürzend, bringt er den gewaltigen Gegensatz zwischen dem Wasser spendenden Tianshan und der Taklamakan-Wüste sinnfällig zum Ausdruck.

Über die Oasen **Baicheng** ❽ (**Bay**) und **Aksu** ❾ führt der über 700 km lange Weg von Kuqa nach Kashgar, wo sich die beiden Hauptzweige der Seidenstraße treffen.

Rechts: Id-Kah-Moschee in Kashgar.

★Kashgar (Kaxgar)

Am Ort des heutigen ★**Kashgar** ❿ (**Kashi**) lag einst, auf 1289 m Höhe, die Stadt **Shule**, die „goldene Perle" der Seidenstraße. Sie geriet im 2. Jh. v. Chr. nach einem Besuch des kaiserlichen Botschafters Zhang Qian unter chinesische Oberhoheit und wurde später zu einem wichtigen Verwaltungszentrum im Fernen Westen. An jene Zeit erinnern heute nur noch wenige Lehmruinen vor der Kulisse des meist ausgetrockneten Kashgar-Flusses.

Das während der Song-Zeit im 11. und 12. Jh. verlassene Kashgar wurde unter der Mandschu-Dynastie im 18. Jh. wieder zu einem Verwaltungsmittelpunkt von Süd-Xinjiang und zur Munkelecke der Geheimdiplomatie zwischen den Weltmächten Russland und England. Und in der Zukunft könnte sich die in den vergangenen Jahrzehnten eher abgelegene Stadt wieder zu einem Zentrum der Begegnung zwischen Pakistan, Afghanistan, Tadschikistan und Kirgistan entwickeln.

Aufgrund der in ganz China geltenden Peking-Zeit beginnt in Kashgar der Tag in der Nacht. Noch im Dunkeln finden die verschleierten Frauen und bärtigen Greise, die emsigen Händler und Gaukler und die zahlreichen Kinder ihren Weg zu den Brunnen, zum Markt, in die Fabriken und Schulen.

Am Morgen lockt im Zentrum der **Markt** mit den Erzeugnissen der Oase. Nördlich des Markts und der traditionellen Handwerksstätten, die Kashgars zentralasiatischen Charakter prägen, treffen sich die Einheimischen vor der ★**Id-Kah-Moschee** (Aitiga Qingzhensi). Diese größte Moschee Chinas mit zwei Minaretten stammt aus dem 15. Jh. Sie erhielt im 19. Jh. ihre schlichte Gestalt und fasst über 7000 Menschen.

Architektonische Bedeutung besitzt indes lediglich das in uigurischem Stil errichtete ★**Mausoleum von Abakh Hoja**. Der als heilig verehrte Anführer im Kampf gegen die Qing-Dynastie

» Karte S. 230-231, Info S. 243

Foto: Pete Niesen (Shutterstock.com)

ruht neben 72 anderen Würdenträgern. Doch soll das Grab von Yakub Beg, der 1862 den von England unterstützten Aufstand gegen China leitete, leer sein.

Am linken Ufer des Tuman-Flusses findet jede Woche ein ★★**Sonntagsmarkt** statt. Werktags trifft sich die uigurische und chinesische Bevölkerung im Zentrum der Altstadt auf dem **Basar** mit seinen traditionellen Handwerksgilden und den Werkstätten für Musikinstrumente und Messer.

Ausflüge von Kashgar

30 km nordöstlich von Kashgar erreicht man die Lehmruinen von **Hanoi**. Die Stadt erreichte ihre Blütezeit während der Tang-Dynastie (618-907) und wurde vermutlich im 11. Jh. verlassen.

10 km im Nordwesten liegen hoch oben am Felsufer des Qiakmakh-Flusses die **Höhlen der drei Unsterblichen** (*sanxian dong*) mit Freskenresten aus der Östlichen Han-Zeit (25-220). Besondere Beachtung verdienen rd. 70 Buddha-Bildnisse in der linken Höhle.

GANSU UND QINGHAI

★★Dunhuang

Zwischen Xinjiang und Nordchina, Mongolei und Qinghai zwängt sich der Korridor der 530 000 km² großen Provinz **Gansu**. Hier leben neben den Han-Chinesen rd. 12 % (1,3 Mio.) *Hui* – muslimische Chinesen, die bis ins 19. Jh die Mehrheit darstellten; zudem Tibeter, Mongolen und Kasachen. Die Hauptverkehrsachse ist die einstige Seidenstraße, deren westliches Zentrum ★★**Dunhuang** ⓫ ist, eine große Oase mit Baumwollpflanzungen. Zwei militärische Außenposten am Ende der **Großen Mauer** bestimmten Dunhuangs strategische Bedeutung: der Yangguan („Südpass") und der Yumenguan („Jadetor-Pass"; s. S. 239). So bedeutete Dunhuang für die chinesischen Wehrbauern, Soldaten und Verbannten den letzten Halt in der Heimat. Für Reisende aus dem Westen aber war die Karawanserei und Militärstation erster heimatlich anmutender Ort im Kerngebiet Chinas.

Foto: Quan Long (iStockphoto)

Mit der Einführung des Buddhismus entstand in Dunhuang ein kulturelles und religiöses Zentrum. 366 begann hier der Bau der ★★**Mogao-Grotten** (*mogao ku*), die die UNESCO 1987 zum Weltkulturerbe erklärte. Künstler aus ganz Zentralasien bemalten am westlichen Steilufer des Dang-Flusses bis zur Mongolenzeit im 13. Jh. in 492 Höhlen ungefähr 450 000 m^2 Fläche mit Fresken und schufen über 2000 Skulpturen aus Lehm. Fünf große Klöster legten sie in Form pagodenartiger Aufbauten zum Schutz der Höhlen an den Felswänden an. Während der Ming-Zeit gerieten die Höhlen in Vergessenheit. Vom Wüstensand begraben, wurden sie erst im Jahr 1900 von einem Flüchtling auf der Suche nach einem Schlupfwinkel wiederentdeckt.

In der **Höhle Nr. 257** (4.-5. Jh.) erkennt man auf einem von Dunhuangs schönsten Gemälden Buddha, der in einer Grotte sitzt, während vor ihm ein Mönch geschoren wird. Die feinste Plastik stammt aus der Nord-Wei-Zeit und steht in **Höhle Nr. 248** vor einer Säule: ein Bodhisattva mit verklärtem Gesicht und bewundernswert gearbeiteter Kleidung. **Nr. 428** (6. Jh.) berichtet von einer Geschichte aus den Existenzen des Buddha und von der Selbstaufopferung des Prinzen Sudana.

Mit Vorliebe malten die Künstler Szenen des Alltagslebens und verknüpften sie mit buddhistischer Mystik. Sie erzählen von Jagd, Feldbau, Hausbau, Fischen, Ernte und Kornmahlen. In der Sui- und Tang-Zeit, als die wirtschaftlichen Kontakte mit dem Ausland aufgebaut wurden, herrschten Bilder mit Booten, Karren, Pflügen, Spinnrädern und Webstühlen vor. So erblickt man in **Grotte Nr. 323** ein typisch chinesisches Boot, das in Kanton (Guangzhou) mit einem Sandelholz-Buddha aus Indien als Geschenk für einen chinesischen Herrscher des Liang-Reichs (6. Jh.) anlandet.

In **Nr. 285** zeigt die größte horizontale Darstellung der Anlage 500 Räuber,

Oben: Pagode vor den buddhistischen Mogao-Grotten in Dunhuang. Rechts: Kamel in den Sanddünen von Dunhuang.

» Karte S. 230-231, Info S. 243

Foto: Linda Wang (iStockphoto)

denen Soldaten die Augen ausstachen. Mitleidig verschaffte Buddha ihnen Linderung und bewegte sie zur Umkehr auf den Weg der rechten Lehre.

Nr. 194 birgt einen besonders gelungenen Bodhisattva aus der Tang-Zeit. Die elegante, farbige Tonskulptur prägt ein harmonischer, weltbezogener Ausdruck, der an die europäische Stilepoche des Barock erinnert.

Die Freuden der Tang-Zeit fanden vor allem in der Musik Ausdruck. Lebendigkeit spricht auch aus dem farbenfrohen abstrakten Dekor, etwa jenem der Deckengemälde in **Höhle Nr. 329**.

Ausflüge von Dunhuang

Der ★**Mondsichelsee** (*yueya quan*), eines der schönsten Naturwunder der Seidenstraße, liegt nur 5 km von Dunhuang entfernt. Herrlich spiegeln sich in der Wasseroberfläche die ihn umgebenden Dünen.

Rund 45 km südlich, beim Ort **Nanhu** („Südsee"), galt der **Yangguan** („Südpass") als letzte Station vor der Wüste und Tor zum Fernen Westen. Diese schicksalhafte Westgrenze des chinesischen Kulturkreises wurde, besonders in der Tang-Zeit, in vielen Liedern und Gedichten beschrieben, so in den Versen von Wang Wei: „Von neuem füll den Becher und trink ihn leer / denn westwärts vom Südpass begegnet dir / kein gutes Wesen mehr."

80 km nordwestlich von Dunhuang ragt aus der Ebene der große Lehmbau des zweiten Kontrollpunkts, der **Yumenguan** („Jadetor-Pass"). Über ihn dichtete Wang Zhimin: „Mit deinem Flötenklang / groll nicht der Weiden spätes Kommen / denn der Frühlingswind / weht niemals über Yumenguan."

Jiayuguan und Jiuquan

Von Dunhuang führt der Weg ostwärts nach **Jiayuguan** ⓬. Die gewaltige ★**Festung** in typisch chinesischem Baustil entstand im 14. Jh. Sie war der westlichste Grenzort des Ming-Reichs und der Endpunkt der ming-zeitlichen **Großen Mauer**.

» Karte S. 230-231, Info S. 243

Foto: Volkmar E. Janicke

30 km östlich liegt, vor der Kulisse des Hauptgipfels des **Qilianshan** (5547 m), die Stadt **Jiuquan**. Sie wurde im 2. Jh. v. Chr. als Militärlager an der Kreuzung der Nord-Süd-Verbindung (Mongolei-Tibet) mit der Seidenstraße begründet.

In der Nähe kann man auf dem landschaftlich reizvollen **Wenshu-Berg** (*wenshu shan*) Reste daoistischer und buddhistischer Tempel besichtigen. Einst, ab dem 5. Jh., hatten sie ein religiöses Zentrum gebildet.

★Bingling

Die Seidenstraße folgt bis **Wuwei** ⓭, wo die berühmte **Rajiva-Pagode** *(luoshen ta)* steht, dem Rand der Gebirgskette des Qilianshan. Am Fuß des **Maomaoshan** (4070 m) jedoch durchquert sie die alpenähnlichen Berge und folgt dem Tal des **Zhuanglanghe**, der bei **Hekou** („Flussmündung") in den **Huanghe** strömt.

Oben: Tempelkloster Labrang. Rechts: Eine Tibeterin dreht die Sutrentrommeln im Kloster Kumbum.

Von **Hekou** flussaufwärts erreicht man 35 km südwestlich von **Yongjin** – inmitten steiler Lössberge und am Rande des zu einem Speichersee aufgestauten Gelben Flusses – den Felsentempel **★Bingling** ⓮ (*bingling si*). Die insgesamt 34 „Höhlen des Tausend-Buddha-Tempels" entstanden im 6. Jh. während der Nord-Wei-Dynastie. Die ca. 900 m^2 großen Wandmalereien und die Skulpturen aus Stein und Lehm bezeugen den kulturgeschichtlichen Übergang von Dunhuang nach Zentralchina.

★Labrang

Eine Bergstraße führt am **Liujiaxia-Speichersee** vorbei über das Städtchen **Linxia** nach **Labrang** ⓯ (**Xiahe**) an der Grenze zur Provinz Qinghai (ca. 250 km südwestlich von Lanzhou). Das auf 2900 m Höhe gelegene **★Tempelkloster Labrang** der Gelupka-Sekte wurde um 1710 errichtet und gehört zu den sechs bedeutendsten tibetischen Klöstern Chinas. Früher lebten hier 3000-4000 Mönche.

» Karte S. 230-231, Info S. 243

Foto: Rolf_52 (Shutterstock.com)

Xining

In Qinghais Hauptstadt **Xining** ⑯ lebt mit ungefähr 1,2 Mio. Einwohnern ein Viertel der Bevölkerung der gesamten Provinz. Seit dem 16. Jahrhundert war Xining ein chinesischer Militär- und Handelsposten. Seit der Inbetriebnahme der spektakulären Eisenbahnstrecke Qinghai-Tibet im Jahr 2006 ist Xining nun eine wichtige Durchgangsstation für die beliebte Zugfahrt von Peking nach Lhasa.

Neben dem **Beichan-** und dem **Nanchan-Kloster** ist vor allem die **Große Moschee** (*qingzhen dasi*) an der Dongguan dajie erwähnenswert. Die Geschichte der Moschee lässt sich in die Ming-Zeit zurückverfolgen. Mit dem Wiederaufbau nach der Kulturrevolution erfolgte auch der Neubau der angeschlossenen Koranschule.

Etwa 20 km südwestlich liegt das ★**Kloster Kumbum** (Gunbum; chines.: *ta'er si*), in dem 1577 der große Reformator des Lamaismus, Tsongkhapa, geboren wurde. Die Klosteranlage im tibetischen Stil nimmt eine Fläche von 142 000 m^2 ein. Einst sollen hier 4000 Mönche gelebt und 52 Buddha-Hallen gestanden haben. Zu den Klosterschätzen gehören die berühmten Yak-Butter-Figuren, deren Herstellung auf tibetische Kunstformen zurückgeht.

★Koko Nor

Rund 200 km westlich von Xining ruht auf 3200 m Höhe der Binnensee ★**Koko Nor** ⑰ (*qinghai hu*) in einer der reizvollsten und charakteristischsten Landschaften des bereits zum äußersten Norden Tibets gehörenden Hochlandes. Der 4000 km^2 bedeckende Salzwassersee ist ein einzigartiges Vogel- und Naturparadies. Tibetische Hirten weiden an seinen Ufern ihre Schafe, Ziegen und Yaks.

Lanzhou

Etwa 40 km östlich von Hekou erstreckt sich auf 1555 m Höhe entlang der beiden Huanghe-Ufer die Millio-

» Karte S. 230-231, Info S. 243

nenstadt **Lanzhou** ⓲, die Hauptstadt der Provinz Gansu. Der historisch bedeutsame Umschlagplatz hat sich zu einem wichtigen Standort vor allem der Petrochemie-, Maschinenbau- und Textilindustrie entwickelt. Seinen Reiz macht die Landschaft in der Umgebung aus. Der beste Blick über die Stadt eröffnet sich auf dem 1700 m hohen **Baitashan**, den das Wahrzeichen der Stadt, die 7-stöckige **Weiße Pagode** (*bai ta*) aus dem 13. Jh., ziert. Auf der gegenüberliegenden Seite des Huanghe zeugen im **Park der Fünf Quellen** (*wuquan gongyuan*) gut erhaltene Bauten von einem ming-zeitlichen **Tempel** (*chongqing si*). Im **Gansu-Provinzmuseum** (*gansu sheng bowuguan*) zeigt die interessante Ausstellung von Grabfunden der Han-Zeit eine Kopie des berühmten **Fliegenden Pferdes**. Es erinnert an die schnellen, aus dem Fergana-Becken eingeführten Pferde der Han-Reiter, die Chinas militärische Macht begründet hatten.

★Grotten am Maijishan

Von der Bahnstation **Beidao / Tianshui**, an der Hauptstrecke Lanzhou – Xi'an (Shaanxi) gelegen, führt eine Straße 45 km in südöstlicher Richtung zu den buddhistischen **★Grotten am Maijishan** ⓳. Sie wurden zur gleichen Zeit und im gleichen Stil angelegt wie die Höhlen von Longmen und Yungang. Hier entstand während der Nördlichen Wei-Dynastie (5. Jh. n. Chr.) ein buddhistisches Zentrum, von dem 194 Grotten mit über 7000 Stein- und Lehmskulpturen sowie Wandmalereien erzählen. Die besondere Sehenswürdigkeit der Anlage ist ein strahlend weißer, 15 m hoher **Maitreya-Buddha** (*Buddha der Zukunft*) aus der Ära der Sui-Dynastie. In der Zeit des wirtschaftlichen und sozialen Umbruchs im 6. Jahrhundert sollte er Handelsreisenden auf ihrem langen, gefährlichen Weg nach Westen Trost und Zuversicht spenden.

NINGXIA

Nördlich der Seidenstraße liegt die Autonome Hui-Region **Ningxia**, eine Provinz voller Kontraste: fruchtbar entlang des Huanghe mit seinen Nebenflüssen, öde in den sommerheißen, winterkalten Hochebenen. Entsprechend lebt die Mehrzahl der 6,3 Mio. Einwohner nahe den Flussläufen. Anders als der offizielle Provinzname vermuten lässt, stellen die muslimischen Hui nur etwa ein Drittel der Bevölkerung. Die Han-Sinisierung der Randgebiete zeigt sich auch hier deutlich.

Die Hauptstadt **Yinchuan** ⓴ im Nordzipfel der Provinz zeigt ein ebenfalls widersprüchliches, industrielles und zugleich traditionelles Gesicht.

Vom **Trommelturm** (*gu lou*) im Altstadtkern erreichen Sie leicht weitere Sehenswürdigkeiten. Zu ihnen zählen die auf das 5. Jh. zurückgehende **Nord-Pagode** (*bei ta*), die **Westpagode** (*xi ta*) und die 400-jährige **Yuhuang-Pagode** (*yuhuang ge*). Eine kleine Nachbildung des Tiananmen in Peking ist das **Südtor** (*nan men*), in dessen Nähe die große **Moschee** (*qingzhen si*) liegt.

Etwa 30 km westlich von Yinchuan finden Sie die 72 **Grabstätten** der Könige des Westlichen Xia-Reichs (*xixia wangling*). Dieses Königreich hatte 190 Jahre Bestand, ehe Dschingis Khan es 1227 zerstörte.

208 km südwestlich von Yinchuan erreicht man, an der Bahnstrecke entlang dem Huanghe, die verträumte Marktstadt **Zhongwei** ㉑. Ihr verspielter, giebelreicher **Gao-Tempel** (*gao miao*) dient Buddhisten, Daoisten wie Konfuzianern als Ort der Besinnung.

Im südlichen Keil der Provinz befinden sich 40 km nordwestlich von Guyan die buddhistischen **Grotten der Xumi-Berge** ㉒ (*xumi shan shiku*). Über fünf Gipfel verteilt, berichten in 132 Grotten über 300 Statuen von 1400 Jahren Vergangenheit. **Höhle Nr. 5** birgt eine kolossale, 19 m hohe Buddha-Statue.

 » Karte S. 230-231, Info S. 243

XINJIANG / SINKIANG

Urumqi (☎ 0991)

CTS, 835 Xinhua Nanlu, Tel. 282 1429. **CITS Xinjiang**, 33 Renmin Lu, Tel. 282 1426.

Urumqi liegt an der zentralasiatischen Bahnlinie (45 Std. von Peking) und an der Hochgeschwindigkeitslinie nach Lanzhou (11 Std.). Regelmäßige Flugverbindungen in alle Großstädte Chinas.

Friendship Store, 14 Youhao Beilu. **Jadeschnitzereifabrik**, 7 Renmin Lu. **Teppichfabrik**, 40 Jing'er Lu.

Turfan (☎ 0995)

CITS, 41 Qingnian Lu, Tel. 852 2907.

In der Altstadt kann man südlich des Busbahnhofes auf dem **Basar** (chinesisch: *nongmao shichang*, „Bauernmarkt") das unverstellte Leben der Uiguren beobachten. Von den **Feuerbergen** (*huoyan shan*) im Osten gelangt man durch die Wüste südwärts zum fast ausgetrockneten Salzsee **Ayding Kol** (*aiding hu*).
Einen landschaftlichen Kontrast bietet das **Tal der Weintrauben** (*putao gou*) nördlich von Turfan, wo die köstlichen kernlosen Turfan-Trauben wachsen und Wanderungen in die Steinwüste locken.
Auf dem Weg zu den **Ruinen von Jiaohe** im Westen empfiehlt sich eine Besichtigung der **Kanalöffnungen** einiger der wenigen erhaltenen antiken Schachtbrunnen, die frisches Gebirgswasser in die Verteilerkanäle der Turfan-Oase leiten.

Kashgar (☎ 0998)

CITS, 144 Seman Lu., Tel. 298 0483, www.kscits.com.cn.

Aufgrund der geopolitischen Veränderungen infolge der Auflösung der ehemaligen Sowjetunion sowie der internationalen Entwicklung nach dem 11. September 2001 sind seither Chinas westliche Grenzen auch nach Zentralasien geöffnet, so dass die Verkehrsverbindungen über Kasachstan und Kirgistan verstärkt genutzt werden. Vom **Torugart-Pass** an der kirgisischen Grenze führt der Weg durch das Tianshan-Gebirge in die alte Karawanenstadt **Kasghar**.

GANSU

Lanzhou (☎ 0931)

CITS, 2 Nongmin Gang, Tourism Building, Tel. 883 5566, www.citsgs.com.

Die Hauptstadt **Lanzhou** liegt an der Hauptstrecke der Bahnlinie Peking – Xi'an – Urumqi, wo auch die Bahnlinie Peking – Datong – Hohhot – Yinchuan endet. Regelmäßige Flüge mit Xi'an und Peking.

Longzui-Restaurant, 291 Zhongshan lu. Köstlich sind die scharfen Nudeln oder die Rindfleisch-Nudelsuppe.

Dunhuang (☎ 0937)

CITS, im International Hotel, Tel. 882 1324.

Jiayuguan (☎ 0937)

CITS, in der Lobby des Jiayuguan Hotel, Tel. 622 6598.

QINGHAI

Xining (☎ 0971)

Qinghai CITS, 14F, Yonghe Dasha, 49 Xiguan Lu, Tel. 613 3847, www.qhcits.cn.

Mit der Eisenbahn erreichen Sie von Lanzhou (Provinz Gansu) aus nach rund 230 km **Xining**, die Hauptstadt der Provinz Qinghai. Flugverbindungen in alle Teile des Landes bestehen ebenfalls.

NINGXIA

Yinchuan (☎ 0951)

CITS, 375 Beijing Donglu, Tourism Building, Tel. 672 7871.

Die Eisenbahnlinie Peking – Hohhot – Baotou – Lanzhou führt (das Flusstal des Huanghe hinab) über die Provinz **Ningxia** und ihre Hauptstadt **Yinchuan**.

VORBEREITUNGEN

Klima und Reisezeit

Das große China weist die unterschiedlichsten Klimazonen auf, von kontinental bis tropisch, von den Gletschern des Mt. Everest bis zur Monsunküste. Während etwa in Harbin (Mandschurei) die Durchschnittstemperatur im Januar -19 °C beträgt, klettert sie in Kanton auf +13 °C. Im Sommer misst man in Kanton wie in Harbin etwa 35 °C – wobei die Luft in Harbin trocken, in Kanton sehr schwül ist.

Als günstige **Reisezeit** bieten sich die Monate April und Mai sowie September und Oktober an, wenn die sibirische Kälte des Nordens verflogen ist bzw. sich die Monsun-Taifune bereits beruhigt haben. Ansonsten erfordern die differenzierten Klimaverhältnisse eine regional bezogene Reiseplanung.

Kleidung

Abendgarderobe brauchen Sie höchstens in Luxushotels. Sinnvoll ist komfortable, leicht zu reinigende Kleidung. Luftige Kleidung aus Naturfasern hilft im Sommer die Hitze ertragen. Wappnen Sie sich gegen Klimaanlagen mit Pullover und leichtem Schal. Die sehr kalten Winter in Nordchina verlangen warme Kleidung, auch die im Winter feucht-kühle Luft im Süden (um 10 °C) ist ohne Jacke unangenehm.

Gesundheitsvorsorge

Wenn Sie nicht aus Infektionsgebieten einreisen, sind **Impfungen** gegen Gelbfieber, Typhus, Cholera und Pocken nicht vorgeschrieben. Wer sich allerdings während des Sommers in den Süden Chinas begibt, sollte ev. Impfungen gegen **Polio** und **Diphterie** – und **Malariaprophylaxe** (je nach bereister Region) – nach ärztlicher Beratung vornehmen; wegen **Denguefieber**-Gefahr sollte man sich dort auch tagsüber vor Mückenstichen schützen. Auf jeden Fall sind Impfungen gegen **Tetanus** und **Hepatitis A** (evtl. auch B) ratsam. Infos auch unter www.fit-for-travel.de. Ihr Gepäck sollte eine Reiseapotheke enthalten: Mittel gegen Erkältungskrankheiten und Magen-Darm-Infekte, Pflaster, Schmerztabletten, Bandage, Desinfektionssalbe, Sonnenschutzcreme und Breitbandantibiotika. **Leitungswasser** sollte nicht getrunken werden. Wer in China einen Arzt oder ein Krankenhaus aufsucht, wird nur gegen Barzahlung behandelt: Vorher anrufen und nach Aufnahmegebühren und voraussichtlichen Kosten fragen! Der Abschluss einer privaten Auslandskrankenversicherung ist sinnvoll.

Einreisebestimmungen / Visum

Für eine Reise in die VR China benötigt man ein **Visum**, das – je nach Wohnort – beim zuständigen *Chinese Visa Application Center* zu beantragen ist (**www.visaforchina.org**). Für **Hongkong** und **Macau** benötigen Deutsche kein Visum. Falls aber Hongkong oder Macau in der Mitte eines China-Reiseprogramms stehen, ist ein China-Visum für zweimalige Einreise nötig. Permits für **Tibet** werden nur ausgestellt, wenn die komplette Reise über ein Reisebüro gebucht wird (gilt auch für Einzelreisende).

Der Reisepass muss noch sechs Monate über die Ablauffrist des Visums hinaus gültig sein und sollte noch mindestens eine Seite frei haben. Das Visum ist 30 Tage gültig und lässt sich in allen Städten Chinas beim Amt für öffentliche Sicherheit (*gongan ju* / PSB) einmal um 30 Tage verlängern.

Währung und Geldwechsel

Die Währung Chinas (außer Hongkong und Macau) ist der **Renminbi Yuan** (CNY), auch *Kuai* genannt. Ein *Yuan* teilt sich in 10 *Jiao*. Kreditkarten werden von fast allen großen Hotels, gehobenen Restaurants und Kaufhäusern akzeptiert.

Bargeld bekommt man landesweit am einfachsten mit Kreditkarte oder Maestro-Karte (bzw. EC-Karte mit

Maestro-Aufdruck) an den Geldautomaten vieler Banken. Bargeld und Reiseschecks kann man nur in Filialen der Bank of China oder in guten Hotels tauschen (Kurs: 1 Euro ≈ 7,5 Yuan). Der Kurs ist in ganz China gleich, bei Banken, in Hotels und am Flughafen. In Hotels und am Flughafen werden aber oft hohe Provisionen berechnet. Die Landeswährung kann man bei Ausreise in ausländische Währungen – gegen Vorlage der Eintauschquittung – rücktauschen. Fehlt dieser Beleg, wird zu schlechterem Kurs rückgetauscht.

ANREISE

Mit dem Flugzeug

Von Europa gibt es Nonstopflüge nach Peking, Shanghai, Chengdu, Kanton, Nanjing und Shenyang. Wer mit Air China, China Southern, China Eastern oder Hainan Airlines fliegt, erreicht im Anschluss ohne großen Aufpreis fast alle chinesischen Flughäfen.

Mit der Eisenbahn

Man kann zwischen zwei Routen wählen, um mit der **Transsibirischen Eisenbahn** von Russland nach China zu reisen: über die **Mongolei** (ca. eine Woche Fahrtzeit) oder über die **Mandschurei** (dauert etwas länger, Transitvisum Russland). Einzelreisenden besorgen Spezialveranstalter gegen Gebühr Reservierung und Visa. Zweibettabteile sind gefragt, deshalb früh buchen! Als unabdingbare Transsib-Ausrüstung gelten Toilettenpapier und – für Fotografen – Fensterputzmittel. Wer gern komfortabler reist, hat die (teure) Möglichkeit, mit einem speziellen Luxus-Sonderzug nach China zu reisen. Reiseunterbrechungen z. B. am Baikalsee oder in der Mongolei lohnen sich, dann braucht man aber Aufenthaltsvisa für Russland und/oder die Mongolei.

Über den Karakorum Highway

Der Karakorum Highway führt in Pakistan durch schöne Berglandschaft auf geschichtsträchtigem Boden das Indus-Tal hinauf und über den Khunjerab-Pass (4700 m) nach China – zur Seidenstraße hin. Aufgrund der aktuellen politischen Situation reisen nur wenige Ausländer über Pakistan ein. Gefragter ist die Anreise über Zentralasien, über Naryn in Kirgistan nach Kashgar. Während der Wintermonate sind die Grenzen teilweise geschlossen! Das **Visum** für China muss man bereits zu Hause beantragt haben. Busse verkehren ab Rawalpindi.

REISEN IM LAND

Mit dem Flugzeug

Fast alle Regionen Chinas sind per Flugzeug erreichbar. Dutzende große und kleine Airlines konkurrieren um Passagiere, und so sind Flüge oft billiger als die Bahn, wenn man frühzeitig bucht. Ein guter Anbieter ist elong (www.elong.net). Aber auch ein Blick auf die Websites der großen Airlines lohnt (www.airchina.com, www.cs-air.com, www.flychinaeastern.com, http://global.hnair.com).

Mit der Eisenbahn

In Chinas normalen Zügen gibt es keine Wagenklassen, aber **Kategorien**: harte Sitze (*yingzuo*) und weiche Sitze (*ruanzuo*), harte Liegen (*yingwo*) und weiche Liegen (*ruanwo*). Die *ruanzuo*-Wagenkategorie wird meist nur auf Kurzstrecken eingesetzt. Die Kategorie *ruanwo* besteht aus abgeschlossenen Vierbettabteilen, die härteren Liegen befinden sich in offenen Sechserabteilen. In den Express- und Superexpresszügen gibt es eine 1. und 2. Klasse.

Das chinesische Eisenbahnnetz ist das größte der Welt: Es erstreckt sich auf über 121 000 km, darunter 22 000 km Hochgeschwindigkeitsnetz, das bis 2020 auf 30 000 km erweitert wird. Die spektakulärste Strecke ist die Verbindung Peking-Lhasa (48 Std.).

Die Toilettenhygiene gibt Anlass zu Kritik, bringen Sie unbedingt Toilettenpapier und Feuchttücher mit. Auf

Langstrecken gibt es Speisewagen. Um sich das nervige Anstellen am Fahrkartenschalter zu ersparen, sollten Sie vorab **Ticket und Reservierung** im Hotel, beim CITS oder am Bahnhof besorgen.

Online kann man 60 Tage und am Schalter 58 Tage im Voraus reservieren. Folgende englische Websites bieten die Möglichkeit von Onlinebuchungen: www.chinatraintickets.net/china-trains, www.chinahighlights.com/china-trains oder https://www.travelchinaguide.com/china-trains

Mit dem Bus

Die Fernbus-Bahnhöfe (*changtu qichezhan*) liegen meist an den Ausfallstraßen. Sitzplätze sind nummeriert (rechtzeitig reservieren!). Fahrten werden meist bei einfachen Lokalen und (auf sehr langen Fahrten) bei Unterkünften unterbrochen.

Mit dem Auto

Neuerdings gibt es die Möglichkeit, gegen Vorlage des ausländischen Führerscheins – nach Übersetzung desselben und einer Gesundheitsprüfung – eine chinesische Fahrerlaubnis zu erhalten. Allerdings müssen Selbstfahrerreisen durch China noch über ein Reisebüro gebucht werden.

Der Straßenverkehr erscheint Ausländern etwas chaotisch: Rücksichtsloser Fahrstil herrscht in den Städten vor, Autobahnen und Landstraßen bieten Überraschungen aller Art!

Lokalverkehr

Lokalbusse: Wer Disziplin beim Schlangestehen schätzt, wird in China einen Kulturschock erleiden. Um in einen der zur Rushour oft überfüllten kommunalen Busse zu gelangen, ist den Chinesen jedes Mittel recht. Doch Zurückhaltung lässt Sie an der Bushaltestelle Wurzeln schlagen. Der (geringe) Fahrpreis muss passend in die Geldbox beim Fahrer geworfen werden. Gelegentlich gibt es aber auch noch Busse mit Schaffnern. Stadt- und Buspläne kann man überall, auch bei Straßenhändlern, erwerben.

U-Bahn: Besonders dicht ist das U-Bahn-Netz in Beijing, Shanghai, Hongkong und Guangzhou. Städte wie Shenzhen, Nanjing, Suzhou, Wuhan, Xi'an, Chengdu, Chongqing und Kunming arbeiten mit Hochdruck an effizienteren Bahnsystemen.

Wer viel mit öffentlichen Verkehrsmitteln fahren oder Wartezeiten an den Ticketautomaten vermeiden möchte, kann in den U-Bahn-Stationen von **Peking**, **Shanghai** und vielen anderen Städten sog. IC-Karten erwerben (über den Schaltern steht ein großes IC). Sie kosten meist 20 Yuan Pfand, können an Automaten mit 10 bis max. 1000 Yuan aufgeladen werden und gelten für Metro, Taxis und Busse.

In **Hongkong** gibt es die praktische Octopus Card (www.octopuscards.com). Die Variante für Touristen ist die Airport Express Tourist Octopus Card, die für drei Tage 220 HK$ (inkl. 50 HK$ Pfand) kostet. Sie gilt für unbegrenzte Fahrten mit der MTR und eine Fahrt mit dem Airport Express. 20 HK$ dürfen für andere Verkehrsmittel verwendet werden. Für 300 HK$ darf man den Airport Express zweimal benutzen.

Fahrräder: Trotz schlechter Luft und Unterprivilegierung im Straßenverkehr gewährleistet das Radfahren hohe Flexibilität. „Wildes Parken“ ist nicht gestattet; aus Sicherheitsgründen empfiehlt es sich ohnehin, das Stahlross in einem bewachten Stall anzubinden. Beim Mieten eines Rads (häufig im Hotel möglich) wird die Hinterlegung eines Pfands (Ausweis, Geld) verlangt.

Taxis: Taxis (*chuzuche*) können, wie im Westen, vom Straßenrand aus angehalten werden. Fast alle Fahrzeuge haben ein Taxameter; ansonsten sollten Sie den Fahrpreis unbedingt zuvor aushandeln, um unliebsamen Überraschungen vorzubeugen. Bei offiziell zugelassenen Taxis können Sie den Kilometerpreis einem Schild an der hinteren Fahrgasttür entnehmen. Taxis sind auch stunden- und tageweise zu mieten.

Fahrradrikschas: Vorsicht ist bei Fahrradrikschas angebracht, die in vielen touristisch relevanten Orten auf Fahrgäste warten: Der Preis sollte auf jeden Fall vor der Fahrt vereinbart werden, aber selbst dann muss man oft mit kräftigen Nachforderungen des Fahrers rechnen! Besonders aggressiv sind die Rikschafahrer in Peking.

PRAKTISCHE TIPPS

Alkohol

Der beliebteste chinesische **Wein** wird nicht aus Trauben, sondern aus Reis hergestellt und angewärmt getrunken – Reiswein ist alkoholhaltiger als Wein! Billiger Traubenwein ist süß und eher einem Portwein oder Likör vergleichbar; manche dieser Weine werden auch mit Kräutern versetzt und dienen dann als Medizin. Inzwischen stellen die Chinesen auch diverse trockene Weine (z. B. Dynasty, Great Wall) her.

Das **Qingdao- (Tsingtao-) Bier** gilt als „deutsches" Bier; es wurde erstmals 1903 von einem deutschen Braumeister hergestellt. Mit perlendem Quellwasser gebraut, gilt es als sehr erfrischend. Der bis zu 65-prozentige „Staatsschnaps" **Maotai** aus Weizen und Sorghum-Hirse treibt einem Neuling beim chinesischen „Ex"-Kommando (*gan bei!*) die Flammen aus dem Rachen.

Apotheken und Notdienst

Die meisten großen Hotels bieten eigenen **ärztlichen Notdienst** oder organisieren ärztliche Betreuung. In den Großstädten ist der medizinische Standard hoch. Viele Städte wie Peking, Shanghai, Kanton und Hongkong besitzen Krankenhäuser mit internationalem Standard.

Apotheken, zu erkennen an einem grünen Kreuz, sind Fundgruben der östlichen und westlichen Heilkunde. Ohne Chinesischkenntnisse bleibt Ihnen dieser Reichtum jedoch meist verwehrt. Sie sind dann auf Ihre Reiseapotheke und/oder einen sprachkundigen Arzt angewiesen.

Einkaufen

Chinas Städte gleichen riesigen Einkaufszentren mit einer endlosen Folge von teils gigantischen Shopping Malls, Kaufhäusern, Geschäften und Märkten, die jeden Konsumwunsch befriedigen können.

Wer mit einer Gruppe reist, wird meist Fabriken besuchen, in denen in Handarbeit traditionelles Kunsthandwerk, wie Jadeschnitzereien, Cloisonné, Lackarbeiten u. v. m. hergestellt und verkauft wird. Allerdings kosten sie hier meist deutlich mehr als in den Kaufhäusern oder auf den Kunsthandwerksmärkten. In Spezialgeschäften wird auch die Verpackung sowie der Versand von großen Gegenständen (Teppichen, Möbeln etc.) übernommen.

Fast überall darf gehandelt werden, vor allem auf **Straßenmärkten** können Sie feilschen. Hier findet man ebenso nützliche wie geschmackvolle Mitbringsel und Alltagsutensilien.

Einzelreisende

Auch als Einzelreisende/r kann man heutzutage stressfrei und bequem reisen – mit *full package* oder *mini package tours* von Reiseveranstaltern. Dank der modernen Verkehrsintrastruktur ist das individuelle Reisen relativ komfortabel geworden. So bekommt man z. B. Zugtickets mittlerweile problemlos im Voraus am Bahnhof oder gegen geringen Aufschlag in fast allen Hotels. Flugtickets bucht man im Internet oder in einer der unzähligen Verkaufsstellen in den Städten und Hotels.

Chinas Busbahnhöfe sind zwar riesig, aber dafür bestens organisiert. Eine Vorausbuchung der Tickets ist meist nicht notwendig, da die Busse zu interessanten Zielen meist im dichten Takt fahren. Meiden Sie die chinesischen Feiertage: dann ist alles hoffnungslos ausgebucht und überfüllt.

Elektrizität

Die Stromstärke in den Hotels beträgt 220 V / 50 Hz; in Hotels sind oft Steckdosen für mehrere Steckertypen verbaut, in die u. U. auch Eurostecker direkt passen. Typisch chinesische Steckdosen für zwei oder drei Flachkontakte (Typ A und Typ I) erfordern jedoch **Adapter**, die aber meist die Hotels gratis bereithalten und ansonsten – viel billiger als in Europa – in Supermärkten zu erhalten sind. In Hongkong sind britische Steckdosen vom Typ G üblich.

Feste und Feiertage

Nachfolgend die wichtigsten landesweit gültigen und han-chinesischen Feste und Feiertage:

Neujahrstag (des Sonnenkalenders), 1. Januar, arbeitsfreier Tag. **Frühlingsfest** (des Mondkalenders) mit jährlich wechselndem Datum zwischen 21. Jan. und 20. Feb., vier arbeitsfreie Tage. **Laternenfest** (*yuanxiao jie*), 15. Tag des 1. Monats des Mondkalenders (Mitte bis Ende Feb.), Abschluss der Neujahrsfeiern. **Tag der Arbeit** (*laodong jie*), 1. Mai (drei arbeitsfreie Tage). **Qingming-Fest**, Fest des Totengedenkens, am 4. oder 5. April (Feiertag). **Buddhas Geburtstag**, 8. Tag des 4. Monats des Mondkalenders (meist Ende Mai). **Drachenbootfest** (*duanwu jie*), am 5. Tag des 5. Mondmonats (meist im Juni, Feiertag). **Mondfest** (*zhongqiu jie*), 15. Nacht des 8. Monats des Mondkalenders (im Sept., Feiertag). **Nationalfeiertag** (*guoqing jie*), 1. Okt. **Geburtstag des Konfuzius**, Ende Sept. **Song-Hanyi-Fest** (*song hanyi jie*), Ahnengedenkfest, im November.

Fotografieren

Chinesen fotografieren bei fast jeder Gelegenheit. Die meisten freuen sich zudem, von Touristen abgelichtet zu werden, doch sollte man vorher um Erlaubnis bitten. Verboten ist das Fotografieren militärischer Anlagen und häufig in den Tempelhallen. Zubehör für Digitalkameras (Speicherkarten etc.) gibt es in den Städten zu kaufen.

Maße und Gewichte

Das metrische System hat sich in China weitgehend durchgesetzt. Dennoch werden die traditionellen Bezeichnungen gelegentlich noch verwendet. Sie sollten deshalb darauf vorbereitet sein: 1 m = 3 *chi* / 1 km = 2 *li* / 1 ha = 15 *mu* / 1 l = 1 *gongsheng* / 1 kg = 2 *jin*.

Öffnungszeiten

Banken, CITS-Büros, Regierungsbehörden, öffentliche Einrichtungen (Museen, Sehenswürdigkeiten), Geschäfte und Restaurants pflegen unterschiedliche Öffnungszeiten, die auch jahreszeitlich und von Stadt zu Stadt variieren. Das hängt auch damit zusammen, dass überall in China die gleiche Uhrzeit gilt. Kernzeit ist ca. von 8.30/9 Uhr bis 17.30/18 Uhr. Kaufhäuser sind häufig bis 22 Uhr geöffnet, Büros und manche Geschäfte sonntags geschlossen. Staatliche Restaurants schließen zwischen 20 und 21 Uhr, private haben bis spät-abends geöffnet.

Post / Telefon / Internet

Da neben den lokalen Postämtern auch die meisten Touristenhotels Postschalter mit hilfreicher Beratung besitzen, ist der **Postversand** unproblematisch. Eine Postkarte, mit 4,50 Yuan frankiert, ist nach Europa etwa 5 Tage unterwegs. Briefmarken bekommt man in Postämtern oder Hotels: an der Rezeption, im Business Center oder im Souvenirshop. Im Regelfall können Sie Ihre Post an der Rezeption abgeben.

Alle größeren Hotels besitzen Fax- und Internet-Anschlüsse. Telefonieren vom Hotel aus und von öffentlichen Telefonen ist problemlos möglich.

Ein mitgebrachtes **Handy** funktioniert im chinesischen Netz (GSM 900); viel preisgünstiger telefoniert man mit einer chinesischen SIM-Karte („Simka"). Offiziell benötigt man für den Erwerb einer **chinesischen SIM-Karte** einen chinesischen Ausweis. Örtliche Reiseleiter und Kiosk-Besitzer sind aber oft bereit, mit ihrem Ausweis auszuhelfen.

Landesvorwahl von China: 0086.

Das **Internet** ist in China zwar zensiert, aber weit verbreitet und in nahezu allen Hotels frei verfügbar (auf dem Zimmer per LAN-Kabel bei eigenem Laptop, oder WLAN in der Lobby). In Internet-Cafés (*wangba*) außerhalb der Hotels müssen Sie sich mit Ihrem Reisepass registrieren.

Preisniveau

China ist teuer, will man europäischen Standard haben, etwa westliche Waren wie Wurst und Käse. Gute Hotels sind in den Städten wegen der starken Konkurrenz nicht so teuer und in der Nebensaison schon ab ca. 50 Euro/DZ zu haben. Das Nachtleben in den Großstädten kann teuer werden: In Shanghai zahlt man für ein Bier 60 Yuan oder mehr. Auch Markenkleidung ist relativ kostspielig. Für bekannte Sehenswürdigkeiten zahlt man 20-60 Yuan oder mehr Eintritt, für weniger bekannte 5-10 Yuan. Aber man kann in China auch preiswert leben. Günstig sind die Restaurantmeilen der Kaufhäuser oder die kleinen Nudelküchen. Wer öffentliche Verkehrsmittel benutzt und Ausflüge selbst organisiert, spart. Bahn- und Busfahrten und z. T. auch die Inlandsflüge sind preiswert.

Restaurants

Chinesen gehen gern in großer Gesellschaft essen, daher werden Sie in Restaurants überwiegend große runde Tische vorfinden. Kleinere, private Restaurants sind beliebt, weil der Service freundlicher und das Essen besser ist. Die Vielfalt ist schier grenzenlos, ebenso die Preispalette. Gelegentlich verlangt man von Ausländern einen „Sondertarif". Wenn Ihnen die Rechnung überhöht vorkommt, verlangen Sie eine Speisekarte zum Preisvergleich.

Sicherheit

Die Dynamisierung von Wirtschaft und Gesellschaft macht sich in China auch in der Zunahme der Kriminalität bemerkbar. Doch die harte Bestrafung (viele Todesurteile), insbesondere bei Delikten gegenüber Ausländern, scheint zu wirken. Das Land gilt als relativ sicher. **Taschendiebstahl** kommt häufiger vor (Pass u. Ticket im Hotel deponieren, Passkopie mitnehmen). Frauen sollten in Muslim-Gebieten körperbedeckende Kleidung wählen.

Toiletten

Öffentliche Toiletten sind in China allgegenwärtig, nie muss man lange suchen. An den Sehenswürdigkeiten sind sie meist recht sauber und modern, ansonsten oft heruntergekommen.

Trinkgeld

Trinkgeld ist in Restaurants (außer der Luxusklasse) unüblich; man freut sich aber über jede „Aufrundung". Angewiesen auf finanzielle Zuwendungen sind Reiseleiter. **Faustregeln**: Stadtreiseführer: 1-2 € pro Tag; Reiseleiter und Dolmetscher, die die ganze Reise begleiten: 2 € pro Tag; Bedienung im Restaurant: 5-10 % des Rechnungsbetrages; Taxifahrer: erwarten häufig kein Trinkgeld, nehmen es aber gern an.

Übersetzungsdienst

Bei Verständigungsschwierigkeiten steht der telefonische Übersetzungsdienst CALLYANDI zur Verfügung: Ein Dolmetscher hilft in jeder Gesprächssituation weiter. Englisch-Chinesisch, rund um die Uhr. Übersetzung: (+86) 4006 228 227. Weitere Infos: www.callyandi.com

Zeit

In ganz China herrscht Peking-Zeit, d. h. MEZ + 7 Stunden (Mitteleuropäische Sommerzeit + 6 Stunden).

Zoll

400 Zigaretten und zwei Flaschen Wein dürfen zollfrei eingeführt werden. Verboten ist die Einfuhr von Waffen, frischen Früchten und staatsfeindlicher Literatur. Antiquitäten dürfen nur mit

dem Siegel eines staatlichen Antiquitätengeschäfts und mit Zertifikat exportiert werden. Bei der Wiedereinreise nach Deutschland dürfen pro Person 200 Zigaretten, 1 l alkoholische Getränke mit mehr als 22 Vol.-%, 4 l Wein, 16 l Bier sowie Waren im Wert von 430 Euro eingeführt werden (Pers. unter 15 Jahre 175 Euro). Raubkopien werden bei Verdacht auf Weiterverkauf beschlagnahmt. Hart bestraft werden Verstöße gegen das Washingtoner Artenschutzabkommen, also die Einfuhr von geschützten Tieren, Pflanzen oder aus ihnen gefertigten Produkten.

ADRESSEN

Fremdenverkehrsämter

China: *Fremdenverkehrsamt der VR China* für Deutschland und Österreich, Ilkenhansstr. 6, 60433 Frankfurt, Tel. 069/520 135, Fax 528 490, www.chinatourism.de.

Fremdenverkehrsamt der VR China, Brandschenkestr. 178, 8002 Zürich, Tel. 01/201 88 77, www.chinatourism.ch.

Hongkong: Hong Kong Tourism Board, Humboldtstr. 94, 60318 Frankfurt a. M., Tel. 069 / 9591 290, Fax 5978 050, www.discoverhongkong.com.

Macau: Fremdenverkehrsbüro Macau, Schenkendorfstr. 1, 65187 Wiesbaden, Tel. 0611/2676 730, Fax 2676 760, www.macau-info.de, www.macautourism.gov.mo.

Botschaften Chinas

DEUTSCHLAND: Märkisches Ufer 54, 10179 Berlin, Tel. 030 / 275 880; www.china-botschaft.de

ÖSTERREICH: Visastelle, Neulinggasse 29/1/11, 1030 Wien, Tel. 01 710 36 48 16 www.chinaembassy.at

SCHWEIZ: Visastelle: Lombachweg 23, 3006 Bern, Tel. 031/351 82 57, http://ch.china-embassy.org

Botschaften in Peking

DEUTSCHLAND: 17 Dongzhimenwai Dajie, Chaoyang, 100600 Beijing, Tel. 010 / 8532 9000; www.china.diplo.de; Metro: *Dongzhimen*.

ÖSTERREICH: 5 Xiushui Nanjie, Jianguomenwai, 100600 Beijing, Tel. 010/6532 2061; www.bmeia.gv.at/peking, Metro: Yong'anli

SCHWEIZ: 3 Dongwujie, Sanlitun, 100600 Beijing, Tel. 010/85 32 88 88; www.eda.admin.ch/beijing.

AUTOREN

Engelbert Altenburger
Jürgen Bergmann
Klaus A. Dietsch
Oliver Fülling
Peter Hinze
Claudia Ille
Angelika Lange-Gao
Franz-Josef Krücker
Volker Kienast
Gerd Simon

SPRACHFÜHRER

Aussprache und Umschrift

Das Pinyin rollt deutschsprachigen Zungen einige Stolpersteine in den Weg – selbst geschulte Nachrichtensprecher hatten immer große Mühe mit dem Namen des früheren KP-Führers Deng Xiaoping (sprich: döng hsiauping). Wir können Sie hier nicht zu Sprachartisten ausbilden, immerhin aber einige dieser Zungenbrecher zum Üben anbieten. Die folgenden Hinweise sollen deutschsprachigen Reisenden die richtige Aussprache der Pinyin-Umschrift erleichtern:

e = ö; ian = i-en; o = o, aber in Verbindung mit -ng = ung; ao = au; x = hs; sh = sch; q = tj; zh = dsch; ch = tsch; s = ss, ß; z = ds; c = ts; s = s (wie Socken).

Ein Übungsbeispiel ist der „Busbahnhof" oder qichezhan, ausgesprochen: „tji-tschö-dschan".

Trainingsmöglichkeiten finden Sie in diesem China-Guide bis zum Zungenmuskelkater.

Mini-Sprachschule

Auch wer unser kleines Zungentraining nur mit Mühe überstanden hat, sollte zumindest einige wenige und kurze Ausdrücke, Begriffe und Notsignale beherrschen (und hier nochmals die richtige Aussprache üben):

Hallo, Guten Tag .... *ni hao*
Wiedersehen .... *zaijian*
Danke .... *xiexie*
Entschuldigung................ *duibuqi*
Ich habe mich verirrt.......... *wo mi lu*
Nein, das ist nicht so .... *bu shi*
Nein; das habe ich nicht....... *mei you*
Macht nichts.................. *mei shi*
Nein, danke................... *bu yao*
Verstehen Sie? .... *dong ma?*
Ich verstehe nicht ...... *wo ting budong*
Toilette .... *cesuo*
Zu teuer .... *tai guile*
Geldwechsel................ *huan qian*
Deutschland .... *deguo* 德国
Schweiz .... *ruishi* 瑞士
Österreich .... *aodili* 奥地利

Zahlen

0 .... *ling* 零
1 .... *yi* 一
2 .... *er, liang* 二, 两
3 .... *san* 三
4 .... *si* 四
5 .... *wu* 五
6 .... *liu* 六
7 .... *qi* 七
8 .... *ba* 八
9 .... *jiu* 九
10 .... *shi* 十
11 .... *shiyi* 十一
12 .... *shi'er* 十二
13 .... *shisan* 十三
20 .... *ershi* 二十
21 .... *ershiyi* 二十一
30 .... *sanshi* 三十
31 .... *sanshiyi* 三十一
100 .... *yibai* 一百
101 .... *yibaiyi* 一百一
200 .... *liangbai* 两百
1000 .... *yiqian* 一千
2000 .... *liangqian* 两千
10 000 .... *yiwan* 一万
100 000 .... *shiwan* 十万

Zeigefinger-Lexikon

Ich brauche dringend einen Arzt!
我急需一个医生!
Ich suche eine Apotheke.
我想找一个药房.
Ich suche eine Bank zum Geldwechseln. 我想找个能挽钱的银行.
Wo ist die Post? 请问邮政在哪儿?
Wo ist mein Gepäck? 我的行李在哪儿?
Ich brauche ein Taxi.
我想要一部出租汽车.
Ich möchte telefonieren. 我想打电话.
Wo ist der Bahnhof? 火车站在哪儿?
Von welchem Bahnsteig fährt der Zug nach ...? 到...去的火车在第几站台?
Ich möchte zum Flughafen fahren.
我想到飞机场去.
Ich suche ein Hotel. . 我想找一个旅馆.
Bitte schreiben Sie mir die Adresse in Chinesisch auf.
请用中文把这个地址写下来.

H

I

J

K